KB152681

요동 고구려 산성을 가다

- 73개 고구려 산성 현장답사 -

원종선元鍾善 지음

도올 김용옥 서문

통나무

목차

1장

요동반도 남단의 고구려 해양방어 거점 25

2장

벽류하碧流河 강변의 산성들 – 황해와 내륙을 길게 잇는 방어선 71

대련 비사성을 답사중인 도올, 2016년 7월 4일.

서序

민족사의 새벽을 열다

도올檮杌 김용옥金容沃

나는 2016년 7월 1일부터 6일까지 중국 대련大連에서 열린 제7회 중국조선족기업가경제교류대회(제1회 중국조선족청년지도자 심포지움도 같이 열림)의 주제강연자로서 초청 받아 요동반도의 끝자락, 대련땅을 밟았다. 나는 EBS 해방60주년 특집 『도올이 본 한국독립운동사』 10부작의 촬영을 위해 2005년 5월에 대련을 간 적이 있는데 그때는 비밀스럽게 독립운동현장을 촬영해야 하는 입장에 있었기 때문에 매우 초라한 행색으로 조용히 다녔다.

그러나 2016년에 대련을 갔을 때는 중국전역(39개 도시)의 조선족기업가들이 1천여 명 운집한 대회의 가장 중요한 키노트 스피커로서 초청되었기 때문에, 융숭하기 그지없는 대접을 받았다. 나는 중국의 조선족기업들에게 그들의 "뿌리정신"을 일깨우고, 그들 현존의 다양한 가능성에 눈을 뜨게 하는 강렬한 연설을 2시간 이상 퍼부었다. 나는 마지막에 그들에게 내재하는 천지의 웅혼한 기상을 상기시키며 대련땅에 머리를 대며 큰절을 했는데 눈물을 흘리지 아니 하는 자가 없었다. 동포同胞의 뜨거운 공감은 대륙전역에 울려퍼졌던 것이다. 나는 이 감동의 강연을 마치고, 대련 부근에 있는 고구려산성을 방문할 계획이었다.

그런데 내가 대련에 왔다는 소식을 들은 한국의 교민들은 그들의 자녀들이 공부하고 있는 대련시 개발구開發區 한국국제학교(초·중·고교)에 나를 초청하고 싶어했다. 나는 기꺼이 어린 학생들을 만나겠다고 했다. 그래서 멋드러진 한인학교 강당에서 초롱초롱한 어린 눈빛을 대상으로 강연을 했는데, 그 학교 교장인 양미숙 선생은 중국문학을 전공한 사람이라서 우리 부부를 너무 잘 알았다. 내가 고구려산성을 방문하고 싶다고 하자 양미숙 선생은 대련에 원종선元鍾善이라는 고구려산성의 전문가가 있다고 소개를 하는 것이다. 그런데 불행하게도 당시 원종선은 한국을 방문중이어서 대련에 있지를 않았다. 원종선은 중국대련한국인상회에서 발간하는『대련의 한국인』이라는 월간지에 고구려산성 답사기를 연재하고 있었는데(2015년 4월호부터 지금까지), 그 잡지를 펼쳐보는 순간 나는 원종선의 답사연구가 매우 진지한 학구적 성격의 것임을 알 수 있었다.

나는 이때 원종선을 따르는 청년들의 도움을 얻어 비사성卑沙城과 외패산성巍霸山城을 탐방했는데 그 행적은 나의 다큐영화,『나의 살던 고향은』(류종헌 감독, 시네마 달 배급. 2016년)에 담겨져 있다.

나는 한국인상회 박신헌朴信憲 회장을 통해 원 선생의 전화번호를 알아냈고, 서울에 돌아오는 즉시 원종선과 연락을 취했다. 내가 원종선을 만나게 된 인연은 하나의 우연이기도 했지만 그것은 거대한 우주적 필연이었다.

원종선은 동국대 행정학과(75학번)를 나오고 중국과 무역을 하면서 일찍이 독자적인 삶을 개척했다. 처음에는 북경에 살았는데 2014년에는 고구려산성 연구를 위해 대련으로 이사했다. 그 삶의 전환에는 매우 오묘한 "끌림"의 섭리가 개재되어 있다. 그의 삶의 전변은 최부崔溥, 1454~1504의 『표해록漂海錄』을 탐독한 것이 계기가 되었다. 그는 최부의 발자취를 더듬으며 운하여행을 세 차례나 했다. 그 여행의 탐색의 자취를 담아 『중국운하대장정』이라는 책을 냈는데, 이 과정에서 그는 중국의 대운하가 바로 수양제가 고구려를 침공하기 위하여 판 것이라는 사실에 눈을 뜨게 된다.

수양제가 고구려를 침공하기 위하여 일으킨 군사는 113만 3천 8백 정병의 대군이다(AD 612년). 113만 정병이 수만리길을 가기 위해서 동원되는 수백만의 치중대와 물자의 규모는 우리의 상상력을 초월한다. 이러한 막대한 인력과 물자의 유통을 위하여 필요했던 것이 대운하였던 것이다. 원종선은 묻는다. 수양제는 왜 이토록 무리한 전역戰役을 일으켜 고구려를 침공했어야만 했는가? 남조 · 북조 천하를 통일한 그가 왜 수나라 제국을 말아먹으면서까지(수나라 제국은 고구려를 침공함으로써 패전하고 멸망했다) 고구려 침공에 집착했어야만 했는가? 그 이유가 무엇인가?

원종선은 대운하에 관심을 가졌다가 수양제라는 인물과 해후하고, 수양제의 수수께끼들을 풀다가 고구려라는 또 하나의 대제국을 만나게 된다. 수양제의 중원통일은 결코 천하통일이 아니었다. 남조 · 북조를 다 합쳐도 이길 수 없는 또 하나의 대제국 고구려의 위압적 치립을 전제하지 않으면, 수양제의 행태는 해결되지 않는다. 이 수양제의 행태는 중국의 가장 위대한 성군이라고 불리는 당태종에게까지 그대로 계승된다. 당태종도 연개소문과 안시성 양만춘에 의하여 결국 죽음의 신 앞에 무릎을 꿇고 만다. 수·당제국을 초라하게 만든 또 하나의 제국 고구려의 정체는 무엇이었던가? 최부에게 어떻게 고구려가 당태종을 꺾을 수 있었냐고 묻는 중국 지식인들의 궁금증의 정체는 무엇이었던가?

수양제의 뱃길은 결국 고구려로 통하는 길이었다. 모든 길은 로마로 통한다는 서구의 격언을 상기할 줄 안다면, 모든 길은 고구려로 통한다는 또 하나의 격언을 우리는 망각해서는 아니 된다. 여기서 말하는 고구려는 일차적으로 요동이었다. 요동은 산동에서 또 하나의 대륙으로 들어가는 대문이었다.

이 책은 원종선이 요동반도 안에 있는 73개의 고구려산성을 두 발로 답사한 기록이다. 아주 피상적인 수박 겉핥기식의 사진첩이나 여행기는 있으나, 이와 같이 치열한 현장답사기는 유례가 없다. 내가 나의 서재에 가지고 있는 모리 코오이찌森浩一·아즈마 우시오東潮·타나카 토시아키田中俊明의 『高句麗の歷史と遺跡』(中央公論社, 1995)을 펴보면, 길림성의 고구려산성의 상세한 소재지를 적어놓았는데 그것만 해도 51개가 된다. 그러나 원종선의 연구는 요동반도에 국한해서 이미 73개를 찾아놓았는데(그 숫자는 유동적이다) 앞으로 원종선이 요녕성 전체, 그리고 길림성과 흑룡강성으로 범위를 넓혀가면 동아시아역사의 거대한 축Axis을 찾는 가장 방대하고도 상세한 작업이 전개될 것이다. 일본이나 한국, 중국의 어느 학자도 원종선만큼 치밀한 답사기를 남긴 유례가 없다.

나는 2014년 가을학기에 연변대学에서 교수로서 정규강의를 진행하면서 고구려와 발해의 유적을 답사하는 기회를 얻게 되었는데 그때 나는 우리 역사를 바라보는 새로운 혜안을 얻게 되었다. 내가 집안集安의 환도산성 앞에서 통구하通溝河 강안의 푸른 초원 위에 펼쳐진 거대한 적석총분묘군을 바라본 것은 꼭 단재 신채호가 그 자리에 서서 자신의 무지를 한탄하던 그 창조적 비감을 토로한 순간으로부터 꼭 100년이 지난 후였다. 내가 그때 느꼈던 해탈의 비상飛翔을 원종선 또한 공감했던 것 같다.

우리는 우리의 고대사에 관하여 막연한 의문과 분분한 잡설에 현혹되어 정설의 발판을 확보하지 못한 채 계속 비창조적인 논쟁의 쳇바퀴만 굴리고 있다. 그러나 우리의 고대사는 허환虛幻이 아닌 사실事實이다. 그 사실은 바로 우리가 만지고 보고 들을 수 있는 현실로부터 구성되어야 한다.

고구려의 실상을 그 유적을 통해 파악할 수 있는 사람은 자연히 고조선의 실체도 리얼하게 느낄 수 있다. 고구려를 아는 사람이라면, 고려가 황제국이었다는 너무도 당연한 사실에 새롭게 눈을 뜰 수 있다. 고려의 실체를 알게 되면 조선왕조에서 이루어진 왜곡의 역사를 쉽게 파악할 수 있다. 왜곡된 『고려사』의 이면을 읽어낼 수 있고, 『태조실록』에 잔존하는 다양한 왜곡의 실타래들을 풀어나갈 수 있다. 청나라 강희제 때 서양인들을 동원하여 정밀하게 제작한 지도들이 모두 조선의 강역을 지금의 북간도·서간도를 다 포함하는 영역으로 명기하고 있는 것도 자연스럽게 인지할 수 있게 된다. 조선총독부의 장난은 기나긴 왜곡의 역사의 종장일 뿐이다.

　나는 원종선의 연구를 접했을 때 유득공柳得恭, 1748~1807의 회한 서린『발해
고』서문을 회상했다: "발해 수도인 홀한성(忽汗城, 흑룡강성 상경 용천부)이 격
파되어 고려로 도망해온 사람들이 세자(934년에 고려에 귀순한 발해세자, 대광현大
光顯) 이하 10만여 명이나 되니, 사관이 없으면 반드시 역사서라도 있었을 것이
다. 사관도 없고 역사서도 없다 하더라도 세자에게라도 물어보았다면 역대 발해
왕의 사적을 알 수 있었을 것이고, 은계종隱繼宗(928년 고려에 귀화한 발해의 예부
시랑)에게 물어보았다면 발해의 예법을 알 수 있었을 것이다. 평민 10여만 명에
게 직접 물어보았다면 모르는 것이 없이 다 알 수 있었을 것이다. 장건장張建章,
806~866은 당나라 사람이었으면서도 오히려『발해국기渤海國記』를 지었는데,
어찌 유독 고려사람들이 발해역사를 지을 수 없었단 말인가!"

　우리민족이 우리 스스로의 역사인 발해사를 쓰지 않아서 토문강 북쪽과 압록강
서쪽이 누구의 땅인지 알지 못하게 되어, 여진족을 꾸짖으려 해도 할 말이 없고,
거란족을 꾸짖으려 해도 할 말이 없게 되었다. 고려가 약한 나라가 되고 만 것은
발해의 땅을 얻지 못하였기 때문이라고 고운거사古芸居士 유득공은 한탄에 한탄을
금치 못한다.

　동북삼성에 깔린 고구려산성의 실상을 다 파악할 길이 없으나 내가 생각키에
최소한 200개 이상의 유적이 남아있다. 그런데 안타까운 것은 이 유적이 날로

날로 사라지고 있다는 것이다. 중국사람들이 전혀 아이덴티티를 느끼지 않는 방치된 옛 유적이기 때문에, 동리사람들이 그 돌을 활용하여 집벽이나 담의 소재로 삼기도 하고, 무분별한 개발로 아파트단지가 들어서면 흔적도 없이 사라지고, 채석장이 되어 산성 자체가 증발해버리기도 한다. 뿐만 아니라 동북공정을 운운하는 어리석은 학자군에 의하여 대규모의 왜곡이 자행되고 "까오리츠엉산高麗城山"의 명칭조차 말살되어 가고 있는 실정이다. 옛 진실을 전하는 동리 노인들조차 이제 역사의 종점으로 사라져가고 있으니 그 진실을 누가 보존하리오!

북학파 유득공의 개탄은 오늘 이 시점에서도 절실하게 되씹어 보아야 할 절박한 사태인 것이다. 먼 훗날에는 이 원종선의 연구만이 우리 고대사를 복원하는 실마리를 찾아가는 유일한 지석誌石이 될지도 모르겠다. 요하遼河는 지금도 고구려 천고풍류千古風流의 생명력을 비장하고 유유히 흘러가고만 있다.

2018년 2월 1일 밤
서울 천산재天山齋에서 읍서泣序하다

* 검은색 번호: 중국학자 인정하는 고구려산성.　* 빨간색 번호: 답사 중 고구려성으로 추정한 성.

　몇 년 전 우연히 뻬이징 왕후우징王府井 서점 구석 깊은 곳에서, 빛바랜 표지의 뻬이징대학 꺼전지아葛振家 교수의 저서『최부 표해록 평주崔溥飄海錄評注』(2002년)를 대했다. 그것이 중국 운하에 대하여 관심을 갖게 된 계기이다. 3~4년 운하 관련 공부와 수차례 운하를 따라 한 여행은 나로 하여금 중국은 운하의 역사라고 해도 별로 틀림이 없다는 생각을 갖게 하였다.

　일반적으로 중국 운하 하면 수양제隋煬帝를 떠올리지만 운하는 그보다 천여 년 이전인 BC 486년 오왕吳王 부차夫差가 굴착한 한구邗溝가 그 기원이다. 그 후 왕조가 바뀌면서도 운하를 수없이 새로 굴착하고 보수하며 이어져왔다. 하지만 수양제가 낙양을 중심으로 부채꼴 모양의 노선을 굴착하여 남으로 양주揚州를 잇고, 북으로 지금의 뻬이징을 연결한다. 그 후 다시 강남운하를 개수하여 이으니 비로소 전국을 남북으로 관통하기에 이른다. 그 때문에 운하 하면 그를 떠올리게 된 것이다.

　운하가 다 연결된 이듬해인 611년 양주에서 출발하여 전 구간 4,000여리里 운하를 수양제가 직접 용주龍舟를 타고 선단과 인마를 진두지휘하여 수륙 겸용으로 50여 일에 걸쳐 지금의 뻬이징 인근인 탁군涿郡에 닿는다. 용주에 올라 선친이 이루지 못한 고구려 정복의 꿈을 그리며 술에 취한 눈으로 운하를 내려다본다. 강남에서 뻬이징까지 운하를 관통시켰다는 사실만으로도 이미 그 꿈을 다 이룬 듯하다. 신하들 앞에서 호쾌하게 웃어댄다. 그렇다! 천여 년 전 오왕 부차가 중원으로 진출하기 위하여 운하 한구를 굴착했듯이 고구려를 굴복시키기 위하여 드디어 전 구간 운하를 완공한 것이다.

수양제가 백성의 원성을 들으면서까지 그토록 운하에 집착했던 것이 고구려 정복을 위한 진쟁준비였다는 것은 주지의 사실이다. 그는 선친인 수문제의 598년의 고구려 원정 실패의 한을 풀고자, 612년 운하를 통하여 113만 명의 정병과 거기에 걸맞는 물자를 집결시켜 세계 전쟁사에 유례없는 대규모의 원정대를 이끌고 동정에 나서지만 패전하게 된다. 그 후에도 연이어 2차례의 원정을 감행하지만 고구려 정복이라는 염원은 이루지 못한다. 운하라는 대형 프로젝트에 동원되어 사나워진 민심은 연이은 전쟁에 대규모 민중봉기로 폭발하여, 결국 수양제는 망국의 길로 들어서 618년 비참한 최후를 맞게 된다.

그리고 중국 역사상 가장 위대했던 황제 중 하나인 당태종의 645년 친정도 끝내는 안시성을 뛰어넘지 못하고 요택遼澤을 건너 패주하게 된다. 그는 결국 화병 끝에 4년 후 숨을 거두고 만다. 고구려! 과연 어떤 나라였기에 400여 년 만에 중국을 다시 통일한 수나라를 망국에 들게 하였나? 과연 무엇이 세계의 전쟁사에 유래가 없는 100만의 대군을 맞아 전쟁을 승리로 이끌었던가? 주변 국가를 다 복속시킨 당태종의 천하무적 군대를 패퇴시킨 힘이 과연 어디서 나온 것일까?

그 동안 잊고 있었던, 1998년 여름날 홍순웅 선배와 우연히 올랐던 대흑산大黑山 산등성이에 길게 이어지는 비사성卑沙城이 떠올랐다. 잊힌 것은 아니고 항상 마음속 깊이 간직하고 있는 웅장한 고구려산성의 모습이다. 혹시 그 산 위에 그렇게 장엄한 방어성벽을 쌓았던 힘이 고구려를 지켜낸 것은 아니었을까?

나의 관심은 저절로 운하에서 고구려산성으로 옮아가게 된다. 요동지역에 그렇게 많은 산성이 자리한 것을 알게 된 후에 2014년 초 아예 비사성이 자리한 요동반도 끝자락 대련大連으로 이사를 했다. 그리고 마음속에 간직했던 비사성을 다시 올랐다. 그렇다! 그것은 단순한 산성이 아니다. 그 험준한 산 위에 쌓은 성은 고구려 민족의 혼이요, 정신이다. 한편의 고구려 대서사시이다. 바로 그것이 고구려를 방어했던 성벽이다. 고구려 지킴이다. 그 후 요동의 산하에 흩어져 있는 산성을 찾아다니게 되었다. 지금도 맑은 날이면 마치 신들린 사람처럼 집을 떠나 고구려의 성들을 찾아 나선다. 가면 갈수록 그 산성들의 존재가 고구려를 중원 세력의 침략으로부터 지켜낸 힘이라는 것을 알게 되었다. 평지가 아닌 산지에 축조한 이수난공易守難攻의 성들 하나하나는 단독 방어가 아니라 서로 연합하여 대처하는 방어 체계를 갖추니, 전투력도 몇 배로 증강되고 대군을 상대하여 이겨 낼 수 있었던 것이다.

요동반도 산성들은 대부분 바다에 유입되는 외류하 강변의 산상에 분포되어 있다. 고대부터 운하가 발달한 중국의 왕조들은 운하와 더불어 해운과 조선이 발달하여 지속적으로 해양을 통한 침투를 시도해왔다. 강변에 형성된 평지는 평상시 백성들의 생활 터전이며 그곳에 주요 교통로가 형성되어 있었을 것이다. 따라서 해양과 연결되는 강은 적의 길라잡이가 되었고 침투 루트 역할을 한다. 주변 산악에 축조한 산성들의 입지조건이나 촘촘하게 배치한 포국을 보면서 당시 적은 병력으로도 대규모의 군사를 이길 수 있는 고구려의 전략과 전술이 읽혀진다.

고구려의 산성은 하루아침에 이루어진 것이 아니고 장기적 국방 계획의 설계에 따라 축조된 대역사大役事이다. 그것은 고구려 27대 영류왕 14년인 631년에 천리장성 축조를 시작하여 16년에 걸쳐 준공하는 사례에서도 볼 수 있다. 404년 요동을 차지한 이후에 지속적으로 건설해 온 고구려 국토방위 프로그램이다.

따지고 보면 1,600~1,400여 년 된 유적들이다. 산성에 대한 구체적인 역사기록은 거의 남은 것이 없으나 얼마나 오랜 세월이 지난 것인가? 그 장구한 세월을 견디지 못하고 자연적으로 훼손된 경우도 적지 않다.

하지만 더 큰 문제는 대부분이 무관심 속에 방치되어 있다는 것이다. 성벽의 석재들은 주변 주민들의 집 벽이나, 담장으로 쓰였고, 사찰을 짓느라, 산지에 계단식 밭으로 개간하느라 마구잡이로 가져다 사용하였다. 더러는 채석장으로 산성 자체가 통째로 날아가 버렸고, 이동통신 탑이 성안 한가운데 떡하니 자리잡고 있다. 명明대의 장성長城으로, 요遼대의 산성으로 둔갑한 경우도 있다. 훼손의 정도가 심하여 이미 그 흔적을 찾아 볼 수 없는 산성도 있다.

현지 노인의 증언이 없이는 그곳에 고구려의 산성이 있었다는 사실조차도 알 수 없는 곳도 있다. 그들은 그곳에 고구려산성이 있다는 사실을 안다. 고구려가 우리 민족의 역사라는 것을 고대부터 대를 이어 전해 들어 잘 알고 있다. 한국인인 것을 알아보고 산성을 축조한 고구려는 너희 선조가 아니더냐고 반문한다. 그들은 중앙 정부의 동북공정東北工程과는 전혀 관계가 없다.

산성은 지금 현재도 훼손이 진행중이다. 증언해 줄 노인들은 이미 노쇠하였다. 다니면서 지금 현 상태 그대로 기록을 하고 자료화해야 한다. 되도록 많은 노인들을 만나서 증언을 들어야 한다. 더 이상의 왜곡된 사실을 전하거나, 사실이 산 속에 묻혀버리는 일이 없도록 있는 그대로 적어 놓아야 한다. 묻힌 사실을 발굴하고 지켜내야 한다. 그것은 고구려를 선조로 둔 우리의 의무이다.

그리고 사실을 있는 그대로 후대에게 물려주어야 한다. 그것이 긴 역사 속에서 우의를 돈독히 해온 중국과의 관계에도 도움이 된다. 사실에 기초한 역사인식이 한중 관계의 현재와 미래를 건전하고 밝게 해준다. 왜곡된 역사는 바로잡는 데까지 시간이 소요될 뿐 역사의 진실은 변하지 않기 때문이다. 그것이 오늘도 산성을 찾아 나서는 이유이다. 바로 이 책을 쓰는 당위성이다.

도올 김용옥 선생님께서 용기를 주셨고, 길라잡이가 되어 주셨기에 이 책이 나올 수 있었다. 머리 숙여 감사드린다.

항상 지지와 성원을 아끼지 않는 대련의 "한국인 상회" 박신헌 회장을 비롯한 한인 여러분들께 감사한 마음을 전한다. 특히 산성 답사기를 매월 『한국인』 잡지에 연재하여 한인사회에 고구려에 대한 인식을 새롭게 하는 계기를 마련해준 이용섭 편집장이 고맙다. 프랑크푸르트 백범흠 총영사, 대련 영사출장소의 강승석 소장님의 지지와 격려 또한 힘이 되었다.

이번 연구와 답사에 성쉬에밍盛學明, 스샤오핑施曉平 등 중국 친구들의 자료 수집이 절대적으로 도움이 되었다. "친구들아 고맙다!" 항상 가슴 졸이며 산행을 걱정했던 집사람과 아들, 며느리 그리고 딸의 사랑과 지지가 답사에 바탕이 되었다. 끝으로 우리 다섯 형제 잘 키워 주시고 지금도 지켜봐 주시는 연로하신 부모님께 이 책을 바칩니다. 올 들어 기력이 많이 떨어진 아버님 쾌차하시길…… 아버님, 어머님, 사랑합니다.

집필을 마치고 나니 답사 중 현지에서 만났던 노인들 모습이 주마등처럼 머리를 스친다. 그들은 내게 고구려산성의 위치를 알려주었지만 진정한 고구려 이야기도 들려주었다. 그들의 증언이 없었다면 산성 답사가 얼마나 무미건조했을까? 정겨운 분들이다. 한 분 한 분 얼굴을 떠 올리며 감사드린다.

그리고 통나무 가족 모두 고구려에 대한 열정이 아름답다. 그래서 고구려는 우리의 가슴속에 살아 있나 보다. 이 책이 출간되어 자라나는 아이들에게 살아 있는 고구려 역사인 산성 이야기를 전하게 되어 너무 행복하다. 나의 고구려산성 답사는 계속된다.

2018년 2월
비사성卑沙城 남벽 위에서
황해黃海를 내려다보며

일러두기

1. 이 책의 답사 대상 73개 고구려산성의 선정 이유:
   1) 중국 역사학계에서는 고구려산성이 동북3성 안에 200여 개, 그 중에서 요녕성遼寧省 안에만도 100여 개가 분포되어 있다고 보고 있다. 하지만 정확한 숫자는 아무도 모른다.
   2) 이 책에서 다루는 요동 73개 고구려산성은 요동반도에 위치한 산성 중심으로 하였다. 요동반도는 일반적으로 단동丹東에서 영구營口에 이르는 축을 북쪽 한계로 하고 황해와 발해를 끼고 있는 반도를 말한다. 그 이외에 요동 내륙에 소재한 요동성, 안시성, 흘승골성, 하고성자성 4곳을 포함한 것은 이 성들이 요동반도 내의 산성들의 군사, 정치, 경제, 사회, 문화의 중심이었으며 그 산성들이 지켜내고자 했던 목적이었기에 포함하였다.
   3) 중국학자들은 요동반도 내에서 58개의 산성만을 고구려산성으로 추정한다. 필자는 답사를 통하여 추정할만한 근거가 있는 11개의 성을 고구려산성으로 새로 추가하였다. 그 외로도 이름만 있을 뿐 실체를 찾지 못한 산성도 많이 있으므로 향후 계속되는 답사와 연구로 밝혀내야 할 것이다.
   4) 그러므로 중국학자들도 인정하는 요동반도의 58개 산성과 필자가 고구려산성으로 추정하는 11개, 그리고 흘승골성 등 내륙의 4개 성을 합하여 73개의 산성을 선정하였다.

2. 고구려산성의 명칭에 대하여:
   중국학자들이 주로 사용하는 명칭을 따랐다. 그들은 〈***산 산성〉 방식으로 산 이름 뒤에 산성을 붙여서 산 글자가 중복되어 우리에게 다소 어색할 수 있다. 지금 우리에겐 그 이름이라도 지켜내는 것이 중요하다. 고려성산 같은 이름은 요동지역 내에 여러 곳에 존재하다 보니 "청석령 고려성산산성"과 같이 그 앞에 지역 명을 붙여 구분하였다.

3. 강, 하천의 연안 구분:
   강하구 또는 하류 방향을 기준하여 좌, 우안으로 구분하였고, 경우에 따라서는 동안, 서안 등 방위에 따라 구분하기도 하였다.

4. 중국어 표기에 관하여:
   중국어 표현은 독자의 이해를 돕기 위하여 한국어 한자표기로 전환하여 기재함을 원칙으로 하고, 병기할 경우에는 번자체로 전환한다. 그리고 중국어 한글표기는 "C-K시스템"으로 표기한다.

1장

요동반도 남단의 고구려 해양방어 거점

비사성 남쪽 성벽

요동반도 남단의 고구려 해양방어 거점

● 비사성卑沙城, 대련시 금주구 대흑산 산상.

● 성산두산성城山頭山城, 대련시 금주구 대이가가도 성자촌.

● 답씨고성沓氏古城, 대련시 금주구 대이가가도 대령촌.

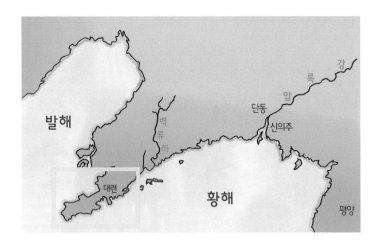

한인타운을 형성하고 있는 대련 개발구에서도 어렴풋이 보이는 남벽의 성곽에 와서
직접 보니 마치 살아 있는 듯 꿈틀거린다. 비사성은 거대한 산성이다.

대흑산大黑山 비사성卑沙城을 오르다

대련의 대흑산에 자리한 비사성卑沙城은 고구려산성 중에서도 몇 안 되는 대형 성이다. 요동반도의 끝자락에 위치하여 황해와 발해의 연해 교통로를 동시에 장악하니 군사 요충지였다. 또한 천혜의 요새에 자리한 성은 바다를 건너 육지에 상륙하는 적군을 저지하는 해양방어의 첨단 역할을 하였다. 오늘날까지도 거의 전 구간 성벽이 양호한 상태로 남아 있어 고구려의 감동을 그대로 전하고 있다.

당시에 오를 수 있는 유일한 성문이라던 관문채關門寨는 서쪽 계곡 길로 통한다. 계곡 사이가 바위를 깎아 세운 듯하니 문만 막으면 그 어디로도 오를 수 없다. 문의 북쪽에 바로 이어지는 거대한 바위 위에 점장대가 자리하고, 반대편은 가파른 바위 장벽이 이어지다가 남서쪽의 봉우리에서 멈춘다. 점장대에서 서벽이 시작되나 가파른 절벽으로 이루어져 별도의 성벽이 필요치 않다.

아마도 이곳이 비사성 전체에서 가장 험준한 구간일 것이다. 남서쪽 봉우리 아래에서 비로소 인공성벽이 다시 시작된다. 봉우리 서쪽에 남북으로 길게 놓인 길이 한눈에 들어온다. 당시에도 중요한 교통로였을 것이다. 성벽이 길과 평행되게 이어진다.

그곳에 닿으려면 관문채 쪽에서 오르기는 불가능하며 관문채 입구 600m 전에 있는 또 다른 계곡 길로 들어서야 한다. 그곳에서 왼쪽으로 보이는 능선이 성안의 긴 산줄기이며 그 끝이 바로 서벽이 다시 시작되는 봉우리다. 오늘은 성벽이 어떻게 이어지는지를 확인하기 위하여 그 봉우리를 오른다.

바위로 된 봉우리에 성벽이 이어지고 다시 산언덕을 따라 내려간다. 대련 개발구에서 산의 초입으로 이어지는 도로와 평행되게 이어지고, 도로 건너 비사성의 서쪽에 면하는 봉황산과 마주한다. 높은 바위로 된 봉우리는 그 자체가 천연이 만들어 놓은 대臺이다. 대 위에 서니 과연 서쪽에서 남북으로 길게 이어지는 도로가 한눈에 들어온다.

아마도 그 당시에도 중요한 교통로였을 것이고 적들이 황해로 상륙하면 그 길을 통해 접근하였으리라. 이곳에서 적들의 정황을 살피고 점장대에 알린다. 굳이 봉화를 피우지 않더라도 깃발을 이용하여 통신할 수 있는 거리이다. 서남쪽 방향을

봉우리 서쪽에 남북으로 길게 놓인 길이 한눈에 들어온다. 당시에도 중요한 교통로였을 것이다. 성벽이 길과 평행되게 이어진다.

감시하는 전망대로 안성맞춤이다. 바위 아래 산언덕엔 큰 공간이 있다. 건축물이 있었고 그곳에서 병사들이 숙영을 했을 것으로 보인다. 위험한 상황이 되면 그 병사들을 출동시켜 대처하였을 것이다.

다시 산언덕에 이어지는 성벽을 따라 간다. 성벽은 S자를 그리며 내려가다 얕은 계곡을 지난다. 계곡을 따라 접근하는 적을 방어하기 위하여 계곡을 성벽으로 완전히 차단하였다. 성벽의 높이가 3~5m에 이르니 거의 완벽한 원형에 가깝다. 어쩌면 비사성 전체로 보아 가장 보존상태가 양호한 구간일지도 모른다. 그러한 성벽을 보니 가슴이 두근거린다. 그 기나긴 세월을 견디면서 거의 완벽하게 남아 있다는 것은 불가사의不可思議에 가깝다. 세계 8대 불가사의 중에 하나라 일컫는 만리장성의 많은 구간이 명明대에 다시 축조된 것이 아니던가?

서벽. 비교적 보존 상태가 양호한 서벽은 황해에서 올라오는 적들을 감시하고 그 쪽에서 계곡에 접근하는 적을 차단한다.

성벽은 골짜기를 건너 계곡의 옆면을 따라 다시 하산한다. 꽤 넓은 성벽의 상단을 밟고 걸으면서 성벽의 상태를 확인한다. 상단의 폭은 2.5~3.5m 정도이다. 편축으로 축성된 성벽은 적의 접근이 불가능해 보인다. 다시 골짜기 쪽으로 내려가 성벽을 따라가며 자세히 살펴본다. 중간 중간에 바위가 있어 그 바위를 이용하여 성벽을 쌓았다. 자연을 최대한 활용하여 튼실하게 축성을 한 것이다. 골짜기에 흩어져 있는 가공석들을 보니 경사면에 이어진 성벽이 당시에는 좀 더 높았으리라.

계곡을 따라 오르던 적들을 S자의 전면과 측면에서 협공을 했을 터이니 이곳에 접근하는 적은 그야말로 독 안에 든 쥐의 신세가 되지 않았을까? 계속 하산하던 성벽은 큰 계곡에서 잠시 멈추었다 다시 남쪽 산자락을 타고 오른다. 지금은 흔적이 남아 있지 않지만 아마도 당시 계곡 입구에 성문이 있었을 것이다. 계곡에서 보니 남쪽 높은 산등성이에 아득하게나마 성벽이 보인다. 성벽이 그곳까지

하산 길에 만난 성벽. 계곡을 따라 완벽하게 남아있어 놀랍다. 계곡을 따라 올라오는 적들을 측면에서 공격하여 차단하였을 것이다.

남쪽 산 능선에 아득히 보이는 성벽은 햇빛을 받아 찬란히 빛나고 있다.

계속 이어진다는 사실만으로도 마음이 설렌다. 산자락 풀숲에서 이어지는 성벽을 발견했다. 비사성 성벽을 따라 계속 산을 오르니 여전히 서쪽 면의 방어선을 구축하고 있다. 황해에서 올라온 적들의 교통로 초입이 가까워지면서 바로 그 길목을 지키는 꼴이다.

산 중턱에 오르니 또 하나의 넓은 공간이 있다. 바위 하나를 용머리처럼 꾸며 놓고 그 아래서 제를 올리고 기원을 하는 터이다. 하나의 민간신앙으로 여겨진다. 그것은 근간에 만들어 놓은 것이지만 당시에는 하나의 대臺가 있던 자리로 보인다.

바위 하나를 용의 머리로 여기고 그곳에서 제를 올린다. 지금은 민간신앙 터지만 당시에는 서남 모퉁이의 각대角臺였을 것이다.

그곳에서 성벽은 방향을 틀어 남쪽 방향을 면하면서 동쪽을 향하여 간다. 서남 모퉁이의 각대角臺가 아니었을까? 서남 방향의 적들을 감시하고 교통로의 입구에 진입하는 적들에 대비하여 병사들을 지휘했던 장소로 여겨진다.

성벽은 군데군데 훼손되었지만 장관을 이루며 산을 오른다. 남벽의 시작이다.

성벽은 다시 산을 오른다. 계곡에서 보았던 산등성이의 성벽이 가까이에 있다. 성벽은 군데군데 훼손이 되었지만 그래도 석축이 완벽한 형태를 갖추고, 산등성이 따라 이어가는 성벽과 동행하니 산행이 하나도 힘들지 않다. 잡목이 무성하여 가시에 찔리기도 하지만 성벽을 오르내리며 성벽의 돌 하나 하나를 자세히 살피는 재미가 쏠쏠하다.

가다보면 한 면이 약 25~30cm, 깊이 0.5~1m의 사각형으로 된 석동石洞이 나타난다. 주동柱洞이라고도 일컫는데 여러 설이 있지만 대개는 1) 적의 침입 시 산 아래로 굴리는 통나무를 매달아 두었던 기둥의 기초라는 설, 2) 돌이나 화살을 발사하던 쇠로 만든 무기였던 쇠뇌(弩炮 또는 弩機라고도 함)를 고정했던 기초라는 설, 3) 목책木柵을 설치했던 난간의 기초라는 설, 4) 깃발을 날리기 위하여 깃대를 꽂아 두었던 기초라는 설 등이 있다. 석동은 비사성뿐 아니라 환도산성,

흘승골성을 비롯하여 그 외에 여러 고구려산성에서 발견된다. 여기서는 남아 있는 숫자나 간격과 성 밖의 경사도를 감안할 때 적의 침입을 차단하기 위한 통나무를 매달았던 기둥의 기초로 추정된다.

비사성 남벽과 서벽 곳곳에 있는 석동石洞.

드디어 계곡에서 보았던 성벽에 닿았다. 긴 산등성이가 시작되는 지점이다. 산의 높이가 해발 498m에 달하고, 연이은 성벽은 그 높이가 3~4m 남아 있다. 과연 멀리서도 보일 만큼 거대하게 자리매김 하고 있다. 그곳에서 보니 성 안팎이 한눈에 들어온다. 남쪽 시내 건너의 황해도 눈에 들어온다. 날씨가 맑아 해안의 부두 곁에 자리한 동우령童牛嶺도 손에 잡힐 듯하다. 어쩌면 이곳이 서남 벽의 각대角臺인지도 모른다. 산성을 정확하게 동서남북의 성벽으로 구분하기란 쉬운 일이 아니다.

길게 늘어진 산등성이를 따라 성벽은 마치 용이 꿈틀거리듯이 이어간다.

산등성이가 시작되는 지점에 성벽은 보다 거대하게 남아 있다. 그곳에선 성 안팎이 한눈에 들어온다.

이곳에서도 석동이 더 자주 눈에 띈다. 과연 어떤 용도였을까? 성벽은 약간 방향을 틀고 긴 산등성이 위를 용이 꿈틀거리듯이 이어간다. 장관이다. 차가운 돌로 쌓은 성벽이지만 생명감이 느껴진다. 멀리서 황해를 끼고 간다. 산성 바로 아래에서 단동丹東 가는 고속도로가 함께 가고, 멀리 대련의 신항新港이 있는 대요만大窯灣도 보인다. 산성에서 내려다보니 가슴이 탁 트인다. 이것이 바로 고구려인들의 기개세가 아니던가?

길게 이어온 남벽 끝에 대가 우뚝 서 있다. 긴 남벽이 용의 몸통이라면 이 대는 용의 머리에 해당한다고 할 수 있다.

긴 산등성이 끝부분 봉우리에서 하나의 대臺를 만난다. 산성은 이곳에서 조금 방향을 틀면서 동벽을 만들어 내고 있다. 그렇다면 이것 또한 각대角臺이다. 높이가 약 4~5m 남아 있고 폭이 약 25m에 이른다. 대 안쪽으로 공간이 넓다. 군사들이 주둔했던 건축물이 있었을 것이다. 대에서 내려다 본 골짜기가 가파르니 적의 접근이 불가해 보이지만 그래도 남동 방향의 정황을 살펴야 하기에 대가 필요했던 것이다. 바위 산봉우리 위에 세워졌다. 그 누구도 범접하기 어려운 위치다. 고도가 이미 해발 516m에 달하니 꽤 높은 곳이다.

봉우리를 형성하는 가파른 바위들을 빈손으로 오르내리기도 쉽지 않은 그 위에 고구려인들은 성벽을 쌓았다. 바위 틈새 틈새에 쌓은 성벽을 보고 있노라면 그 섬세함에 절로 탄복의 신음이 나온다. 바위가 끝나는 지점에서 성벽이 길게

대훈를 지나 내려오는 바위 틈새마다 쌓은 성벽을 보면 그 섬세함에 놀라울 따름이다.

이어지며 낮은 봉우리를 오르내린다. 다시 높은 봉우리가 시작되기 전 낮은 지역
에는 성벽을 더욱 단단히 쌓았다. 그곳도 적의 접근이 쉬워 보이지는 않지만 그
래도 비교적 취약지역이기 때문이다.

성벽은 그곳에서 다시 봉우리
를 타고 오른다. 산성의 동쪽에
위치한 대련대학大連大學 금주金
州캠퍼스가 눈에 들어온다. 봉우
리에 오르니 바람이 세다. 산상에
서 온갖 풍상을 겪어 자라지 못한
키 작은 소나무 두 그루가 혹심한
북풍에 바람방향으로만 나뭇가
지를 뻗고 있다. 그래도 꿋꿋하

대가 있는 봉우리를 내려오면 또 다시 봉우리가 시작되기 전 낮은 지역에는 성벽을
더욱 단단히 쌓아 적의 접근을 차단했다.

게 생명을 유지하고 서있다. 마치 고구려 말기 막강한 수·당 왕조에 갖은 시련을 겪어온 제국의 처지를 보는 듯하여 마음이 뭉클해진다. 그래도 줄기차게 대항하며 이어 온 고구려가 아니던가?

긴 능선을 지난 성벽은 다시 내려갔다가 대흑산 정상을 향한다. 그 정상이 해발 663.1m로 대흑산의 수많은 산봉우리 중에 최고봉이다. 많은 봉우리를 거쳐 온 성벽이 마지막 등정을 위하여 잠시 내려간다. 오르기 전 낮은 지점엔 성벽이 두텁다. 아마도 이곳에 동문이 있었으리라. 문 한쪽 높은 곳에 훼손이 심하지만 대가 있었던 것이 분명하다. 그곳에서 동쪽 계곡을 타고 올라오는 적의 접근을 차단하였을 것이다. 하나의 옹성구조이다. 성을 전체적으로 보면 적이 접근할 수 있는 계곡 등 취약지역마다 성벽을 두텁게 하여 빈틈을 주지 않으니 과연 요새要塞라 아니할 수 없다.

동쪽에서 성벽은 정상을 향하여 힘차게 오른다. 군사기지가 있어 더 이상 가볼 수는 없었지만 성벽은 정상을 감아 돈다.

그곳에서 성벽은 드디어 최고봉을 향해 오른다. 대흑산의 정상부는 산山 자字 형을 이룬다고 한다. 세 봉우리가 어우러져 정상을 형성한다는 이야기이다. 한 봉우리에는 레이더기지, 또 한 곳에는 TV 중계탑, 나머지 한 곳에는 이동통신 중계탑 등이 자리 잡고 있다.

성벽은 그 중 동쪽 가장 가까이 군사시설이 있는 봉우리를 향하여 힘차게 솟아오르고 있다. 663.1m를 향하여 오르다가 승천하려는 용의 자태이다. 남벽에서 보았던 한 마리의 용은 아직 승천을 꿈꾸며 꿈틀거리고 있다면 이곳의 또 한 마리의 용은 드디어 승천을 하려고 솟아오르는 형국이다. 하지만 꼭대기에서 기지

정상을 오르기 전 동벽 낮은 부분에 성문이 있었고, 문 옆에 훼손이 심하지만 대臺가 있으니 옹성구조임이 분명하다.

를 감싸 도는 성벽은 더 이상 가볼 수 없다. 그곳은 군사보호구역이라 출입이 제한되어 있으니 아쉬움이 남을 뿐이다. 그 정상 부분이 동벽과 북벽이 만나는 모퉁이다. 그 부분에 지금 레이더기지가 자리하듯이 전체를 조망할 수 있는 하나의 대臺가 있을 것이다.

산의 북쪽으로 가면 정상부에서 내려오는 성벽을 만난다. 정상부에 보급품을 나르기 위한 도로가 개설되어 있고 그 도로변 끝자락 숲속에 길게 이어지는 북벽을 볼 수가

비사성 북벽

있다. 도로를 개설하면서 일부 성벽이 훼손되었을 개연성이 충분하다. 그래도 다시 성벽을 만날 수 있다는 자체만으로도 얼마나 감사한지 모르겠다.

숲속으로 들어가 성벽을 따라 내려온다. 성벽은 최근 들어 보수하였다는 것을 증명이라도 하듯이 돌에 더러 조가비가 붙어 있다. 성벽이 내려오다 길을 가로질러 성문을 만들어 놓았다. 원래 유일하게 오를 수 있었던 서쪽 계곡에 있는 관문채關門寨가 성의 정문이었을 텐데 비사성卑沙城 세 글자를 달고 마치 성의 오래된 정문인 양 서 있다. 그 문아래 1963년에 성급문화보호단위로 선정되었으며, 2013년에 국무원에서 전국중점문물보호단위로 선정되었다는 표지석 두 개가 서있다. 그것을 보니 조양사朝陽寺 쪽에서 오르는 도로를 개설하면서 성의 정문이 되어 버린 것이다. 문에 새겨진 비사성이란 세 글자는 반갑지만 문의 건축 양식과 주변의 성곽들은 어색하기 짝이 없다.

최근 조성된 비사성卑沙城 성문

언제부턴가 당왕전唐王殿이란 커다란 정자가 하나 서 있지만 그곳은 고구려 장수가 전투를 지휘했던 점장대點將臺였다.

북벽 끝자락 바위 위에 황해와 발해를 다 같이 발아래 둔 점장대가 그 위용을 자랑한다. 양 해안을 번갈아 바라보면서 연안의 해상 교통로를 장악할 수 있는 중요한 위치이다. 과연 점장대는 성 안팎을 한눈에 내려다 볼 수 있는 위치였다.

하지만 그 위치엔 언제부터인가 당태종 이세민을 기리는 당왕전唐王殿이 서 있다. 입구 풀숲가에 점장대點將臺라고 쓴 표지석이 없었다면 고구려 장수가 전투를 지휘했던 대臺였다는 사실을 모른 채 지나칠 수 있다.

성벽은 문을 지나 점장대를 휘어 감고 멈추어 선다. 그 지점까지가 성의 북벽이다. 점장대는 북·서 모퉁이의 각대角臺이기도 하다. 그곳에서 서쪽으로 방향을 틀어 절벽 아래로 떨어진 지점에 서쪽 문인 관문채關門寨를 만들어 놓았다. 그 유명한 서쪽 진입로를 견고하게 지켜내던 그 정문 터에다 문을 복원해 놓은 것이다. 문의 양 측면에 깎아서 세운 듯 절벽이 가로막고 있어서 문을 굳게 걸어 잠그면 아무리 대군이 밀려와도 끄덕하지 않았던 성문이다.

가파른 절벽엔 성벽을 쌓을 수 없다. 석고사石鼓寺를 거쳐 계단 길로 하산을 해야 관문채를 만날 수 있다. 분지 위에 자리한 석고사와 그 옆에 자리한 군부대 부지가 꽤 넓다. 당시에는 성안의 중요 시설이 자리했을 것이다. 이어지는 가파른 계단으로 된 십팔반十八盤을 내려오면 호법전護法殿이란 작은 법당을 만난다. 그 마당 앞 바위 끝자락에 적수호滴水壺가 있다. 성안의 중요한 저수지였던 샘물로 지금은 산에 주둔하고 있는 부대에 물을 공급하는 취수시설로 변해 있다. 아직도 그 명맥을 유지하고 있다는 사실이 그저 놀랍다. 그 인근에 음마만飮馬灣이라고 불리는 저수시설인 축수지蓄水池가 있다고 하건만 그 흔적은 볼 수가 없다.

당시에 성안의 주요 저수지였던 적수호滴水壺는 아직도 군사 취수시설로 남아 있으니 마르지 않는 샘물에 놀랄 따름이다.

당태종이 적수호 물을 마신 적이 있고 설인귀薛仁貴가 음마만에서 말에게 물을 먹였다고 전해진다. 하지만 당시에 그들의 동선을 보아서 전혀 있을 수 없는 허구에 지나지 않는다. 석고사를 비롯하여 산 곳곳의 유적들도 당태종과 관련이 있는 것으로 이야기한다. 그것은 그렇게 원했던 고구려 정복에 실패한 그의 한을 달래주기 위하여 후세에 지어낸 민화民話에 불과하다.

길은 계곡을 따라 좁게 내려가고 위를 올려다보면 양쪽에 절벽이 가파르게 솟아 서로 마주칠 듯 그 끝에 좁은 하늘이 열려 있을 뿐이다. 관문채關門寨가 그곳에 우뚝 서니 과연 명불허전名不虛傳이 따로 없다.

다시 남쪽 절벽으로 이어지는 성벽 없는 구간은 남서쪽에 떨어져 있는 바위 봉우리와 만나며 그곳에서 다시 성벽이 시작된다. 아침에 답사를 시작했던 바로 그 지점이다. 이로써 비사성 둘레 5km를 완주했다. 성의 규모에 놀라고, 완벽한 요새

양쪽 절벽 사이에 있는 비사성의 정문이었던 관문채는 걸어 잠그면 그 누구도 통과할 수 없는 위치에 서 있다.

임에 감탄하고, 바위 사이마다 하나하나 쌓아 올린 섬세함에 탄복하고, 성에 얽힌 선조들의 이야기에 가슴 뭉클해지고, 1,500년 이상 끄떡 없이 오늘날까지 지켜낸 견고함에 절로 고개 숙여지는 비사성卑沙城! 오르면 고구려 선조의 숨결이 느껴지고, 보고 있노라면 절로 눈물이 흐른다. 비사성은 단지 하나의 산성山城이 아니라 살아 있는 고구려 역사다. 그 자체가 한편의 고구려 대서사시大敍事詩이다.

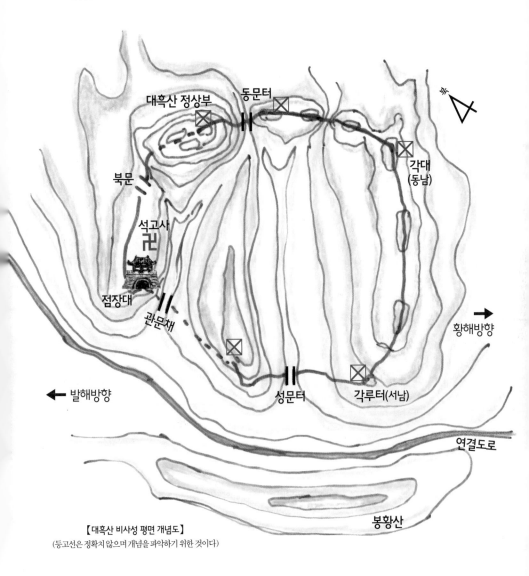

【대흑산 비사성 평면 개념도】
(등고선은 정확치 않으며 개념을 파악하기 위한 것이다)

대흑산 정상. 정상의 봉우리가 산山 자 모양을 닮았다. 비사성은 663.1m의 정상을 휘감아 돌아 내려온다. 사진의 왼쪽 중간에 보이는 석고사 절과 군부대 부지에 당시 성의 중심시설이 있었을 것이다.

비사성卑沙城, 고구려의 슬픈 역사가 깃들다

한국에서 대련에 올 때나 중국 국내출장을 다녀오면서 항공편을 이용할 때면 평소와 달리 창가 자리를 달라고 한다. 그것도 A나 B로 시작하는 쪽이 아닌 그 반대편 쪽 창가를 원한다. 대련이 가까워지고 비행기가 하강을 시작하면 멀리서부터 우리를 반기는 대흑산을 보기 위함이다.

시내에 나갔다가 개발구로 돌아오면서 차량 정체로 짜증이 나다가도 우뚝 솟은 대흑산을 전방에 두고 운전을 하는 구간부터는 마음이 푸근해진다. 개발구에 고층 건물이 우후죽순처럼 늘어나 스카이라인이 많이 바뀌면서 전과 달라졌다. 하지만 그래도 대흑산은 언제나 그 자리에 꿋꿋하게 서있다.

> 높은 산 깊은 꼴에 까마귀 난다.
> 천연 요새 관문채關門寨 걸어 잠그고
> 하루 한나절 결사항전 지켜내나
> 그믐밤 칠흑 같은 어둠을 틈타
> 파도처럼 끊임없이 밀려오니
> 비사성卑沙城 성문은 부서지고
> 성안은 유린당하여라.
>
> 철기병과 정예병은 요하 사수하러 떠나고
> 수군은 압록강 하구에 집결하러 간 사이에

황해 건넌 당唐 수군 밀려오니
몇몇 남은 군사와 모여 든 백성들이
관문채 굳게 걸어 잠그고 목숨걸고 지키려 하나
천연 요새도 소용없어라.

포승줄 묶여 성 아래로 끌려 내려오는 8천 명이
노인, 부녀자, 아이들뿐이어라.

그들 끌려가 텅 빈 골에 까마귀만 하늘 높이 난다.

　오늘은 서쪽 계곡에서 관문채關門寨를 지나 오르는 길을 택한다. 대흑산은 곁에 있어 자주 오르지만 시작점에 따라 그 느낌이 다르다. 입구에 도착하여 산을 올려다보니 버티고 있는 바위산에 압도되어 과연 역사의 기록이 이곳을 왜 천혜의 요새라고 했던지 금방 알 수 있다. 이 계곡은 고구려시대에 산성으로 진입하는 유일한 통로였다. 645년 5월 초 산동성을 출발한 당唐의 수군이 난공불락의 비사성을 함락시키기 위하여 이틀에 걸쳐 대대적인 공격을 감행했던 곳이기에 그 당시 전투장면이 떠오르는 듯하다. 입구를 지나 계곡에 들어서면 양쪽으로 바위 절벽이 틈새도 없이 이어가니 이곳 말고는 달리 오를 수 없는 외통수 길이다.

　『삼국사기』 기록에도 "성은 사면이 험준하고 가파르니 오로지 서문으로만 올라 갈 수 있다城四面懸絶, 惟西門可上"고 되어 있다. 서문으로 통하는 길이 바로 이 계곡 길이다. 물이 마른 계곡을 따라 올라 가다 보면 관문채關門寨가 나온다. 채寨의 사전적 의미가 울짱·성채이며, 말뚝 같은 것을 죽 벌여 박아 만든 울·성과 요새를 의미하니, 문을 닫으면 울이 되며 성과 요새가 된다. 문에서 주변을 바라보니 그럴 만하다. 문을 통하지 않고서는 양쪽의 절벽이 워낙 깎아지른 듯하니 하늘만 보일 뿐이다. 하지만 고구려시대의 관문채는 지금의 위치보다 수십 미터 남쪽 오른편에 있는 벼랑바위가 옛 관문이라고 한다. 배수로만 남겨 놓고 모두

산의 입구인 당왕전에서 바라보는 절벽이 가히 위압적이라 할만하다.

성벽을 쌓아 그 누구의 침입도 허락하지 않았다고 한다. 병사 한 명만 세워 놓더라도 천군만마를 지켜낼 수 있다는 말이 있을 정도이다.

관문 앞에 서니 옛 우리 선조가 과연 천혜의 요새에 성을 만들었구나 하는 생각에 감개무량할 뿐이다. 마침 일요일을 맞아 많은 중국인들이 더러는 단체로, 또 개인적으로 등산을 즐기고 있다. 누군가 관문 위에 올라 깃발을 날리고 있다. 그들 중에 이곳이 1,400여 년 전 수隋·당唐대에 걸쳐 산성을 차지하기 위하여 피비린내 나는 전투를 벌였던 곳이란 역사의 사실을 알고 있는 이가 얼마나 될까?

관문을 지나서 계속되는 협곡은 산 정상 쪽으로 이어지지만 중간에 호법전護法殿이란 작은 법당을 만나고 그곳에서 왼쪽 산등성이로 오르는 길이 나온다.

지그재그로 길을 내야만 오를 수 있었기에 옛부터 십팔반十八盤이라고 하였다. 오늘날 그 길은 가파르게 놓인 긴 철재 계단으로 대체하여 난간을 잡아야만 오를 수 있다. 계단을 거의 다 오를 때 즈음 만나는 선인대仙人臺를 지나면 비교적 넓은 분지가 나오고 그곳에서 불교 고찰 석고사石鼓寺를 만난다. 1998년 처음 올랐을 때는 소박하고 고풍스러운 사찰이었다. 하지만 언제부터인지 대대적으로 개수를 하였고 뒤뜰에는 높다란 미륵불까지 세워 놓아 전혀 다른 모습을 하고 있다.

사찰 옆에는 군 시설도 자리하고 있을 정도로 면적이 꽤 넓다. 적의 침입 등 전쟁 상황이 되면 주변의 마을 백성들도 모두 산성 안으로 들어 왔다. 군민이 힘을 합쳐 전쟁을 치른 것이다. 그것이 고구려산성의 전형적인 타입이다. 절은 수隋대에 처음

고구려시대 처음 지어진, 소박했던 사찰

지어졌다고 하니 고구려 때 산성 안에서 군과 백성들이 무사안일을 기원했던 절이 아닌가? 그뿐 아니라 지형으로 보아 이곳은 지휘부 등 중심시설과 군영이 있었다. 또한 유사시 산성에 올라온 백성들이 기거하는 시설도 자리했을 것이다.

사찰을 지나 좀 가다보면 서쪽 절벽 위에 점장대點將臺가 우뚝 서있다. 점장대는 사장대師將臺라고도 하며 고구려산성 구조에서 특이하게 나타나는 시설이다. 성 안팎을 살필 수 있는 성내에서 가장 높은 곳에 둔 망대로 전투를 지휘하는 곳이다. 당시의 점장대 자리에는 당태종 이세민李世民을 기리는 당왕전唐王殿이 대신하여 자리하고 있다. 관심 없으면 그냥 지나칠 수도 있는 입구 구석에 점장대點將臺라고 쓰여 있는 표지석이 서있을 뿐이다.

점장대에 올라서니 왼쪽에 황해의 대련만大連灣이, 오른쪽에는 발해의 금주만金州灣이 손에 잡힐 듯 한눈에 들어온다. 일전에 요하 강하구遼河入海口 서포대西炮臺 전시관에서 1,000여 년 전에는 해안선이 오늘날보다 내륙 깊숙이 들어와 형성되었다는 자료를 본 기억이 있다. 고구려시대에는 지금 보는 발해와 황해의 해안선이 산성과 더 가까웠다는 이야기이다. 날씨도 요즘보단 훨씬 맑았을 테니 요동반도의 연안을 오가는 배를 한눈에 관측이 가능했다. 그러니 이곳이 주변 해상 교통로를 장악할 수 있는 고구려의 군사 요충지였음을 알 수 있다. 뿐만 아니라 바로 올라왔던 계곡도 발아래 있으니 전투 지휘에도 안성맞춤이다.

점장대에 서서 발해와 황해를 바라보며 1,400여 년 전의 전투를 회상한다. 626년에 형과 동생을 죽이고 아버지를 핍박하여 왕좌에 오른 당태종 이세민은 642년에는 고구려를 제외한 주변 국가들을 굴복시켰다. 고구려는 당의 위협이 날로 심해지는 가운데 연개소문이 대막리지에 오르면서 철권을 휘두르는 상황에서 차분하게 전쟁에 대비하여 16년에 걸쳐 천리장성을 축조한다. 학자에 따라서는 장성의 노선에 대해 여러 의견이 있지만 그 남단을 이곳 비사성으로 비정하는 학자들도 많다. 천리장성이 마무리되어 갈 즈음인 645년 5월에 드디어 당태종은 비사성, 절벽 위에 선 점장대의 위용. 과연 난공불락의 천연의 요새이다.

직접 대군을 이끄는 친정親征으로 회원진 부근에서 요하를 건너 요동성을 공격한다. 당은 황제의 진격을 원활하게 하기 위하여 사전에 고구려의 주요성들을 침공한다. 대흑산의 비사성도 그 중 하나로 산동성을 떠난 수군이 4월 말에 도착하여 5월 초 공격을 시작한다.

당의 대군을 막기 위해서는 상대적으로 군사가 적은 고구려로서는 요하遼河를 통한 당의 군수물자와 군사의 이동을 허용할 수 없다. 비사성의 주력부대를 요하를 지키는 최대 방어거점인 개주蓋州에 자리한 건안성建安城에 보내 요하 하구 사수에 힘을 보탰다. 그것이 최선의 방법은 아니지만 대군과 맞설 수 있는 선택과 집중이었다. 500척의 군함에 4만 여의 군사를 태운 당군唐軍이 대련만大連灣에 도착했을 때에는 이미 고구려 수군은 압록강 하구로 이동했고, 적군의 상륙을

석고사 아래 쪽 바위 절벽이 천연 성을 이루고 있다. 지금은 계단이 놓여 있지만 그 전만 하더라도 지그재그 길로 올라야 했기에 아직도 십팔반十八盤이란 이름이 남아 있다.

저지할 기병과 정예병은 건안성으로 이동했다. 아무런 저항 없이 상륙한 당군은 다음날 비사성으로 진격한다. 하지만 올라오면서 보듯이 난공불락의 요새인 성의 정문, 관문채關門寨를 지키던 남은 군사들은 치열한 전투 끝에 당군에 많은 피해를 입히고 성을 사수하면서 하루를 지낸다.

시야가 확보되는 주간공격은 도저히 불가하다는 것을 통감한 당군은 이튿날 다시 야간공격을 감행한다. 황제가 요하를 건너기 전에 성을 함락시켜야 하는 절박감이 있었다. 정예병이 떠난 비사성은 아무리 요새라 하지만 전방의 시계가 확보되지 않는 그믐밤에 줄줄이 쓰러져도 지속적으로 공격해 오는 인해전술의 당군을 당할 수가 없었다. 결국 관문채 성문이 부서지고 성안은 유린당한다. 기록에 따르면 성안에 살아 있는 8,000여 명이 줄줄이 묶여 성 아래로 내려왔다고 한다. 그들 대부분은 주변에 사는 백성들로 노인, 부녀자, 아이들이었다. 포로가 된 그들은 결국 당의 배에 실려 산동성으로 보내졌다. 나라를 보위하기 위해 건안성 전선으로 떠난 자식, 남편, 아빠와 영영 생이별을 한 채 그곳에서 노예생활을 하며, 평생을 바다 건너 고향을 그리며 그렇게 살았을 것이다.

그 당시 성이 점령당한 후 성안에 있던 8,000명에 관한 기록은 역사서에 따라 차이가 있다. 중국 역사서인『자치통감資治通鑑』에는 "남녀 팔천 명을 붙잡았다獲男女八千口," 여기서 획獲은 포로로 잡았다는 것을 의미한다.『구당서舊唐書』·『신당서新唐書』기록에 따르면 "팔천 명이 포로로 잡혔다俘虜八千人"로 되어 있다. 부로俘虜는 '포로로 잡다,' '적을 사로잡다'를 뜻한다. 하지만 삼국사기에는 팔천 명이 함몰되었다고五月城陷, 男女八千口沒焉 기록하고 있다. 하지만 당시에는 인구가 적은 탓에 전쟁에서 이기면 상대방의 군사는 물론 백성까지 최대한 포로 삼아 자국으로 데려가는 것이 일반적이다. 당시뿐만 아니라 고대 전쟁사에서 군사와 백성을 포로로 잡아간 이야기는 흔히 있다. 그것이 상당히 중요한 전리품이었다. 아마도 중국의 역사서 기록대로 8천 명의 군사와 백성은 포승줄에 묶인 채 줄줄이 성 아래로 끌려 내려왔을 것이다. 그리고 포로의 신세가 되어 적함으로 당 수군의 출발지였던 산동성 내주萊州로 끌려갔다는 것이 사실에 부합된다. 이 슬픈 역사의 대흑산, 비사성은 찾을 때마다 언제나 심금을 울린다.

결국 안시성을 넘지 못한 당태종은 그 해 9월에 서둘러 철군을 시작한다. 고구려군의 계속되는 추격을 피해 할 수 없이 늪지대인 요택遼澤을 택해 건너던 당군은 수만의 군사를 잃는다. 당태종도 그곳에서 병들어 겨우 목숨만 건져 도망가면서 전쟁은 고구려의 대승으로 마감된다. 전쟁이 끝나고 고향으로 돌아 온 비사성의 군사들에게 승전보를 들려 줄 가족들은 이미 없다. 그들은 부모, 처자 등 식구를 다 잃은 채 평생 가슴 깊이 슬픔의 응어리를 안고 살았을 것이다.

비사성 성문 벽의 돌에는 조가비가 붙어 있다.

점장대를 지나면 비사성 성문이 나온다. 전에 왔을 땐 성문이 없었다. 당시의 석성 그대로 소박함이 좋았고, 그 기억이 항상 남아 있었는데 그 성은 보이질 않고 새로 보수한 성의 모습이 생경하다. 언제 복원했는지 모르지만 성문 벽을 쌓은 돌에 조가비가 붙어 있다. 성문을 중심으로 좌우로 복원해 놓은 성의 길이가 얼마 이어지지 않고 흐지부지 없어지니 흉내만 낸 듯하다. 산등성이에 남아 있는 성벽과는 전혀 다르다. 그래도 성문에 쓰여진 비사성卑沙城이란 세 글자를 보니 반갑다.

오랜만의 산행으로 힘은 들지만 비사성에서의 고구려 슬픔을 가슴에 안고 663.1m 고지, 산 정상을 향해 다시 오른다. 대흑산은 정상으로 향할수록 암벽이

비사성 성문과 점장대(당왕전)

많고 가파르니 계단에 의존하지 않고서는 도저히 오를 수가 없다. 정상에 있는 중계탑에 물자를 나르는 케이블카가 있을 정도이다. 나는 정상에 올라 고구려를 외쳤다. "고구려," "고구려," "고구려" 세 차례 외쳐댔다. 대흑산 산등성이에 말 없이 서있는 옛 성벽 말고는 산성의 중심 시설이 있던 곳엔 고구려의 흔적은 이미 없다.

나는 금주金州박물관을 향해 차를 몰았다. 혹시라도 대흑산이 소재한 금주의 박물관에는 비사성의 역사기록이 있을까 해서 한달음에 달려간다. 하지만 도서 관과 한 건물에 있는 박물관은 2, 3층이 재정비로 문을 닫은 지 오래고 1층에 금 주의 옛 거리를 재현해 놓은 전시물과 그림 몇 점이 놓여 있을 뿐이다. 단지, 그 곳에 금주 지역의 행정단위 명칭의 시대별 연혁金州金地區建置建沿革을 설명한 표가 전시되어 있다.

고구려가 건재했던 남북조·수·당대에는 금주 지역의 명칭이 비사성卑沙城 이었다. 고구려는 성주가 주변의 행정구역을 관할하였던 것에 비추어 보면 당연 한 일이겠지만 그래도 금주의 옛 지명이 비사성이었다는 사실은 새삼스럽다. 더 이상의 역사기록을 볼 수 없는 아쉬운 마음에 박물관을 나서서 다시 한 번 대흑산, 비사성을 바라본다. 바라보고 있으면 항상 마음이 푸근해진다.

비사성과 가까운 곳, 대련만을 끼고 형성된 항구에 면한 해안 변에 동우령童牛 嶺이란 작은 산이 있다. 그 주봉은 불과 해발 173m의 높지 않은 산이다. 지나칠 때마다 황해를 감시하는 전초기지가 있을만한 위치라고 생각했다. 주력부대가 주둔했던 비사성과도 직선거리로 불과 5.5km 떨어져 있을 뿐이다. 그 정도 거리 라면 황해의 상황을 항상 공유하고 있었을 것이다. 이곳은 그야말로 황해에서 비사성에 이르기 위해 선박을 대고 상륙하는 적들을 한눈에 볼 수 있는 위치이다.

운동 삼아 자주 오르는 산이지만 오늘은 맘먹고 그 흔적을 찾아 나선다. 주봉엔 외계인의 비행접시를 연상케 하는 모양의 전망탑이 세워져 있다. 2002년에 건설되었다는 탑은 정상 주변 1,500㎡를 점유하고 있으니 해안을 감시할 초소가 있었다 하더라도 남아 있을 리 없다. 주변에 비슷한 높이의 봉우리마다 가서 뒤져 본다. 주봉보다 서남쪽에서 길게 등성이를 드러내고 누워있는 산을 뒤지니 돌무더기가 나온다.

긴 산등성이의 서쪽 끝에 원형으로 돌을 쌓은 것이 보인다. 상단의 둘레가 약 9~10m, 상단의 폭이 1.2m 전후, 잔고가 0.8~1m 정도의 작은 규모지만 인공으로 쌓은 원형의 성벽이 분명하다. 그리고 동쪽으로 2~3m 정도 길게 늘어져 있다. 해안을 감시하던 초소이면서 봉화대가 아닐까? 정확한 위치는 북위 39°1'52", 동경 121°46'35"이며, 고도는 해발 169.7m로 주봉과 거의 같은 높이다. 좀 더 서남쪽 산언덕으로 내려가 본다. 주변을 샅샅이 뒤져보니 여기저기 돌들이 쌓여 있는 흔적이 보인다. 병사들의 숙영지였을 가능성이 있다.

동우령 주봉에 전망대가 서 있지만 고구려 당시엔 해안을 감시하던 초소가 있었을 것이다.

동우령 서쪽 봉우리에 봉화대로 여겨지는 전초기지가 남아 있다.

봉화대에 다시 올라 주변을 살펴보니, 남쪽으로 황해 바다가 손에 잡힐 듯 보이고 서쪽으로 대련만의 항구가 바로 발아래 자리하고 있다. 그곳 여객선 부두에서 막 출발하여 산동성을 향해 가는 배가 보인다. 비사성이 가까운 거리에서 든든하게 버티고 있다. 위치상으로 해안을 감시하고 긴급상황을 주력부대가 주둔하고 있는 비사성에 전하기에 안성맞춤이다. 3일 전에 갔던 비사성의 남벽과 바로 대면하고 있는 형국이다. 바위 위에 우뚝 솟은 점장대도 보인다. 그 점장대에서도 이곳 동우령이 눈에 들어왔다.

645년 5월 장량張亮의 군함이 새까맣게 몰려오는 것을 보고 초소병들이 깜짝

봉화대에서 내려다보이는 대련만의 항구.
여객선 부두에서는 여객선 한 척이 막 출발하여 산동성을 향해 간다.
아직도 산동성을 오가는 노선이 있다는 것이 우연일까?

놀라 황급히 봉화대에서 연기를 올렸을 것이다. 이미 해안으로 출동하여 그들을 제압할 철기병도, 성안에서 대처해 싸울 정예병도 건안성으로 떠나고 없다는 것을 누구보다도 잘 알고 있다. 아무리 천연의 요새라고는 하지만 중과부적이었다. 그들의 긴 탄식소리가 귓전에 울린다. "아, 어찌할꼬?"

그리고 며칠 후에 8,000여 명의 백성들이 포로의 신세가 되어 적함에 실려 산동성으로 가는 것을 살아남은 몇몇 고구려 병사들이 넋 놓고 바라보았을 것이다. 그냥 바라 볼 뿐 그들이 할 수 있는 일이 아무 것도 없다는 무력함에 가슴을 치고 통곡한다. 할 수 있는 일이라고는 적군에 들키지 않고 빠져 나가 이 슬픈 소식을 건안성에 지원나간 동료들에게 전하는 것이다. 말이 먼지를 뽀얗게 일으키며 북쪽, 건안성을 향해 달려 나간다.

바다를 잇는 절벽 위에 있는 성산두산성. 이 성은 해양 방어의 전초기지이다.

성산두산성城山頭山城과 한성터, 대련 성자촌 주변

　동북지역을 다니다 보면 성자구城子溝, 성자촌城子村, 성산구城山溝 등의 마을 이름을 흔히 대할 수 있다. 이러한 이름들은 옛날에 성이 있었거나 그와 관련된 마을일 가능성이 높다. 대련의 금주구金州區 금석탄金石灘에서 해변을 따라 이어지는 해빈공로海濱公路를 타고 가다보면 등사하登沙河에 닿기 전에 대이가가도 大李家街道 성자촌城子村이 나온다. 친구가 일전에 드라이브를 하면서 마을 이름을 기억해두었다가 내게 이야기를 해줘 같이 그곳에 갔다.

　작은 섬인데 인공 제방으로 연결하여 작은 반도처럼 이어졌다. 그 끝머리에 성산두城山頭란 야산이 있다. 삼면이 바다를 면하는 산으로 결코 야산이라 할 수만도 없다. 그곳에서 시작되어 해안선은 하나의 훌륭한 만灣을 만든다. 그 안의 해수를 아늑하고 평온하게 감싸고 있다. 당시에 수군의 선박이 주둔했던 기지로 보아도 될 정도로 그 입지가 훌륭하다. 만약 그렇다면 성산두는 선박들의 안전 운항을 유도하는 등대나 관제탑과 같은 역할을 하였을지도 모른다.

　성자촌과 후가둔侯家屯을 잇는 도로가 산허리를 이어 가다가 해삼종묘장을 지난다. 도로가 언덕에 올랐다가 다시 내려갈 즈음에 주차가 가능한 공간이 나온다. 그곳에서 남쪽으로 보면 대臺와 같은 작은 봉우리가 있다. 올라서면 남동 방향의 바다가 한눈에 들어오고 반도 끝에 솟은 성산두城山頭 야산이 손에 잡힐 듯 보인다. 아마도 동남 방향의 바다를 감시하고 성산두와 깃발을 흔들거나 달려가서 상호 연락을 취했을 것이다.

고구려성벽은 우리를 이끌어 숲속에서 그 모습을 보여준다.

대臺 인근에 풀숲을 헤치니 남쪽 해안 방향으로 성벽이 길게 이어간다. 그 폭이 0.7~1m, 잔고가 0.7~1.8m 정도이지만 성벽 주변에 돌들이 흩어져 있는 것을 보면 당시에는 더 높고 더 넓은 성곽이었을 것이다. 성산두에 석성이 있다는 말을 듣고 왔건만 이곳에도 이렇게 산성이 존재할 줄이야? 산성이 있으리라 상상도 못했건만 잡아끄는 그 무슨 힘이 있는 듯하다. 잡목을 헤치고 따라가보니 약 130여m 이어진다. 그렇다면 산의 우측 아래 쪽 해삼종묘장이 성안이었을까? 그곳은 출입금지지역이라서 확인할 길이 없지만 지형으로 보아서 그렇다. 성 밖 해안선 쪽은 천길 낭떠러지의 절벽을 이룬다. 어렸을 적에 보았던 절해고도의 감옥 이야기를 영화로 만든 『빠삐용Papillon』이 생각난다. 어림잡아 그 높이가 70~80m는 되어 보인다.

결국 성이 그 절벽 위에 세워진 것이다. 아래 〈성산두산성 주변 위치도〉에서 보면 산성(1)이 그 성이며, 남쪽 해안선은 절벽으로 길게 이루어진다. 서남쪽으로는 절벽이 끝나고 해삼종묘장의 바다 양식장이 넓게 자리한다. 그 쪽도 해안선이 크게 만을 그리며 물살이 조용하다. 큰 면적의 만에 해삼종묘장을 만들어 놓았지만 당시에는 동쪽뿐 아니라 이곳에도 군함이 주둔할 수 있는 천혜의 조건을 지닌 것으로 보인다.

전체적인 지형으로 보면 성의 동·서 양쪽 해안이 함께 황해를 지켜냈던 하나의 해양기지였다. 그렇다면 이 성 또한 해양기지를 감시하던 초소였다. 해삼종묘양식장이 성안이었다면 그곳에는 기지의 병사들이 육상근무를 했던 건축물들이 있었을 것이다.

성에서 한참 해안을 바라보다가 다시 도로를 타고 성산두로 간다. 내리막이 시작되고 제방에 가까워지면서 급한 경사를 이룬다. 폭이 100여m, 길이가 350여m의 제방 위의 길이 동산을 연결하고 있다. 동산은 하나의 섬이었을까?

【성산두산성 주변 위치도】

인공으로 쌓은 제방이 아니더라도 당시에도 썰물 때는 걸어 다닐 수 있는 아주 인접한 하나의 섬이었을 가능성이 충분하다.

자연보호구역 표지석. 지질사적으로 중요한 가치를 지닌 대련 성산두해안지형 국가자연보호구 내에 산성이 자리하여 출입이 제한되어 있다.

성산두 동산은 2001년에 중국 중앙정부에서 지질학적인 보호가치가 있어 "대련 성산두해안지형 국가자연보호구大連城山頭海濱地貌國家自然保護區"로 지정하였다. 그곳은 선캄브리아precambria기의 후기인 진단계震旦系의 전형적인 퇴적암층을 이루고 있어 지질사의 중요한 사료로 보호가치가 있다고 한다. 보호를 위하여 출입이 아예 금지되어 있다. 군사보호구軍事保護區란 표지와 함께 경계초소가 있고 문이 굳게 닫혀 있다. 군사시설이 있는 것 같지는 않건만 그리 쓰여 있다. 하지만 꼭 보고 싶다.

앞쪽의 〈성산두산성 주변 위치도〉상의 산성(2)의 석성 벽 480여m의 존재를 눈으로 확인하고 싶다. 그 산성을 혹자는 요遼·금金시대의 군사 시설이라고도 하며, 혹자는 당대唐代의 석축 고성이라고 한다. 성의 존재로 인하여 성산두란 이름도 명명되었다고 한다. 당대의 성이라면 고구려산성이다. 당대에 이곳은 고구려 영토가 아니었던가? 요·금시대의 군사시설이라해도 고구려시대의 성을 그 시대에도 연이어 사용했을 개연성이 충분하다. 고구려시대에 해양을 통한 침입을 방어하던 시설을 똑같이 중원과 대치했던 요·금시대에도 이어서 군사시설로 활용했다는 추정이 가능하다. 실제로 많은 산성을 그 시대에도 연이어 사용했다.

성산두 동산에 진입하지 못한 채 돌아온 것이 못내 아쉬워 한 주 만에 다시 발걸음을 했다. 바닷가에 안개가 자욱하니 성산두는 안개에 감추어져 있다. 안개가 아니더라도 초소에서 진입을 시켜준다는 보장은 없지만 그래도 안개가 원망스럽다. 맑은 날에 다시 오련다. 유비가 삼고초려 했던 심정으로 훗날 다시 찾아 와 꼭 보고자 한다. 난 자연보호구역에 걸맞게 문화적인 행동을 할 것이다. 동산에서 나뭇잎 하나 건드리지 않고 단지 480여m

성산두城山頭가 안개에 감추어져 있다.

남은 성곽만 보고 오겠다. 서약서가 필요하다면 몇 장을 쓰고라도 기필코 다녀오고 싶다.

　2017년 연초에 다시 성산두를 찾아 갔다. 날이 아주 맑은 것은 아니지만 안개는 걷혔기에 산길을 따라 입구까지 접근한다. 하지만 굳게 닫힌 문은 절대로 출입을 불허한다. 인근 마을의 촌로로부터 그 안에는 보존상태가 썩 좋지는 않아도 석성이

다시 갔을 때 안개는 걷혔다.

남아 있다는 증언을 청취할 수 있었다. 그 말만 듣고 아쉬움이 짙게 묻어나지만 하는 수 없이 발길을 돌린다.

1932년 일본학자에 의해 발굴된 한대의 성터. 답씨한 성유적지沓氏漢城遺址란 표지석만이 서 있을 뿐이다.

바로 이웃하고 있는 대령촌大嶺村에서 1932년 일본학자 미야케 토시나리三宅俊成에 의해 한대漢代의 성터가 발굴되었다. 성은 동서 길이 150m 정도, 남북 폭이 150m 못 미치는 정방형에 근접한 형태이다. 규모가 그리 크지 않지만 역사적 의미가 상당하다. 중국 역사학계에는 "대련은 없고 금주만이 있다, 금주성은 없고 답씨성만이 있다沒有大連就有金州, 沒有金州城就有沓氏城"란 말이 있다고 한다. "여기 곧 금주 지구의 원래 지점인 답씨현성이 소재한 바, 기원전 107년에 한무제가 답씨성을 건설하였으며 요동군에 속한다這里就是金州地區的原点沓氏縣城的所在— 公元前107年, 漢武帝建沓氏城, 隸屬遼東郡"고 전해진다. 중국의 여러 역사서에 한무제가 답씨성을 건설하였다는 사실을 기록하고 있다. 물론 그 답씨현성의 현재 위치에 대하여 대련의 여러 곳을 지적하는 이견들이 있다. 하지만 1932년 성의 발굴로 인하여 그 추론에 대한 뒷받침이 강화되었다. 그래서인지 해빈공로 도로변 곳곳에 한성옛터漢城古地라는 표지석을 세웠다. 그 표지석에 "산림 화재예방," "녹화 성과의 공고" 등의 생활 슬로건을 적어 놓았다. 이 인근에 한성터가 있었음을 알리고 있다.

언젠가 갔던 금주구金州區 박물관에서 금주지구 행정구역 명칭 연혁표金州地區建置沿革를 보았던 기억이 난다. 한대 이후 답씨현沓氏縣으로 불렀다는 기록이 있다. 고구려가 점령한 이후 비사성卑沙城으로 바뀌기 전까지 상당 기간 그 지명이 유지되고 있었다. 지금은 농촌에 지나지 않은 곳이지만, 이 성의 존재로 당시에 답씨현이 오늘날 대련지역의 중심지였을 가능성을 말하고 있다.

중국 고대성과 고구려성의 가장 큰 차이점은 성이 자리한 위치와 성벽의 재질이 다른 점에 있다. 춘추 시대 『관자管子』의 「승마乘馬」편에 보면 "일반적으로 도시를 세움에 있어 큰 산 아래가 아닌, 필히 광활한 하천 위에 세워야한다凡立國都, 非于大山之下, 必于廣川之上"고 쓰여 있다. 이것은 중원 왕조가 도성과 주요 주군성을 건설함에 있어 천년 이상 견지해 온 큰 원칙이다. 이는 한대漢代를 포함한 중국 고대의 성이 주로 강을 낀 평지에 건설해 왔음을 알게 한다. 이곳의 답씨현성으로 비정되는 한성漢城도 청운하青雲河 강가의 평지에 건설되었음을 볼 수 있다. 청운하는 바다에 유입되는 외류하로 그 강하구에는 한답진漢沓津이라 하여 당시에 나루가 있었다고 전한다. 삼국시대에 그 나루를 통하여 강남의 오吳와 요동의 공손연公孫淵 정권간에 교류가 있었다는 기록이 있다고 한다.

중국의 고대성은 이렇게 강을 낀 평지에 세워짐으로 해서 수원의 확보가 용이할 뿐 아니라 교통이 편리한 위치적 조건을 갖추게 된다. 또한 성벽의 재질에 있어

답씨현성은 청운하 강변에 건설되었다. 바다를 잇는 하구에는 당시에 나루가 있었다고 전해진다.

【대이가가도大李家街道의 한성漢城터와 성산두산성 주변 위치도】

서도 분명히 비교가 된다. 중국 고대의 성들은 주로 흙을 달구질하여 높고 견고
하게 쌓은 토성土城이다. 중원의 역대 도성에서 발견되는 고대 성들을 보아도 쉽
게 알 수 있는 사실이다. 그러한 토성이 명대에 이르러 벽돌성으로 변하게 된다.
중국 각지에 흩어져 있는 벽돌로 쌓은 전성磚城은 대개 명대 이후에 쌓은 것으로
봐도 무리가 없다. 반면에 고구려성은 평지가 아닌 산 위에, 주변의 석재를 활용
하여 성벽을 쌓는다. 산의 형세에 따라 자연암석이나 절벽을 최대한 활용하면서
인공석벽을 축조한다. 석성의 견고함이 토성보다 월등하다 보니 오랜 풍상을
견디며 아직도 많이 남아 있다.

　이곳에서 보아도 한대漢代 성은 청운하青雲河 강변의 평지에 토성을 세웠으며,
고구려는 성산두산城山頭山 위에 석성으로 건설했다. 이 뚜렷한 차이점을 한 지역
에서 볼 수 있다. 물론 한대의 성을 고구려가 이 지역을 점령한 후에 연이어 사용
했을 가능성도 배제할 수 없다. 그것은 한대 이후에 이 지역을 점령했던 공손연

정권에서도 이어서 사용했기에 청운하 하구를 나루로 이용했던 것이다. 그후 고구려 또한 연이어 사용했을 개연성이 충분하다. 이 지역의 백성을 다스리던 현성縣城의 위치를 그대로 유지한 채 해양방어의 군사적 필요성으로 해안인 성산두에 산성을 건설했을 것으로 보인다.

한대 토성은 남아 있지 않고 그 터와 표지석만이 존재한다. 고구려 석성은 문을 굳게 닫아 진입을 불허 하니 직접 볼 수 없을지라도 자료는 물론 주변 주민의 생생한 증언도 들을 수 있다. 한 지역에 이렇게 두 성이 함께 존재하여 그 차이점을 비교한다는 사실만으로도 큰 행운이다.

중원 왕조로부터 해양을 통한 침입을 방어하기 위한 전초시설, 해안의 산성은 그리 많이 남아 있지 않다. 이곳에서는 지질학적 보고를 보호한다는 목적으로 진입을 불허하지만 그 안의 산성도 같이 보호를 받고 있어 다행이다. 눈으로 볼 수 없음은 안타까운 일이지만, 오랫동안 보존이 될 수 있다고 생각하니 그 정도는 감수해야 할 것 같다.

밭으로 변해 버린 한성漢城터. 중국 고대 성은 고구려산성과는 달리 강가 평지에 토성으로 세워지는 것이 일반적이다.

2장

벽류하碧流河 강변의 산성들
– 황해와 내륙을 길게 잇는 방어선

¤ 성산산성城山山城, 석성石城으로 비정하는 산성

¤ 후성산後城山산성

¤ 묵반향墨盤鄕 고려성산高麗城山산성

¤ 벽류하 하구 성자탄城子坦 구역 내 작은 성들

¤ 적산산성赤山山城

¤ 세 곳의 고려성산산성과 동승촌산성東升村山城

후성산산성

벽류하碧流河 강변의 산성들 - 황해와 내륙을 길게 잇는 방어선

● 성산산성城山山城, 장하시 성산진 고성촌.

● 후성산後城山산성, 장하시 하화산진 마령촌.

● 묵반향墨盤鄕 고려성산高麗城山산성, 보란점시 묵반향 마둔촌.

● 엄둔嚴屯 대성산성大城山城, 보란점시 성자탄진 엄둔.

● 성자탄城子坦 귀복보토성歸服堡土城, 보란점시 성자탄진 시내.

● 성자탄城子坦 전왕둔토성前王屯土城, 보란점시 성자탄진 전왕둔.

● 적산산성赤山山城, 개주시 나둔향 귀자구.

● 손가와붕촌孫家窩棚村 고려성산高麗城山산성, 개주시 만복진 손가와붕촌.

● 전둔촌田屯村 동고려성산東高麗城山산성, 개주시 십자가진 전둔촌.

● 전둔촌田屯村 서고려성산西高麗城山산성, 개주시 십자가진 전둔촌.

● 동승촌산성東升村山城, 개주시 양둔향 동승촌.

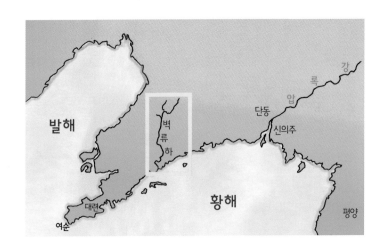

성산산성 점장대

성산산성城山山城, 석성石城으로 비정하는 산성

단동의 또 다른 고구려산성인 오골성을 다녀오는 길에 G11 고속도로를 타고 대련 쪽으로 오다 보니 눈에 띄는 이름의 나들목이 2개 나온다. 성과 관련이 있을 법한 이름을 지닌 성산城山, 성자탄城子坦이다. 돌아와 자료를 찾아보니 성자탄은 황해 해안에 있는 행정단위인 진鎭의 명칭이다. 해안에 자주 출몰하는 왜구에 대비하여 명明 영락永樂 20년(1422년)에 1,500m의 토성을 축조하여 붙여진 이름이다. 성산 역시 장하莊河의 한 진鎭으로 그곳에 고구려의 산성인 성산산성, 한국학자들이 주로 석성石城으로 비정하는 바로 그 성이 있기에 그런 이름을 지니게된 것이다.

북경지역에 스모그 적색경보가 오랜 기간 계속된 영향으로 하늘은 뿌옇지만 압록강 이북에서 가장 보존상태가 좋다는 성산산성城山山城, 즉 석성石城을 보기위하여 혼자 길을 나섰다. 대련에서 고속도로를 타고 단동 쪽으로 약 120km 가다 보면 성산 출구가 나온다. 그곳에서 서북쪽으로 15분 정도 달리다 만나는 성산진 정부청사로부터 다시 서쪽으로 9km 떨어진 고성촌古城村 만덕둔萬德屯에 닿는다. 마을에 들어서서 산을 올려다보니 산등성이에 길게 늘어진 산성이 보였다. 산을 오르며 보이는 성의 정문인 남문과 동서로 이어지는 완벽한 성곽의 모습에 깜짝 놀랐다. 가까이 다가가니 새로 보수한 냄새가 물씬 풍겨 실망감이 밀려온다. 하지만 기존의 남아 있는 성벽 위에 새로 보수를 했고 일부 훼손은 되었지만 당시의 모습 그대로 남아 있는 구간도 꽤 된다는 말에 어느 정도 위안이 된다. 정문에 들어서서 동으로 성곽을 따라가니 또 다시 문이 나온다.

이를 동문이라고 하며 성곽은 그 문을 조금 지나 방향을 틀어 북으로 향해 산을 오른다.

자료를 보면 성문이 옹성甕城 구조를 띠고 있다고 했는데 정문에서 분명치 않고, 동문에서도 아무리 살펴보아도 그 형태는 찾을 수가 없다. 성곽을 보수하면서 다 뭉개 버리고 그냥 크게만 만든 것은 아닌가 불안한 생각이 든다. 이번 산성답사는 고구려산성 구조를 하나하나 확인하며 관찰하겠다고 맘먹고 왔는데 문에서부터 고구려 성문에서 나타나는 특이한 구조인 옹성을 볼 수 없어 아쉽다. 동에서 북으로 오르는 성곽은 일단 접어두고 성의 중심부로 갔다. 성의 한가운데 평탄한 곳에 명대에 지어졌다는 불교사찰 법화사法華寺가 현대화된 모습으로 자리 잡고 있다. 아마도 고구려시대엔 그곳에 지휘부와 병영 등 성의 중심시설이 있었을 것이다. 그도 그럴 것이 법화사 앞에 장방형이면서 60m 길이에, 폭 5m,

성산산성 정문(남문)

깊이 6m 규격으로, 1,800m³의 물을 저장할 수 있는 거대한 저수시설이 자리하고 있다. 그리고 저수지로부터 3m 정도 떨어져 길이 60m, 폭 80cm의 배수 둑이 있어 그를 통해 남동쪽 계곡으로 물이 흐르게 되어 있다. 저수지의 하단과 상단부 돌의 색상이 완연히 다른 것을 보면 남아있던 하단부에 새로 돌을 쌓아 보수했음을 알 수 있다.

일반적으로 수원지水源池 라고 불리는 저수지는 중국에선 물을 모아 두는 못이란 의미로 축수지蓄水池라고 한다. 고구려산성에서는 장기간의 항전을 위한 필수적인 시설물이다. 저수지 한 쪽 끝에는 수뢰水牢라고 하는 물감옥이 보인다. 죄인을 기둥에 묶어 얼굴에 닿을 정도의 물을 채우고 세워 두면 시간이 흐를수록 힘이 빠지고 몸을 숙이거나 다리를 굽히며 스스로 수장이 되는 무시무시한 형벌이 집행되던 곳이다. 고구려산성에서 많이 볼 수 있다. 수뢰라고 크게 쓴 바위 아래

저수시설의 규모가 상상 이상으로 크다.

틈새에 불상이 놓여 있다. 아뿔싸! 사찰에서 부처님을 물감옥에 가둔 형국이 되어 버렸으니 어쩔까? 부처님은 아직도 고행중이신가? 법화사를 지나 산을 더 오르면 민국民國 초기에 지었다는 도교사찰 오로궁五老宮을 만나지만 그곳 역시 고구려시대에는 성내의 주요 시설이 있었을 것이다.

오로궁에 닿기 전 성곽 서벽에는 서문이 나온다. 문 위에서 바라다보는 산 아래가 벼랑으로 이어져 아득하니 적들이 성에 접근하기가 용이치 않다. 성 밖 서편으로 약 1~2km 정도 떨어져 대련지역의 최대 하천인 벽류하碧流河가 흐르지만 심한 미세먼지로 볼 수가 없다. 그 하천은 남으로 흘러 25km 떨어진 곳에서 황해 바다로 이어진다. 그것이 성산산성을 해양방어의 거점 중 하나로 꼽는 이유이다. 바다와 이어지는 지점인 성자탄城子坦에는 당시에 규모를 갖춘 성은 아니더라도 바다를 경계하는 초소나 작은 성이 있었고, 그곳에서 바다의 상황을 긴밀하게 보고했을 것이다.

서벽을 타고 북쪽으로 가다 보면 성곽은 험준한 바위 위에 이어지고 성 밖 평야지대가 발아래 있다. 강을 따라 이동하는 적들의 동태가 한눈에 들어온다. 서벽과 북벽이 만나는 모퉁이를 좀 지나면 군기軍旗를 꽂아 두었다는 좌독기坐纛旗가 나온다. 군기는 동서고금을 막론하고 그 부대의 상징이지만 옛날 전쟁에서는 대표 장수의 존재를 의미한다. 그 깃발에 전투의 사활이 걸렸다 해도 과언이 아니다. 하지만 최고의 장수가 머물던 내성과 거의 대척되는 지점에 군기를 꽂아 두었다는 것은 뭔가 석연치 않다. 굽돌이식 들여쌓기 축성이 뚜렷한 하단 위에 보수한 흔적이 역력한 대臺로써 아마도 각루가 있던 자리로 추정된다. 서북 방향을 조망하고 그 상황을 점장대에 전달했을 것이다.

성벽은 절벽 위에 계속 이어지고 동쪽으로 좀 더 진행하다 보면 요망대瞭望臺란 현판의 정자 하나를 만난다. 현지인들은 소장루梳粧樓라 부르며, 성 입구의 안내도에도 그리 되어 있다. 누각과 울타리 석은 근래에 새로 보수한 것이지만

소장루 누각과 굽돌이의 아름다움이 묻어나는 기단

기단만큼은 원래 있었던 전형적인 굽돌이 방식으로 네 모퉁이를 둥글게 휘돌려 장중하면서도 우아함이 듬뿍 묻어난다. 일부 학자는 신에게 제를 올리던 천단 이란 견해도 내놓고 있지만 화강암 비석에 쓴 비문에는 이렇게 쓰여 있다.

> 요망대는 옛날에 소장루라고도 전해지는데, 이렇게 명칭하는 것은 개소문의 누이동생 개수영이 소장(빗질하여 화장함이라는 뜻)루를 증축하였기 때문이며 이 요망대는 저변의 길이가 16m, 윗변의 길이가 5.5m이고 대략 원뿔 격자형 으로 보이며 기단은 9층이고 각 층 높이가 23 내지 29cm로 같지 아니하다. 매 층의 내면은 14 내지 16cm에 이른다. 전시에 사방의 적의 동태를 모두 눈 여겨 볼 수 있어 지휘 작용이 십분 뛰어나다.
>
> 백범흠 전前 대련총영사가 2015년 9월 27일 SNS에 공개한 번역문 전재

연개소문의 누이동생 연개수영이 이곳에서 전투를 지휘했다는 전설을 간접적 으로 전하고 있다. 서북 방향의 성 밖이 한눈에 조망이 되는 위치이니 지휘소로 써의 역할도 가능했으리라 여겨진다. 누각의 기둥 사이로 점장대가 눈에 들어오 니 그곳에서 조망할 수 없는 서북쪽의 적 동태를 주시하고 상호 긴밀히 연락하면 서 지휘하는 보조 역할을 하였을 것이다.

점장대로 가는 북벽을 내려다보니 천길 낭떠러지를 이루는 거대한 절벽이 이 어진다. 그 절벽 위에도 성벽을 쌓아 만반의 방어태세를 갖춘 것이다. 그것은 근 간에 보수하지 않은 원형 그대로여서 친근감이 더하다. 점장대 주변에는 병영시설 이라는 설명과 함께 회의실議事廳, 야간휴게실宵憩堂, 병기고兵器庫, 전령초소傳 令哨 등 4동의 건축물을 재현해 놓았다. 그를 내성이 둘러쌓고 있다. 그 외곽에 외 성을 겹쳐 쌓았으니 겹성 구조임을 알 수 있다. 절벽 위에 쌓은 외성뿐 아니라 치稚 를 연상케 하는 높은 내성이 보호를 하는 난공불락의 위치이다. 아마도 점장대에 서 전투를 지휘하는 최고 장수와 그의 부관들이 기숙, 전략회의도 하는 곳으로

병영시설은 견고한 절벽 위에 쌓은 내성이 겹으로 둘러싸고 있어서 외부로부터 철저히 차단되어 있다.

날랜 호위무사들이 내성을 경비하였을 것이다. 무기고도 별도로 있다. 지휘부가 있던 내성을 현지인들은 자금성紫禁城이라 부른다고 한다.

병영시설과 150여m 남짓 떨어진 곳에 이 산성의 동북 모퉁이 가장 높은 위치 (해발 411m)에 점장대點將臺가 자리하고 있다. 전에는 높은 성 위에 돌로 쌓은 대臺만 남아 있었지만 근래에 대대적인 보수를 하면서 2층의 누각을 세워 놓았다.

건축 양식에 대한 고증이 얼마나 있었는지는 모르지만 당시에도 누각은 있었을 것이다. 북쪽으로는 거대한 절벽 위에 쌓은 성곽과 남동쪽 산등성이에 쌓은 높은 성벽이 팔자八字를 이루고 있어 그 위용을 더해주고 있다.

성산산성 점장대

문 옆 돌출 부분이 적의 접근을 차단했던 전형적인 고구려성의 돈대墩臺이다.

점장대 건물 내부에 들어가니 "점장대는 산성의 북단이면서 전 성의 가장 높은 곳에 지어졌으며 당시에 고구려 수비군이 축조한 점장대는 적정을 전망하며 전투를 지휘하고 군사훈련을 했던 중요한 군사시설이었다 … (중략)"고 설명하는 현판이 있다. 점장대에 올라 사방을 둘러보니 모든 것이 한눈에 들어온다. 과연 날씨가 쾌청했다면 남으로 25㎞ 정도 떨어진 황해에서 상륙하여 내륙으로 진격하는 적군이 보였을까? 날씨가 참으로 안타깝다.

북쪽을 보니 산들이 이어지나 바로 앞산과는 하천 하나를 사이에 두고 있다. 그 하천이 바로 협하夾河이다. 그 산에 또 하나의 성이 있다고 한다. 현지인들은 지금 오른 성이 전성前城이며, 북쪽의 산에 있는 성을 후성後城이라 부른다. 흐린 날씨 탓에 후성은 육안에 들어오지 않는다.

왜 협하를 사이에 두고 두 개의 성을 연이어서 축조했을까? 저 하천은 17㎞를 흘러 큰 하천인 벽류하碧流河에 합류하며 25㎞ 더 흐르다 황해 바다로 이어진다. 황해를 건너와 상륙한 후 강을 따라 내륙으로 진격하는 수隋·당唐의 수군을 협하 골짜기로 유인하여 두 성에서 협공을 하기 위한 전략적 선택이었을까? 벽 류하가 인근 요동반도 내에서 최대의 강이라고 하건만 혹시 그 당시엔 적선의 통 행이 가능할 정도의 수량을 지녔던 것은 아닐까?

점장대에서 성벽이 남으로 산을 타고 내려가다 잠시 내성과 만나는 지점에 문이 하나 더 있다. 이 문은 고구려산성 구조에서 나타나는 비밀 통로인 암문暗門으로 보인다. 점장대에서 간파한 적의 동정을 지켜보고 있다가 가까운 이 문을 통하여 기병대를 출동시켜 적을 급습하는 역할을 했을 것이다. 문 위에는 고구려성에서 나타나는 문의 양쪽에 돌출시킨 망대로 성문에 다가오는 적을 정면과 좌우에서

후성이 있는 북쪽의 산(후성산)을 사이에 두고 협하가 흐른다.

격퇴시키는 시설물이었던 돈대墩臺의 형태를 볼 수 있다. 또한 자세히 관찰해 보면 문과 연이어지는 내성의 일부가 전형적인 형태는 아니지만 옹성甕城 구조를 띠고 있다. 성곽은 산을 따라 남쪽을 향해 계속 내려간다. 성벽은 산등성이에서 계곡 쪽 경사면에 쌓여 있다. 보수한 흔적이 없는 고구려 선조들이 쌓은 그대로여서 더욱 정감이 가고 그들의 숨결이 느껴진다. 가다 보면 성의 일부가 무너져 내렸던지 성 밖 주변에 견치석犬齒石 모양의 가공석들이 흩어져 있다. 이빨을 드러낸 성벽을 보면 삼각형으로 깎은 돌을 넓은 면은 바깥쪽으로, 뾰족한 면은 안쪽에 배치하고 사이사이에 작은 돌로 채웠다. 견고한 축성이다. 천오백 년의 세월이 지나도 끄떡 않고 남아 있어 선조들의 축성 기술에 고개가 절로 숙여진다.

성산산성의 치稚

치의 하단은 놀랍게도 첨성대의 곡선을 지녔다.
성벽이라기보다는 위대한 예술작품이다.

성벽이 동문에 가까워 오면서 고구려성에서 특이하게 나타나는 치雉가 나타난다. 적을 조망하기도 하지만 성벽과 성문 사이에 접근하는 적을 정면과 좌우 측면에서 동시에 공격하여 격퇴시키는 방어시설이다. 치에 올라서 본다. 성벽을 오르거나 성문에 다가오는 적을 측면에서도 공격한다고 생각하니 전방에서만 공격하는 것보다는 얼마나 효율적인가? 경사면을 잘 이용하여 치를 쌓아올린 성벽은 어림잡아 9~10m 정도로 높기도 하지만 둥글게 휘감으며 전형적인 굽돌이 방식의 들여쌓기로 올린 벽체가 첨성대의 곡선을 연상시킨다. 산성까지도 이러한 미적 고려가 있는 것이 놀라울 뿐이다. 남아있던 기존의 성벽에 최근에 보수하면서 윗부분을 완성하였다고 한다. 그래서 남아있던 부분과 새로 보수한 부분의 색상 차이가 확연하다. 좀 더 자세하게 관찰을 하면 쌓은 돌과 돌 사이의 치밀도도 역시 차이가 있다. 1500년이 지난 기존의 성벽이 더 치밀하게 느껴지는 것은 당시 고구려인들의 축성기술이 어느 정도인지를 짐작케 한다.

동문을 지나고 성의 전면에서 서쪽으로 방향을 틀어 남벽이 시작되는 부분에 원형으로 된 큰 공간이 있다. 그곳의 성벽도 원형을 이루며 돌출된 구조를 이루니 성의 모퉁이를 지키는 하나의 각대角臺이다. 남동 방향의 적을 조망하고 전투를 지휘하는 보조 지휘소 역할을 하는 누각이 있었을 것이다. 그것을 각루角樓라한다. 각대로 보기에는 면적이 너무 넓다는 생각도 들지만 모퉁이에서 측면 공격이 가능하게 돌출된 것을 보면 각대가 맞다. 사실 치와 각대는 거의 같은 형태로써 성벽 중간에 있느냐, 성의 모퉁이에 있느냐의 차이가 있을 뿐이다.

원형공간 안에는 돌탑 등의 불교신앙 시설이 있으며 돌아 나오면 전면의 성곽이 남벽을 이루면서 정문과 이어진다. 성벽은 정문을 지나서 또 다시 서쪽을 향해 능선을 타고 오른다. 그 부분 돌출된 성벽에 병사를 배치하여 정문에 접근하는 적을 차단하니 옹성구조라 할 수 있다. 이곳에서 보니 그렇다. 이곳 산성에서 가장 많이

벽 윗부분 凹凸 모양이 고구려성에 흔히 있는 여장女墻이며, 서쪽을 향해 가는 성벽이 돌출된 것을 보아 옹성구조라 할 수 있다.

볼 수 있는 것은 고구려성의 특징 중 하나인 여장女墻이다. 성벽 상단에 요철凹凸 모양으로 설치한 발사대이며 병사가 성벽 위에서 몸을 숨기고 적을 향해 활을 쏘는 시설물이다. 치의 상단부에 주로 많이 설치되었기에 치첩雉堞이라고도 한다. 여장은 성벽의 상층부를 이루고 있어 쉽게 훼손되기 마련이지만 이곳은 성을 보수하면서 대부분 복구를 해 놓았다.

　지도에서 성곽을 요철凹凸 문양을 연이어 표시하는 것은 바로 이 여장을 형상화한 것으로 고구려뿐 아니라 우리나라 역대 왕조의 성에서도 흔히 볼 수 있는 시설물이다. 성곽 둘레의 총 연장 2,898m를 다 돌고 정문 위에 앉아 많은 우리나라 학자들이 이 성을 왜 석성으로 비정할까 생각해 본다. 『삼국사기』, 「고구려본기」 보장왕 편에 보면 왕 6년 7월에 우진달牛進達과 이해안李海岸이 우리 경내에 들어와서

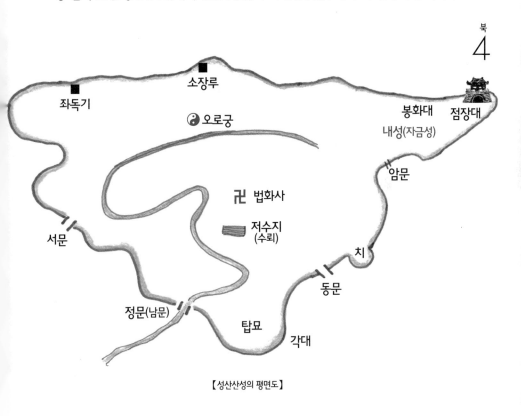

【성산산성의 평면도】

무릇 100여 번을 싸워 석성石城을 쳐서 함락하고, 진군하여 적리성積利城 아래 이르러 아군을 쳐 이겼다는 내용이 있다.

중국의 『신당서』 고려전에도, 우진달이 647년 내주에서 바다를 건너 7월 석성을 빼앗고 나아가 적리성 아래 이르러 그 군대를 쳤다, 그 가까운 곳에 박작성이 있다고 한다. 『자치통감』에 우진달이 고구려 국경에 들어가 모두 100번 남짓 싸웠으나 이기지 못한 것이 없었다. 석성을 쳐서 빼앗고 나아가 적리성에 이르니 고구려 병사 만여 명이 나와 싸우므로 이해안이 격파하여 2,000여 명의 머리를 베었다 … 등의 역사서 내용을 놓고 우리나라는 물론 중국의 역사학자들 간에도 석성과 적리성의 위치에 대한 논란이 많다. 석성이 오늘의 성산산성이고 적리성은 득리사산성이라고 하는 주장, 그것은 당시의 당군이 평양을 노려 동진했는데 진군방향과 맞지 않는다, 진군의 방향으로 보았을 때 적리성이 지금의 석성이라는 등 계속되는 논란 속에서 우리나라 학자들은 석성을 성산산성으로 추정하고 있다. 하지만 아직도 그에 대한 명쾌한 결론은 없다.

사실 우리나라엔 고구려에 대한 역사서가 부족하고, 공간적인 한계로 연구도 지지부진하다가 중국의 동북공정 이후에 그에 대처한다고 허둥대고 있는 형편이다. 그 후의 연구도 고구려를 기재한 중국 역사서에 많은 부분 의존하고 있다. 특히 수·당대에 적대 관계에 있던 고구려와의 전쟁상황은 그들이 아전인수 격으로 기록한 것이 대부분이어서 안타깝다. 그 동안 일제강점기 일본학자들의 왜곡된 연구에 기초한 식민사관의 늪에 빠져 있었다. 이제 와서 부랴부랴 고구려 관련 연구소들을 세워 새롭게 나서고 있지만 주변국 역사왜곡을 극복하기에는 턱없이 부족해 보인다.

내겐 성의 이름이 별로 중요하지 않다. 오늘 이곳에서 고구려성의 특이한 구조들을 확인했다. 선조의 숨결이 살아 있는 성벽이 이어지고, 연개소문이 누이동생 연개수영을 파견하여 성을 지키게 했다는 전설과 그녀가 전투를 지휘했다는 소장루가 자리하고 있으니 이 성에는 분명 고구려가 남아 있을 뿐이다.

　이미 시간이 많이 지나 후성 답사는 차후로 미루고 산을 사이에 두고 흐르는 협하를 보러갔다. 협하는 지난 여름 가뭄 탓인지 물이 말라 실개천을 이루고 있다. 차가 겨우 빠져 나갈 정도의 길을 따라 개울을 건너고 건너며 최대한 안쪽으로 들어갔다. 하지만 약 3~4km 정도 진행하다 보니 길은 없어지고 절벽이 가로 막는다. 고구려군의 유인으로 이곳까지 들어오게 된 당의 수군들이 절벽으로 막힌 것에 당황하여 우왕좌왕하는 순간에 양쪽성에서 밀려오는 군사들의 함성이 들려오는 듯하다. 되돌아오는 길에 계속 맞은편의 산을 올려다보지만 선명하게 보이는 것은 없다. 날씨 탓으로 시계는 형편없이 나쁘지만 산 능선에 성인 듯, 어렴풋이 물체가 길게 늘어져 있는 듯도 하다.

협하峽河는 역사를 알고 있다는 듯이 오늘도 말없이 흐른다.

한 마리 용처럼 길게 늘어진 후성산後城山산성 성벽은 두 산 능선이 만나는 지점에 남문이 있고, 문은 옹성
구조이다. 사진 좌측 봉우리에서 우측으로 이어지는 산등성이가 성의 서벽을 이룬다.

후성산後城山산성

많은 학자들이 석성石城으로 비정하는 성산산성城山山城과 협하夾河를 사이에 두고 마주보는 성이 후성산後城山산성이다. 성산산성이 협하의 남서쪽에 자리하고 그 강을 건너 북동쪽에 위치하고 있기에 현지인들은 성산산성을 전성前城, 오늘 답사하는 성을 후성後城이라고 한다. 따라서 산 이름도 후성산後城山이다. 지난 겨울 갔던 대로 성산진과 하화산진荷花山鎭을 연결하는 지방도로인 하성선荷城線을 타고 다시 협하로 갔다. 그때의 기억대로라면 협하를 따라가다 보면 협곡을 이루고 있어 산을 오르기가 쉽지 않았다. 일단 도로와 협하가 교차하는 지점에서 마을로 들어가 길을 물었다. 밭에서 봄 준비를 하던 노인은 보이는 산군山群 중에서 가장 높은 산이 후성산이며, 그 뒤편에 고구려성인 후성後城이 있다고 한다. 멀리 떨어진 높은 산을 넘어야 한다니 한숨부터 나오지만 "산성이 있기에 그곳에 간다"는 심정으로 힘찬 발걸음을 뗀다.

계곡을 따라 한참을 오르다 능선을 만나니 작은 분지가 나오고 멀리 동쪽 산줄기를 타고 내려오는 긴 성벽이 눈에 들어온다. 계곡을 타고 내려가다 급한 마음에 산허리를 가로질러 숨이 차오르는 것도 잊은 채 잰 걸음으로 그쪽 방향으로 난 계곡을 따라 올랐다. 그 계곡의 정점까지 가다 보면 동서 양 봉우리에서 내려오는 능선이 서로 만난다. 바로 그 지점에 성문이 위치한다. 방향은 남서쪽을 향하고 있지만 성의 남문이다. 이곳이 뚫리면 남고북저南高北低의 지세로 보아 성이 위험에 빠질 수도 있다. 그래서 성문은 옹성甕城 구조로 만들었다. 훼손이 많이 되었지만 양 끝을 높여 돈대墩臺를 만들고 그에 이어 문 앞뒤로 타원형의 돌출

부위를 형성하고 있다. 성문 출입이 단순치 않고, 접근하는 적의 방어를 용이하게 한 것이다.

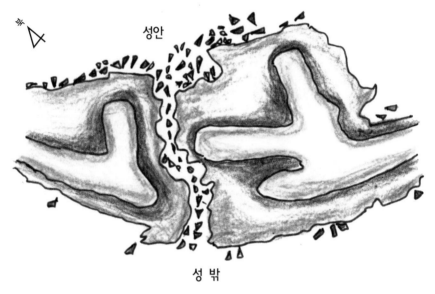

【남문의 옹성구조 개념도】

방금 올라온 계곡이 아니고서는 적이 닿을 수 없다. 벽류하에서 올라오는 전면에 능선과 계곡이 연이으며 험준한 산세를 이루고, 문을 잇는 양쪽의 능선 위에 성벽마저 쌓았으니 문만 굳게 지키면 된다. 성벽이 오르는 서쪽 산봉우리가 후성산後城山이며, 주변에서 가장 높은 해발 481.9m의 협하산夾河山까지 이어지며 천연 거석들이 서쪽 면의 장벽을 이룬다. 반대편 봉우리로 오르던 성벽은 방향을 틀어 협하와 함께 평행으로 가다가 해발 334m의 홍립자산紅砬子山과 만난다. 그것이 바로 성의 동벽이다. 서쪽 면과 함께 쌍벽을 이루며 성을 보호한다.

남북 방향으로 이어지는 작은 길로 내려가니 차량도 진입이 가능한 정도의 도로를 성안까지 연결해 놓았다. 서벽을 이루는 험준한 산등성이는 산자락에 내려올수록 완만해져 넓은 분지를 만들어 놓는다. 동쪽 역시 좀 가파르게 내려오지만

후성산산성 남문에서 동쪽 능선을 오르며 길게 늘어진 성벽

그래도 서로 산자락이 만나 넓은 공간을 형성한다. 군영지 등 군사시설뿐 아니라 주변 백성의 행정 관리를 하던 관청도 있었을 것이다. 그곳에 현지인들이 밭을 일구어 농사를 짓고 있으니 아마도 당시에도 자급을 위해 일부 경작을 했을 것이다.

성벽을 이루는 서쪽 능선 아래 넓은 분지

길을 따라 약 1.5km 정도 내려가니 또 하나의 문이 나온다. 남문과 대칭된 위치에 있으니 북문이다. 문에 이어진 성벽은 남면과 마찬가지로 서쪽 산등성이와 연결되는 산줄기를 따라 오른다. 문의 동쪽은 절벽을 이루어 별도의 성벽이 없이도 자연 돈대墩臺의 역할을 한다. 북벽은 훼손이 워낙 심하여 잘 구분은 안 되지만 문 옆에 돈대가 있었던 흔적을 보아 옹성구조임을 알 수 있다. 서쪽 거대한 암석으로 형성된 봉우리까지 오르는 성벽은 북쪽에서 침입하는 적에 대한 방어선을 만들고 있다.

성안 밭마다 돌로 울타리를 쌓은 것을 보니 지금도 훼손이 심한 성벽이 그리 오래갈 수 없을 것이란 불길한 생각이 든다. 답답하다. 그 동안 중국에서의 경험에 비추어 보면 중국인들은 자기 땅에 울타리부터 쌓는 것에 목숨 거는 듯하다. 공장이나 아파트를 건설하더라도 첫째로 하는 일이 벽돌로 울타리를 튼튼하게 쌓는 것이다. 경계를 확실히 하는 작업부터 한다. 우리와는 전혀 반대이다. 울타리가 없다고 자기 땅을 남이 떠가는 것도 아닐 터인데 그렇다. 농촌에서 밭마저

밭들마다 성벽의 돌을 가져다 울타리를 쌓았다.

성벽의 돌까지 동원하여 울타리를 만들어야 하는 이유가 있을까? 산성을 답사하다 보면 인근 마을 집집마다 산성 못지않게 돌담을 가지런히 쌓은 것을 보고 항상 의심의 눈길을 보냈었다. 여기 와보니 성벽 바로 옆의 밭에 돌담을 쌓았으니 의심의 여지가 없다.

오늘날 차량이 드나들 수 있는 도로가 그 당시에도 마찻길이었을 것이다. 그리고 성 밖 평지와 연결되는 주 출입구가 나있으니 아마도 성의 정문은 북문이었을 것이다. 결국 성산산성을 답사하면서 그의 후성이라기에 당연히 성산진城山鎭에서

오른다고 여겨서 산을 넘고 넘어 왔지만, 정문이 위치한 곳은 의외로 하화산진荷 花山鎭 마령촌馬嶺村이다. 성을 싸고 있는 산들이 이어져 있으니 범위가 그만큼 큰 것이다. 애초에 이곳으로 와서 답사를 시작했다면 훨씬 용이했을 것을 어려운 길 을 택했으니 과연 무식하면 용감하다는 생각이 든다. 머리가 나쁘면 수족이 고생 한다는 말을 떠올리며 혼자 피씩 웃는다. 성안 한가운데로 겨울이라 물이 말랐지 만 큰 도랑이 흐른다. 동서 양변이 산등성이로 이어져 달리니 거기에서 산자락 으로 이어지는 계곡에서 흘러나오는 물이 모여 북문 쪽으로 흘러간다. 북문 옆 으로 수구문水口門이 있었을 것이다. 아무튼 산성 안은 수원이 충분하니 물에 대 한 대비는 별로 걱정이 없었을 것 같다.

북으로 치우쳐 서쪽 산등성이에서 내려 온 계곡 위 평평한 작은 분지에 희대戱臺 유적이 있다고 하여 오르락내리락 뒤져보지만 찾을 길이 없다. 자료에 따르면

성 내부에도 지상에 노출하는 협축 축성법으로 쌓은 남면 성벽

그 유적은 인공으로 쌓은 높이 1.5m, 직경 9.5m의 원형 대臺로 전망대였을 것이라고 추정하지만 결국 찾지 못했다. 성 안에는 돌로 쌓은 사각형의 터가 여러 곳에 있어 건축물의 기초로 여겨지지만 그것이 고구려시대의 것이라 추정할 근거는 없다. 성안에 경작지를 개발하면서 기와 조각 등의 유물이 출토되었다고 하니 건축물이 있었던 것은 사실이다. 이곳에서는 회색 기와, 절구형 돌 등 요금遼金 시대의 유적도 동시에 발굴되었다고 한다. 많은 고구려산성들이 그랬듯이 그 시대에도 연이어 사용했을 개연성이 충분하다.

성안 유적을 찾기 위해 광활한 공간을 다 뒤집고 다닐 수도 없어 다시 남문으로 향한다. 옹성구조를 다시 보고 동쪽으로 오르는 남벽을 따라 간다. 그곳의 성벽은

내부에서 높이가 2~4m 정도 남아있어 내·외면이 동시에 지상으로 노출되는 협축의 축성기법을 볼 수 있다. 다른 산성에서는 성의 외면만 노출되는 편축이 주였다. 남면을 이루는 성벽은 상대적으로 보존상태가 양호한 편이지만 오를수록 훼손된 곳도 적지 않다. 가파르게 오르던 성벽은 산봉우리에 닿고 그곳에 대臺를 만들어 놓았다.

　동남쪽 모퉁이에 위치한 대에 오르니 과연 성산산성의 점장대, 내성, 소장루 등이 손에 잡힐 듯 가까이에 있다. 지난 겨울에 답사를 했던 성이기에 더욱 정감이 간다. 남서쪽에서는 벽류하碧流河가 사선을 그으며 흐르고, 그 유역에 형성된 평지가 한눈에 들어온다. 협하夾河가 평지를 가로질러 벽류하와 만난다. 성 전체로

벽류하가 만들어 놓은 평지를 협하가 흘러 서로 만나 다시 25km 정도 더 남쪽으로 흐르다 보면 황해 바다로 유입된다.

성산산성과 가장 가까운 위치 남동 모퉁이에 대가 있다. 각대의 역할을 하면서 서로 긴밀하게 연락하는 봉화대가 자리 했었을 것이다.

보아서 전성과 가장 가깝게 위치한다. 벽류하와 협하 평지에서 이동하는 적을 하나 하나 모두 감시할 수 있으니 전망대와 봉화대의 역할을 동시에 했을 것이다. 대에 올라 남문을 향하여 내려다보니 그 지역 또한 전체적인 조망이 가능하다. 성의 남동 부분의 지휘를 맡은 보조 점장대 역할을 했던 곳으로 추정된다.

높은 곳에서 내려다보니 산줄기를 타고 내려가다가 문에서 다시 서산을 오르는 1,000m 이상의 긴 성벽은 한 마리 용의 형상이다. 남벽은 대에서 북쪽으로 방향을 틀고 산등성이를 따라 성벽을 이어 가니 성의 동벽이다. 지난 겨울에 협하 상류 깊숙이 들어갔을 땐 미세먼지로 이 성벽이 보이지 않았다. 동벽이 있는 산이 성산산성이 있는 산과 마주 보며 함께 협곡을 이룬다. 과연 천연의 요새이다. 그럼에도 불구하고 서쪽 산에 비하여 산이 낮은 이유인지 성벽을 빈틈없이 쌓아 방어를 강화하였다. 그 철저함에 그저 놀랄 뿐이다. 동벽을 이루는 성은 홍립자산 정상을 넘어 가서 북벽과 만난다.

서벽은 워낙 험준하고 거대한 암석으로 된 산등성이가 이어져 천연의 장벽을 이루고, 동벽은 상대적으로 좀 낮지만 그 산등성이에 또 다시 성벽을 쌓고 남북 방향으로 평행을 이루며 마주 서있다. 남과 북에서 두 산등성이로부터 내려오는 산줄기에 각각 성벽을 축조하여 동·서벽과 연결하니 완전한 정방형의 성곽을 형성했다. 한 마리 새가 되어 공중에서 전체를 조망한다면 얼마나 멋진 광경일까?

자료에 따르면 그 성의 둘레가 4,650m에 달한다고 하지만 내가 보기엔 훨씬 더 크게 보인다. 성벽 이외에 별 다른 유적이 남아 있지는 않지만 규모가 큰 성이다. 바로 앞에 보이는 전성前城, 성산산성(2,898m)과 상호 전략적인 분담이 있었을 것 같다. 후성이 더 큰 성으로써 지휘체계상 상위에 있었을 것이다.

지난 겨울의 성산산성 답사 때와 달리 하늘이 맑으니, 전성이 가까이 있어 자꾸 보게 된다. 동쪽 성벽 발 아래로 협하가 흐른다. 그 동안 하천을 사이에 두고 두 개의 성을 축조한 이유에 계속 궁금증이 가시지 않았다. 오늘 대臺에 올라 보니 알 것도 같다. 두 성이 서로 호응하면서 벽류하를 타고 상류로 진격하는 적들과 앞에 펼쳐지는 평지에서 전투를 벌이다 협하 골짜기로 유인하여 마주한 두 성의 군사들이 협공으로 격퇴하기 위한 전략적 선택이란 그때 생각에 확신을 더 해준다.

벽류하는 당시에 당군이 산동성 내주萊州에서 출발하여 황해를 건너 상륙하던 주요 공격루트이다. 적군이 하구에 상륙하면 인근의 작은 성에서는 봉화로 비상 상황을 전하고, 적군을 유인하면서 이곳까지 달아나 왔을 것이다. 25km 정도 떨어진 두 성에서는 앞에 전개되는 평지에 기마병을 보내 일제히 공격을 한다. 적의 숫자가 비등하여 한 번에 제압이 가능했다면 몰라도 적의 숫자가 월등하게 많을 경우 유인책을 써서 협곡으로 끌어 들인다. 양쪽성에서 기다리던 병사들이 일제히 급습을 감행하면 적들은 독 안에 든 쥐 상태이다.

벽류하 좌안의 전성과 후성, 두 개의 성뿐 아니라, 강의 우안右岸에도 많은 성들이 포진해 있다. 벽류하는 중류에 들어서면서 보란점普蘭店과 장하시莊河市의 경계를 이루며 하류로 흘러간다. 여기에서 강의 우안이라고 함은 상류에서 하구 쪽을 바라보고 좌·우 구분을 하기 때문에 보람점시 방향이 우안, 장하시 쪽이 좌안이 된다. 벽류하의 경우에는 강이 북에서 남동 방향으로 흘러 결국 남쪽에 있는 황해로 유입되기 때문에, 우안과 좌안은 강의 서안·동안이라고 해도 무리가 없을 듯하다. 하구의 성자탄城子坦 전왕구前王溝토성, 귀복보歸服堡토성, 엄둔嚴屯의 대성산성大城山城, 묵반향墨盤鄕 고려성산산성高麗城山山城에 외패산성巍霸山城까지 이렇게 많은 성들이 집중적으로 분포되어 있다. 촘촘한 포국이다. 특히 묵반향 고려성산산성은 전·후성과 벽류하 하구로부터 25km 지점 좌우 양안에 자리하며 불과 10여km 떨어져 대칭을 이루 듯 자리하니, 그 전략적 배치가 관심을 끈다.

성산진城山鎭의 전성과 후성, 고려성산산성과 외패산성을 두 개씩 묶어 강의

좌·우안에 대칭을 이룬다고 볼 수도 있으니 그에 대한 관련성 또한 연구과제다. 벽류하가 그만큼 전략적으로 중요하였다는 증거이다. 강 전체를 놓고 분석하면 하구의 작은 성들은 초소의 역할을 했을 것이다.

그리고 이곳에 분포된 중대형 성들은 더 이상 강을 따라 진격하는 것을 막아내는 방어선으로 서로 호응하고, 연합하면서 옥쇄할 각오로 적을 지켜낸다. 이곳에서 방어에 실패를 한다면 적들은 벽류하 상류로 진격을 해 나가고 요동반도의 깊숙한 내륙에 위치한 건안성建安城과 안시성安市城을 곧바로 칠 수가 있게 된다. 그것은 동시에 당시 요동의 중심지였던 요동성遼東城이 위태롭게 된다는 것을 의미한다. 중원 정권이 황해를 건너 침입하는 해상루트를 방어하기 위한 벽류하 유역의 산성들을 답사하다 보면 요동지역을 지켜냈던 고구려인들의 피와 땀이 느껴진다. 후성산산성, 성산산성과 서로 마주하면서 벽류하를 지켜냈던 또 하나의 큰 성이 버려진 채 그 훼손 상태가 심각하다.

후성산산성 동벽에서 바라다보면 석성(성산산성)이 손에 집힐 듯 가까이 있다.

묵반향 고려성산산성, 정상에 천연바위로 이룬 성곽이 우뚝 솟아 있다.

묵반향墨盤鄕 고려성산高麗城山산성

　고구려시대에 헤라클레스라도 있어 거대 암석을 옮겨 성벽을 만든 것일까? 아니면 신의 조화라도 있었단 말인가? 어쩌면 그토록 천연바위가 완벽한 성벽을 이루며 오늘날까지 남아서 우리를 감동시키는가! 묵반향墨盤鄕과 성자탄진진城子坦鎭의 경계를 이루는 산상에 자연암석이 만들어 놓은 고구려산성이 자리하고 있다. 그래서 산 이름마저도 고려성산高麗城山이다. 너무도 감동을 안겨 주는 성이기에 최근 2번을 다녀왔다. 처음에 성자탄 정구촌鄭溝村 최구崔溝에서 출발하여 정상에 올라 기암으로 이루어진 성벽을 만나 놀랐다.

　하지만 성의 둘레 경계를 획정할 수 없어 3주 후에 다시 묵반향 마둔촌馬屯村 양가구梁家溝 서쪽 구릉에서 시작하여 성의 동벽을 이루는 산등성이를 따라갔다. 성의 동벽이라 함은 벽류하를 면하고 있으며, 그 강의 우안으로 불과 10여km 정도 떨어진 가까운 거리이다.

　겨울의 끝자락인 3월 초 최구崔溝에 갔을 때, 마을 노인이 육안으로 가장 멀리 기암이 솟아 있는 산정을 가리키며 그곳에 산성이 있다고 했다. 마을 뒷산에서 시작한 산등성이가 길게 이어지면서 세 개의 산봉우리마다에 규모는 다르지만 큰 암석이 놓여 있어 닮은꼴을 하고 있다. 어떤 연관성이 있지 않을까?

　산자락에 개간한 계단식 과수원 사이를 지나 오르니 산 아래에서 볼 땐 생각지 못했지만 놀랍게도 정상에 거암들이 질서정연하게 성벽을 이루고 있다. 높이가

정상 서남 방향으로 여장처럼 바위가 자연적으로
이어져 있으나 마치 인공으로 쌓은 듯하다.

5~8m, 길이가 100m 정도의 완벽한 성벽이다. 그뿐 아니라 그곳에서 좌우로 산등성이에 바위가 다시 이어지니 마치 누가 성벽을 만들기 위해 바위를 옮겨 놓은 듯하다. 특히 정상에서 서쪽으로 길게 놓인 바위들은 고구려뿐 아니라 우리 역대 왕조의 성벽 상단부에 설치한 여장女墻처럼 가지런히 놓여 있다. 적에 대비하여 몸을 숨기고 활을 발사할 수 있게 일렬로 바위들이 서있다.

자연암석으로 형성된 성벽 안쪽으로는 군사들이 활동할 수 있는 공간을 확보하기 위하여 인공의 성을 쌓아 평탄하게 만들어 놓았다. 동쪽으로 30~40여m 떨어진 곳에는 인공으로 대臺를 쌓은 봉화대가 자리하고 있다. 대의 상부는 한 변의 길이가 2m 정도의 정방형으로 한가운데 시멘트로 만든 표지석의 기단이 흉물스럽게 세워져 있다. 자료에 따르면 1982년에 현급문물보호단위縣級文物保護單位로 지정했으며, 고려성산산성高麗城山山城이라고 쓴 비가 있었다고 한다. 누가 언제 무슨 의도로 상석을 없앴는지 모르지만 시멘트 덩어리의 하단만 남아 있어 애석하다. 봉화대 앞쪽으로 다시 큰 평평한 바위가 있다. 동남쪽 계곡이 깊은 경사를 이루며 이어지니 계곡으로부터 올라오는 적을 저지하는 적대敵臺로 추정된다.

정상 동쪽으로 인공으로 대를 쌓은 봉화대가 자리한다.

정상에서 내려다보면 북쪽에 성안으로 추정되는 계곡이 이어지며 산자락 끝으로 작은 마을이 펼쳐진다. 성 밖 남서쪽 멀지 않은 곳에 소류둔저수지小劉屯水庫가 보이고 그곳을 발원지로 하여 벽류하와 합류하는 하나의 지류인 조교하弔橋河가 흐른다. 성안으로 추정되는 북쪽을 보니 분명 남고북저南高北低의 지형이다. 성안으로 중간에 또 작지 않은 산줄기가 흘러 양쪽으로 가르니 도저히 성의

동벽을 이루는 자연암석은 정상의 성벽과 닮은꼴이다.

범위가 그려지지 않는다. 그간 답사했던 산성을 기준하여 보면 성의 산 아래 쪽 트인 변이 너무 길어 적으로부터의 방어가 용이하지 않다. 물론 그 변이 벽류하나 그 지류인 조교하의 방향과 반대이지만 적이 우회하여 침입을 한다면 노출된다는 약점이 있다. 차라리 정상에서 내려다보는 지형으로 보아선 올라 온 최구崔溝 쪽이 산성으로써 적합할 것이란 생각이 든다. 하지만 자료를 보면 분명 북쪽 계곡이 성안으로 되어있다.

고려성산산성을 다시 찾았다. 달이 바뀌기 전에 미뤄놓은 숙제를 마쳐야 하겠다는 마음으로 그 달 말에 묵반향으로 향하였다. 양가구梁家溝 마을을 지나 서쪽으로 가다 보면 동으로 묵반향, 북으로 쌍탑雙塔, 서로 성대星臺 각 6km라는 방위 표시판이 있는 구릉에서 남쪽으로 향하는 능선을 탄다. 능선의 성 안쪽 아래에 계단식 밭으로 개간한 과수원이 이어진다.

능선에는 놀랍게도 고려성산 정상에서 보듯이 자연암이 계속 이어지면서 성벽을 이루는 것이 아닌가? 그 높이와 규모는 다를지라도 완벽한 장벽을 형성하고 있다. 물론 1km 이상 되는 거리를 전부 자연암이 성벽을 이룰 수는 없는지라 아마도 바위와 바위 사이에 인공의 성벽을 쌓았을 텐데 그 흔적은 보이질 않는다. 혹시 계단식 밭을 만들면서 성벽을 허물어 그 돌을 가져다 쓴 것은 아닐까? 석축의 계단을 보면 그 의구심을 지워 버릴 수가 없다.

양가구梁家溝쪽에서 성안을 잇는 입구는 고구려시대의 하나의 성문이라 추정된다. 문의 양쪽에 큰 자연암석이 돈대墩臺를 이룬다. 그 바위에 올라 적의 접근을 막았을 것이다. 위치로 보아 성의 동북문으로 사료된다.

중국학자들에 따르면 성의 둘레가 4km라고 하니 작은 성이 아니다. 동북·동남·서남쪽 3곳에 문이 개설되어 있다고 한다. 능선을 따라가면 갈수록 군데군데 장벽을 이루는 자연암석이 정상의 성벽과 서로 닮은꼴을 하고 있다. 어느

성의 동북문 양 옆에는 자연암석이 돈대를 이룬다. 계단식 밭쪽이 성안이다.

곳에서는 천연 암석들은 마치 인공적으로 쌓은 듯이 보인다. 그 무거운 바위덩어리를 옮겨 놓은 듯 가지런하다. 당시 고구려왕이 정말로 헤라클레스라도 초빙했던 것일까? 고구려에 헤라클레스와 필적할 만한 천하장사라도 있었던 것은 아닐까? 아니면 후세에 전해지지 않는 그들만의 성벽을 쌓는 특수한 기중기라도 있었을까? 이것이 자연의 조화만으로 된 것이라 믿기 어렵다. 보면 볼수록 신기할 따름이다.

성벽을 이루는 능선을 타고 가다 보면 동남부에서 다시 자연암석이 보다 완벽한 성벽을 형성하더니 안팎을 연결하는 길이 드러난다. 동남문이다. 이곳 역시 큰 바위 덩어리를 양쪽에 돈대墩臺로 두고 있으니 적의 접근시 쉽게 방어할 수 있다. 대臺에서 서쪽 산 정상까지 길게 이어져 완벽한 성곽을 이룬다. 서쪽에 보이는 정상이 바로 3주 전에 올랐던 그 천연 장벽이 있던 곳 아닌가! 그러고 보면 동북부에서 시작하여 자연암석으로 연이으며 동벽을 형성하던 성은 동남부에서 방향을 틀어 서쪽 정상의 성벽과 잇는다. 동과 남 양변의 긴 성벽이 자연성自然城, 그 자체이다.

자료를 보면 이 부분의 자연암석 사이사이에 인공성벽을 쌓은 것이 일부 남아 있다고 하지만 세심하게 살펴보아도 지금은 남은 것이 없다. 이쪽 성안 또한 돌로 쌓아 계단식 밭으로 개간했으니 과연 그 돌들이 어디서 온 것인가? 자연의 암석은 움직일 힘이 없어 그대로 남아 있고, 선인들이 어렵게 깎고 다듬어 사이사이를 이었던 석벽의 돌들은 안타깝게도 쉽게 가져다 계단을 만들었던 것 같다.

정상에 다시 서니 과연 성 전체는 자연의 걸작품이다. 그 자연을 최대한 활용하면서 자연암석 사이사이를 인공벽으로

동남부에서 성벽을 이룬 자연암석은 문을 지나 다시 성벽과 연결되어 정상을 오른다.

동벽을 이루는 천연 바위. 당시에 성벽을 쌓는 특수한 기중기라도 있었을까?

정상 성벽 안쪽 병사들의 활동공간을 확보하기 위해 성벽을 쌓았다.

쌓았던 그들의 지혜에 고개가 절로 숙여진다. 고구려인들의 신기의 축성술은 자연을 최대한 이용하였기에 더욱 빛이 난다. 절대로 자연을 거스르지 않는 그들의 장인정신이 끄떡없는 성벽을 오늘날까지 남기지 않던가?

정상에서 성안을 이루는 북쪽을 향하여 내려온다. 성의 북벽은 어디에 있는 것일까? 정문은 어디에 있었을까? 지금 마을이 자리한 곳까지가 성안이었을까? 여름엔 물이 흘렀을 계곡은 말라 있다. 계곡이 끝나는 지점에 그 물을 모아 만든 양어장이 하나 자리하고 있다. 그들은 성안의 저수지 유적을 마구 파내고 양어장을 만든 것 같다. 성벽의 돌마저 깡그리 가져다 밭을 만들었으니 성안에 다른 유적이 남아 있으리라 애당초 기대하기 어려운 일이다.

산 정상에 축성하여 만든 봉화대와 자연 성벽 안쪽으로 병사들의 활동 공간을 확보하기 위한 100여m 남짓 성벽이 없었다면 성이 아니라고 해도 그냥 수긍했을 것이다. 자료가 있고, 마을노인들의 증언이 있으니 그나마 다행이다. 그래도 이곳은 고려성산高麗城山이란 산 이름 자체만으로도 고구려산성이 있었다는 것을 여실히 증명하고 있다.

오늘 와서 성의 동벽과 남벽 일부를 답사했지만 아직도 성의 전체 구도는 그림이 잘 그려지지 않는다. 중간의 산줄기와 상관없이 다 성안이라면 성의 둘레가 4km가 훨씬 넘을 것이다. 어쩌면 자료에 의한 것보다 더 큰 성이었는지도 모른다. 아무튼 벽류하碧流河의 우안右岸(서안)에서 좌안左岸(동안)의 석성石城 그 후성後城과 대칭을 이루며, 후방의 외패산성巍霸山城(오고성吳姑城)과 함께 고구려시대에 해안방어선의 중추 역할을 했던 성이다.

마을에 가까워 오니 주변의 밭마다 울타리를 쌓는다고 돌담을 만들어 놓았다. 어찌 이 마을엔 돌들이 이리도 흔할까?

계단식 밭을 개간하면서 자연암석 사이사이의 성벽을 헐어낸 돌들로 계단을 쌓아 인공성벽은 거의 남아 있지 않다.

벽류하碧流河 하구. 156km를 달려온 강은 성자탄에서 황해로 유입된다.

성자탄城子坦 구역 내 작은 성들, 벽류하 하구 유역에 촘촘히 배치되다

벽류하碧流河는, 개주시蓋州市 만복진萬福鎭 신개령新開嶺에서 발원하여 대련 관할 보란점시普蘭店市와 장하시莊河市를 좌우 양안에 두며, 총 연장 156km를 달려와 성자탄에서 황해로 유입되는 강이다. 벽류하는 요남遼南 지구, 즉 대련 지역의 최대 하천이면서 해양으로 직접 흘러들어 가는 외류하外流河이다. 수·당 대에 산동성 내주萊州를 출발한 수군의 주요 상륙 루트였기에 그를 방어하기 위한 고구려성들이 강의 하류 유역에 촘촘하게 분포되어있다.

강의 하구를 품고 있는 성자탄城子坦에는 큰 성이 아니더라도 보다 상류 쪽의 산성들과 연계를 위한 시설물이 반드시 있으리란 확신을 갖고 길을 떠난다. 대련 에서 약 100km 떨어진 곳에 위치하여 11번 고속도로로 가면 한 시간 남짓에 닿는 곳으로 벽류하 우안 하구 인근 평야 지대에 소재해 있다.

시내 강가에 자리한 삼청관三淸觀은 명明대에 지어진 약 400년 된 도교사찰이 다. 도교는 우리에게 익숙지 않은 중국 전통 종교이지만 그곳에서 꼭 봐야 할 유 물이 있기에 용기를 내어 들어간다. 과연 "귀복보歸服堡"란 세 글자를 새긴 돌 로 된 편액이 바로 삼청관 안뜰에 자리하고 있다. 보호를 위해 유리상자 안에 폭 90cm, 높이 60cm의 황색 석영암 조각물이 있으며, 그 아래 "천년고석편千年古 石匾"이란 제목으로 다음과 같이 설명한다. "본 고석편은 당태종 이세민 동정東 征으로 본 지역을 수복한 시기에 이 지역을 〈귀복보〉로 명명한 후에 조각 제작 한 것으로 지금으로부터 1,300여 년이 지났다. 〈귀복보〉는 성자탄의 고대 원명

성자탄 시내 한가운데 도교사찰인 삼청관이 자리한다.

이다. 본 편액은 일찍이 본 지방 토성 성문 위에 있던 것을 1936년에 삼청관으로 이동한 후 현재 잘 보존되어 있다. 건국 초에 시급문물보호단위로 정해졌다. 2000년 4월"

귀복歸服이라 함은 우리말로 귀순을 의미하는 중국어로 귀복보歸服堡는 귀순한 성곽이란 뜻이다. 당태종 동정 당시에 귀순을 했다 함은 고구려 군사로 그들이 지키던 성이 있었다는 추론이 가능하다. 물론 당태종의 고구려 동정은 645년에 이루어지며, 그는 안시성에서 참패

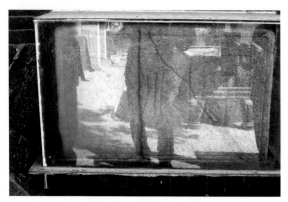

귀복보歸服堡 세 글자가 뚜렷하게 남아 역사를 말하고 있다.

하고 요택遼澤을 건너 바쁘게 철수하였기에 당시 이 지역을 수복했던 것은 아니다. 그후 23년이 지난 668년 고구려 패망 이후에나 차지하게 된다.

1991년에 발간된 『신금현지新金縣志』(신금현은 보란점의 옛 지명)에는 이렇게 기록하고 있다: "원말 일본 큐슈 봉건제후들이 무사, 상인, 해적을 모집하여 아국 연안지역에서 부단히 소요를 일으킨 바 역사상 왜구라 칭했다. 명조 중기까지 해역방어가 느슨했던 탓에 왜구활동이 창궐했다. 연안주민의 생명, 재산상 손실이 막대했다. 왜구침탈을 방어하기 위하여 명 영락 20년(1422년)에 성자탄, 이곳에 1,500m의 토성을 쌓고 병사를 보내 수비했다."

이 기록으로 인하여 귀복보성에 대한 역사적 사실에 혼돈을 가져오지만 명대에

고구려시대의 성을 복구하여 사용했을 개연성도 충분하다. 어쨌거나 지금은 거의 사라지고 없지만 실제로 삼청관 인근에 도시개발이 이루어지기 전에만 해도 토성의 흔적이 남아 있었다 한다. 그 토성 존재는 민국民國 초기 때의 사진에서도 얼마든지 접할 수 있다.

삼청관에서 나와 벽류하 교량 위에 서 보지만 중류에 건설한 저수지 댐 때문에 벽류하는 바닥을 드러낸 채 강으로서의 기능을 상실하고 있다. 다리를 지나는 노인에게 물으니 젊었을 때만 해도 강에 물이 가득해 어선들이 이곳까지 들어와 생선을 내렸었다고 회상한다.

벽류하 하구로부터 상류 쪽 직선거리로 13km 떨어진 곳인 엄둔嚴屯에 하류로부터 진입하는 당군을 저지하기 위한 또 하나의 고구려성이 있다. 봄이 다가오고 있다지만 아직은 찬 공기로 양지쪽에 옹기종기 모여 앉아 지난 춘절 이야기를 나누는 노인들에게 물으니 넓은 옥수수밭 한쪽에 있는 구릉 위가 큰 성大城이라는 것이다. 큰 성이라니? 그렇다면 작은 성이 또 있단 말인가? 노인들 중 두 분이 따라 나서주니 얼마나 감사한지 …

올라 보니 작은 구릉 위의 성은 추수하고 난 후 베어낸 옥수수 그루터기만 그냥 버려 둔 채 있는 밭이다. 한 구석에 〈대성산성大城山城〉이란 표지석이 없었다면 그냥 평범한 옥수수밭이라고 생각했을 것이다. 입구에 현급문물보호단위縣級文物保護單位라는 2개의 표지석이 나란히 있는데, 그 중 하나는 토성산토성土城山土城이란 이름으로 1979년 8월에

성의 표지석 뒤로 벽류하가 한 눈에 들어온다.

세워진 것이다. 다른 하나는 대성산성지大城山城址란 이름으로 1988년 8월에 새로 만들어 설치했다. 1988년도에 성의 이름을 개명한 듯하다. 성터 둘레에 "대성산성"이라 쓴 경계석을 4~5m 간격으로 설치하여 성터를 획정하고 있다. 표지석 이면에 그 경계석을 기준으로 주변 100m 이내에 건축행위를 규제한다는 경고문이 있다. 옥수수밭은 그대로인데, 건축물은 안되고 경작은 된다는 것인가? 우리 상식으로는 이해할 수 없다.

성터의 규모는 동서로 66m, 남북으로 80m로 약 6,000m²의 작은 성이다. 성터와 표지석만 있을 뿐 밭으로 개간한 성안에는 아무 것도 남아 있지 않다. 벽류하를 끼고 있는 동쪽과 남쪽 면은 높은 절벽을 이루고 있어 적의 접근이 쉽지 않아 보인다. 작은 구릉이지만 인근에서는 그래도 고지대라서 강이 한눈에 들어온다. 강을 따라 내륙으로 진격하는 적군이나 적선을 쉽게 조망할 수 있는 요충지다. 성의 남쪽 밭이 끝나는 강가에 섬처럼 솟아 있는 곳이 작은 성小城이라고 마을노인들은 설명한다. 그 면적이 아주 작은 것으로 보아 아마도 전방에서 적정을 살피는 초소의 역할을 했을 것이다. 자료를 찾아보아도 이 성에 대한 자세한 기록은 없이 전국시대의 성터라고도 하지만, 노인들은 고구려성으로 전래되어 왔다고한다. 고구려시대의 성이라는 글을 쓴 이도 있는 것을 보면, 전국시대의 성터였을지라도 고구려가 요동을 관할하면서 이곳에 벽류하로 침입하는 적들을 방어하기 위한 전초기지로 개축하여 사용했을 개연성이 충분하다.

벽류하 하구에서 서쪽으로 4~5km 떨어진 바닷가에도 작은 고구려성이 있다. 성자탄 시내에서 남서 방향으로 가다 보면 해안을 따라 가는 해빈공로海濱公路도로를 만난다. 다시 남쪽 좁은 시골길로 2~3km 더 가면 바닷가에 자리한 전왕둔前王屯이란 작은 어촌 마을이 있다. 마을에 들어서니 바다 내음이 물씬 풍겨난다. 마을 남쪽 산구릉에 고구려 성채城寨가 있다고 하지만 그 구릉을 수산양식장들이 빙 둘러싸고 있어 오를 방법이 없다. 길을 지나던 나이가 지긋한 노인을 만나물어보니 가리키는 건물 뒤편에 "까오리츠엉高麗城"이 있다고 분명히 이야기한다.

설렌다. 이런 바닷가에 성이 있는 것은 아주 드문 경우인데, 과연 어떤 모습일까?

산 뒤쪽으로 가니 바다쪽은 대대적으로 노천 양어장이 개발되어 있고 산쪽은 절벽을 이루고 있다. 양식장을 더 만들려는지 중장비가 절벽을 깎아내리고 있다. 어렵사리 올라가 보니 바다 쪽으로 높은 구릉은 남고북저南高北低의 지형으로 바다에서 일어나는 상황을 전체적으로 조망할 수 있는 조건을 갖추고 있다. 남쪽으로 낮아지는 산자락에 이어 마을이 형성되어 있다. 구릉 전체는 넓은 옥수수밭으로 멀리서 봄을 준비하는 농부만 보일 뿐 그 어디에서도 성벽은 찾을 수 없다. 주변 환경으로 보아 이곳도 엄둔嚴屯에서 본 바와 같은 토성이 자리하였을 것이다.

동쪽을 면하여 긴 둔덕처럼 보이는 것이 토성벽의 한 면으로 보인다. 그 둔덕이 끝나는 지점에 봉화대였을 만한 토대土臺가 자리한다. 밭 한가운데로 가 동쪽

봉화대와 작은 토산 사이가 성문이 아니었을까?

면을 자세히 살펴보니 봉화대로 보였던 언덕과 조금 떨어져 또 하나의 작은 토산이 있다. 그 사이로 밭에 진입하는 길이 있으니 아마도 성문이 아니었을까?

산을 내려와 다시 그 노인을 찾았으나 집에 들어갔는지 없다. 오후의 엷어지는 햇살이나마 양지쪽에 다른 두 노인이 앉아 이야기를 나누고 있기에 다가가 성에 대하여 묻는다. 그들이 젊었을 때만 해도 고구려성으로 전래되어 내려오는 토성이 남아 있었으며, 십수년 전에 조사단이 와서 그곳에서 기와, 도자기 조각 등 고구려 유물을 다수 발굴했다고 한다. 고구려성은 이미 밭으로 개간이 되었고, 주변을 수산 양식장이 그 범위를 점점 확대해 가고 있다. 성이 있었다고 증언하는 노인들은 세월이 지나고 나면 이 세상에 없을 것이다. 그 후에는 누가 이곳에 고구려성이 있었다는 사실을 이야기할 수 있을까? 안타까운 일이다.

다시 해빈공로 도로로 나가 3~4km 동쪽으로 가다 보면 벽류하 하구가 나온다. 『삼국사기』나 『신新·구당서舊唐書』 등 중국 역사서를 보아도 내용상 조금의 차이는 있을지라도 647년 7월에 당의 대장군 우진달牛進達과 이해안李海岸이 군사를 이끌고 산동성 내주에서 황해를 건너와 석성과 적리성을 물리친다는 내용이 기록되어 있다. 역사서상의 석성石城을 오늘날의 성산산성城山山城으로 비정하는 학자들이 많다. 그것이 맞는다면 그 당시 당군唐軍은 이곳 벽류하 하구에서 상륙하여 강을 따라 불과 25km의 거리에 있는 석성으로 진격했을 것이다.

중류에 건설한 벽류하저수지碧流河水庫의 아래쪽은 수량이 거의 없어 강의 기능을 상실하고 있지만 해안도로 위의 대교에서 바라보는 하구는 밀물 탓인지 제법 큰 강의 모습을 지니고 있다. 어쩌면 1,400여 년 전 벽류하는 수량이 많아 군사를 실은 대형선박은 몰라도 식량 등 군수물자를 실은 소형 선박들이 강을 따라 내륙으로 진입했을 수 있다. 중국은 워낙 고대부터 운하를 비롯하여 물을 잘 이용했던 역사를 가졌으니 충분히 가능성이 있는 가설이다.

중국 고대 최초의 운하로 일컫는 오吳 왕 부차夫差가 BC 486년에 굴착한 한구 邗溝도 중원제패의 야심을 품고 전쟁에 활용하기 위한 것이 아니었던가? 특히 수 양제隋煬帝가 608년 대대적으로 하북河北 지방의 백성들을 동원하여 낙양에서 지금의 북경 통주通州까지 영제거永濟渠라는 운하를 굴착한 가장 큰 목적이 선대 부터 염원이었던 고구려침공을 염두에 둔 것이다. 군사와 물자의 원활한 이동경 로를 확보한 후 612년 친히 진두지휘하여 고구려 정복을 꿈꾸며 전쟁을 감행하 였다. 그만큼 당시의 중국은 이미 수운에 익숙해 있던 것이다.

벽류하 하구에 대교를 사이에 두고 건너기 전, 우안右岸이 보란점시普蘭店市 성자탄진城子坦鎭이고, 건너가면 장하시莊河市 명양진明陽鎭이다. 두 곳 모두 전 쟁의 역사는 잊은 채 하구 주변에 전왕둔前王屯에서 보듯이 수많은 양식장들이 자리하고 있다. 교량의 건너편 하구에 상당한 규모의 양식장을 보니 최근 들어 중국의 수산양식 사업이 안전성 문제와는 별개로 대규모화하고 있다는 점이 놀 랍다. 오늘 와서 보는 이 평화로운 하구 마을이 1,400여 년 전에는 항상 긴장감이 감도는 전쟁의 요충지였다.

벽류하가 바다를 잇는 지점에서 한참 서서 황해를 바라보니 멀리서 당군의 군 함들이 몰려오는 듯하다. 성자탄에 있는 작은 성들에서는 봉화에 연기를 올려 비 상상황임을 알린다. 서로 연락을 취하여 각각 기마병을 출동시켜 초기에 제압할 준비를 한다. 이곳에서 멀지않은 상류의 좌·우안에 자리한 석성城山山城과 그의 후성後城, 묵반향墨盤鄕 고려성산高麗城山산성, 외패산성巍霸山城 등 큰 성에서는 선단의 규모를 파악해가며 하구에 지원병을 보낼지, 전초기지의 군사들을 산성 에 모이게 하여 방어전을 펼지 전략회의에 들어간다. 여러 성들이 일사불란하 게 움직인다. 모든 판단과 작전개시가 적선이 상륙하기 전에 이루어져야 한 다. 그러기에 성자탄 하구 주변의 소성들의 정확한 보고와 신속한 연락체계는 전쟁의 승패를 가를 만큼 중요하다. 첩보牒報를 지닌 전령이 큰 성을 향하여 말을 몰아 황급히 달려가고 그 뒤를 따라가며 흙먼지가 뿌옇게 인다.

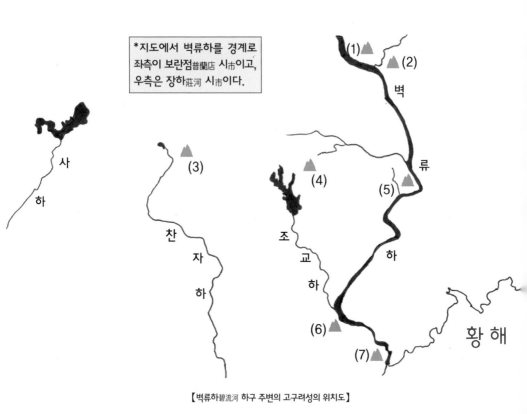

(1)

(2)

벽

사

하

(3)

류

찬

자

하

(4)

(5)

조

교

하

하

(6)

(7)

황 해

【벽류하碧流河 하구 주변의 고구려성의 위치도】

성자탄 엄둔嚴屯 옥수수밭 한가운데 있는 토성, 대성산성 역시 고구려시대 강 하류의 중요한 방어선의 하나였다.

【범례】

	성의 명칭	성의 상세 위치
(1)	후성산산성 後城山山城	장하시 성산진 고성촌 토성자 동북산상 莊河市城山鎭古城村土城子東北山上
(2)	성산산성 城山山城	장하시 성산진 고성촌 만덕둔 북면산상 莊河市城山鎭古城村萬德屯北面山上
(3)	외패산성 巍霸山城	보람점시 성대진 곽둔촌 포도구 북면산상 普蘭店市星臺鎭郭屯村葡萄溝北面山上
(4)	묵반향 고려성산 산성 墨盤鄕高麗城山山城	보람점시 묵반향 마둔촌 양가구 서남산상 普蘭店市墨盤鄕馬屯村梁家溝西南山上
(5)	엄둔 대성산성 嚴屯大城山城	보람점시 성자탄진 엄둔 마을 동북쪽구릉 普蘭店市城子坦鎭嚴屯東北
(6)	귀복보토성 歸服堡土城	보란점시 성자탄진 시내(성리) 동남부 普蘭店市城子坦鎭街里(城里)東南面
(7)	전왕둔토성 前王屯土城	보란점시 성자탄진 전왕둔 남쪽구릉 普蘭店市城子坦鎭前王屯南面

적산풍경구赤山風景區 입구의 산문山門

적산산성 赤山山城

　강하구에서 보란점시와 장하시莊河市의 경계를 이루는 벽류하를 따라 거슬러 오르면 개주시蓋州市 만복진萬福鎭 나둔향羅屯鄕 귀자구貴子溝에 닿는다. 이미 강의 상류이다. 만복진 시내 한가운데로 벽류하가 흐른다. 그 강의 중류에서부터 강을 끼고 나란히 오던 305번 국도가 함께 시내를 지나간다. 현재의 도로 노선이 아마도 고구려 당시에도 강안江岸에 좁다랗게 펼쳐지는 평지를 따라 형성되었던 교통로와 별반 차이가 없었을 것이다.

　시내 동남쪽으로 조금 떨어져 높은 산봉우리들이 기암을 이루며 솟아있는 것이 보이기 시작했다. 다가가니 적산풍경구赤山風景區란 입간판과 함께 거창한 산문이 세워져 있다. 삼청봉, 오동봉, 선문봉, 천교봉, 천지봉 등 5개의 봉우리로 멀리서부터 보이는 산세가 웅장하다.

　깊은 계곡을 따라 한참 걸으니 하늘이 보이지 않을 정도로 울창한 수림이 이어진다. 연이은 다섯 봉우리가 북벽을 이루고 그 아래 동서로 길게 계곡을 만들어 놓은 것이다. 결국 기암절벽을 이루는 성의 북벽은 별도의 인공 성을 쌓을 필요 없이 훌륭한 자연방벽을 만들어 낸다.

　과연 성의 정문은 어디에 있었을까 생각하며 계속 걷는다. 요새를 이루는 곳곳마다 성문이라 해도 손색이 없다. 하지만 공사로 파헤쳐져 있으니 딱히 어디라고 꼭 짚기가 어렵다.

적산산성의 정문으로 추정되는 곳

한참을 걸어 성의 동북쪽에 치우쳐 자리한 용담사龍潭寺에 닿는다. 사찰의 동남
방향으로 좀 떨어져 사계절 마르지 않는 샘, 용담龍潭이 자리하여 붙여진 이름이
다. 용담산, 용담사 이름은 곳곳에 많은 편이다. 득리사산성에도 용담이 있다. 동쪽
으로 좀더 걷다 보면 이곳 사찰 스님들의 사리탑이 숲을 이룬다는 탑림塔林을

용담사 사리탑들

만난다. 40여 개의 탑은 육각의 2층 전탑磚塔으로 그 크기는 작지만 중국에서 흔히 대할 수 있는 전형적인 형태이다. 탑 주변에 사람들이 무언가 열심히 기원한다.

적산산성이란 표지석이 산성의 동문 앞에 세워져 있다.

탑림을 지나 동쪽 산등성이를 오르니 과연 성급문물보호단위省級文物保護單位란 표지석과 함께 성의 동문이 나온다. 여기저기 공사판을 벌여 놓아 전혀 성이 나올 것 같지 않았지만 선조의 숨결이 깃든 성벽을 만난 것이다. 보는 순간 언제나 그랬던 것처럼 가슴이 뭉클하다. 성문 북으로 적산의 최고봉인 해발 891.1m의 삼청봉三淸峰을 잇는 산줄기를 따라 험준한 바위에 성벽이 연결된다. 남쪽으로도 봉우리를 향해 성벽이 길게 늘여뜨려 있으니 함께 성의 동벽을 이룬다. 이렇게 동벽이 약 500m 이어진다.

적산산성 안 용담사龍潭寺 배면에 높이 솟은 삼청봉. 5개의 봉우리가 산성의 북벽을 이룬다.

나뭇가지 사이로 폭이 7~8m의 규모가 큰 치의 형태를 볼 수 있다.

성문에서 남쪽으로 23m 떨어진 곳에 적대敵臺를 만들어 동문과 동벽에 침입하는 적들로부터 방어력을 보강한다. 문에서 가깝기는 해도 성벽을 이어가다가 돌출된 대臺이니 치雉라고 할 수 있다. 그러면서 성문에 접근하는 적을 차단하니 하나의 옹성구조라 할 수 있다. 그 규모는 1996년도에 초판이 발간된『영구문물지營□文物志』의 기록에 따르면 폭이 8.1m, 외부돌출 부위 길이가 9.3m, 높이가 4.6m라고 되어 있다. 하지만 이미 세월의 흐름을 어찌할 수 없던지 폭이나 길이가 약 7~8m로 줄어 있다.

높이를 재어 보고자 치의 아래쪽에 내려갔으나 이미 녹음이 무성하여 사진촬영마저 녹록치 않다. 하지만 풀과 나무 사이에 드러낸 치의 모습은 웅장하다. 치의 잔고는 위치에 따라 다르지만 3~4m 남아 있다. 기록도 말해 주고 있지만 아래쪽에 무너진 가공석들이 흩어져 있는 것을 보면 치의 규모가 현재 남은 것보다는 컸었다는 것을 알 수 있다. 동벽은 치에서 다시 남쪽을 향하여 이어 간다. 곳곳에 무너진 상태로 남아 있지만 전체적으로 보면 보존상태가 비교적 양호한 편이다.

높이는 3～4m 남았지만 아래쪽에 성벽의 돌들이 흩어져 있다.

남쪽 봉우리를 오른 성벽은 모퉁이를 이루는 곳에 또 하나의 대를 만든다. 각대角臺면서 봉화대가 있었던 자리다. 그곳에 올라서니 동북쪽 성 밖 벽류하 지류에 만들어 놓은 옥석저수지玉石水庫가 장관을 이루며 한눈에 들어온다. 성의 동문과 이어 나가는 길이 광동구진광동구진礦洞溝鎭에 닿고 그곳에 펼쳐지는 벽류하 상류에 댐을 만들어 생긴 저수지이다. 그러니 성의 동·북벽은 벽류하에 면하여 적들을 감시하고 그 침입을 저지하였을 것이다.

성벽은 다시 서쪽으로 방향을 틀고 산등성이 위를 이어 가며 남벽을 이룬다. 곳곳에 훼손이 심각하지만 높은 곳에서는 간간이 대를 이루면서 서쪽을 향하여 힘차게 이어 간다. 성 밖은 험준한 산세로 적의 접근이 어렵지만 빈틈없이 성벽을 쌓아 대비를 한 것이다. 기록에 따르면 남벽의 길이가 1,300여m에 달한다고 되어 있다. 남벽에도 서쪽으로 치우쳐 성문이 하나 개설되어 있으며 그 폭이 약 7~8m에 이른다.

남벽이 끝나는 지점에 또 하나의 대臺가 있으며 그곳에서 성벽은 북쪽을 향하며

적산산성 동북 면에 자리한 옥석저수지

이어가 서벽을 이룬다. 서벽은 5개의 작은 산봉우리를 점유하고 있다고 하나 녹음이 짙어 성안이 잘 보이지 않는 탓에 구분이 안 된다. 그냥 성벽을 놓칠까 노심초사 벽을 따라 갈 뿐이다. 서벽은 450여m를 이어가며, 동벽과 마찬가지로 비교적 보존상태가 양호한 편이다. 많이 무너져 내렸지만 전망대로 여겨지는 대臺의 형태도 만날 수 있다. 그곳에서 북벽을 바라보니 과연 물샐 틈도 없는 천연의 장벽임을 알 수 있다. 인공으로 아무리 잘 쌓은 성벽도 이보다 훌륭할 수는 없다.

성벽은 하산을 하다가 또 하나의 성문을 만들어 놓는다. 그 폭은 넓지 않으나 성문 안쪽으로 건물터임직한 사각의 터가 자리한다. 그리고 그 문 아래쪽 주계곡에서 이어지는 등산로 계단을 만드는 공사가 한창 진행중이다. 처음 올랐던 계곡과 다시 만나는 것이다. 천연의 북벽을 제외하고 일주를 한 셈이다. 자료에 따르면 성의 길이가 3,520m라고 한다. 용담사 사찰이 자리한 곳이 성안 동북에

천연의 장벽인 적산산성 북벽

치우쳐 있지만 꽤 넓은 분지에 자리하고 가까운 곳에 용담이란 저수지가 있는 것을 감안하면 성의 중심시설이 있던 곳이다. 성의 지휘부를 비롯하여 병사들의 숙영 시설이 있었을 것이다.

용담사는 당초에 불교사찰이었지만 청대에 이르러 당시에 한창 유행했던 도교도 함께 사용하는 사찰이 되어 청대 요동지역의 도교 성지로도 알려져 있다. 사찰 내에 청대 석비 5개와 〈명대중수용담사조불안선비明代重修龍潭寺造佛安禪碑〉가 전해 내려온다고 한다. 그 내용을 보면 당 정관 19년(서기 645년)을 회상하며 당태종은 연개소문이 군주를 살해하고 백성을 학대하였으며, 또한 신라의 조공을 막아 황제의 뜻을 받들지 못하게 방해를 하니 친히 정벌에 나선다는 내용이 나온다. 그리하여 이 산에 잠시 주둔駐蹕한다는 내용과 더불어 승리를 거두고 이 산에 개첩사凱捷寺라는 사찰을 건설하라 명하였다는 내용이 포함되어 있다.

적산산성 동벽

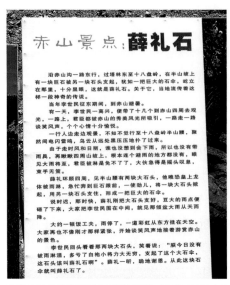

적산풍경구 입구에 당태종의 전설을 전하는 곳곳의 명소를 소개하고 있으나 허구에 지나지 않는 이야기이다.

이곳 풍경구 입구에도 적산과 당태종, 설인귀의 인연을 만화 같은 이야기로 설명하는 커다란 입간판이 설치되어 있다. 당태종이 645년 고구려 동정 당시에 이곳에 피서를 왔다. 피서중에 갑자기 소낙비가 내려 우산 같이 생긴 바위에서 황제에게 비를 피하게 했다는 설례석薛禮石, 구천현녀 낭랑娘娘이 설인귀에게 세 가지 보물을 주어 연개소문을 격파하게 도왔다는 장군동將軍洞 동굴이야기 등 터무니없는 이야기를 전하고 있다.

중국 역사서의 기록을 보더라도 645년 5월10일 요하를 건넌 당태종은 요동성과 백암성을 점령한 후, 6월11일 요동성을 출발, 6월 20일 안시성에 도착하여 장기전에 돌입한다. 요동성과 안시성은 지도상 직선거리로 62km 정도 거리이다. 그럼에도 불구하고 10여 일 지나서야 안시성에 도착한다. 그것은 안시성에 닿기 전 주변의 성에서 저항이 격렬했음을 말해주고 있다. 안시성에서 적산산성까지는 또 다시 직선거리로 75km 정도 떨어져 있다. 또한 중간에 당으로서는 손안에 넣지 못해 항상 불안해하던 건안성建安城이 버티고 있다. 그러한 상황에 한가하게 이곳으로 피서를 왔다는 것이 가당한 이야기인가? 건안성뿐 아니라 적산산성에 닿기까지 수많은 성들이 포진해 있다. 당시 3개월여 끌던 안시성에서의 전황이 하루라도 편한 날이 없는데 아무리 명산이라 해도 그토록 적진 깊숙한 곳에 피서를 다녀갔다는 것이 어찌 가능하단 말인가?

당시 이곳에 온 적이 없는 연개소문까지 끌어들여 이야기를 만든 것을 보면 당태종의 고구려 정벌에 대한 한을 달래 주기 위한 전설은 이곳에도 존재하는가 보다. 정사에 없는 소설 같은 이야기들을 오늘날 사실인 것처럼 주장하는 것은 아마도 〈명대중수용담사조불안선비〉의 비문 내용이 어느 정도 영향을 미쳤을 가능성이 있다.

그 비문이 지어진 것이 명 만력萬曆 44년이라고 하니 서기 1617년의 일이다. 그렇다면 당태종이 고구려를 침공한 645년과 비교했을 때 거의 1,000년이 지난 시기의 이야기를 비문에 적은 것이다. 그 역시 당태종의 고구려 정벌의 한恨을 달래느라 민담으로 전해져 내려오는 이야기를 비문에 담았을 개연성이 충분하다. 만약에 당대에 이곳에 사찰이 있었다면 그것은 고구려시대에 이미 존재했던 사찰일 가능성도 배제할 수 없다. 그러한 절의 존재를 당태종과 연관을 지어 전설로 만들었을 수 있다. 그렇게 하여 명산에 있는 이 천년고찰을 더욱 명성이 자자한 사찰로 만들려고 했던 후세의 노력이 담긴 것으로 보인다.

논리의 비약이라고 비판할 수도 있겠지만 아무튼 고구려산성에 얽힌 당태종에 관한 터무니없는 이야기는 우리가 아는 것보다 훨씬 많다. 오늘 돌아본 적산산성에서 접하는 당태종, 설인귀가 연개소문과 전투를 벌였다는 등의 다양한 민담은 허구에 지나지 않는다. 적산산성은 천연의 요새에 철통같은 방어벽을 쌓고 묵묵히 황해와 연결되는 벽류하 상류를 지키는 고구려성이었다. 마지막 순간까지 요동반도를 놓지 않고 고구려를 지켜낸 보루였다.

적산산성이 소재한 만복진萬福鎭 시내 한가운데로 벽류하 상류가 흐른다. 이 강은 남쪽으로 156km 휘돌아 가다가 황해로 유입된다.

벽류하 지류 주변에 홀로 높이 솟은 산봉우리를 중심으로 고구려산성이 있다.

세 곳의 고려성산산성과 동승촌산성東升村山城, 벽류하 상류를 지켜온 성들

적산산성 답사를 마치고 같은 개주시蓋州市 만복진萬福鎭 관내에 있는 또 다른 고구려산성을 찾아 간다. 서남 방향에서 시내로 흐르는 벽류하 지류를 따라 가다 보면 전염갑촌前閻閘村이 나오고 그곳에서 또 하나의 지류를 만난다. 북쪽의 산악지대에서 시작되는 그 지류를 따라 좀 가다 보면 손가와붕촌孫家窩棚村이 있고 그 동북에 자리한 고려성산高麗城山 위에 산성이 자리한다.

적산에서 시간이 많이 지체되었던 탓에 해가 이미 서산으로 길게 늘어졌다. 급한 마음으로 차를 몰아 보지만 농촌의 길에서 양떼들이 도로를 완전 점거하는 상황을 맞는다. 농촌을 다니다 보면 곧잘 있는 일이다. 가다가 보니 길가에서 〈고구려산성高句麗山城〉이란 표지석을 만난다. 혹시 잘못 본 것이 아닐까 눈을 씻고 다시 보지만 분명 고려산성高麗山城도 아닌 고구려산성이라 쓰여 있다.

그동안 산성답사를 많이 다녀 보았지만 표지석에 이렇게 크게 쓴 〈고구려高句麗〉 세 글자를 대하기는 처음이다. 고구려! 언제 들어도 눈물을 왈칵 쏟을 것만 같은 그런 이름이다. 항상 가슴 깊이 간직해 온 이름이기에 가슴이 아려온다. 아마도 그 이름은 부르고 불러도 메아리 없는 이름인지도 모른다. 왠지 우리와 멀리, 장시간을 떨어져 있었기에 안타까움에 몸서리치던 이름이다. 분명 같은 형제이건만 어렸을 적 미아가 된 채 오랜 세월을 만나진 못하고 그리워하기만 했던 그런 이름인지도 모른다.

방향 표시대로 가다가 옥수수 밭에서 일을 하는 농부에게 물으니 앞에 보이는 우뚝 솟은 산 뒷면이 바로 고구려산성이라고 한다. 산은 주변에서 가장 높게 솟아 있으니 벽류하와 그 강이 만드는 유역의 평지가 잘 보일 것이란 생각이 든다. 산 아래 차를 세우고 봉우리를 향하여 오른다.

고구려산성高句麗山城 표지석. 손가와붕촌 고려성산산성이다.

능선을 타고 봉우리에 닿는 것은 쉽지가 않아 계곡을 따라 오른다. 남쪽 계곡을 타고 오르다 만난 능선은 북쪽으로는 큰 봉우리에 닿고 남쪽에서 또 하나의 작은 봉우리를 잇는다. 바로 그 산의 능선을 따라 성벽이 쌓여 있다. 오랜 세월을 이기지 못하고 훼손이 심하니 그 높이가 1m 정도 남아 있다. 여름으로 성큼 다가

고구려산성(손가와붕촌 고려성산산성) 서쪽 성벽이 잡목 속에 있다.

가는 날 이미 무성해진 잡목에 감춰져 있다. 높은 산봉우리와 이어지는 이 성벽이 서벽을 이루며 동쪽 계곡이 성안을 형성하는 서고동저西高東低의 지형이다. 그 계곡 끝 동벽에 북쪽에 치우쳐 성의 문이 있다. 그것이 성의 정문이 된다. 자료에 의하면 산성의 동서 길이는 400여m에 달하고 남북의 폭은 200~250여m에 이르니 성의 둘레가 1,200여m 정도의 크지 않은 성이다. 하지만 적산산성과 벽류하 상류 좌·우안에서 서로 호응하는 전략적 가치를 지닌 산성이다. 손가와봉촌 고려성산산성에서 적산산성은 직선거리로 불과 13km 떨어져 위치한다. 그렇게 상류 양안에 포진하여 벽류하를 따라 내륙으로 올라오는 적들을 연합작전으로 협공하여 궤멸하는 역할을 한다. 성의 가장 높은 곳에서 내려다보니 만복진 시내와 그 한가운데를 흐르는 벽류하와 성의 가까운 곳을 지나는 지류가 마치 넥타이를 풀어 헤쳐 놓은 것처럼 널려 있다. 만복진 시내에서 벽류하를 따라 올라가면 적산산성이 자리한 산들이 그림처럼 펼쳐진다. 산성에서 적들의 일거수일투족의 움직임을 한눈에 내려다보고 전투를 하니 감히 누가 그들을 대적할 수 있었으랴? 중과부적의 대군이 나타나면 봉수대에 연기를 피워 적산산성의 성주에게 알려

고려성산산성의 가장 높은 곳. 주변이 한눈에 다 들어온다

대처하였을 것이다. 어찌 적산산성뿐인가? 주변에 촘촘히 포진해 있는 성들이 다 함께 나서니 아무리 당시 강력했던 수隋·당唐의 대군이라 한들 무엇이 두려 웠을까?

　적산산성에서 서남쪽 방향 직선거리로 18여km, 손가와붕촌孫家窩棚村에서 는 10여km 떨어진 십자가진什字街鎭 전둔촌田屯村 벽류하 지류 양안에 고구려 산성 2개가 나란히 자리하고 있다. 현지인들은 그 산성을 동고려성산東高麗城山 산성, 서고려성산西高麗城山산성이라고 한다. 그 어느 해보다 극심했던 무더위가 누그러지기 시작한 8월 하순에 차를 몰아 전둔촌 마을을 찾았다. 벽류하 상류의 또 하나의 지류 좌안에 소재한 마을의 동쪽에 동고려성산東高麗城山이 자리하고 있다. 그리고 마을에 가까운 곳, 하천의 우안인 서남 방향에 서고려성산西高麗城山이 있으니 두 산상에 자리한 산성이 서로 대치하듯 마주보고 있다. 두 성의 거리는 직선거리로 불과 3km 정도 떨어져 있으니 가까이에서 서로 호응하며 적군을 격퇴 했을 것이다.

동고려성산 중턱 성에 오르는 초입에 군 초소로 쓰였음 직한 바위가 굳건하게 자리하고 있다.

전둔촌 마을 입구에서 만난 연세 지긋한 어른이 가리키는 동쪽 산을 먼저 오른다. 오늘은 두 산을 다 올라야 하니 체력을 비축하기 위하여 최대한 산 밑에까지 차를 몰고 가본다. 길이 끝나는 지점에 주인이 얼마 전에 귀농하였는지 미처 완성되지 않은 집이 나온다. 왠지 농사일이 어설퍼 보이는 주인은 아직 농촌이 익숙하지 않은 듯 나를 보더니 반가운 기색이 역력하다. 그와 산성에 대하여 이야기를 나누니 뒷산 가장 높은 곳에 가면 볼 수 있다고 하며 상세하게 알려 준다.

　역시 여름에 녹음이 한창인 산은 길이 보이질 않고 잡목이 발길을 막아 오르기가 쉽지 않다. 정상에 오르니 넓은 분지를 이루고 그 주변의 풀숲을 뒤지니 역시 고구려성벽이 나온다. 해발 400여m의 산 정상에 성이 자리한 것이다. 성벽의 전체 길이가 약 300여m에 이르는 작은 성이다. 마을에서 올라온 면이 벽류하를 접하는 동벽이다. 동벽 남측으로 치우쳐 조그만 문이 개설되어 있다. 길게 자란 잡목을 헤쳐야 겨우 문을 이루는 석주와 석판을 찾을 수 있다. 문의 너비는 1.7m, 높이가 1.6m 정도 남아 있다.

풀숲을 뒤지니 석주와 석판이 이루는 성문을 찾을 수 있다. 성문도 성의 규모에 맞게 그 규모가 작다.

전둔촌 동고려성산. 해발 400여m의 정상에 고구려산성이 자리하고 있다.

성 전체를 돌아 보니 서측은 자연 형성된 바위절벽이 급한 경사를 이루니 별도의 인공성벽을 쌓지 않았다. 반면에 동·남·북 3면은 석축의 성벽이 남아 있다. 성벽의 기단 너비는 4m, 잔고 3m라고 하지만 지형에 따라 차이가 있고 웃자란 풀숲 사이로 이어져 주의를 기울여야만 찾아볼 수가 있다. 성의 동남과 서북 모퉁이에 각각 전망대라 할 수 있는 대臺가 있어 성 아래 적의 동태를 살필 수 있다. 문을 중심으로 하여 동서로 석재 성벽을 쌓아 성 전체를 남과 북의 두 부분으로 나누었다. 내성을 쌓을만한 큰 성도 아니고 아무리 생각해도 남북으로 성을 나눈 이유를 알 수가 없다. 면적이 작은 부분인 남쪽 부분이 병사들이 거주를 했던 건물터(병영지)로 보인다.

주변의 산보다 높은 탓인지 성 위에 서니 사면이 한눈에 들어온다. 이 산은 지도에서 보면 나팔모양을 띠었다는 의미로 나팔산喇叭山이라고 표기되어 있다. 현지인들은 옛날부터 산성의 존재를 이유로 해서 고려성산高麗城山이라고 불렀다고 한다.

성문에서 남북을 잇는 성벽이 풀숲을 달려가며 성의 동벽을 이루고 있다.

동고려성산산성 북벽은 전체적으로 보아
그 보존상태가 가장 양호한 편이다.

서고려성산산성의 동벽을 이루는 산등성이가 거대한 바위절벽을 이루니 도저히 오를 수가 없다.

하산하여 다시 전둔촌 마을로 가서 그 어르신에게 또 하나의 산성이 있는 서고려성산西高麗城山을 물어 길을 찾아 나선다. 지도상의 이름은 "붉은 색 암석이 우뚝 솟은 산"이란 의미의 홍석립자紅石砬子이다. 물론 마을사람들은 역시 이 산도 산성이 있다는 사실 때문에 예로부터 고려성산으로 부르고 있다. 멀리서 보는 산세가 거대한 암석으로 이루어지니 벌써 범상치 않아 보인다. 이젠 산성이 있는 산은 느낌부터가 다르다. 이곳에서 오르라고 알려 주었지만 하천을 건너 우뚝 솟은 바위산을 어디서부터 올라야 할지 가늠해 보기가 어렵다. 일단 산 밑의 과수원과 옥수수밭을 지나 계곡으로 들어서지만 길은 없고 잡목이 우거져 도저히 앞으로 나갈 수가 없다. 하는 수 없이 밭을 가로질러 바위 밑까지 가 보지만 그 역시 전문 록클라이밍rock climbing 장비가 없이는 오를 수가 없다.

산의 동·북·남면은 바위로 깎아지른 절벽이 형성되어 있다고 했는데 바로 그 동쪽으로 오르게 되어 버렸다. 이어지는 바위 아래를 돌아서 남쪽 산등성이를 찾아 오르려 하지만 갈수록 가시가 있는 잡목들이 발목을 잡는다. 남쪽에서 정상으로 오르는 것도 큰 암석이 막고 있어 용이하지가 않다. 등반 거리가 길긴 해도 마을에서 가까운 비교적 완만한 서쪽 산언덕을 올라야 했다. 북쪽은 하천과 맞닿는 절벽을 이루고 동·남으로 오르려 시도했지만 장비가 없이는 불가능하다.

서측 산등성이를 제외하고는 적의 접근을 허락지 않는 천연의 요새였다. 그

동승촌산성東升村山城 동쪽 계곡 입구에 성문이 개설되어 있고 서·남·북 봉우리를 잇는 산등성이를 따라 성벽을 쌓았다.

정상에 정방형의 평면으로 길이와 폭이 각각 80m에, 성벽의 잔고가 2m, 폭이 2m인 산성을 남겨둔 채 포기하고 하산할 수밖에 다른 선택이 없다. 안타깝기 짝이 없지만 선조가 얼마나 혜안을 갖고 산성의 입지를 선정했는지 새삼 절감하면서 발길을 돌린다. 난공불락이며, 이수난공易守難攻의 위치에 있는 서고려성산산성은 동고려성산산성과는 불과 3km 정도 떨어진 곳에 자리한 성이다. 성의 규모로 보아 군사들이 장기적으로 주둔을 했던 군사기지이기보다는 전초기지로 보인다. 적의 이동 등 동태를 살피고 봉수대에 연기를 피워 인근 대형 성에 상황을 보고했을 것이다. 그래서 전망이 확보되는 곳에 성이 위치한 것이다. 하지만 적은 수의 적들이 나타나면 서로 호응하며 연합작전으로 적을 혼란에 빠뜨렸을 것이다. 뿐만 아니라 가까운 거리에 자리한 손가와봉촌 고려성산산성, 적산산성 등과 함께 하나의 방어체계의 선상에서 자기의 임무를 수행했을 것이다.

개주시蓋州市 만복진萬福鎭 시내로 모여드는 여러 줄기의 벽류하 상류 중 동북쪽의 작은 지류 인근에 동승촌산성東升村山城이 자리한다. 개주시蓋州市 양둔향梁屯鄕 동승촌東升村 북쪽 산상에 자리하는 작은 산성으로 대청하의 지류와도 가깝게 위치해 있다. 그곳은 대청하大淸河와 벽류하를 잇는 위치로 보아야 할 것이다. 따라서 학자에 따라서는 대청하변의 산성으로 구분하기도 한다. 어쨌든 벽류하를 타고 상류로 올라온 적이 대청하 유역으로 갈아타고 내륙 깊숙이 접근하려는 것을 방어하는 역할을 하였을 것이다.

성의 규모는 남북 길이가 약 200m, 동서 폭이 100~150m 정도의 규모이다. 성문은 마을에서 가까운 동쪽 계곡 입구이면서 성의 동벽 북쪽에 편중된 자리에 개설되어 있다. 산성에서 벽류하 상류의 적산산성은 20km, 손가와붕촌 고려성산산성은 13.9km 떨어져 있다. 반면에 대청하 하류의 연통산煙筒山산성과는 불과 14km, 건안성과는 23km 거리를 두고 있을 뿐이다. 사하沙河 상류의 쌍대자雙臺子 성자구城子溝 고려성산산성과는 17.9km 거리이다.

고구려산성은 결코 독자적으로 방어하지 않고 주변의 성들이 서로 연합하여 방어선을 구축한다. 이것이 바로 고구려산성의 힘이다. 당시 고구려가 거대국가였던 중원의 왕조에 견주어 조금도 뒤지지 않는 국력을 자랑할 수 있었던 기틀이 바로 여기에 있었다. 수·당나라 대군의 침략에도 굴하지 않고 지켜낼 수 있었던 것은 바로 조밀하게 포진해 서로 연합하며 방어체계를 형성하여 대처했던 선조의 지혜와 용기가 그 밑바탕을 이루기에 가능했던 것이다.

서고려성산 중턱에서 내려다보는 벽류하 지류. 하천을 따라 길이 나 있고, 마을이 이어진다.
당시부터 하천변은 중요한 거주지였고, 하천을 따라 교통로가 생겨났을 것이다.

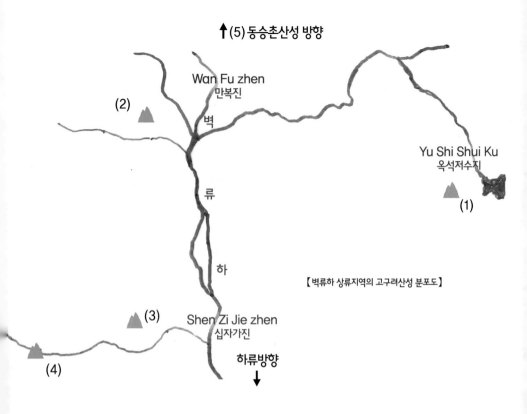

↑ (5) 동승촌산성 방향

Wan Fu zhen
만복진

벽

(2)

류

Yu Shi Shui Ku
옥석저수지

(1)

하

【 벽류하 상류지역의 고구려산성 분포도 】

(3)

Shen Zi Jie zhen
십자가진

(4)

하류방향
↓

【범례】

	성의 명칭	성의 상세 위치
(1)	적산산성 赤山山城	개주시 만복진 귀자구 동쪽산상 蓋州市萬福鎭貴子溝東山上
(2)	손가와붕촌 고려성산산성 孫家窩棚村高麗城山山城	개주시 만복진 손가와붕촌 동북산상 蓋州市萬福鎭孫家窩棚村東北山上
(3)	전둔촌 동고려성산산성 田屯村東高麗城山山城	개주시 십자가진 전둔촌 동북산상 蓋州市什字街鎭田屯村東北山上
(4)	전둔촌 서고려성산산성 田屯村西高麗城山山城	개주시 십자가진 전둔촌 서남산상 蓋州市什字街鎭田屯村西南山上
(5)	동승촌산성 東升村山城	개주시 양둔향 동승촌 북쪽산상 蓋州市梁屯鄕東升村北山上

3장

송수구산산성의 서벽에서 내려다 본 성안과 성문

대양하, 초자하 강변에 집중 배치된 방어선

- 낭랑성산娘娘城山산성, 안산 수암현 양가보진 낭랑성촌.
- 양하진洋河鎭 노성산老城山산성, 안산 수암현 양하진 와방점촌.
- 마권자산馬圈子山산성, 안산 수암현 전영자진 신둔촌.
- 전영자진前營子鎭 노성산老城山산성, 안산 수암현 전영자진 신둔촌 성자구둔.
- 산성둔산성山城屯山城, 안산 수암현 용담진 대방자촌 산성둔.
- 이도령산성二道嶺山城, 수암현 홍기영자향 삼도간구촌 이도령둔.
- 합달비진哈達碑鎭 고려성산高麗城山산성, 안산 수암현 합달비진 승리촌 란마장구.
- 노성구산성老城溝山城, 안산 수암현 황화전자진 노와촌 노성구.
- 토성산土城山산성, 안산 수암현 약산진 영천촌.
- 고성촌산성古城村山城, 안산 수암현 삼가자진 고성촌.
- 송수구산성松樹溝山城, 안산 수암현 황화전자진 관문산촌 송수구.
- 남구산성南溝山城, 안산 수암현 황화전자진 진가보촌 남구둔.
- 석문구산성石門溝山城, 안산 수암현 황화전자진 관문촌.
- 뇨구문산성鬧溝門山城, 안산 수암현 황화전자진 관문촌.
- 소자산小茨山산성, 안산 수암현 조양진 구문촌.
- 청량산淸凉山산성, 안산시 수암현 탕구진 청량산촌.
- 조양진朝陽鎭 고려성산高麗城山산성, 안산시 수암현 조양진 대령촌.
- 유가보산성劉家堡山城, 안산시 수암현 대영자진 황산촌.
- 대영자진大營子鎭 고력성자산高力城子山산성, 안산시 수암현 대영자진 입산촌.

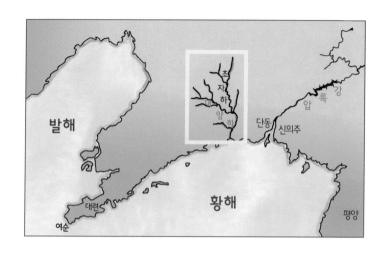

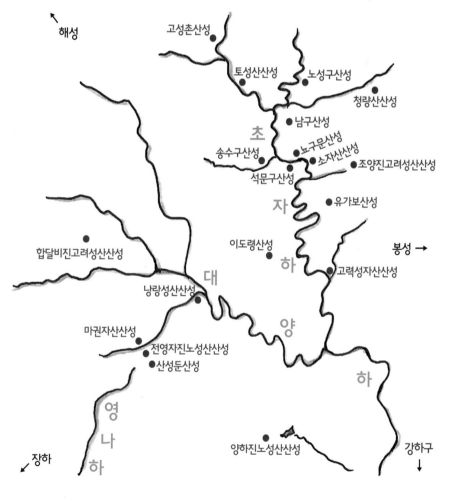

낭랑성산산성 산마루의 서남벽. 일부 구간은 거의 원형 그대로 남아 있다.

낭랑성산娘娘城山산성과 대양하大洋河 유역의 고구려산성

　북풍이 몰아치는 요동반도의 겨울 추위가 요즘 이상기온으로 전 같지는 않다지만, 그래도 한국에 비해선 훨씬 매서운 맛이 있다. 새해를 맞아 고구려산성 답사 첫 행선지로 수암현岫岩縣, 낭랑성산娘娘城山에 있는 낭랑성을 정하기 위해 자료를 찾아보다 깜짝 놀랄 만한 사실을 알게 되었다. 당초에는 석성과 적리성의 위치를 놓고 아직도 명쾌하지 않은 논란 때문에 찾아보려 했다. 하지만 안산시鞍山市의 일개 현에 불과한 수암현岫岩縣에 20여 개의 고구려산성이 자리잡고 있다고 한다. 관내를 관통하는 강유역의 산상에 옹기종기 집중적으로 자리하고 있다니 그에 대한 관심과 더불어 그 의문을 풀고 싶어졌다.

　북방의 겨울 농촌은 춥기도 하지만 인적이 드물어 산상에 있는 성을 찾는다는 것이 쉬운 일은 아니다. 수암의 초입 양하진洋河鎭에 사는 중국친구의 직원이 인근에 있는 성 둘레 450여m의 노성산老城山산성이란 작은 산성을 찾는 데 돕겠다고 왔다. 그는 공사현장에서 일을 하다 동절기라 고향에 돌아와 지내고 있다. 매일 마작을 하면서 때로는 마을에서 "사주"(殺猪: 북방에서 연말에 돼지를 잡아 친지들이 모여 함께 먹는 행사)가 있으면 가서 먹고 마시며 봄이 올 때까지 지낸다고 한다. 이것이 북방 농촌겨울의 민낯인지도 모른다.

　산성은 소양하小洋河가 모아졌다 다시 대양하大洋河로 이어지는 라권배저수지羅圈背水庫 근방에 있다고 한다. 마을사람이 이르는 대로 마을 남쪽 소양하와 고속도로를 건너 남성산南城山에 올랐다. 그곳에 성이 있지만 지금은 다 무너지고 별 것이 없다고 한다. 그래도 포기하지 않고 수없이 500~600고지의 높은 산을 헤매고 다녔다. 그 큰 산에서 작은 산성을 찾는다는 것은 결코 쉬운 일이 아니다.

거의 포기하고 내려가려고 할 즈음에 정상 가까운 곳에서 큰 바위와 연결한 작은 성벽을 만났다. 마치 아메리카 대륙을 발견한 콜럼버스의 심정으로 이곳저곳 자세히 살펴보았다. 남쪽으로 바위가 깊은 벼랑을 이루고, 돌을 쌓아 북벽을 이루며 약 10여 평의 공간을 만들어 놓았다. 이것은 분명 성은 아니지만 남 방향의 시계가 확 트이고 북으로는 소양하의 물줄기가 잘 보이니 주변 큰 성의 초소와 봉화대 역할을 했던 곳으로 보인다. 마을노인들이 말한 것이 이것인지는 몰라도 우리가 찾던 노성산산성이라면 생각보다 너무 초라하다. 전문가가 아닌 사람의 안내로 산성을 찾는다는 것은 온 산을 헤매야 하니 쉽지가 않다.

오전 내내 시간을 너무 소비했고 안내를 한 분에게도 미안하여 보내고 친구와 둘이서 낭랑성산산성을 찾아갔다. 312번 성도省道를 타고 서북방향으로 20여km

양하진 남성산 정상부근. 노성산산성의 외곽 초소로 보이는 석대石臺를 발견하고 너무 기쁜 나머지 큰소리로 외쳤다.

가다 보니 양가보진楊家堡鎭이 나온다. 그곳에서 냉령冷嶺으로 갈라지는 길을 따라 2km 가다가 마을에 들어가 노인에게 물으니 뒷산을 가리킨다. 과연 산능선을 따라 길게 늘어진 성이 아득하게나마 보였다. 주변 정황을 보아 보이는 산의 배후면에 성의 내부가 자리한 것으로 판단된다. 배후로 돌아가 성안으로 진입할까 했지만 산성을 공격했던 적군이 어땠을까 경험코자 그냥 오르기로 한다.

조금 오르니 산은 급경사를 이루어 쉽지가 않았다. 길이 없어 계곡을 따라 오르지만 잡목이 많아 더 이상 진행이 어려워져 다시 능선을 잡아 오른다. 가파른 경사로 성까지 이르기에 어려움이 많다. 역시 성이 요새에 자리한 것이다. 당시에도 적군의 접근이 쉽지 않았으리란 생각을 하며 어렵사리 성에 다가갔다. 놀랍게도 성 높이는 그때보다 낮아졌을지라도 생각보다는 원형을 유지하고 있다. 우리가 오른 성의 서쪽 벽은 높이가 2~4m로 일정치는 않으나 남쪽을 향해 3~400m 이어간다. 다시 동으로 방향을 틀어 남벽을 이루며 계속된다. 모퉁이는 일부가 무너진 듯 문을 만들고 있다. 모퉁이의 안쪽에는 약 20여 평의 넓이로 토대土臺의 흔적이 있으나 잡목들이 자라 분명치가 않다. 병사들이 서남 방향의 적 동향을 조망하던 각대角臺로 보인다.

성벽을 내려가 벽을 이루는 돌들을 살펴보니 가공한 돌 하나하나에 선인들의 숨결이 살아 있다. 무너진 곳을 들여다보니 단순히 돌을 쌓아올린 것이 아니라 돌과 돌 사이 안쪽으로 조각돌을 채웠다. 그 깊이가 1m 이상 되니 마치 깊은 뿌리를 유지하고 있듯이 견고하다. 중간에 이 빠지듯 하나둘 돌이 빠진 곳도 아무 이상 없이 벽체를 유지하고 있는 것을 볼 수 있다. 그러니 1,500여 년의 장구한 세월에도 아직 이렇게 남아서 우리를 맞이하고 있지 않은가? 산성을 보면 볼수록 고구려인들의 성 쌓는 기술에 절로 고개가 숙여질 뿐이다.

성 전체의 구도를 보면 서고동저西高東低의 지형을 이용한 포곡식包谷式 산성이다. 남벽을 타고 가다보면 점점 고도가 낮아진다. 남벽도 서벽과 마찬가지로

낭랑성산산성의 남벽 곳곳에 큰 암벽을 벽체로 이용했다.

급한 경사면 위에 성벽을 쌓았으니 적군의 접근이 용이하지 않다. 더러는 큰 암벽을 최대한 이용하여 벽체를 쌓은 것도 볼 수 있다. 자연을 최대한 활용하여 암벽에 맞추어 돌을 가공하여 잇대어 벽체를 쌓았다. 마치 톱니에 이빨을 맞춘 듯하다. 하지만 남벽을 타고 내려오다 보면 군데군데 성벽이 무너진 채 방치되어 있어 안타까움이 더한다. 성벽 밖 경사면에 무너져 내린 돌이 그대로 널려 있다. 서벽 아래 산 사이에 전개되는 작은 평지 사이로 수암현과 연결되는 도로가 지난다. 남벽에서 내려다보면 대양하의 지류인 신개령하新開嶺河가 흐르고 하천을 따라 양가보진—냉령진冷嶺鎭간 도로가 펼쳐진다. 산이 많은 수암의 지형을 감안할 때 그 옛날에도 별 다른 이동경로가 없이 하천 따라 좁게 형성된 평지를 이용했을 것이다. 성에서 그곳을 지나는 적군의 동향을 쉽게 관찰했을 것이다.

남벽이 동으로 오면서 돌의 크기와 형태가 달라진다. 쐐기석이 밖으로 노출되어 있다.

남벽을 타고 계속 내려오다 보면 동으로 방향을 틀기 전에 많이 허물어져 있지만 문터가 있다. 그 문 양쪽이 언덕처럼 보이지만 아마도 보통 문 양변에 있는 돈대墩臺 또는 치雉의 흔적이다. 성벽은 동으로 오면서 돌의 색깔과 크기 자체가 다르다. 돌은 더 청색을 띠고 서벽과 정상에 가까운 남벽은 주로 청석을 큼직하게 가공하여 반듯한 면이 밖을 향하게 쌓았지만 아래로 내려올수록 그리 크지 않은 쐐기석이 노출되게 쌓았다. 현지인들은 청색 돌이 많은 것이 연유가 되어 이곳의 지명을 청석관青石關이라고도 한다.

성벽은 동으로 방향을 틀어 계곡을 향하여 계속 하산을 한다. 정문에 가까이 가면서 성벽에서 외곽으로 완전히 돌출된 커다란 치雉를 만난다. 바깥쪽으로 많이

무너져 내려 치의 높이가 직각을 이루지 못하고 완만한 형태로 남아 있다. 치의 높이는 8m, 가장 넓은 곳의 폭이 6m, 외곽으로 돌출된 길이가 5m라고 하니 큰 규모이다. 규모의 차이는 있을 지라도 정문 주변에 50~100m 간격으로 7개의 치가 있어 철통같은 방어선을 형성했다.

낭랑성산산성 정문을 향하는 성벽에 돌출된 거대한 치雉

치에 올라 동문을 보니 계곡에 자리하고 정문답게 그 규모가 남다르다. 정문 양측엔 치를 가로로 쌓아올렸으며 따라서 그 문을 빠져나오는 길이 길고 아늑하다. 성문을 출입하는 당시 사람들은 위압감을 느꼈을 것이다. 문을 지난 성벽은 능선을 타고 다시 북으로 산을 오른다. 문 주위는 내성과 외성의 겹성 구조를 이루어 방어력을 강화하였다. 기록에 따르면 성의 길이가 내성이 약 2.8km, 외성이 약 2.4km라고 한다.

정문 내성 안, 남쪽으로 치우쳐 산자락이 만든 그늘 탓에 눈이 녹지 않아 그 시설을 자세히 볼 수는 없지만 저수지와 그와 이어지는 배수로로 보이는 시설이 있다. 잔설 때문에 이것저것 확인할 길은 없지만, 북서쪽 끝 높은 곳에 훼손은 심하지만 3층 석대의 봉화대가 남아 있으며, 남쪽 험준한 곳엔 적석총군이 있다고 한다. 1950년대에 성의 돌을 가져다 주변의 저수지 둑을 쌓고, 학교 건물도 지었으며 더불어 문화대혁명 때 많이 훼손되었다고 한다. 성의 북동쪽 산 너머 좀 거리를 두고 대양하大洋河가 당시와 같이 지금도 말없이 흐르고 있다.

왜 낭랑성娘娘城일까? 이 산성은 고구려 연개소문의 누이 연개소정淵蓋蘇貞(연개수진이라고도 불림)이 건설하였다고 전해진다. 그녀는 성을 완성하고 오빠가 원병을

치에서 내려다보이는 잔설이 남아 있는 동문 주변의 모습

파견하여 구하러 오는지 시험하기 위해 봉화대에서 봉화를 피워 보았다. 연개소문은 비상상황으로 알고 바로 출동하였으나 결국 장난임을 알고 화를 내며 회군했다. 그 일이 있고 얼마 지나지 않아 실제로 당군唐軍이 성을 공격해 왔고, 그녀는 급하게 봉화를 피웠으나 연개소문은 누이가 또 다시 장난한다고 생각하여 정작 병사를 움직이지 않았다. 연개소정은 홀로 병사를 이끌고 당군과 분전하였으나 중과부적으로 패배했고, 그녀는 참수를 당해야 했다. 나중에 병사들이 몸과 머리를 수습하여 성내의 남쪽에 묘지를 만들고 장사 지냈다. 후대 사람들은 그 묘를 낭랑묘娘娘墳라고 했으며 언제부터인지 알 수 없지만 현지인들이 낭랑성, 낭랑성산이라고 불렀다고 한다. 묘는 만주국 시대에 일본군에 의하여 파괴되었다 전해진다.

　한국 역사엔 연개소문의 누이인 연개수영과 연개소정을 정사에 기록이 없다는 이유로 그 존재 자체를 부인하고 있다. 과연 우리 역사서에 고구려에 대한 충실한 기록이 있던가? 고려시대에 쓴 역사서인 『삼국사기』, 『삼국유사』나 조선시대의 『동국통감』 역시 많은 부분이 중국의 역사서 기록에 의존해서 기술되어진 것이다. 그 중국의 역사서란 것이 고구려와 전쟁의 역사를 승자의 논리에 따라 아전인수 격으로 대부분 기술되었다. 그 후 일제의 식민사관은 또 다시 고구려 역사를 철저히 왜곡해 왔는데도 불구하고 우리 역사학계는 식민사관에 철저히 길들여져 왔다. 이러한 상황에서 연개소문의 누이들에 대한 존재는 철저히 외면당해왔다. 중국의 과거 고구려영토 내에 수많은 그녀들의 이야기는 우리 역사계에서는 그저 전설에 지나지 않는다. 어쩌면 그러한 전설이 있는지조차 모르고 있는 것은 아닌지? 중국 정부의 철저한 보안이 있음에도 불구하고 그에 대한 비문碑文 존재도 서서히 드러나고 있다.

낭랑성산산성 동문 옆 계곡을 차단하며 지나는 동벽은 다시 산으로 올라 북벽과 만난다. 이중성이다. 이 견실한 산성은 과연 전설대로 연개수정이 쌓았을까?

청清 도광道光 9년인 1893년에 낭랑묘娘廟라는 사당을 건설하여 능운사凌雲寺로 불렸으며 사당 안에는 연개수정의 상을 빚어 놓고 제를 올렸다고 전해진다. 그 사당이 지금은 없지만 청대 말 저명한 수암지역 만족 시인, 다융아多隆阿가 『낭랑성을 유람하며游娘娘城』라는 시를 남겼다. 그 외에도 몇몇 시가 남아있는 것을 보아선 사실 여부는 확인할 길이 없으나 그러한 이야기가 계속 전해온다. 사당의 존재 또한 사실로 여겨진다. 수암현지岫岩縣志에도 성 안의 사당과 묘지의 존재에 대해 기술하고 있다.

異邦女子据城垣，　人去城空滄桑變。

狼來故事她借用，　身首兩處染黃泉。

이방의 여인이 성곽을 점거하고 있으며,

인걸은 간데없고 성은 텅 비었으니 세월의 변화가 무상하다.

여우 왔다는 고사를 그녀가 차용하고 있는데,

몸과 머리 따로 묻혀 황천을 물들이고 있구나.

이 시에서 이방의 여인은 연개소정을 지칭하고, 여우가 왔다는 고사는 그녀가 별일이 없음에도 봉화를 올려 연개소문이 원군을 이끌고 왔다가 허탕을 치고 돌아간 후, 정작 당군이 쳐들어 왔을 때 봉화를 올렸지만 누이의 장난으로 여기고 군사를 움직이지 않았다는 전설을 이야기하는 것 같다. 어쨌거나 결국은 이 성 전투에서 패해 참수당한 연개소정의 묘가 있었다는 이야기를 전하고 있다.

석성石城과 적리성積利城의 위치를 놓고 학자들 간에 논란이 분분하지만 장하시에 있는 성산산성이 석성이며, 이곳의 낭랑성이 적리성이라고 비정하는 학자도 많다. 반대 의견을 내놓는 학자들은 이 성의 규모를 두고 과연 『삼국사기』나 『자치통감』에서 이르는 1만여 명의 군사가 주둔했을까 의문을 제기하며 낭랑성은 적리성이 될 수가 없다는 주장을 편다. 하지만 수암지역의 산성들의 위치를 조사하고, 오늘 와서 성을 돌아보니 반대 의견에 동조할 수 없다는 판단이 든다. 가까운 대양하유역의 6~7개의 성이 서로 호응하며 자리하고 있는데 단지 낭랑성에 1만여 명의 군사가 주둔하기 어렵다는 이유로 적리성이 아니란 것은 고구려산성의 특성을 도외시한 것은 아닐까? 대양하의 상류를 이루는 지류인 아하雅河 유역이며, 이 성에서 직선거리로 불과 15km 이내에 낭랑산성보다 좀 작은 규모의 전영자진前營子鎭 노성산老城山산성과 같은 진에 마권자산馬圈子山산성 등 2~3개의 성이 배치되어 있다. 그것은 가까운 거리에서 통일된 지휘체계하에 상호 의존적인 연계방어망을 형성했다는 추정이 가능하다.

산성에 직접 왔다고 해서 확인될 수 없는 두 가지 문제를 숙제로 떠안고, 유난히 짧은 햇볕의 겨울 산성을 떠났다. 연개소정의 문제는 그렇다고 해도 낭랑성이 과연 적리성인가의 문제를 좀 더 파헤치기 위해 대양하 유역의 산성들을 살펴봐야 한다. 수암지역의 20개 산성답사가 하루 이틀에 끝날 문제는 아니다. 일단은 대양하를 보기 위해 수암 시내로 갔다. 수암지역에서 발원한 여러 지류가 합해져 시내 한가운데를 관통하는 대양하는 남동 방향으로 흘러 단동 동항시東港市 대고산大孤山 인근에서 황해로 흘러들어 간다. 결국 수암현의 성들은, 당태종 동정 시 육로를 통한 침략이 실패로 돌아가자 새로 개발한 산동성 내주萊州를 출발하여 요동성에 닿는 해양정벌루트에 대한 방어선이었을까? 대련지역에서 벽류하碧流河가 그렇듯이 압록강이 그리 멀지 않은 대양하가 당 수군의 또 하나의 상륙지점이었을까?

다음날 아침 일찍 동항시에서 201번 국도를 타고 50km 정도 떨어진 대양하가 바다와 합쳐지는 곳, 양하융해洋河融海에 갔다. 영하 10도 이하의 날씨에 꽁꽁 얼어붙은 해안에는 어선들마저 발이 묶여 언덕에 모여 깃발만 날리고 있다. 배들을 보니 과연 그 당시에 당唐 수군의 배들도 이곳에 닿아 저렇게 정박해 놓고 대양하를 따라 내륙 깊숙이 들어갔을 것이다. 그리고 대양하유역 산성들의 고구려

얼어붙은 해안 언덕에 발이 묶여 있는 배들이 마치 당나라 수군의 배가 상륙하여 정박해 있는 듯하다.

군사와 맞부딪쳤을 것이다.

홀로 서서 얼음을 바다로 쏟아내는 대양하를 바라보니 저켠 의식 속으로 빠져든다. 어디선가 흙먼지를 날리며 달려오는 고구려 기병들의 함성이 들려온다. 이곳에서 상륙한 당 수군이 내륙으로 진입한 사이에 정박한 선박들을 기습하여 퇴로를 차단하려는 것이다. **"배를 모두 태워 하나도 남기지 말라! 불화살을 쏴라!"** 장수의 호령소리에 일제히 불화살이 치솟는다.

양하융해洋河融海.
대양하는 대고산大孤山 인근에서
황해로 흘러들어간다.

전영자진 노성산老城山산성. 대양하大洋河 유역엔 낭랑성산娘娘城山산성 이외에도 크고 작은 규모의 성이 많이 자리 잡고 있다. 대양하 상류인 아하雅河 우안의 이 산성은 낭랑성산산성과 가까이 있다.

적리성積利城 비정문제와 낭랑성산산성 주변 성들

　도착한 다음날 산행을 해야 하는데 하필 새벽녘에 눈이 소복하게 쌓였다. 내륙이면서 산악지역이라 대련보다는 기온이 보통 7~8도 차이 나니 상당히 추운 편이다. 강원도 어느 지방에 온 듯 착각이 들 정도로 지역 전체에 산이 많다. 산이 많으면 그에 따라 하천도 많게 마련이다. 산과 산 사이로 흐르는 지류들이 모여 대양하大洋河라는 큰 강에 이른다. 지류라고 하기에는 너무 큰, 또 하나의 강인 초자하哨子河가 지역의 동부를 북에서 남으로 휘둘러 흐른다. 결국 초자하는 남동부에서 서로 만나 다시 대양하로 불리며 남으로 흘러 황해로 유입되는 외류하外流河이다.

　수암岫岩은 만족자치현滿族自治縣으로 작은 도시지만, 발해를 멸한 거란족이 통치하던 요대遼代에 이미 주요 도시 중 하나였다. 당시에는 도시 이름이 대녕大寧으로 불렀다고 한다. 어쩌면 강을 이용한 수운 교통의 발달로 인하여 번영했던 도시였다. 그 강 주변에 20여 개의 고구려산성이 자리한다는 것이 얼마나 놀라운 일인가? 특히 대양하 유역의 낭랑성산산성 주변에 여러 성들이 포진해 있다는 것이 무슨 의미를 지닐까? 역사서에 나오는 적리성積利城을 이곳의 낭랑성산산성으로 비정하는 데 있어 찬반 의견이 분분하다. 그 주변에 포진한 성들이 그 판단에 어떤 단초를 제공할 수도 있다는 생각에 다시 찾아 나선다.

　낭랑성산에서 직선거리로 불과 12km 정도 떨어진 곳에 전영자진前營子鎭이란 작은 시골 마을이 있다. 마을 한가운데로 대양하의 지류인 아하雅河가 흐른다.

아하雅河. 전영자진前營子鎭 마을 한가운데로 아하雅河가 흐르고 강의 좌·우안에는 고구려산성이 포진해 있다.

눈덮인 강마을은 아무 인기척도 없는 듯 고요하다. 하지만 그 강의 좌·우안岸에 고구려산성이 포진해 있으니 당시의 전략적인 가치가 새삼스럽다.

산촌에 살다보면 마음도 선해지는 모양이다. 눈을 쓸던 아낙이 키우는 예쁜 오리들.

전영자진 마을 남서쪽 강 우안에 신둔촌新屯村이 자리하고 있다. 그곳에서 남쪽으로 약 3km 떨어져 높게 보이는 산이 노성산老城山이며 그 정상에 고구려산성이 자리해 있다. 수리선岫梨線지방도를 타고 가다 도로 왼쪽 그 산의 자락에 있는 마을이 성산구城山溝이다. 마을이름도 그렇고 이곳에서 산을 오르면 된다고 확신했다. 하지만 집앞 눈을 치우던 마음씨 좋게 생긴 아낙이 이곳에선 험하고 그늘이 져 오르기 힘드니 산 뒤편 양지 밝은 곳에서 오르라고 한다.

차를 몰아 간 산 뒤편 마을은 이미 전영자진이 아니다. 그곳은 용담진龍潭鎭 대방자촌大房子村이다. 그렇다면 산성둔山城屯산성도 아주 가까운 거리에 있을 것이다. 3개의 산성이 지근거리에 옹기종기 모여 있는 형국이다. 마을 뒤편 산군 중에 가장 높은 산이 노성산이다. 과연 그 아낙의 말대로 남향이라서 양지 밝은 산계곡으로 오른다. 하지만 새벽녘에 내린 눈에 발목까지 빠졌다. 거의 산 정상에 가까워질 때 성벽이 나왔다. 성벽 안쪽으로는 호를 파서 성벽과 함께 약 150m를 이어 간다. 노성산 정상에는 봉화대나 점장대가 위치했을 만하게 평평한 공간이 자리하고 있다. 올라서니 사방의 상황이 한눈에 들어온다. 북쪽으로 좀 전에 보았던 아하雅河가 흐른다. 남쪽으로는 영나하英那河를 끼고 온 S203번 성도省道가 산성 아래를 지나 시내 쪽을 향해 간다. 과연 전략적인 요충지였다.

전영자진 노성산 정상에 이르니 성벽이 나타났다.

자료에 따르면 성의 둘레가 1,500m에 달한다고 한다. 성안에 우물이 있고 저수지 시설이 있다고 하나 눈덮인 산중에 그것을 찾는다는 것은 난망한 일이다. 이곳에서 고구려의 줄무늬 홍색기와와 격자무늬 기와 조각이 발굴되었다고 한다. 그리고 마을 어른의 고구려산성이라는 증언이 있을 뿐이다. 성문이라 여겨지는 입구에서 다시 한 번 산을 되돌아보며 아쉬움을 달랬다.

　하산하여 가까운 곳에 있을 산성둔山城屯산성을 찾아 나섰다. 이름에서 벌써 산성 냄새가 물씬 풍긴다. 전영자진 노성산 정상에서 내려다보았던 203번 성도 변에 대방자촌大房子村 사무실이 있다. 가서 물으니 사무실 뒤편에 길게 늘어진 야트막한 산에 산성터가 있다고 한다. 지금은 많이 훼손되었지만 분명 돌로 쌓은 성터가 남아 있다고 한다. 길 건너에는 영나하 상류의 지류가 흐른다. 성 둘레가 300여m 되는 작은 성이며, 성안에는 우물이 있다고 한다. 북쪽에 방금 올랐던 노성산이 빤히 보이고 그 거리가 불과 2km 남짓 된다. 장하莊河 지역의 영나하와 그로부터 이어오는 육로의 길목에 있으니 전영자진 노성산산성의 전초기지는 아니었을까?

전영자진 노성산산성 성문으로 여겨지는 계곡 입구. 눈이 쌓인 산에는 우리가 오르고 내려 온 발자국만 남아 있을 뿐이다.

다시 전영자진 신둔촌 동북쪽에 있다는 마권자산馬
圈子山산성을 찾아 나선다. 전영자진 마을로 와서 물어
보니 젊은 사람은 산 이름조차 모른다. 나이 지긋한 분
에게 물어 보고서야 마을 끝에서 전리선前李線 쪽으로
갈라지는 도로 바로 옆 산에 있다는 것을 알게 된다. 길
가의 산이기도 하지만 아하雅河 강변이기도 하다. 입
구를 못 찾아 헤매고 있을 때 노인을 만나 물으니 따
라 오란다. 그는 당唐의 동정東征 때 설례(薛禮: 설인귀를
이름) 장군이 이곳에 말을 매두었던 성이기에 마권자산
성馬圈子山城이라 명명되었다고 설명했다. 얼마 전에
심양의 한 대학에서 조사를 나왔었다고 덧붙였다.

마권자산산성 계곡 입구까지 길을 나서 설명해
주는 노인에게 감사할 따름이다. 노인 세대가
지나면 과연 누가 증언을 해줄까?

여기도 설인귀의 이야기다. 설인귀가 이곳에 오다니? 결국 안시성에서 넘지
못하고 패퇴했던 역사를 잊었던가? 만약에 일부 신하들의 건의대로 안시성을 포기

대방자촌大房子村 정부와 소학교 뒤 야트막한 산성둔 산상에, 훼손의 정도는 심하지만 산성둔산성이 남아 있다.

하고 오골성을 쳤다면 이곳을 지날 수도 있었다. 하지만 당태종은 건안성建安城과 신성新城의 10만 군사들이 배후를 칠까 두려워 그 건의를 받아들이지 못한 것이다. 노인은 열심히 설명하지만 이 또한 후대에 만들어낸 민담에 지나지 않음을 어찌하랴? 차라리 고구려 장수가 말을 매어두었던 성이었을 것이다.

계곡 입구에서 산 능선을 가리키며 그곳에 가면 성벽을 볼 수 있다 한다. 입구에서 바라보니 북고남저北高南低의 계곡을 3면이 둘러싸고 있는 포곡식包谷式 산성이다. 성둘레가 1,314m에 달한다고 하니 그리 큰 성은 아니다. 성을 오르니 산등성이를 타고 성벽이 이어진다. 눈 덮인 성벽은 돌과 흙을 혼합하여 쌓았다.

마권자산산성 성벽은 산등성이를 타고 길게 이어져 북벽을 이룬다. 남쪽 계곡 입구에 성문이 있었고, 그 계곡을 잇는 북고남저北高南低의 포곡식 산성이다. 성벽은 돌과 흙을 혼합해서 쌓았다.

성벽에서 내려다보니 아하雅河가 한눈에 들어온다. 강가에 얼씬하는 적들은 물론 강물 속에 물고기의 작은 움직임도 포착될 만한 거리이다. 강의 좌안에 자리한 것이다. 강 건너 남쪽으로 전영자진 노성산산성도 눈에 들어온다. 불과 3.5km 떨어진 거리이다. 강의 좌·우안에 두 성이 가까이 포진했음은 그만큼 전략적 요충지란 의미이다.

다음 페이지 지도는 대양하 강유역의 고구려산성과 현재 지방도로 현황도이다. 수암지역을 남북으로 관통하는 대양하가 그 지류와 함께 복잡하게 전역에 얽혀 있음을 볼 수 있다. 당시에는 강의 유수량이 지금보다 풍부하여 선박을 이용한

마권자산산성의 북벽에서 내려다보는 아하雅河 상류의 모습. 아하는 서에서 동쪽으로 흘러 시내에서 대양하와 합류한다. 합류 지점이 낭랑성산산성과 그리 멀지 않다.

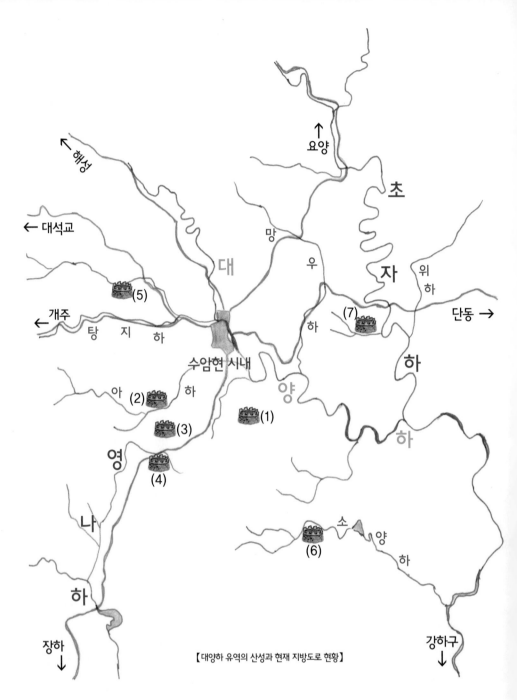

【대양하 유역의 산성과 현재 지방도로 현황】

【범례】 (1) 낭랑성산산성 (2) 마권자산산성 (3) 전영자진 노성산산성 (4) 산성둔산성 (5) 합달비진 고려성산산성 (6) 양하진 노성산산성 (7) 이도령산성 (* 빨간선은 현재 지방도로 노선을 표시한 것임)

수운이 발달했을 개연성이 있다. 지도가 복잡하여 현대에 놓인 철도와 고속도로는 표시를 안했다. 지방도로만을 빨간 선으로 표시해 보았다. 촌과 촌을 연결하는 향촌도로까지 합친다면 하천의 노선과 많은 부분이 같이 가는 것을 알 수 있다. 그 도로들은 당시에도 중요한 육상의 교통로 역할을 하였을 것이다. 그것이 고구려인들이 하천에서 가까운 산상에 성을 축조한 이유일 것이란 생각을 해본다.

일단 지난 낭랑성산산성의 답사 시에 그 성을 역사서의 적리성積利城으로 비정할 수 있는지 궁금했었다. 그 문제를 보다 구체적으로 살펴보기 위해 일단 역사서 기재 내용을 펼쳐본다.

『삼국사기』(권 제22) 「고구려 본기」(제10 보장왕 하편)에 보장왕 6년(647년) "7월에 우진달·이해안이 우리 국경에 들어와 무릇 100여 전을 싸워 석성을 함락시키고, 적리성 아래까지 진군하니 우리 병사 만여 명이 출전하였다. 이해안이 이를 쳐 이기니 우리 군사 사망자가 3천에 이른다. 秋七月, 牛進達丶李海岸, 入我境, 凡百餘戰, 攻石城拔之, 進至積利城下, 我兵萬餘人出戰, 李海岸擊克之, 我軍死者三千人。"는 내용이 나온다.

중국 역사서 『자치통감』 당기 14편을 보면 "7월에 우진달과 이해안이 고려 국경에 들어 가 대략 백여 전을 벌여 이기지 않음이 없었다. 석성을 공격하여 격파하고 적리성 아래에 이르러 고려 병사 만여 명이 출전하니 해안이 격파하여 2천 명의 수급을 참하였다. 秋七月, 牛進達丶李海岸入高麗境, 凡百餘戰, 無不捷, 攻石城, 拔之。進至積利城下, 高麗兵万餘人出戰, 海岸擊破之, 斬首二千級。"

『신新·구당서舊唐書』 「고려전高麗傳」에는 공히 "7월에 우진달 등이 석성을 함락시키고 적리성에 진공하여 몇 천 명을 참살하였다. 수륙양군이 모두 조정으로 돌아왔다. 고장(보장왕)은 아들 막리지 고임무를 조정에 보내 사죄하였다. 七月, 牛進達等攻克石城, 進攻積利城, 斬殺几千人。水陸兩軍都回朝。高藏派兒子莫離支高任武來朝謝罪。"

삼국사기와 중국역사서 3권의 내용이 피아의 뒤바뀜과 사망자의 숫자만 차이가 있을 뿐 대체적인 내용은 대동소이 하다. 여기서 석성石城은 우리나라나 중국 역사학계에서 성산산성城山山城으로 비정하는 것이 일반적이다. 하지만 적리성에 대해서는 의견이 나뉜다.

① 위치적인 관점에서 보았을 때 낭랑성산娘娘城山산성을 적리성으로 보는 설— 반대 의견은 낭랑성산산성의 규모로 보아 1만 명의 군사가 주둔하기가 어렵다. 역사서에 1만 명이 출전했다는 내용에 비추어 보다 더 큰 성이어야 한다는 주장.

② 득리得利와 적리積利의 발음 유사성과 성의 규모로 보았을 때 와방점시의 득리사산성得利寺山城을 적리성으로 비정하는 설— 반대의견은 진군의 방향이 평양을 향하지 않는 반대 방향이란 점에서 동의를 못함.

산성둔산성 인근에서 장하 지역으로 흐르는 영나하 상류

지도에서 보면 (1) 낭랑산성을 둘러싸고 대양하 유역에 동서남북으로 성들이 포진해 있음을 알 수 있다. 특히 오늘 답사를 한 (2), (3), (4) 3개의 성을 서쪽 방향에 집중적으로 배치한 전략적인 선택은 무엇일까? 바로 이웃 용담진의 산악에서 발원하는 영나하英那河가 장하시莊河市 경내를 흘러 황해로 유입된다. 또 장하에서 시작되는 S203 성도가 인근을 지난다는 것을 지도에서 확인할 수 있다. 그렇다, 장하에는 석성으로 비정하는 성산산성과 후성산산성 등 벽류하 유역의 산성들이 존재한다. 석성과 낭랑성산산성은 직선거리로 불과 85km 떨어져 있다.

인근 성들의 위치는 석성에서 낭랑성산산성과 이어지는 길목이다. 지도에서의 (2)마권자산산성은 직선거리로 12.7km, (3)전영자진 노성산산성은 12.5km 떨어져 있다. 전초기지였을 (4)산성둔산성도 불과 12.6km 거리에 있다. 낭랑성산산성과 서로 호응하고 연합작전을 전개할 목적으로 건설되었을 개연성이 충분하다. 그렇다면 낭랑성산산성이 군사 1만을 수용할 수 없는 규모이기에 적리성으로 비정하기를 주저할 필요는 없지 않은가? 인근 성에 주둔하는 군사를 합치면 1만 명만 되겠는가? 나는 주변 산성들의 포국을 보면서 낭랑성산산성이 규모에 부적합하다는 의견에 동의할 수 없으며, 결국 그 산성을 적리성으로 비정할 수밖에 없다고 본다. 고구려의 방어전략은 인근 산성들간의 집단적 연계방어이기에 대양하 유역을 지키는 산성들의 중심으로서 낭랑성산산성이 역사기록에 나오는 적리성이라고 보는 것이 타당할 것이다.

오히려 주변에 성들이 오밀조밀하게 포진해 있는 상황에서 당군에게 패하여 2~3천 명의 전사자가 발생했다는 점을 이해할 수가 없다. 더구나 지도의 오른쪽 중간에 단동으로 이어지는 S309 성도는 오골성과 이어지는 길이다. 두 성간의 직선거리는 불과 70km 정도이다. 오골성은 군사 10만이 주둔할 수 있는 당시 고구려 최대의 성이었다. 적리성이 그렇게 급한 상황이었다면 주변성들이 구원에 나설 충분한 환경이 아니던가?

상기의 역사서를 아무리 뒤져보아도 더 이상의 전투기록은 없다. 일단은『삼국사기』의 기록은『자치통감』의 내용을 피아만을 바꾸고 사망자 숫자의 차이가 있을 뿐이다. 같은 내용을 옮겨 적은 듯하니 차치해두자.『자치통감』이나『신구당서』는 승자의 논리로 자기들의 역사를 기록한 것이다. 패전의 기록엔 아주 인색하기 마련이다. 그들의 기록에 두 가지 의문이 든다.

① 당군은 100여 번 싸워 이기기만 했고 석성과 적리성을 격파한다. 적리성에서는 고구려 병사의 수급 2~3천을 베는 대승을 거두건만 왜 황급히 철수해서 돌아갔을까?

② 그들이 일방적인 침입과 대승을 거두고 돌아갔다면 보장왕은 왜 후에 아들을 당 조정에 보내 사죄를 할까?

과연 그들이 상기의 기록대로 일방적인 대승만 거두었을까? 촘촘하게 포진해있는 산성의 구조와 멀지 않은 오골성의 존재가 그들의 대승을 지켜보고만 있었을까? 일부의 승리 끝에 주변의 고구려산성들의 연합작전으로 우진달의 군사는패퇴하여 결국 황급히 철수했고, 이후 관계를 개선하기 위해 보장왕은 사죄를명목으로 사절단을 보낸 것은 아니었을까?

고구려 역사기록이 너무 부족하니 안타깝다. 중국의 역사 기록에만 의존하니역사의 진실이 무엇인지 알 수가 없다. 그래도 말없이 묵묵히 1,500년을 지켜 온산성이 있기에 언젠가 그 진실을 알 수 있으리라.

역사는 인류가 살아온 흔적이다. 하지만 세월이 지나면서 그 흔적은 희미해진다. 더구나 목적을 갖고 왜곡을 한다면 진실을 다시 찾는 데 오랜 시간이 소요된다. 시간이 소요될 뿐 역사의 진실은 바뀌는 것이 아니다.

새벽녘 눈에 덮인 시내를 관통하는 대양하는 안개로 푹 쌓여 아무것도 보이지 않는다. 그래도 대양하는 수암지역을 내내 지켜온 젓줄이다.

이도령산성二道嶺山城의 고려문高麗門과 양하고도洋河古渡

　대양하는 그 지류가 수암지역 전체를 거미줄처럼 촘촘히 잇고 있다. 수암 편령향偏嶺鄉 과수령棵樹嶺 남쪽에서 발원하여 동강시 대고산大孤山 인근에서 황해로 유입되는 전장 230km의 비교적 긴 강이다. 산도 많지만 강도 잘 분포되어 예로부터 수운 교통이 발달했다. 그를 증명이라도 하듯이 도심 한가운데를 지나는 강변 옛 나루터 자리에 "양하고도洋河古渡"라고 쓴 패방이 우뚝 서있다. 패방 아래에는 동판으로 만든 양화고도도洋河古渡圖란 큰 벽화 그림이 있다. 천년고읍千年古邑 수암의 번창했던 시절 강나루 주변 풍경을 전해준다. 벽화는 수암이 명·청시대에 이미 요동지역의 주요 도시를 이루었다고 설명한다. "배의 왕래가 잦고, 양안에 점포가 숲을 이루고, 상객들은 꼬리를 물고 오가며, 강나루는 대양하 양안을 교통의 허브와 상업의 중심으로 만들었다大洋河上舟楫如梭, 兩岸店鋪林立, 商賈往來如織, 渡口成僞洋河兩岸重要的交通樞紐和商貿中心。"고 한다.

　역사의 기록을 보면 1621년 누루하치의 후금後金 병사들이 이곳을 점령했다. 1623년 실지 회복을 위한 명군 1,000여 명이 나누어 승선한 8척의 배와 14척의 목선으로 황해의 강하구로 진입하여 대양하를 거쳐 수암에 도착해서 전투를 벌였다고 전한다. 상업적으로도 벽화의 설명처럼 수운이 발달했던 도시로 민국民國 시대만 해도 강하구를 통하여 바다와 도심을 이었다고 한다. 이는 무엇을 의미하는가? 명·청대에 갑자기 유수량이 늘어나 수운이 활발했을 리 없다. 요遼대에 수암을 대녕大寧이라 하여 이미 큰 도시였다고 하니, 그 역사의 기록이 없을 뿐 고구려시대에 이미 강변에 도시가 형성되었을 가능성이 크다. 그 당시에도 수운이

양하고도洋河古渡

동판으로 만든 벽화에는 명 · 청 시대에 번창했던 나루 주변의 풍경을 표현하였다. 상업거래가 활발했던 도시였음을 말해 주고 있다.

발달했을 것이고 따라서 지역 내에 산성이 20여 개나 자리하고 있다. 이미 강을 통하여 다른 지역은 물론, 해양으로 진출하여 외국과의 교류도 있었을 것이다. 고구려는 당시에 중국 남부의 오吳나라와 교류가 있었다는 기록이 있지 않은가?

시내에서 S309 성도를 타고 가다보면 홍기영자향紅旗營子鄕 마을을 만난다. 도로는 그곳에서 우측으로 틀어 동으로 계속 진행하여 단동 봉성鳳城으로 이어 진다. 마을에서 성도를 타고 약 6km 가다 우측으로 갈라져 다시 5~6km 가면 삼도간구촌三道干溝村에 닿는다. 하지만 그 길은 험한 산길이다. 옛 대관령길만은 못해도 구불구불한 고갯길을 2개 넘어야 한다.

어제 새벽에 내린 눈이 대부분 도로에는 이미 녹았지만 농촌길은 사정이 딴 판 이다. 더구나 지그재그로 몇 번을 지나야 넘어 가는 산 언덕길은 눈이 안 녹아 위 험하기 짝이 없다. 두 번째 산 고갯길을 굽이굽이 돌아내려 오니 집이 몇 채 있다. 대중 잡아 10채 정도 되는 듯하다. 그곳이 삼도간구촌이란다. 그리고 이도령둔二 道嶺屯이 바로 그곳이라 한다. 거리는 그리 멀지 않아도 두 개의 고갯길이 세상을 차단한 오지의 산마을이다. 찾는 산성의 이름이 이도령둔에 소재하여 이도령산 성二道嶺山城이다.

나이 지긋한 분이 가리키는 산은 벌써 그 생김새부터가 범상치 않다. 산 이름을 물으니 "까오리먼高麗門"이라고 한다. 그리고 보니 산등성이에 사각으로 오목

삼도간구촌 이도령둔. 산촌 마을은 언제 보아도 정겹다.

마을 북쪽에 자리한 산의 윤곽이 마치 문처럼 생겼다 해서 고려문高麗門이라 한다. 그곳을 지나야 새로운 세상이 있을 것 같은 생각이 든다.

하게 파진 부분이 문과 같이 생겼다. 그 문을 지나야 새로운 세상이 보일 것만 같은 착각이 든다. 한 손에 낫을 든 그는 자기를 따르라며 앞장을 선다. 우리가 넘어온 고갯길의 중턱까지 가니 그곳에서 오르는 산길이 있다. 산에 암석 자체가 다른 곳과는 다르다. 마치 콘크리트 덩어리를 만들어 놓은 듯 작은 입자의 돌들이 뭉쳐져 큰 덩어리를 만들었다. 그러한 큰 암석들이 길 좌우에 전후 간격을 두고 배치되어 있다. 자연암석이 옹성을 이루고 있다는 생각이다. 그렇다면 이곳이 성문 터가 아닌가? 좌측의 산 위쪽으로 큰 바위가 먼저 나타난다. 길이 꺾여 오르면서 산 아래쪽에 암석 덩어리가 마치 성벽을 이루듯이 6개가 연이어 놓여 있다. 양쪽으로 병사들을 배치하여 접근하는 적을 퇴치하기 좋은 구조이다. 그리고 그 옆으로 계곡물이 흐르니 천연의 수구문水口門 역할을 하는 것이 아닌가?

성문을 지나 다시 급한 경사 길을 오르니 숨이 턱턱 막힌다. 동네 어른은 66세라는 나이가 믿기지 않을 정도로 앞장서서 잘도 걷는다. 젊었을 때 거의 매일 한 번 씩 올라오곤 했다고 한다. 손에 든 낫으로 앞을 가로 막는 나뭇가지를 쳐 내면서 길을 터준다. 고려문高麗門이라 불리는 두 바위 사이가 가운데로 갈리고 서쪽 바위는 전망대 역할을 한다. 그 아래에 급한 경사이지만 넓은 공간이 만들어 놓았다. 병사들이 주둔을 했던 장소로 추정된다. 대臺에서 내려다보니 동북쪽으로 초자하哨子河가 흐르고 남서쪽으로는 대양하의 또 하나 지류인 망우하牤牛河를 끼고 있다. 강을 낀 평야지대가 한눈에 들어온다.

성문을 전후로 자연암석이 성처럼 놓여 있으니 그대로 옹성구조를 이루고 있다.

서쪽 바위, 전망대 북쪽 아래로 병사들이 주둔했을 만한 공간을 만들어 놓았다.

동쪽으로 더 가면 산봉우리에 사람들이 거주했던 건축물터가 있다고 한다. 고려문보다 더 높은 동쪽 봉우리에 가니 과연 넓은 터가 있다. 둘레가 약 30미터 정도 된다. 정상뿐 아니라 좀 낮은 곳에 동북 방향으로 빙 둘러 서쪽 전망대 같은 공간을 만들어 놓았다. 이 역시 병사들이 주둔했던 곳으로 보인다.

이곳은 산성 안에서 가장 높은 곳으로 점장대點將臺였을 것이다. 성 안팎이 한눈에 들어오니 전투 지휘에 적합하다. 전에 기와 조각 등이 출토되었으니 건축물터가 분명하다고 설명한다. 전망대 누각이 있고, 성의 지휘부가 자리했었을 가능성이 있다. 산등성이는 계속해서 동으로 간다. 남쪽으로 꺾어지는 지점에서 산줄기를 타고 내려와 성문, 자연암석이 있던 곳과 연결된다. 그렇게 성의 범위가 획정된다.

노인은 젊었을 때 자기 앞마당처럼 다니던 곳이라서 속속들이 잘 안다면서 성안에 샘이 세 곳이 있다고 한다. 산에 오르면 그곳에서 언제나 물을 마실 수 있어서 좋았다고 한다. 성안에서 물의 확보가 얼마나 중요한 일인가? 하산을 하면서 샘 한 곳을 보여주었지만 겨울철이라서 물은 거의 말라 있었다.

산봉우리에 건축물이 있었다는 공간이 자리하고 있다. 그는 나보다 네 살이나 많지만 줄곧 앞장서서 안내를 한다.

자료를 보면 성 둘레가 약 1,000m되며, 성의 서부에 문이 하나 설치되어 있다고 한다. 들어올 때 보았던 문터가 바로 그 성문이다. 인기척마저 드믄 산촌에서 노인을 만나 증언을 듣고 길 안내도 하니 참으로 행복한 답사였다. 굽이굽이 도는 산 고개를 두 개 넘어야 닿을 수 있는 마을. 시내에서 불과 18km정도 떨어진 마을이지만 세속과는 전혀 상관없는 오지이다. 고구려가 멸망한 이후에 시내 강나루를 통해 세상의 많은 문물이 오가고, 수없이 왕조도 바뀌었지만 이 산촌에 사는 민중은 고구려인으로 살고 있는 것 같았다. 마을 뒷산에 있는 산성이 대대로 전해내려 오는 유산으로 그들은 어릴 적부터 고구려 이야기를 듣고, 고려문을 바라보고 그 산성 안에서 놀아온 것이다. 세상이 바뀌어도 매일 일어나서 보는 것이 고려문이 었다. 새로운 세상으로 통하는 관문인 양하洋河 강나루는 멀지않은 거리에 있지 만 그들과는 상관없었다. 문명과는 단절된 세상이었다. 성씨가 이李라는 그가 혹 시 고구려의 후손은 아닐까하는 생각을 하며 작별의 포옹을 나눈다. **"훗날 꼭 한 번 보자구요!"**

 오늘 밤에 이 지역에 대설주의보가 내렸다는 일기예보이다. 어제 내린 눈이 얼어붙은 위에 대설이라니 위험하기 짝이 없다. 오후에 대양하변의 마지막 고 구려산성인 합달비진哈達碑鎭 고려성산高麗城山산성을 찾아 가기로 했는데 걱정

이도령산성 안에는 세 곳의 샘이 있다고 한다. 하지만 겨울철이라서 거의 말라 있었다.

이 앞선다. 오후에 들어서니 벌써 눈발이 흩날렸다. 하는 수 없이 철수를 결정했다.

그 산성은 대양하 상류의 한 지류인 탕지하湯池河 중류 좌안의 산 위에 자리하며 성 둘레가 1,500여m에 달하니 작은 성은 아니다. 계곡 입구에 성문이 개설되어 있으며, 성문에 수구문도 같이 개설되어 있다고 한다. 성내 높은 곳에 인공으로 평대平臺를 쌓았으며 평대 옆에 샘이 있다고 한다. 그 평대가 아마도 점장대點將臺일 텐데 가지 못하니 확인할 길도 없다. 아쉽다.

그날 오후 늦게 대련으로 복귀하는 고속도로상에는 폭설로 인하여 사고 난 차량을 많이 목격하였다.

고려문高麗門에서 내려다보는 산마을. 굽이굽이 고갯길을 두 개 넘어야 닿는 오지이다. 마을 사람들은 매일 일어나 고려문을 바라보고 살아 왔다.

토성산土城山산성의 남벽. 옥수수밭을 이룬 성안 끝으로 남벽을 이루는 토축 성벽이 보인다. 산 정상 평지에 만든 산성에
오르면 사면이 한눈에 들어온다.

노성구산성老城溝山城과 토성산土城山산성, 초자하 상류 고구려산성들

수암을 다시 찾았다. 이번에는 주로 초자하 유역의 성을 답사하기 위해 아예 성들에 인접한 황화전진黃花甸鎭에 숙소를 정했다. 주변에 고구려산성이 널려 있는 작은 시골마을이다. 마을의 동북과 서북쪽에 약 12km 떨어져 대칭을 이루며 두 개의 성이 마주하고 있다. 아침 일찍 일어나 초자하哨子河의 지류인 석묘하石廟河변에 위치한 노성구산성老城溝山城을 찾아간다.

아침부터 안개를 머금은 흐린 하늘에서 금방이라도 눈을 뿌릴 듯하다. 강가 마을인 노와촌老窩村 노성구에 닿아 노인에게 길을 묻고 산을 오른다. 응달엔 언제 내렸는지 모를 눈이 소복하다. 서쪽 산자락에 성곽이 길게 나타난다. 아마도 이 성벽은 강과 연접해 있는 서쪽 계곡의 성문에 이어질 것이다. 성에서 가장 높은 곳인 북쪽 산봉을 향하여 눈이 녹지 않은 계곡보다는 능선을 택해 올랐다. 눈 위에 동물의 발자국이 선명하다. 눈 때문에 길을 찾을 수 없고 그냥 방향만 잡고 올랐다. 잡목이 앞을 가리고 가파른 경사에 숨이 턱턱 막힌다. 한참을 오르니 우뚝 선 성벽이 나타난다.

북쪽 봉우리에 가까워진 것이다. 동벽과 북벽이 만나는 지점, 성에서 가장 높은 곳에 내성內城이 존재하는 것이다. 그 크기는 남북으로 약 30여m, 동서로는 5~10여m로 불규칙한 긴 정방형을 나타낸다. 잔고가 경사도에 따라 차이가 있지만 약 2m 전후이고, 상단의 폭은 1~1.5m 정도이다. 주변에 흩어져 있는 가공석들로 보아 오랜 세월을 견디지 못하고 훼손되었음을 알 수 있다. 그래도 성 전체를 볼 때 다른 부분에 비하여 보존상태가 나은 편이다. 또한 내성의 형태를 온전하게 간직하고 있으니 기적에 가깝다.

내성의 안은 어느 정도의 평지를 확보하고 있으니 당시에 건축물이 있었을 가능성이 있다. 가장 높은 곳에서 성 안팎의 조망이 좋으니 아마도 전투지휘를 하는 점장대의 누각이 있었을 것이다. 내성은 다른 성에서 보듯이 대개는 지휘부가 있게 마련이다. 내성을 오르던 가파른 능선은 아마도 성의 북벽이었을 것이다.

다시 남쪽을 향하여 성벽이 이어지니 동벽을 이룬다. 그 동벽은 다시 산봉우리를 오르며 남벽과 이어지고 또 다시 강과 면하는 서쪽 성문을 찾아 내려간다. 성은 전체적으로 동고서저東高西低의 지형과 남북이 대칭을 이루며 성벽을 이루는

노성구산성 북쪽 봉우리의 내성. 크진 않지만 성벽이 온전하게 그 형태를 유지하고 있다.

포곡식 산성이다. 성 둘레는 2,000여m에 이른다. 작은 성이 아니다. 남벽 가까운 산언덕에 지석묘 유적이 있다고 하나 눈 속에서 그것을 찾는다는 것은 난망한 일이다. 또한 산성 안에서 돌절구, 모래가 섞인 홍자기夾砂紅陶, 회색질자기泥質灰陶 조각 등의 유물이 발굴되었다고 한다.

산자락에 나타난 성벽은 이미 훼손이 많이 되었지만 서쪽 계곡 입구에 있는 서문과 연결된다.

내성을 기준으로 위치는 북위 40°35′48″, 동경 123°30′53″이고, 고도는 287m이다. 계곡을 따라 형성된 성안을 내려오다 보니 초자하 지류와 그와 함께 진행되는 S203번 지방도로가 한눈에 들어온다. 당시에 강을 따라 내륙으로 진격하는 적들을 감시하고 차단하는 길목임을 알 수 있다.

내성에서 이어지는 동벽은 남쪽을 향하여 가다가 남벽과 만나 다시 강을 연접하고 있는 서쪽에 있는 성문을 향한다.

산에서 내려오니 이미 자욱했던 안개는 비와 눈이 함께 섞여 내린다. 강에서는 한 주민이 봄을 재촉하듯이 곡괭이로 얼음을 깨 흐르는 물에 떠내려 보내며 그물을 던져 고기를 잡고 있다. 아마도 봄은 강에서부터 오는가 보다. 황화전진 인민정부가 있는 마을을 중심으로 삼각을 이루는 꼭지점에 세 개의 산성이 위치해 있다. 지도에서 보듯이 산성들이 초자하와 그 지류의 강변 산상에 서로 대칭을 이루며 자리하니 그 어떤 전략적인 선택이었을까?

내성 안의 평지

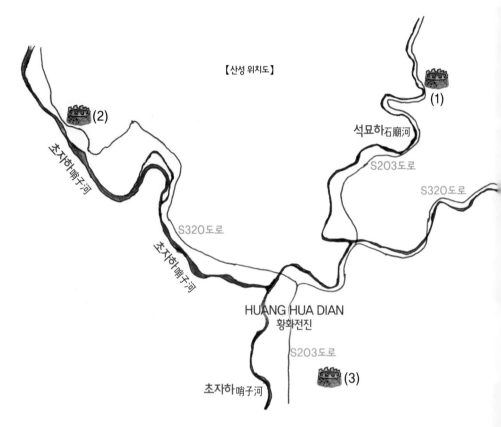

【산성 위치도】

【범례】(1) 노성구산성老城溝山城 (2) 토성산土城山산성 (3) 남구산성南溝山城

오후에 시작한 눈은 저녁 늦게까지 끊임없이 내리더니 아침에 일어나니 세상을 온통 하얗게 바꾸어 놓았다. 아침 일찍 일어나 토성산土城山산성이 있다는 약산진藥山鎭 영천촌永泉村을 찾아 나선다. 시골엔 차량의 소통이 많지 않아 도로에 눈이 녹지 않고 그대로이다. 위험하기 짝이 없지만 눈이 내린 덕분에 어제와 달리 하늘이 맑으니 정신마저 쇄락해진다. 행정구역상 진鎭을 달리 하지만 강을 따라 난 S320번 도로를 따라 가다 큰 고개를 하나 넘으니 영천촌에 닿는다. 산성은 초자하의 좌안인 마을 북쪽 그리 높지 않은 산상에 위치해 있다.

초자하 강에서 한 주민이 얼음을 깨 내려 보내면서 투망을 하고 있다. 강에는 이미 봄이 온 것인가?

토성산산성 남벽과 서벽을 잇는 모퉁이에 각대角臺가 있고 서벽을 이어오다 중간에 또 하나의 대를 만들어 놓았다.

동벽과 남벽이 만나는 지점은 좁고 길게 돌출되어 적이 남벽에 접근하면
측면에서도 공격할 수 있는 특이한 구조를 지니고 있다. 치의 형태이다.

발목까지 눈에 빠지며 산에 오르니 놀랍게도 정상에 넓은 평지가 조성되어 있다. 추수하고 그루터기만을 남긴 눈 덮인 옥수수밭이지만 그 둘레는 흙으로 쌓은 성벽으로 두르고 있다. 그것도 완벽하게 남아 있다. 바로 토성산산성이다. 아마도 토축의 성이 있기에 토성산 土城山이라고 명명한 것으로 보인다.

영천촌 마을이 바라다 보이는 남벽과 서벽을 잇는 사이에 각대角臺를 만들어 놓았다. 서벽은 북쪽으로 이어가다가 중간 지점에 다시 높은 대臺를 이룬다. 자세히 살펴보면 일부 구간은 돌을 쌓고 그 위에 흙을 달구질한 것이 보인다. 대에 오르니 서쪽 방향이 한눈에 들어온다. 서쪽 면은 경사가 심하고 험준하여 편축의 축성을 하였다. 나머지 구간이 협축임에 반해 이 구간만 달리한 것이다.

작은 동산을 이루는 북벽은 성에서 가장 높은 곳으로 성의 안팎이 한눈에 들어온다. 전투지휘에 적합하니 아마도 그곳에 점장대가 있지 않았을까? 북벽은 동쪽으로 가면서 동산이 끝나고 경사가 낮아지더니 동쪽을 향하여 좁고 긴 성을 늘려 놓았다. 많은 숫자의 병사들을 배치할 만한 공간이 확보된다. 그 끝에는 또 하나의 대臺가 형성되어 있다. 성벽에 접근하는 적들을 측면에서도 공격할 수 있는 구조이니 치雉의 개념이다. 다른 곳에서는 볼 수 없는 구조이다. 북쪽 성 밖의 경사도가 급격하니 적이 쉽게 접근하긴 어렵다. 아마도 동쪽 면의 산세가 비교적 완만하여 그 방향의 수비 능력을 보강한 듯하다.

그곳을 돌아 나와 동벽을 타고 가다 보면 성안의 동북부에 치우쳐 성벽 아래에서 우물을 만난다. 눈이 쌓여 얼핏 지나다 보면 놓치기 쉽지만 우물 안은 돌로 정연하게 쌓았다. 그 자리에서 오랜 역사를 지켜 온 것이다. 당시에 성의 중요한 저수지였으며, 지금도 옥수수밭에 물을 대는 역할을 하고 있을 것이다. 우물 옆 성벽 상단에는 영천토성성터永泉土城城址라는 표지석이 서 있다. 1982년에 수암현 인민정부岫岩縣人民政府가 현급문물보호단위縣級文物保護單位로 지정하고 비를 세워 놓은 것이다. 현지에서는 마을이름을 따서 영천토성이라고 부르고 있다.

성안 동북쪽에 치우쳐 동벽 아래 우물이 오랜 역사를 지켜오고 있다. 성안의 생명수 역할을 하였으리라.

동벽은 계속 남쪽으로 이어 가다가 중간에 또 하나의 대臺를 만들어 놓았다. 서벽 중간 대와 대칭을 이룬다. 대에 올라서니 동남 방향의 평지가 발아래 있다. 산 밑으로 초자하의 지류가 흐르고 조금 떨어진 곳에서 초자하 본류와 합류하여 남으로 흐른다. 이미 초자하 상류이다. 강을 따라 진행되는 S320 도로를 따라 가면 요양遼陽과 연결된다. 요양은 고구려 당시 요동 전체 정치·문화·경제·군사의 중심이었던 요동성遼東城이 자리했던 도시이다. 이 주변에 성이 많은 이유가 바로 요동성을 향하는 길목이기 때문이다. 대양하 강하구에서 상륙한 적이 그 지류인 초자하를 따라 내륙 깊숙이 진격을 하면 바로 요동성에 닿게 된다.

대를 지나 성벽은 남벽과 이어지고, 남벽에 치우친 지점에 성문이 있다. 서벽과 북벽은 산세가 험준하여 문이 없고, 산세가 비교적 완만한 곳에 쌓은 동벽에 북쪽과 남쪽에 치우쳐 각각 성문이 개설되어 있다. 그 문을 통하여 산 아래 마을과 길로 이어진다.

동벽과 남벽이 만나는 지점에 다시 대가 하나 놓여 있다. 남벽은 마을을 사이에 두고 초자하와 대면하고 서있는 형국이다. 성은 산의 정상에 남북으로 길게

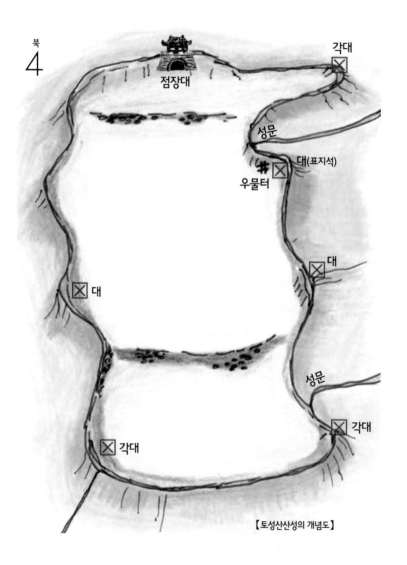

【토성산산성의 개념도】

남벽과 동벽이 만나는 지점에서 동벽은 이어져 오르고, 성안은 높낮이가 분명한 2층 구조로 되어 있다.

놓여 있다. 성안은 높낮이가 분명한 2층 구조를 이룬다. 남으로 1/4정도 면적은 지대가 낮고, 다시 단을 높여 북으로 3/4면적은 지대가 높다. 성안에서 전체를 조망해 보니 고구려산성에서 흔히 보는 포곡식 산성과는 그 형태가 전혀 다르다. 산의 정상을 최대한 활용하여 쌓은 성이다. 북벽이 높아 점장대가 자리하며, 남쪽 방향으로 낮아지면서 그곳에 공간을 확보하였으니, 정약용 선생이 보堡 설치에 적합한 지형을 4가지로 분류한 형태 중의 사모봉식紗帽峰式산성으로 보인다. 성안은 완전히 옥수수밭으로 도배를 하였지만 그래도 여기저기에 돌무더기가 있다. 단을 높인 부분에 돌을 쌓아 올렸고, 곳곳에서 볼 수 있는 돌무더기는 아마도 건축물의 터였을 것이다. 하지만 밭에 밀려나 그 온전한 흔적을 찾을 수가 없다.

산성의 위치는 북위 40°36'24", 동경 123°23'28"이며 고도는 240m 전후이다. 자료에 따르면 전체 성벽 길이가 약 2,000m에 달한다고 한다. 성안에서 도자기,

기와 조각은 물론 돌절구, 동수저, 동전, 화살촉 등의 유물이 출토되었다고 전해진다. 동남쪽으로 난 성문을 거쳐 내려오면서 산을 바라보니 성 밖 산언덕에 계단식 밭이 이어져 있다. 그 계단을 만드느라 수많은 돌을 가져다 쌓았다. 과연 그 돌을 어디서 가져왔단 말인가? 그 돌들이 제자리에 있었다면 석축과 토축이 혼합된 성의 모습은 지금보다 훨씬 훌륭했으리라 생각이 든다.

S320번 도로를 타고 북쪽으로 12km 더 가다 보면 삼가자진三家子鎭 마을을 만난다. 그곳에서 북쪽으로 더 가다 보면 천산산맥千山山脈 끝자락을 만나고 그 산악지대를 넘으면 요양遼陽에 닿는다. 초자하哨子河의 발원지도 관내 산악지역에 있다. 산성의 존재로 마을 이름이 명명된 고성촌古城村은 초자하의 발원지 인근 지류 강가에 자리하고 있다. 그 강변 산상에 성의 둘레 길이가 약 300여m에 달하는 소규모 산성이 있다. 성의 이름은 고성촌산성古城村山城이다. 아마도 봉화대가 있는 전초기지로 성과 성 사이를 연결하는 가교역할을 했던 성보城堡였을 것이다. 석축으로 되어있으며 성안에 우물이 있다고 하니 군사들의 일정 기간 주둔이 가능했을 것이다.

겨울철 고성촌은 아주 산골 마을로 인적이 거의 없다. 가게집에 들어가니 동네 분들이 모여 마작을 하고 있다. 흥미진진하게 붙은 판에 이방인의 출현이 반가울 리 없다. 한 분이 급하게 나와 여러 산봉우리 중 한 봉우리를 가리킨다. 마음이 콩밭에 가 있으니 몇 마디 물을 틈도 안 준다. 아무튼 저 산 정상에 고구려산성이 있다는 말만 되뇌이면서 얼른 들어간다. 초자하 강변에서 발생된 상황을 요동성에 전하는 봉화대 역할을 하는 성이었을까? 그러기엔 너무 멀다. 멀리 보이는 천산산맥 자락에 또 다른 성이 있었겠지. 그 연락을 이어주는 산성이 자리하고 있을 것이다. 그렇게 고구려성들은 성과 성을 이으며 서로 호응하여 중원의 왕조로부터 국가를 지켜낸 것이다. 그것이 고구려산성의 힘이다.

고성촌 마을을 흐르는 초자하 상류 강변 산 정상에 고성촌산성이 자리하고 있다. 눈이 오고 험준한 산을 오르지 못하니
소재지만 확인할 뿐이다.

송수구산성의 서벽에서 내려다보는 눈덮인 초자하哨子河 유역의 평야. 성안으로 난 마찻길 끝에 성의 정문이 있고 성문 밖으로 평지가 광활하게 펼쳐진다.

송수구산성松樹溝山城과 초자하 중류의 고구려산성 네트워크

황화전진黃花甸鎭에서 묵은 지 이틀째다. 어제 오후부터 내린 눈에 교통이 마비되는 줄 알았지만 속도가 좀 느릴 뿐 아무 이상 없이 잘들도 다닌다. 저녁에 내리는 눈을 보면서 마을이 꽁꽁 얼어붙을 것이라고 걱정했다. 하지만 초자하哨子河 강물이 얼음 밑에서도 흘러 남으로 가듯이 마을은 아침부터 분주하게 움직인다. 눈은 그들에게 있어 생활의 일부분일 뿐이다.

황화전진 마을에서 남쪽으로 초자하를 따라 향촌을 잇는 도로인 용난선龍暖線을 타고 가다 보면 또 하나의 지류인 고동하高洞河와 합류하는 지점을 만난다. 그곳의 마을 이름이 관문산촌關門山村 소하서둔小河西屯 송수구松樹溝이다. 마을 서북쪽으로 합류지점과 면하여 송수구산성松樹溝山城이 위치해 있다. 다시 말하여 산성의 동·남·북 방향을 에둘러 강이 싸고 돈다. 하천은 산성과 불가분의 관계를 갖는 것인가? 고동하와 교차하는 지점에 비교적 큰 성인 송수구산성이 자리하고, 하류로 가면서 작은 성 3개가 전초기지를 이루고 있다. 이는 분명 당시에 적군이 하천을 따라 내륙으로 침입하는 노선이 있었을 가능성을 말하고 있다. 아니면 지금의 지방도로나 향촌 도로가 강을 따라 가는 것과 마찬가지로 이미 그 당시에도 강을 따라 중요한 교통로가 있지 않았을까?

송수구산성 입구에는 송수구산성이라고 쓴 표지석이 서있다. 1988년 단동시丹東市에서 시급문물보호단위市級文物保護單位로 지정을 하고 세운 것이다. 수암현岫岩縣이 당시에는 지금과 달리 단동시 관할이었음을 말해 주고 있다. 1958년

송수구산성의 시급문물보호단위 표지석이 성문터에 세워져 있다. 안개가 잔뜩 낀 가운데 비와 눈이 섞여 내린 탓에 시계가 너무 흐려 다음날 다시 가야 했다.

에 단동시 관할로 되었던 수암현은 1992년 안산시鞍山市 관할로 변경된 이래 오늘날까지 그대로 유지되고 있다. 송수구 마을에 닿기 바로 전에 옥수수밭 사이로 난 작은 길 끝이 산성의 입구이다.

주변은 강의 지류와 본류가 합류하는 지점이어서 커다란 평원을 만들고 있다. 아마도 홍수 때마다 강물이 옮겨다 쌓은 충적토가 비옥한 땅을 만든 들판일 것이다. 산성은 그 땅을 지키고 그곳에서 농사를 짓는 백성들을 관리하는 역할도 하였을 것이다. 어제는 마을 끝 고동하 건너는 교량에서 보니 안개와 비로 인하여 강 건너가 잘 보이지 않을 정도였다. 악천후에 산성을 오르는 것이 무리여서 포기했다. 오늘 아침엔 하늘이 눈부실 정도로 맑다. 어제 오후 내내 저녁 늦게까지 내린 눈 덕이다.

성의 정문인 동문에 서서 산 전체를 조망하니 서쪽 산등성이가 높고 남북으로

길가에서 좀 떨어진 산성의 동문이 입구다. 입구에서 보니 벌써 포곡식 산성의 전형임을 알 수 있다.

두 줄기의 능선이 평행을 이루며 내게로 다가오는 것이 포곡식 산성의 전형이다. 서고동저西高東低의 지형이다. 남쪽으로 솟은 대臺에서 성문으로 접근하는 적을 차단할 수 있는 하나의 옹성구조이다. 성벽은 동문에서 북쪽 산등성이를 타고 오른다. 남쪽 산등성이는 별도의 인공성벽이 필요치 않을 정도로 험준하다.

어제 내린 눈으로 어느 곳으로도 산을 오르는 것조차 쉽지가 않다. 동문과 이어져 성안으로 길이 나있다. 이 길이 성안으로 식량과 군수물자 등을 실어 나르던 마찻길이었다. 그 길을 따라가다 보니 길 끝 산자락에 둔덕이 넓게 펼쳐있다. 성 한가운데 우뚝 솟은 산줄기와 남벽 사이에 자리한 것이다. 그곳에 성의 중심시설 및 병사들의 숙영지가 자리했었을 것이다. 길이 끝나기 전에 남쪽 능선을 오른다. 그곳에서 고동하의 흐름을 보면 성의 입지 조건을 알 수 있을 듯하다. 그리고 서쪽 벽으로 오르기 위함이다. 이전에 내린 눈이 녹지 않은 채 그 위에 다시 눈이 내린 탓에 무릎까지 빠지니 앞으로 전진하기 쉽지 않다.

남쪽 능선에 서니 고동하가 바로 절벽 아래서 흐른다. 물론 꽁꽁 얼어붙었지만 하천은 멀리서 초자하와 합류하여 다시 남으로 간다. 성은 하천 합류지점의 전략적 가치를 입증하고 있다. 강이 합류하는 지점 인근에는 늘 많은 산성들이 자리하고 있었다. 남벽은 별도의 인공성벽을 쌓지 않아도 강과 이어지는 절벽이 가파르니 감히 적들이 강을 건너 접근할 엄두를 낼 수 없었을 것이다. 남벽 아래에서 흐르는 강은 천연의 해자垓子 역할을 한다.

서벽과 이어지는 부분을 오르자니 경사가 더욱 가파르다. 남벽을 따라 오던 강은 멀어지고 성벽은 완전히 방향을 틀었다. 성에서 가장 높은 능선이다. 성 안팎이 훤히 보인다. 멀리 성의 정문이 보인다. 그곳에서 이어지는 마찻길에 눈이 쌓여

그 모습을 선명하게 내 보인다. 성 앞에 전개되는 들판도 온통 하얗게 변하여 평온해 보인다. 서벽은 남벽과 달리 석축의 성벽이 나타났다. 천연의 해자 역할을 하는 강이 멀어진 탓인가 보다. 눈 속에서 빼꼼이 내보이는 성벽은 많이 훼손된 탓에 높이가 1m 전후 남아 있다. 쌓인 눈 때문에 보이진 않지만 주변에 가공석들이 많이 흩어져 있을 것이다. 길게 이어지는 서벽은 높고 가파르지만 그래도 성벽을 쌓아 수비를 보강한 것이다. 자료에 따르면 서벽은 약 400m라고 한다. 그리고 동문과 대칭하여 서문이 개설되어 있다고 하나, 눈 속에서 흔적을 찾지 못하니 안타깝다.

성이 이어지다가 안쪽으로 대臺가 자리한다. 서쪽 밖의 정황을 살피는 전망대 역할을 하였을 것이다. 그 대에서 동쪽으로 길게 이어지는 능선을 따라간다.

송수구산성의 남벽 아래로 고동하 강이 흐르고 있다.

서벽은 성의 가장 높은 능선에 있다.

서벽을 이루는 능선은 높고 가파르다. 그곳에 오르니 성 안팎이 훤히 보인다.

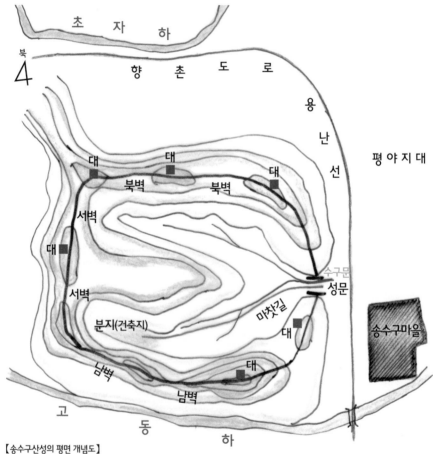

【송수구산성의 평면 개념도】

남벽 바로 아래 고동하가 흘러 천연의 해자를 이루다가 성 앞에 넓게 펼쳐지는 평야지대를 휘감아 돌아 동북쪽에서 초자하와 합류한다. 산성은 초자하 유역을 지키는 하나의 중심이다.

남벽이고 성안이 더 가까이에서 보인다. 능선이 끝나는 지점은 경사가 가파르니 더 이상 갈 수가 없다. 측면으로 내려갈 수밖에 없는 노릇이다. 내려와서 보니 그 산줄기는 북벽이 아니고 성안 한가운데로 이어지다 멈춘 또 하나의 능선이었다. 그 동안 답사했던 많은 포곡식 산성이 3면을 이루는 산줄기 안에 한두 개의 줄기가 뻗어 있는 것을 많이 보아왔다. 그러한 산줄기 끝 지점에 점장대가 자리한 경우도 많다. 아마도 이 산성도 점장대가 그 꼭지점에 자리했었을 가능성이 있다.

다시 마찻길을 만났다. 결국 성을 반만 돌아보고 만 것이다. 성문으로 갔다가 다시 북벽을 올랐다. 지형으로 보아서 북쪽이 경사가 완만하고 초자하 본류를 면하고 있다. 북쪽 방향에서의 수비를 보강하기 위하여 비교적 성벽을 철저하게 쌓았다. 북벽의 길이는 약 500m에 달하며 성벽 내 산등성이 3곳에 전망대가 배치되어 있다. 그 각각에서 기와 조각 등이 발견되었다고 전해지는 것을 보아서 누각 같은 건축물이 있었던 것으로 추정된다. 당시에 그 3곳의 누각에서 삼족오 깃발을 휘날리며 적군들의 정황을 살폈을 것이다.

성문 북쪽에 계곡물들이 모여 흐르는 배수로가 있다. 눈이 덮여 분명하게 나타나지 않지만 배수로의 높이와 너비가 각각 1m 정도 된다고 한다.

송수구산성 성문 북쪽으로 배수로가 나 있다.

이 성의 가장 큰 특징은 성 밖에 외곽성이 이중의 방어체계를 이룬다는 점이다. 지금은 볼 수 없지만 기록에 따르면 동문의 북단에서 동벽 북단 쪽으로 약 300여m의 외성이 존재해 있었다는 것이다. 그리고 동벽 밖 50여m 산등성이에 한줄기의 성벽이 약 100여m가 남아 있다고 전한다.

高句麗時期山城分內外城, 城墻用楔
形石沿山脊砌築, 內城近橢圓形,周長
約2.5公里, 殘墻高5至8米, 城東有一
谷口爲門, 內城東部沿山脊有外城, 尙
存百米殘墻, 該城是硏究公元四世紀
高句麗民族興衰的實物佐證。

송수구산성의 표지석 후면의 산성설명

고구려시기의 산성으로 내성과 외성으로 이루어졌다. 성벽은 쐐기석(견
치석)을 써서 산등성이에 쌓아 지었다. 내성은 타원형에 가까우며 둘레는
약 2.5km 정도이고, 현재 남아있는 성의 높이는 5m~8m이다. 성 동쪽 계곡
입구에 문 하나가 있다. 내성 동부 산등성이에 연하여 외성이 있는데 아
직도 100m 가량 성벽이 남아있다. 이 성은 서기 4세기경 고구려민족 흥망
성쇠의 실물 증거로 연구되고 있다.

이상은 1988년 설치된 표지석 후면에 쓰여 있는 산성에 관한 설명이다. 성문
근처에 외성을 쌓아 수비를 보강한 예는 그리 흔한 구조가 아니어서 기대를 갖고
왔건만 볼 수 없어 실망스럽다. 어제 송수구松樹溝 마을에 사는 한 분이 하신 말씀
이 자꾸 떠오른다. "전에 가난했던 시절 벽돌이 어디 있었나? 마을 사람들이 경
쟁적으로 산성의 돌들을 가져다 벽도 쌓고 담도 쌓아 집을 지었지." 마을 집집이
돌담을 쌓아 올렸다. 마을에서 가장 가까운 곳에서부터 성벽의 돌들을 빼내 가져
갔을 테니 외성이 남아 있을 리 있겠나? 성문 밖 가까운 곳에 묘목을 심은 밭 석
축을 한 울타리가 길게 뻗어 있다.

송수구산성은 외성까지 갖춘 비교적 규모있는 성이다. 산성 앞을 흐르는 초자
하는 지류인 고동하를 품고 다시 남으로 계속해서 흐른다. 그 하류 쪽으로 가까
운 곳에 작은 성들이 있어 전초기지 역할을 한다. 불과 3~4km 떨어진 곳, 강의

마을 사람은 가난했던 시절 벽돌이 귀해 경쟁적으로 성벽의 돌들을 빼내어 가서 집을 지었다고 증언한다. 마을에 들어가 보니 집집마다 돌담을 쌓았다.

좌우안에 석문구산성石門溝山城과 뇨구문산성鬧溝門山城이 자리한다. 두 성은 성 둘레 길이가 불과 100여m 전후의 작은 성이지만 송수구산성과 일사불란하게 서로 호응하며 움직였던 하나의 지휘 체계였을 것이다. 두 성은 현재의 행정구역상으로 송수구산성과 함께 황화전진黃花甸鎭 관문산촌關門山村 관내에 자리하여 있다.

송수구산성으로부터 직선거리로 약 7km 떨어진 하류에, 뇨구문산성과 초자하를 두고 남북으로 서로 마주보면서 소자산산성小茨山山城이 자리하고 있다. 그 산성은 그리 멀리 떨어져 있지는 않지만 행정구역을 달리한다. 조양진朝陽鎭 구문촌溝門村 소자산小茨山 산상에 위치해 있다. 이 산성도 20×30m의 산성 둘레가 100m 정도의 작은 산성이다. 이 역시 송수구산성의 하류에서 또 하나의 보루堡壘로써 전초기지이며 적의 상황을 살펴 통신했던 봉화대 역할을 하였을 것이다.

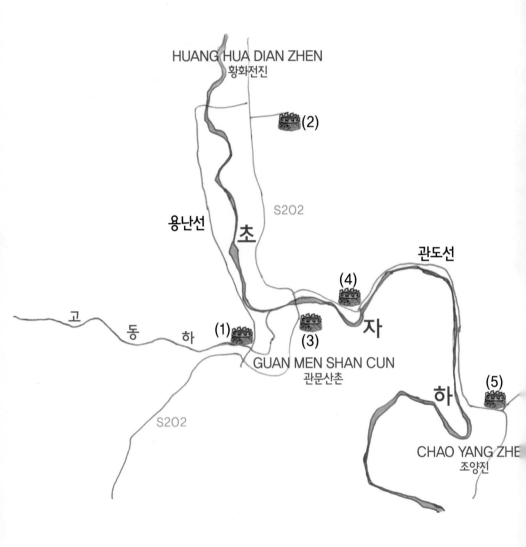

HUANG HUA DIAN ZHEN
황화전진

(2)

S202

용난선

초

관도선

(4)

고 동 하 (1) 자

(3)

GUAN MEN SHAN CUN
관문산촌

(5)

하

S202

CHAO YANG ZHE
조양진

【송수구산성과 그 주변의 성들 위치도】

【범례】(1) 송수구산성 (2) 남구산성 (3) 석문구산성 (4) 뇨구문산성 (5) 소자산산성

초자하 건너 산상의 뇨구문산성闹溝門山城

　송수구산성보다 초자하 상류 7여km 떨어진 곳에 또 하나의 성, 남구산성南溝
山城이 있다. 황화전진 중심지에서 조금 떨어져 진가보촌陳家堡村 남구둔南溝屯
산상에 자리한다. 산성 둘레가 1,500m에 달하고 계곡 입구에 길이가 약 500여m에
이르고 잔고가 3m 정도의 성벽이 남아 있다고 한다. 하지만 눈 내리는 가운데 많은
산군 중에 어느 산인지 특정할 방법이 없다.

　눈 내리는 마을엔 인적마저 끊겼다. 산에 가까운 한집에 다가가 사람을 찾으니
노인 한 분이 나온다. 이곳의 주민들은 산성이라 하지 않고 란마장欄馬墙이라고
부른다고 한다. 일전에 개주시蓋州市 양운진楊運鎭 분영촌奮英村 분영촌산성奮英
村山城에서도 현지인들이 산성을 란마장이라고 하였다. 란마장의 사전적 의미는
고대 마도馬道를 보호하는 보호석 또는 경계석을 이른다. 쉽게 생각하자면 고속도
로나 국도 양 사이드에 설치하는 가드레일로 보면 된다. 하지만 마도가 산성 한가
운데를 지날 리가 없으니 그들이 왜 란마장이라고 하는지 모를 일이다. 물어보아도

남구둔南溝屯 현지인들은 산성이라 하지 않고 란마장이라고 부른다.

노인이 말한 란마장을 가보았다. 산기슭 곳곳에 석축 흔적을 볼 수 있었다.

언제부터인지는 모르지만 그리 부른다는 것이다. 일설에 따르면 고구려시대에 산성이 있었으나 후대인 요·금 시대에 그곳에서 말을 키웠기에 그리 부른다고 한다.

어찌 부르는 것이 중요한 것은 아니고 과연 성벽이라고 할 수 있는 유적의 존재이다. 노인이 말하는 대로 가보았지만 만날 수 있는 것은 산기슭 곳곳에 눈 덮인 석축 흔적뿐이었다. 노인은 송수구 마을에서와 같은 증언을 한다. 가난했던 시절 벽돌이 없어 산에서 성벽의 돌들을 가져다 집 짓는 데 사용했다는 것이다. 당시에 아무런 제지도 없이 서로 편하게 가져다 썼다는 것이다. 별 소득 없이 산을 내려와 돌집과 돌담으로 형성된 마을을 지나면서 보니 과연 왜 성벽의 흔적이 거의 남아 있지 않은지 알 수 있었다.

산 정상에서 내리는 눈 속에 가물가물하게 보였던 초자하 강이 떠오른다. 고구려시대의 산성은 초자하 상류의 좌안에 위치하여 주변의 성들과 서로 호응하며 연합작전을 펼쳤으리라. 특히 송수구산성 및 주변성들과 함께 초자하哨子河를 따라 내륙 깊숙하게 진격해 가는 적들을 차단하는 길목을 지켜 냈던 것이다. 초자하변에는 유난히 산성이 집중적으로 포진해 있다. 아마도 요동성으로 가는 길목이면서 오골성과도 연결되기 때문에 전략적 가치가 그만큼 컸던 것이다.

탕구진湯溝鎭 청량산상에 성 둘레 약 2,000m에 달하는 비교적 큰 성이 있다.

청량산淸凉山산성이라고 한다. 초자하 중류로 내려가면서 조양진朝陽鎭 대령촌大嶺村 고려성산高麗城山 산 위에 산성이 있다. 성 둘레는 1,500m 정도이다. 현지인들은 산 이름을 따서 조양진朝陽鎭 고려성산高麗城山산성이라고 부른다. 초자하 하류에 다가오면서 행정구역은 대영자진大營子鎭이며 그곳에서 지류인 위수하渭水河가 합류된다. 합류되는 지점 인근 횡산촌橫山村 유가보劉家堡 북쪽 산상에 성 둘레가 약 816m의 산성이 자리한다. 유가보산성劉家堡山城이라 불린다. 이들 성들은 일정상 이번에 답사를 못하고 미루지만 다음에 다시 올 것이다.

고구려산성들은 단독으로 존재하는 것이 아니라 이렇게 성과 성을 이어가며 중원의 정권으로부터 국가를 지켜낸 것이다.

산성의 돌들은 이미 산을 떠나 마을 집집마다 집을 짓는 데 사용되었다.

4장

한반도를 잇는 압록강과 그 지류의 고구려성들

흘승골성

한반도를 잇는 압록강과 그 지류의 고구려성들

- 소낭랑성小娘娘城(대행성大行城), 단동시 낭두진 순천촌.

- 애하첨고성靉河尖古城(서안평현성西安平縣城), 단동시 구련성진 애하 하구변.

- 박작성泊灼城, 단동시 관전현 호산진 호산촌.

- 구련성九連城, 단동시 구련성진 시내(진동산 인근).

- 오골성烏骨城(봉황산성鳳凰山城), 단동 봉성시 변문진 고성리.

- 팔도하촌八道河村 산성구산성山城溝山城, 단동 봉성시 유가하진 팔도하촌.

- 연산산성鉛山山城, 단동 봉성시 청성자진 시내.

- 고대보산성高臺堡山城, 단동 관전현 관수진 고대보촌.

- 노고산老孤山산성, 단동 관전현 관수진 시내.

- 소성자산성小城子山城(성정산산성城頂山山城), 단동 관전현 우모오진 소성자촌.

- 동산산성東山山城, 단동 관전현 태평초진 괘방자촌.

- 흘승골성紇升骨城, 본계시 환인현 동북 산상.

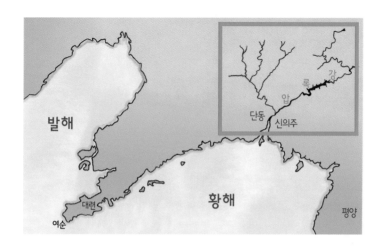

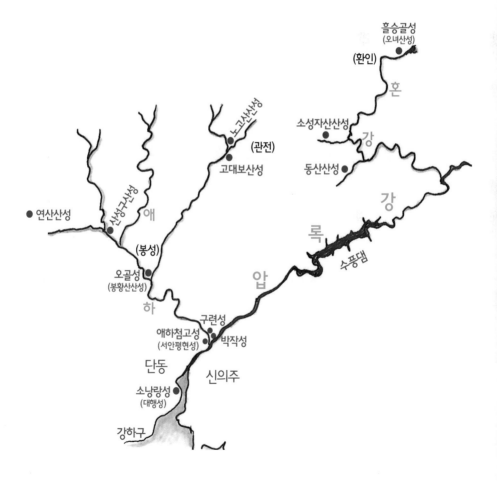

압록강변의 고구려 박작성泊灼城 터.
중국은 이곳을 명明대의 호산장성이라는 이름으로 만리장성 동쪽 끝의 성으로 탈바꿈시켜 놓았다.

박작성泊灼城과 더불어 압록강 하구를 지킨 성들

환경오염으로 약해진 제트기류가 북극의 한랭기류를 막지 못해 열흘 이상 계속된 강추위로 밖에 나갈 엄두도 못냈다. 마치 겨울잠을 자듯 실내에서 꼼짝 않고 지냈다. 그것도 쉬운 일은 아니라서 날씨가 좀 풀리자 답답함을 훌훌 털어 버릴 생각에 길을 나섰다.

압록강 하류, 백두산에서 발원하여 산악을 헤집고 중국과 북한을 양 옆에 끼고 흘러 온 강물은 단동丹東 시내를 지나 동항東港에서 황해로 유입된다. 압록강을 사이에 두고 한국전쟁 때 미국 B-29의 폭격으로 단절된 철교는 그대로 남겨 둔 채, 전후 그 옆에 새로 건설한 철로와 도로 겸용의 교량을 통해 하루에 한두 번씩 열차가 오가고, 짐을 잔뜩 실은 트럭이 힘겹게 북한 땅으로 간다. 강 건너 바로 보이는 신의주 모습, 시내에서도 가끔씩 생필품을 싣고 있는 북한 번호판을 단 트럭, 식당 앞에 서있는 외교관 번호판의 승용차, 강변에 줄지어 있는 북한 식당 등 우리 눈에는 익숙치 않은 국경도시의 분위기가 물씬 풍겨 나는 곳이 바로 단동이다. 지난 강추위는 압록강 강물까지 얼어붙게 하더니 강가 여기저기에 커다란 얼음 덩어리가 둥둥 떠있어 북국北國의 정취도 함께 묻어난다.

동항에서 압록강을 따라 난 강변도로를 타고 시내로 진입하다 보면 북한과의 국경 철조망 건너편에 관리 청사 건물만 덩그러니 지어 놓은 채 텅 비어 있는 황금평 사업 단지를 만난다. 그곳에서 좀 더 가다 보면 단동시에서 새로 개발한 신구新區가 있다. 강변에 자리한 신구는 개발한 지 2년이 지났건만 아파트엔 거의 입주를 하지 않았고, 상가마저 빈 채로 있어 거의 유령도시라고 할 만하다. 그 신도 시에 접한 낭두진浪頭鎭 순천촌順天村에 고구려의 대행성大行城으로 비정하는 소낭랑성小娘娘城이 자리하고 있어 찾아갔지만 아무 흔적도 찾을 수 없다. 대행성은 압록강의 하류에 위치하여 산동성 내주萊州에서 출발하여 황해를 건너 강에 진입하는 당군唐軍을 초기에 제압하는 전초기지로서 중요한 역할을 했던 성이다.

마을의 노인을 찾아 소낭랑성의 위치를 물어 보니 마을 뒤편의 나지막한 언덕에 함께 올라가자고 한다. 얼마 전에만 해도 일부 토성의 흔적이 있었지만 신구 개발로 아파트 단지가 들어서면서 없어졌다고 한다. 소낭랑성小娘娘城이라고 쓴 석비가 있었다는 곳에 마른 풀숲을 뒤적이지만 그마저 없어졌다고 한다. 내게

마을 뒤편 개발된 아파트 단지 일부가 원래 성터였다. 성터는 뭉개지고 아파트단지가 들어섰다.

뭔가 보여주지 못하는 것이 자기 잘못이라도 되는 듯 아쉬워한다. 그가 말하는 성의 위치를 보면 완전히 압록강변의 평지성平地城이다.

산성과 달리 평지에 있는 성은 1,500여 년의 세월이 흐르면서 남아 있는 경우가 거의 없다. 이젠 노인의 증언과 1930년에 출간된 『안동현지安東縣志』 등 역사 기록만이 성의 존재를 말할 뿐이다.

『안동현지安東縣志』를 보면 "낭랑성은 봉황성 동남 170리, 오늘의 현 소재지 서남 32리 삼도양두三道良頭 아래 지명으로, 낭랑성은 대강大江에 임해 있고, 석루石壘 높이가 수 장丈이고, 서남북 3면에 토성이 있으며, 한 곳은 높이가 한 장이 넘고 낮은 곳은 5~6자尺가 된다. 수년 전에 옛날 벽돌과 기와가 발견되었는데 오늘날과 비교하면 훨씬 두껍고 길다. 어느 시대에 건설되었는지 고증할 수가

없다"는 기록이 있다.

요녕성 문물간부양성반의 1958년 조사보고에 "성은 남북 길이가 350m, 동서 폭이 215m이며, 산을 끼고 기복이 있고, 성벽은 흙으로 지어졌으며, 남북으로 2개의 문이 있다. 그곳에서 판기와가 출토되고 건축 특징을 보아 집안의 고구려 유적과 완전 동일하니 고구려의 군사 성루로 여겨진다." 내용이 성의 존재를 말하고 있다.

일단 성의 위치는 확인했으니 압록강과의 연관성을 보기 위하여 직선거리로 1km 정도 떨어진 강가로 간다. 지금은 높은 건물로 막혀 안보이지만 그 옛날 성루城樓에 오르면 강의 상황이 한눈에 들어올 만한 거리이다. 강으로 진입하는 당군을 1차로 저지하기 위해 기마병은 강가로 나가 전투를 벌인다. 성 안의 봉수대에서는 연기를 피워 다른 성에 비상 상황을 전달하였으리라. 그 당군의 침입을 막던 성에서 가까운 강 위에는 북한의 신의주 용천과 연결하는 신압록강대교新鴨綠江大橋가 2011년 5월 기공식을 한 후에 중국 측은 이미 완공되었다. 북한 측의 진입도로가 개설되지 않아 1년이 훨씬 넘도록 개통을 미루고 있다. 당군의 평양성으로의 진격을 막던 성 인근에 한반도로 진입하는 대교가 놓인다니 참으로 아이러니하다. 교량 위에 쓰여진 〈중조압록강대교中朝鴨綠江大橋〉란 이름으로 1,400여 년 전의 역사를 뒤로 한 채 개통을 고대하며 우뚝 서있다.

신압록강대교(2016년 1월)

현지인들은 언제부터 그리고 왜 성 이름을 소낭랑성小娘娘城이라 불렀을까? 인근에 대낭랑성이라도 있었던 것일까? 아니면 수암현에 있는 낭랑성娘娘城과 어떤 연관이 있는 것은 아닐까? 이런저런 생각을 하며 압록강 변의 또 다른 성인 서안평현성西安平縣城을 찾아 갔다.

서안평현은 삼국사기뿐 아니라 중국의 역사서에도 자주 거론된 지역이다. 『삼국사기』권 17 「고구려본기」제5 동천왕편, 16년(서기 242년)에 장수를 보내어 요동의 서안평현을 습격하여 깨뜨렸다는 내용이 있다. 또한 미천왕편, 12년(서기 311년) 8월에 장수를 보내어 요동의 서안평을 습격하여 빼앗았다고 기록되어 있다. 물론 서안평의 위치에 대한 역사학계의 논란도 있다. 미천왕 이전에도 한나라와 서로 뺏고 빼앗기는 역사가 반복되었지만 서기 311년 이래 고구려가 수복한 땅에 오니 감개무량하다.

서안평이 애하첨고성터의 이름으로 남아 있다.

서안평은 애하靉河가 압록강으로 흘러 들어가는 삼각주상의 넓은 평원으로, 원래 있었던 한漢의 현성縣城을 다시 복구하여 사용하였을 것이다. 애하첨고성터靉河尖古城址란 표지석만 남아있으니 성의 규모는 가늠할 길이 없다. 넓은 평원 위의 큰 성으로 일대의 행정관할뿐 아니라 압록강 하류를 거친 고구려 해양진출의 기지였다. 또한 압록강 방어를 지휘했던 인근 지역의 중심 성이었을 것이다. 그것을 증명이라도 하듯이 성터에서 손에 잡힐 듯 보이는 박작성泊灼城과 구련성九連城이 양 방향으로 나뉘어 2~3km 떨어져 존재하고 있다. 바로 애하 건너에 있는 2개의 성은 압록강 하구의 전초기지였던 대행성(小娘娘城)과 더불어 평지성인 서안평현성의 지휘체계 하에 서로 호응하며 군사작전을 전개해 나갔을 것이다.

먼저 구련성을 찾아 신팔삼교新八三橋를 타고 애하를 건너니 바로 마을 초입

서안평현성터 북동방향 2.6km 떨어져 박작성이(위쪽 사진),
반대 남서 방향 2.3km 떨어진 진동산 후면에 구련성(아래 사진)이 자리한다.

에서 진동산鎭東山을 만난다. 자료를 보면 산을 북쪽에 두고 9개의 성이 연이어 있다 해서 구련성九連城이라고 했으나 이미 성은 보이지 않는다. 마을에 들어가 술 한잔 걸친 듯 기분이 좋은 노인을 만나 구련성에 관하여 물었다. 9개의 성 중 하나는 소학교小學校 자리에 있었고, 또 산 밑 군부대 자리, 버스 터미널 자리…. 등등 이야기하지만 그 어느 곳에서도 성은 존재하지 않는다. 노인이 어렸을 때만 해도 이곳저곳에 그 토성 흔적이 남아 있었다고 한다. 이웃에 점장대點將臺라는 마을 지명이 있는 것을 보아도 틀림없이 9개의 성이 분산되어 있었던 것은 사실이다.

이곳 사람들은 먼 옛날의 성보다는 청말 1904년 러일전쟁 당시 1년에 걸쳐 마을에서 벌어진 러시아와 일본군 간의 치열했던 전투가 가슴속 깊이 상처로 남아 있는 듯 노인은 자꾸 그 이야기를 한다. 진동산 정상에 일본군이 승리 후 세운 압록강 전적비가 있다는 설명도 곁들인다. 일반적으로 술이 좀 얼큰하면 말이 많아지게 마련이지만 노인의 이야기는 계속 이어진다. 서안평이란 지명은 이미 없어진지 오래고, 그곳의 행정구역이 지금은 구련성진九連城鎭에 속한다. 인근 압록강과 가까운 마시촌은 마시대馬市臺라 하여 그곳에 중국(明·淸)과 조선간의 교역시장이 개설되어 변경무역이 이루어지던 곳이라고 한다. 양국의 사절단들도 상대국으로 들어가려면 반드시 거쳐야 하는 통로로 오늘날로 말하자면 출입국 관리사무소가 있었던 곳이다.

노인의 설명이 사실이라면 구련성은 산을 가까이 하고 있긴 하여도 평지성에 가깝다. 성내에서 요遼·금金·원元대의 자기, 유리, 기와 조각 등이 발굴되어 당시의 고성古城터라고 한다. 하지만 대개의 요·금 시대의 성은 고구려성을 연이어 사용하는 경우가 많으므로 고구려시대에도 그 규모와 이름은 달랐을지 몰라도 성이 있었다는 추론이 가능하다.

애하를 따라가면 서안평현성을 기준으로 구련성과 반대편 방향, 거의 비슷한 거리를 두고 애하가 합쳐지는 압록강변 산상이 고구려시대의 박작성이 있던 자리이다. 『삼국사기』 「고구려본기」 보장왕편을 보면, 7년 9월에 당태종이 장군 설만철薛萬徹 등을 보내어 쳐들어 왔는데, 바다를 건너 압록강으로 들어와 박작성泊灼城 남쪽 40리에서 머물러 병영兵營을 만드니 박작성 성주 소부손所夫孫이 보기병 만 명을 거느리고 이에 항거하였다. 설만철이 우위장군 배행방裵行方을 보내어 보졸 및 제군으로 공격케 하여 아병이 무너졌고 행방 등이 진군하여 포위하였다. 박작성은 산을 의거하여 요새를 설치하고 압록강을 격隔하여 굳게 지키므로 이를 공격하거나 함락시키지 못하였다. 우리 장군 고문高文이 오골烏骨, 안지安地 등 여러 성의 군사 3만여 명을 거느리고 양진으로 나누어 구원하러 오니 설만철도 군사를 나누어 이에 대항하여 아군이 패하였다라고 쓰여 있다.

보장왕 7년이라 함은 서기 648년으로 당태종이 645년 안시성에서 패퇴하여 요택을 건너 돌아간 후에도 호시탐탐 요동지역에 군사를 보내 침략을 계속하던 때이다. 중국 역사서나 그를 많이 인용한 삼국사기 등의 기록처럼 과연 그 당시에 당군唐軍이 연전연승을 한 것일까? 그렇다면 계속되는 승리에도 불구하고 왜 당군은 매번 별 성과없이 족족 퇴각을 했을까? 계속 승기를 잡았다면 649년 4월 숨을 거두는 순간까지도 고구려 정벌에 한을 가지고 있던 당태종은 왜 고구려 정벌을 중단하라는 유지를 남길까? 방어는 쉽고 공격이 어려운易守難攻 산성들이 서로 호응하며 일관된 지휘체계로 견고하게 지키는 고구려군에 승리만 거두었다는 역사서의 기록을 액면 그대로 믿을 수 있는 것인지 항상 의문을 떨쳐 버릴 수가 없다.

위의 내용에 관하여 『신당서新唐書』의 「설만철전」에서는 소부손을 참수하고 드디어 성을 함락하였다고 기록되어 있다. 과연 그렇게 대승을 거두었다면 당군은 왜 바로 퇴각하여 산동으로 되돌아갔을까? 그리 크지도 않은 박작성 함락이 그들의 최종 목표였단 말인가? 역사의 진실 여부는 차치해 두고 전술한 삼국사기의 내용을 보면 당시 고구려성들이 독립적인 기능만 있었던 것이 아니다. 상호 호응하에 연합작전을 펴는 장면이 적나라하게 묘사되어 있다.

압록강 하류의 전초기지였던 대행성(소낭랑성)에서 처음 설만철의 선단과 군사의 침입을 마주치고 봉화를 피웠을 것이다. 일단 강변에 나와 전투를 벌이지만 중과부적으로 고전한다. 봉화의 신호를 보고 박작성 성주 소부손이 지원군을 이끌고 와 싸우지만 다시 어려워진다. 하는 수 없이 평지성인 대행성과 서안평현성 등을 포기하고 산성인 박작성으로 후퇴, 옥쇄할 각오로 농성전에 들어간다. 그리고 고문高文 장수가 40여km 떨어져 애하 상류에 위치한 오골성을 중심으로 한 군사 3만을 인솔하고 지원하는 내용으로 보아 고구려시대에 성과 성 사이에 긴밀한 연락은 물론 당시의 지휘체계를 엿볼 수 있다.

1991년 호산장성 유적지 고고발굴조사 결과, 여러 고증을 거쳐 고구려산성임이 이미 밝혀졌다. 지리적 위치의 고증 등을 거쳐 중국 역사학자들간에 고구려의 박작성임이 일반적인 정설로 자리잡고 있다. 발굴조사 당시에 그곳에서는 600여m의 석축으로 된 성벽이 발견되었다. 그 내외면에 정밀하게 가공된 삼각형태를 띤 견치석을 쌓고, 내부는 자연석 조각으로 채움을 한 형태의 전형적인 고구려산성으로 판단하였다.

또한 발굴 당시의 측정으로 직경이 4.4m, 깊이가 6m인 대형 우물이 발견이 되었다. 우물 입구와 그 외곽도 성벽과 마찬가지로 균일하게 견치석으로 쌓고, 중간에 자연석재로 채웠다. 우물터 면적이 동으로 17m, 남으로 12m, 서로는 14m로 발굴 당시에도 비교적 잘 보존이 되어 있었다. 우물 후면에는 활모양弧形의 배수구가 있으며, 우물의 동편에는 오르내리기 편하게 석재 계단도 있어 그 규모가 상당했다고 한다. 당시의 학자들은 우물 유적만으로도 고구려의 건축공정 연구와 석재 쌓는 기술의 중요한 자료가 된다고 평가를 했다.

하지만 오늘 와서 보다시피 박작성은 어느 날 갑자기 만리장성 동단의 기점이란 설명하에 호산장성虎山長城으로 화려하게 변신을 했다. 고구려 특유의 석성을

호산장성(?) 입구. 고구려산성 박작성은 어느 날 갑자기 명나라의 만리장성으로 뒤바뀌어 있다.

벗겨내고 그 위에 명나라의 전형인 벽돌로 쌓은 성으로 완전 탈바꿈했다.

그동안 줄기차게 하북성 산해관山海關이 만리장성의 동쪽 끝이라고 해왔다. 만리장성을 한 마리의 용으로 비교하면서 그곳이 용머리龍頭에 해당되며, 또한 천하제일관天下第一關이라 하지 않았던가? 실제로 역사적으로 보아도 명明을 개국한 주원장의 명령으로 북방에서 내려오는 원의 잔존 세력인 몽골의 침입을 막기 위하여 1381년에 연산산맥을 따라 기존 성을 이어 장성長城을 축조하고 산해관에 군사를 배치했던 것 아니던가? 미국 의회도서관에 소장되어 있는 명대 학자 이묵李黙이 제작한 대명여지도大明輿地圖・북직례도北直隷圖에도 만리장성의 동쪽 끝은 분명 산해관으로 되어 있다. 그 외에도 수많은 자료를 무시하고 느닷없이 2009년에 명나라 장성의 동쪽 끝단이 호산장성이라고 발표했다.

중국은 명의 여진족을 방어하기 위해 설치한 요동변장遼東邊墻을 들어 만리장성이라 하며, 그것이 압록강변까지 연장되었다고 한다. 하지만 2012년 12월 1일 만주학회와 한중교류연구원 공동주최 학술대회에서 강원대 남의현 교수가 발표한 논문은 압록강과 두만강유역・여진지역을 상세하게 그린, 조선과 명・청대의 지도를 분석한 결과 요동변장은 압록강으로 연결되지 않았다고 한다. 또한 실제로 요동변장은 산과 강, 목책 등이 혼합된 방어선으로 산해관과 같은 견고한 벽돌

성으로 축조된 것이 아니다라고 하면서 호산장성이 만리장성의 동쪽 끝이라는 것을 완전히 뒤엎는 근거를 제시했다. 그동안 호산장성의 존재에 이의를 제기하는 많은 글과 논문을 대해 왔지만 얼마나 명쾌한 근거와 논리인가?

호산장성이 들어서기 전에만 하여도 단동 관광지도를 보면 그 자리에 "고구려 성터," "고구려 옛 우물터"가 있었지만 지금은 없어졌다고 한다. 지도에서만

박작성에서 강 건너 보이는 북한 땅. 그곳에도 압록강 사수의 산성이 있을 텐데 가 볼 수 없으니 아쉬울 따름이다.

없앤 것이 아니라 아예 성은 둔갑을 하였고, 우물을 메워 고구려의 흔적을 지워 버렸다. 이것은 또 어떻게 설명해야 할까?

오늘에 와서 보는 압록강변의 고구려성들은 이미 그 흔적조차 없다. 평지성이 었던 대행성·서안평현성·구련성은 다른 지역의 산성과 달리 1,500여 년의 역사

를 견디지 못하고 기록만 남긴 채 사라졌다. 오랜 세월 속에서 압록강과 애하의 범람으로 인한 피해 가능성도 어느 정도 있겠지만, 평지에 있음으로 해서 그 중요성이 외면당한 채 농지로, 시가지로 개발되고 말았다. 유일하게 고구려성의 흔적을 간직했던 산성인 박작성마저 그 흔적을 뒤덮고 호산장성이 들어서서 만리장성 동단으로 단장을 하고 서있으니 압록강 하류변에는 더 이상 고구려성이 없다. 그곳엔 이미 고구려가 없었다.

애하가 압록강으로 이어지는 지점.

어쩌면 어느 날 갑자기 동북지역에 산재해 있는 고구려산성들도 박작성과 마찬가지로 명대 만리장성으로 둔갑해 있을지도 모를 일이다. 애하가 압록강에 이어지는 지점에 서니 답답한 내 마음만큼 지난 추위에 강물이 꽁꽁 얼어붙어 그 흐름을 멈추었다.

고성古城 안에서 바라보는 봉황산 줄기. 그 전체가 오골성의 서벽을 이루고 있다. 과연 당시 고구려 최대의 성의 면모를 지녔다.

오골성烏骨城, 고구려 최대의 산성

심양에서 단동까지 고속도로를 오가며 가끔씩 보았으며 벌판에 우뚝 솟은 거대한 바위산이라 머리에 각인되어 언젠가 한번쯤 오르고 싶었던 산이다. 그 산이 봉황산鳳凰山이란 것은 들어 알고 있었지만 고구려의 오골산烏骨山이었으며, 오골성烏骨城이 그곳에 있었다는 사실을 안 것은 한참 후의 일이다.

최근에 내린 눈이 거의 녹았다는 친구의 연락을 받고 마침내 봉황산, 오골성을 찾아 나섰다. 단동에서 G11 고속도로를 타고 심양 방향으로 50km 정도 가다 보면 봉성鳳城출구가 나오고 출구에서 시내 방향으로 가다 멀지 않은 곳에 봉황산鳳凰山이라고 쓴 큰 정문을 만난다. 정문에 들어서 아무리 찾아보아도 등산안내도는 없고 "만리장성제일산萬里長城第一山"이란 표지석만이 있다. 그 의미가 무엇을 뜻하는지 혼란스럽다. 전면에 병풍처럼 나타나는 산을 어디로부터 오를지 모를 일이다. 더구나 저 큰 산 어디에 고구려산성이 있는지 알 수 없으니 발걸음을 떼지 못하고 있다. 다행히 현지인으로 보이는 노인에게 길을 물으니 고구려산성을 보고자 하면 이곳에서 오르지 말고 변문邊門으로 가라고 한다.

304번 국도를 타고 변문으로 가면서, 고구려시대에 까만 화강암 절벽으로 이루어진 산이기에 오골산烏骨山이라 불리던 것이 언제부터 봉황산이 되었을까 생각해 본다. 기록을 보면 당唐 정관貞觀 연간 태종 이세민이 동순東巡을 하며 이 산에 오른다. 그때 봉황이 조상에 배례를 했던 곳이란 전설을 듣고 봉황산鳳凰山이란 산 이름을 하사했다고 한다. 그것이 사실일까? 정관연간貞觀年間이라 함은 당태종이 통치하던 시기인 627~649년 사이를 이른다. 645년 1차 전쟁, 안시성에서 패주한 후에도 647년, 648년에 거듭 침략을 시도했지만 성공을 거두지 못하고 649년 52세 나이로 병사했기 때문에 그의 생전에는 요동 깊숙이 자리잡은 오골산을 올랐을 리 만무하다. 더구나 동순을 했다고 하니 어불성설이다. 비사성의 점장대 자리에 사실과 달리 그곳을 올랐다는 당태종 이세민을 기리는 당왕전唐王殿이 자리하고 있는 것이나 봉황산 이름에 그와 관련된 허황된 전설을 만들어내는 것은 무슨 이유일까? 후대 사람들이 결국 고구려를 굴복시키지 못한 그의 한을 위로하기 위함인가?

차를 몰아 단동 방향으로 약 10여 분 가니 국도변에 변문이란 마을이 나오고 좌측으로 고성리古城里와 연결되는 포장도 되지 않은 소로를 만난다. 동네 명칭도 심상치 않지만 좌측 산 아래로 길게 늘어지는 군부대의 정문을 좀 지나니 〈봉황산산성鳳凰山山城〉이란 표지석이 눈에 들어온다. 이곳이 그 옛날 유명했던 오골성烏骨城이다. 마을이 있는 곳으로 진입을 하였지만 그 어디에도 고구려 특유의 돌로 쌓은 성벽은 보이지 않고 동서로 양변에 수많은 산줄기들이 길게 늘어져 있을 뿐이다.

오골성은 원래 우뚝 솟은 산봉우리와 바위 절벽들로 이어지는 험준한 지형이 자연성을 이루며, 산봉우리 사이의 낮은 지대에 성을 쌓아 방어벽을 이룬다고 하지 않았던가? 급한 마음에 마을을 지나 좀더 높은 지역에 올라 전체를 조망하고 싶어졌다. 하지만 기암절벽의 봉우리에서 내려오는 산줄기가 너무 많아 어디로 오를지 분간이 안 된다. 겨울 추운 오전 이른 시간, 마을에 들어섰지만 사람 만나기가 쉽지 않다. 겨우 만난 나이가 많은 여자 한 분이 나의 사정을 듣고는 그 집앞에 주차를 허락하고 안내하겠다며 앞장

고성리 입구의 표지석, 봉황산산성.

선다. 눈길에 1km 이상 함께 산에 올라 길을 일러주니 너무 감사하다. 자주 느끼는 것이지만 중국에서도 촌사람들은 되바라진 도시인과는 전혀 다르다.

거의 500m 고지 되는 산등성이에 서니 마을이 봉황산을 뒤로 하고 앞으로는 봉황산과 거의 맞먹는 산줄기와 마주한다. 그 산이 아마도 오골성의 동벽을 이루는 최고봉이 동대정자東大頂子라 하며, 고구려산성이 있는 산이라 하여 고려성자산高麗城子山이라고도 한다는 그 산줄기일 것이다. 전체적으로 조망을 해보니 변문에서 들어왔던 길이 바로 성의 입구가 되며 봉황산이 오골성의 서벽이며, 마주하는 산줄기가 성의 동벽을 이루는 것 아닌가? 양변 산줄기가 완벽한 성벽을 이루는 형상이니 이 얼마나 기가 막힌 요새인가? 그렇다면 북쪽은 어떠한가? 그 쪽을 바라보니 남쪽처럼 트이지는 않았다. 동서에서 내려오는 두 산줄기가 만나니 조금은 낮은 지형을 이루지만 그래도 그 산세 역시 험준하다. 동벽을 이루는 산줄기로부터 내려오는 능선과 서벽이 만나는 지점에 어렴풋이 무엇인가 길게 늘어진 것이 보인다. 직감적으로 성이 아닌가 하는 생각이 든다.

사진 오른편 중간 산줄기가 맞닿는 곳이 오골성의 입구로 정문인 남문이 있던 자리다.

오골성의 동벽을 이루는 산줄기는 고려성자산으로 봉황산 못지않은 산세이다.

아무튼 성의 전체적인 구조를 완벽하게 조망하니 과연 오골성을 고구려 최대의 산성이라 할 만하다. 명불허전이란 말은 바로 이럴 때 쓰는 것인가 보다. 왕위랑王禹浪·왕원이王文軼의「단동지구의 고구려산성」(하얼삔학원학보보, 2012년 3월) 등의 단동관련 자료에 따르

성 북쪽은 비교적 낮은 지형이지만 그곳도 만만치 않게 험준한 산세를 형성하고 있다.

면 "87개 구간의 천연장벽과 86개 구간의 돌로 쌓은 성벽으로 이루어졌고 성의 둘레가 16km에 달하며, 성 내부는 평탄한 지대가 펼쳐져 있다"고 하는데 바로 그것이 한눈에 다 들어온다. 대련에 있는 대흑산의 비사성 둘레가 5km라고 하니 비교하면 그 크기를 가늠할 수 있다. 명대의『요동지遼東誌』에 오골성은 "10만의 무리를 수용할 수 있다"고 기록하고 있다. 과연 펼쳐지는 평탄지대에서 군과 민이 함께 장기전에 대비한 집단취락이 가능하고 농경지가 있어 성내 주민들의 자급자족도 가능했으리라. 성내 마을 한가운데로 시냇물도 흐르고 있으니 장기전에 필수적인 수원도 확보되는 셈이다.

전체적인 조망을 위하여 봉황산의 가장 높은 곳인 찬운봉(攢雲峰/836m)을 오르려던 계획을 바꿔 선조들이 인공적으로 쌓은 석성을 찾으러 하산을 서둘렀다. 차를 세워 둔 그 집에 가 다시 노인에게 성곽이 있는 곳을 물으니 자기가 같이 가주겠다고 또 앞장을 선다. 능선에서 봤던 북쪽을 향하여 걸음을 재촉하는데 얼마나 빠른지 내가 오히려 뒤처질 지경이다. 아무래도 오골성을 지키던 고구려의 여전사가 환생하여 직접 인도하는 듯한 착각에 빠져 들었다. 드문드문 떨어져 있는 마을이 끝나고 더욱 좁아지는 산길을 따라 한참 오르니 성벽이 보이기 시작했다. 바로 북문이다. 변문에서 성내로 들어오는 남쪽 입구의 대척점에 있는 또 하나의 출입구인 문이다. 문은 최근에 들어 개수한 흔적이 역력하지만 옹성구조를 띠고 있다. 과연 보수 전의 모습이 이러했던 것일까? 성곽은 2009년에 보수하였다고 하는데 하단에 큰 돌을 쌓고 그 위에 작은 돌로 들여쌓기 한 굽돌이 형식으로 고구

북문은 남문과 대척점에 있는 오골성의 또 하나의 출입문이다.

려의 성 여러 곳에서 나타나는 그들 특유의 축성법이다. 얼마나 충분한 고증을 거쳐 보수를 했는지 모르지만 북문 성벽에 나무로 된 말뚝을 박아놓은 것은 보수한 성벽이 무너져 내릴까 조치한 것으로 보인다. 보수라는 것은 옛 것을 최대한 살려야 하건만 그런 점에서 아쉬움이 남는다.

그래도 이곳에 서니 오골성의 방어체계만큼은 충분히 이해할 수 있다. 성곽은 문을 중심으로 어림잡아 서쪽으로는 약 1.2km 가다가 봉황산 산줄기의 절벽과 이어지고, 그 반대편은 동벽을 이루는 산줄기의 능선을 따라 1km 이상 오르다가 멈춘다. 문에서 주변 산세를 보니 북벽을 넘지 않고서는 기암절벽이 이어지는 서벽과 동벽을 통한 침투는 거의 불가능해 보인다. 더구나 봉우리들 사이의

북문에서 서벽인 봉황산 절벽에 이어지는 성벽은 최근 들어 보수를 하였다.

낮은 지역에는 인공적으로 성을 쌓았다고 하니 그야말로 물샐틈없는 방어벽을 이룬다. 남쪽의 성 정문과 이곳만 틀어막으면 어느 누구의 진입도 허락하지 않는 구조다. 지형을 잘 이용하여 이 성을 천혜의 요새로 만든 선인들의 지혜에 머리가 절로 숙여진다.

잔설이 남아 있는 서편의 성을 외곽으로 돌아서 절벽과 잇는 지점을 본다. 성을 넘지 않고서는 도저히 성안으로 진입이 불가능하다. 다시 성에 올라 마치 답성踏城(성 밟기)놀이 하듯이 성의 상단을 걸어서 다시 문을 향한다. 문으로 다가가니 동서로 뻗은 성벽과 북쪽 성 밖이 확 트여 보이는 언덕 위에 돌로 대臺를 쌓아 놓았다. 아마도 전투시에 지휘소 역할을 하는 점장대點將臺일 것이란 생각이 든다. 하지만 성 전체를 조망하기에는 어려움이 있어 전체성의 핵심 점장대라 할 수는 없고 성의 북쪽 지역 지휘소 역할을 하던 보조 점장대로 보인다. 성의 점장대에는 연개소문이 앉았던 엉덩이 자국, 말 발자국, 소변이 흘러간 자국이 남아 있다고 한다. 평시에는 병사훈련지휘소이기도 했던 그 점장대 위치는 남문 가까운 곳에 위치한다.

성 밖 북쪽을 바라보니 성벽이 없더라도 그리 쉽게 접근 할 수 있는 산세가 아니다. 성둘레를 돌며 끝까지 같이 안내해 준 노인은 멀리 보이는 성 밖 마을은 고씨가 많이 사는 고가구高家溝이며, 보이진 않지만 좀더 가면 김가촌金家村이 있다고 한다. 성 인근에 고구려시대 최대 성씨였던 고씨가 모여 살고 또한 김씨가 모여 사는 마을도 있다는 것이 우연일까? 높이 단을 쌓은 대를 그들은 봉황대鳳凰臺라 부른다고 하지만 아마도 전투시에 지휘를 했던 장소였을 것이란 내 말에 고개를 끄덕인다. 그곳에 올라 남쪽의 성안 마을을 내려다본다. 멀리 가물가물 보이는 성의 남쪽 입구에는 원래 성문이 있었는데 일본강점시대에 일본군이 들어오면서 그 문을 파괴했다고 한다. 그녀의 할아버지로부터 전해 들었다는 것이다. 그 성문의 이름이 아마도 고려문高麗門이었을 것이다. 지금은 흔적도 없지만 성문 양변으로는 성벽을 쌓아 서쪽과 동쪽의 절벽을 이어 적으로부터 철저한 방어벽을 구축하였다. 일제강점기부터 오늘날까지 그치지 않는 일본의 역사왜곡이

오골성의 동벽. 성벽은 산의 능선을 타고 이어져 있다.

이곳에서까지 이루어졌다고 생각하니 참으로 기가 막힐 노릇이다.

성의 높은 곳에서 또 다시 성안을 바라보며 노인의 설명을 들으니 과연 성의 구조와 범위가 다시 획정이 된다. 보는 바와 같이 성의 규모가 최대 10만의 군사가 주둔 가능할 정도로 크다 보니 욕살(褥薩: 고구려시대 큰 성을 관할하던 지방관리의 관직명)이 통치하는 요동전략의 중추역할을 하였다. 그도 그럴 것이 성의 서쪽 방향으로 수암지역의 산성들을 이으면 안시성과 연결되며, 서북방향으로 백암성과 요동성으로 이어지고, 동으로는 압록강변의 박작성, 구련성 등과 연결되는 교통요지에 자리하고 있으니 주변의 크고 작은 성을 지휘하고 지원하는 체계를 갖추고 있었다.

실제로 645년 당의 이세적의 군대가 백암성을 공격할 때 군대를 보내 도왔으며, 648년 당의 설만철이 박작성을 포위하자 오골성의 군대가 지원을 한 기록이 있다. 645년 당태종 이세민이 거듭되는 안시성 공격에도 전투가 지리멸렬해지자 그 싸움 초기에 포로가 된 고연수, 고혜란이 안시성을 우회하여 오골성을 함락시키고 평양으로 진격하자고 건의한다. 오골성의 욕살은 늙어서 성을 군게 지키지 못할 것이니 그 성의 군수물자와 양곡을 빼앗아 평양으로 향한다면 반드시 성공한다는 것이다. 물론 건안성과 신성에 있는 10만의 병력과 안시성의 병력이 퇴로를 막고 뒤를 칠까 두려워 그 건의는 수용되지 못했다. 하지만 이 기록 또한 오골성의 전략적 가치를 엿보게 한다.

좀더 유적을 찾아보려고 동쪽 산등성이의 성벽을 따라 오르려 했지만, 산에서의 어둠이 일찍 내리기도 하고 문을 걸어 잠그고 여기까지 동행해준 노인께 송구한 마음이 들어 서둘러 하산을 한다. 노인은 키가 작고 67세의 적지 않은 나이에도 엄청 잰 걸음으로 따라 나서서 이것저것 설명을 해 주니 주변 국가보다 활동성이 강했던 고구려의 활달한 여성이 환생한 듯한 착각이 들었다. 따뜻한 인정이 느껴지니 그녀는 왠지 고구려인의 후예일지도 모른다. 돌아오는 길의 304번 국도를 교차하며 흐르는 애하靉河가 멀지 않은 거리에서 압록강으로 이어진다.

류가하진劉家河鎭 팔도하촌八道河村. 넓게 평지가 펼쳐지고 산 아래 애하의 지류인 팔도하가 흐른다. 마을 노인은 산자락
(사진에서 큰 나무들이 많은 부분)에 고구려인들이 모여 살던 마을이 있었다고 이야기한다.

산성구산성山城溝山城과 연산산성鉛山山城

　　단동의 현급縣級 시市인 봉성鳳城은 그 면적이 꽤 넓다. 자료에 따르면 봉성시 통원보진通遠堡鎭 산성구촌山城溝村 북쪽으로 1.5km 떨어진 산상에 고구려산성이 있다고 한다. 하지만 통원보진 마을에 도착하여 산성구촌을 물어 보았지만 아무도 몰랐다. 지도를 다 뒤져 보아도 통원보진에 산성구촌이란 지명 자체가 없었다. 산성과 관련이 있는 지역을 다니다 보면 성자구城子溝, 산성구山城溝란 지명을 많이 대할 수 있다. 하지만 봉성 전체를 보면 통원보 중심에서 약 20km 떨어진 곳인 유가하진劉家河鎭 팔도하촌八道河村에 산성구山城溝란 마을지명이 유일하게 있어서 그리로 발길을 돌렸다. 강을 건너고 산을 지나 만나는 마을이 팔도하촌이란다. 산들이 둘러싼 가운데 평원이 제법 넓고, 애하의 지류인 팔도하八道河 강물이 흐른다. 왠지 강물과 평원이 가져다주는 풍요가 느껴졌다.

　　양떼를 몰고 오는 노인에게 묻고, 집안에 있는 이에게 물어도 산성 위치에 대한 증언이 엇갈린다. 하는 수 없이 촌 사무실을 찾아 갔지만 문이 굳게 잠겨 있다. 동절기에 특별한 일이 없으니 전화 문의가 오면 나와서 문을 연다는 것이다. 다행히도 촌 사무실 옆에 있는 상점(시골에서는 상점이 유일하게 생필품을 공급해주는 역할을 한다) 주인장에게 물으니 상세하게 알고 있었다. 바로 이곳 마을이름이 산성구山城溝라고 했다. 마을 동쪽에 있는 높은 산 위에 산성이 있으며, 서쪽 소학교 뒤 야트막한 동산에 봉화대가 있었다고 일일이 가리키며 설명한다. 그리고 마을 앞 평지 건너 산자락 큰 나무들이 모여 자란 곳에 예로부터 고구려인들이 살던 마을이라고 알고 있다고 한다. 자기가 어렸을 적에 증조부, 조부로부터

산성구마을 동쪽 산상에 있는 고구려산성

전해 들었으며, 마을에선 다들 그리 알고 있다고 했다. 주변 산에 수없이 올라갔었으며, 그곳에 석축으로 된 고구려시대 산성이 남아 있다고 말했다. 같이 산에 오르며 안내해 줄 수 있냐고 부탁하니까, 방금 막 점심식사를 하면서 반주 한 잔을 걸쳤고, 지금은 눈도 많이 쌓였으니 다음에 오라고 정중하게 미룬다.

주인장이 이야기하는 산성이 산성구산성이 맞는다면 그 평면이 대략 삼각형을 띠며 3개의 모퉁이에 작은 대小臺가 설치되어 있다. 산성의 둘레 길이는 약 900m에 달한다. 성벽은 가공석 사이사이에 흙을 끼어 넣어 쌓았으며 계곡 입구에 성문이 개설되어 있고, 성안 중앙부에 건축물 터가 있어 줄무늬 기와 조각 등이 출토되었다는 자료가 있다. 혼자서 소학교 뒷동산에 있는 봉화대에 올랐다. 올라 전체를 조망하니 주변의 산, 평지, 강, 마을 전체가 한눈에 들어왔다. 당시에 강과 평지의 상황을 산성에 전달하는 역할을 했을 것이다. 동산 위에는 평평하게 다져져 있고 언제인지 모르지만 조악하게 만든 전탑이 쓰러져 있었다.

봉화대를 내려 와 상점주인장에게 다시 물었다. "자료에는 통원보진 성산구촌에 산성이 있다고 되어 있는데 이곳과는 어떤 연관이 있는 것일까요?" "통원보에는 성산구란 마을이 없고, 아마도 이웃해 있는 유가하진劉家河鎭을 통원보로 착각한 것이 아닐까"라고 답한다. 답답할 뿐이다.

산성구 마을 서쪽 끝, 소학교 뒷동산에 있는 고구려시대의 봉화대 터.

고구려 마을이 있었던 산자락으로 갔다. 산 아래 강물이 휘감아 돌아 남으로 흘러간다. 물이 풍부하고 평원이 넓으니 평상시에 농사를 짓고 천렵을 하고 살았으리라. 평시에는 이곳에서 생활을 하고 전시에는 산성으로 들어가 군과 힘을 합쳐 싸웠을 것이다. 예나 지금이나 변함없이 흐르는 하천은 그 역사의 진실을 알고 있을 터인데 아무런 말이 없다.

연산산성鉛山山城이 있는 청성자진靑城子鎭은 이곳 팔도하촌으로부터 약 77km 떨어진 봉성시 서북쪽 끝머리에 있다. 일전에 수암에 산성답사를 하기 위하여 이틀 머물었던 황화전진黃花甸鎭과 근접하니 수암岫岩과 경계선에 자리한 것이다. 통원보通遠堡를 지나 서쪽으로 갈수록 수암의 산악지역과 연결되니 구불구불 가는 길이 마치 우리네 강원도 산길을 가는 듯하다. 고갯길 언덕 위에서 내려다보이는 청성자진 마을은 산 속에 폭 싸여 있다. 어쩌면 광산으로 둘러싸여 있는 것인지도 모르겠다. 마을사람들은 연산鉛山이라하면 모르고 다들 고려성산高麗城山이라고 한다. 고구려산성이 있었기에 그리 부른다는 것이다.

진鎭 중심지의 서쪽 끝머리에 있는 고려성산은 연광鉛鑛으로 산 전체가 거의 다 파헤쳐져 있다. 멀리서 보아도 반쪽만 남은 산 정상이 저녁 햇살에 애처롭게 서 있다. 다가가서 보니 해발 445.8m의 산은 아래위에서 다 파헤쳐져 있다. 산 아래를

산성구 마을 평지 건너 산 아래를 휘감아 도는 애하의 지류인 팔도하八道河

청성자진 연산산성. 산성이 있어야 할 정상은 이미 연광鉛鑛 개발로 반 이상 잘려 나갔다.

폐업한 광산업체들

빙 둘러 있는 광산과 가공업체들은 이미 폐업을 하여 문을 닫은 공장들이 즐비하게 있다.

산 아래 폐광한 한 회사를 지키는 사람과 산을 같이 올랐다. 그는 이곳에서 나서 어릴 때부터 산성에 올라 놀았기에 잘 안다고 한다. 항일시대 일본군이 시작하여 오늘에 이르기까지 산 이곳저곳 채굴했던 흔적을 자세히 설명해준다. 산은 그 후유증으로 몸살을 앓고 있다. 얼른 보기에도 산 전체가 성한 곳이 한군데도 없었다. 지금은 채산성이 맞지 않아 대부분 철수하였지만, 일부는 남아서 채굴을 하고 있으니 그 파괴는 아직도 진행형이다.

앞장서 걷던 그는 정상이 거의 다가올 때 숲속에 쌓여 있는 성벽을 보여준다. 원래 정상 가까이에서 성곽을 이루던 것이 지하에서 채굴하며 발생한 압력에 못 이겨 내려 앉은 것이다. 지금 우리가 오르는 산 속은 모두 빈 공간이다. 언제 무너져 내릴지 아무도 모른다는 것이 그의 설명이다. 산은 외상만 입은 것이 아니고 내상까지 심하게 입은 것이다. 놀랍게도 믿기진 않지만 우린 빈 껍질 위에 서 있었다. 노인은 언제 사라질지도 모를 산성을 지금이라도 찾아와 보는 것이 그나마 다행이라고 했다. 이미 파헤쳐진 정상 가까이 오르자 그는 흔적만을 남기고 있는 성문 터를 가리킨다. 정상의 남쪽 언덕에 개설된 성의 정문으로 양 옆에 기둥과 덮개, 즉 지붕이 있었다고 설명했다. 어렸을 적에 성문의 지붕 위에 올라 놀았다고 했다.

그렇다면 이 산성의 문은 개주蓋州의 연통산煙筒山산성에서 보았던 문의 양식이 아닐까? 그의 말에 따르면 상당히 장관이었던 것으로 여겨진다. 혹시 사진이 남아 있냐고 묻지만 있을 수 없는 질문을 던진 것이다. 그것을 볼 수 없다는 사실이 안타깝다. 성의 동남 모퉁이 부분에는 대臺가 있었다고 한다. 산 아래 흐르는 하천과 마을 전체가 한눈에 내려다보이는 곳으로 아마도 적의 이동을 조망하는 전망대였을 것이다. 그 또한 광산을 개발하면서 반은 날아가 버리고 말았다. 그 아래로 석축의 성벽이 있었지만 지금은 남아있지 않다고 한다. 또 근처에 둘레를 가공석으로 정연하게 쌓은 우물이 하나 있었다고 한다.

산성은 고구려시대에 처음 건설되었으며 성 둘레가 약 2,000m에 달한다. 성의 군사적인 가치가 중요하여 명明대에도 개축을 하여 사용했다고 한다. 그 증거로 성벽의 일부가 석재의 기초 위에 청벽돌青塼로 쌓여 있는 것을 들며, 청벽돌 부분은 명대에 개수한 것으로 보고 있다. 그나마 지금은 남은 것이 아무것도 없으니 확인할 길은 없다. 산성은 그 흔적이 거의 없어지고 말았지만 우리는 정상 부근에서 산 아래를 내려다보며 산성에 대한 보다 생생한 정보를 얻기 위하여 이런저런 이야기를 나누었다. 청성자진 마을 주변산 곳곳에 새로 개발된 광산도 보인다. 아직도 이 지역에 20여 연광 업체가 있다고 한다. 그들이 자꾸 새로운 광맥을 찾아 가는 것이다.

연산산성의 정문 터. 양 측면에 기둥이 있고 덮개가 놓였던 문은 광산 개발로 그 터만이 남아 있다. 주민의 증언이 없었다면 문터인지조차도 모르고 지나칠 뻔 했다.

청성자진 시내 한가운데 황궁皇宮이 있다고 했다. 이 작은 산골에 웬 황궁이란 말인가? 내 귀가 의심스러웠다. 부의溥儀가 1943년 5월 8일 만주광산주식회사 청성자광업소靑城子鑛業所에 방문할 때 머물었던 행궁行宮이었다. 연鉛 광석에서 추출한 납은 탄약의 원료였기에 중요한 군수물자의 하나로 그 생산을 독려하기 위한 방문이었다. 그 오랜 세월을 쉬지 않고 채굴을 해왔으니 산성이 성할 리가 없다. 산성은 물론이고 껍데기만 남은 산마저도 언제 무너져 내릴지 모른다고 하니 인간의 탐욕은 산하도 바꿔 놓는 것 같았다.

연산산성의 지리적 위치는 수암지역을 흐르는 초자하哨子河의 지류인 석묘하石廟河의 발원지를 이루는 산악지역에 위치한다. 동시에 봉성지역을 흐르는 애하靉河의 한 지류인 초하草河의 발원지이기도 하다. 두 하천은 요동반도의 동쪽에 흐르는 중요한 강의 지류들로써 그 전략적인 가치가 남달랐을 것이다. 지금이야 행정구역이 구분되지만 산성은 수암岫岩의 초자하 상류에 자리한 노성구산성老城溝山城, 토성산산성土城山山城, 남구산성南溝山城과 인접한 거리에 있다. 직선거리로 노성구산성과는 15km, 토성산산성과는 23km, 남구산성과는 25km 떨어져 있을 뿐이다. 또한 S203번 성도省道 선상에 있으면서 수암지역과 연결되어 있다. 그 도로는 장하莊河에서 시작하여 수암과 청성자를 지나 결국 환인桓仁 등 내륙 깊숙이 이어진다. 환인은 고구려 시조인 주몽이 처음 도읍을 열었던 곳이 아니던가? 그렇다면 수암지역의 많은 산성과 연결선상에 자리한 이 산성의 전략적인 가치는 무엇일까?

두 강의 분수령에 위치하여 한 강의 수계에서 다른 강의 수계로 진입하는 적을 차단하는 역할을 했다는 이야기이다. 또한 황해를 건너 초자하를 따라 내륙으로 깊숙이 진입하는 적들을 주변의 성들과 함께 연합하여 저지할 목적도 있었을 것이다.

고대보산성의 서벽. 보존 상태가 비교적 좋은 편인 서벽은 가공한 쐐기석으로 정연하게 쌓아 적의 침입을 막고 있다.

고대보산성高臺堡山城과 노고산老孤山산성

애하靉河, 애靉는 만주어 애합靉哈을 축약한 말로 "밝다明亮"의 의미라고 한다. 하지만 애하에서는 하늘에 구름이 자욱이 낀 상태, 애체靉靆를 의미하며 구름이 수분을 끌고 와서 대지에 흩뿌린다는 뜻으로 선인들이 애하라 명명했다고 전해진다. 그래서인지 강이 흐르는 단동은 동북지역에서 강수량이 가장 많은 지역이다. 단동의 모친하母親河로 불리는 애하의 상류는 단동 동북부 산악지역을 Y자로 나누어 오다 봉성 남쪽에서 합류하여 단동시 구련성진九連城鎭에서 압록강으로 흘러들어간다. 압록강으로 유입되는 지점은 한漢대 서안평西安平으로 그곳을 차지하기 위한 치열한 전투를 벌였던 전략적 가치가 큰 지역이다. 따라서 고구려시대에 이미 서안평현성(지금의 애하첨고성靉河尖古城), 박작성, 구련성 등 해양을 건너 압록강에서 애하를 타고 내륙으로 진입하는 적들을 저지하기 위한 성들이 포진해 있다. 애하 유역에는 고구려 최대 규모의 성인 오골성뿐 아니라 상류로 거쳐 올라가면서 크고 작은 성들이 연이어 분포해 있다.

관전만족자치현寬甸滿族自治縣은 단동 동북부의 산악지대에 자리하다 보니 하천도 발달한 지역이다. 애하가 관전寬甸 쌍산자진雙山子鎭 노목타자령老木垜子嶺에서 발원하여 남으로 흘러 관수진灌水鎭 마을에서 지류와 만난다. 지류가 합류하는 지점에서 멀지 않은 곳에 고대보촌高臺堡村이 있다. 그곳에서 남쪽으로 좁은 농촌 길을 따라 2.5km 더 가다 보면 산성구山城溝란 작은 산촌 마을이 나온다. 멀리서부터 범상치 않게 보이는 산에 벌써 산성이 있을 것이란 예감이 든다. 이미 오후 늦은 시간이고 산에 눈이 많이 쌓여 시간을 지체할 수 없었다. 마을

거의 직각을 이루는 절벽이 고대보산성의 서벽과 남벽이 만나는 꼭지점이다.

끝자락 농가에 사는 노인에게 사례를 할 테니 동행해 달라고 부탁을 했다. 3대째 이곳에 산다는 노인은 기꺼이 길을 나선다.

산자락에 고대보산성이 1983년에 현급문물보호단위로 공포되었고, 1993년 8월에 세운 표지석이 서 있다. 그 옆에는 2010년 10월에 시급문물보호단위로 선정되었다는 표지석 또 하나가 자랑스럽게 서 있다. 훈장을 두 차례나 받은 셈이다.

고대보산성의 성문터.

산자락에서 전체를 조망하니 남고북저南高北低의 지형에, 서와 동쪽의 산줄기가 나란히 표지석 쪽을 향하여 온다. 포곡식 산성의 전형이다. 표지석을 지나 오르니 계곡엔 눈이 발목까지 찼다. 67세의 손孫씨 성을 가진 노인은 앞장서서 잘도 걷는다. 동쪽과 서쪽 능선을 가리키며 산성이 보이지 않느냐고 한다.

과연 능선 위에 산성이 이어지고 있었다. 계곡을 따라 좀 더 오르니 성문을 만났다. 동과 서에서 내려온 성벽은 가운데에서 어긋문을 만들고 사선으로 성문을 지나 진입하도록 만들었다. 성문 동쪽 측면에는 대를 높였다. 서쪽 측면에는 바깥쪽으로 사선의 배수로를 만들어 성안의 계곡 물길을 성 밖으로 내보내도록 만들었다. 정문과 수구문이 나란히 있는 구조이다. 성의 정문은 하나의 옹성구조로 적의 진입이 용이하지 않도록 만들었다.

노인의 설명에 따르면 동쪽 산줄기 끝자락에 대臺를 만들어 성문을 감시하도록 되어 있다고 한다. 그 대가 점장대의 역할도 한다고 덧붙인다. 성안에서 오르기는 어렵고 동쪽 능선을 타고 와서야 오를 수 있다며 겁 없이 들이대는 내게 경고라도 하는 듯하다. 그곳에 오르면 성안은 물론 성 밖 애하와 지류가 합류하는 지점과 주변의 평원이 한눈에 들어 올 것 같다.

성안에 들어서니 계곡 동쪽으로 여러 곳에 돌로 쌓은 건물터가 보인다. 그리고 동쪽으로 치우쳐 오르는 마찻길馬道이 있고 그 길은 산 중턱까지 올라 성안을 가로 질러 서벽과 이어진다. 그 마찻길은 놀랍게도 폭이 넓은 곳은 7~8m나 된다. 노인은 성 남쪽 벽 아래 샘물의 저수지가 있다고 설명을 잇는다. 남벽은 응달로 눈이 녹지 않은 채 쌓여 있으니 볼 수가 없다. 이곳처럼 유적들이 성안 곳곳에 다양하게 남아 있는 산성도 그리 흔치 않다.

건물터를 지나 마찻길에 닿는다. 눈이 쌓여 잘 분간은 안 되지만 넓은 길의 윤곽만은 뚜렷하게 나타난다. 성의 곳곳에 군수물자가 신속하게 배분되도록 길을 낸 것이다. 당시 이 산성의 성주는 경영학의 과학적인 관리기법을 따로 공부한 일은 없어도 효율을 중시하는 마인드 자체가 발달했다고 보인다. 길이 없다면 모든 것을 어깨에 짊어지거나 또는 등짐을 지고 소량씩 좁은 산길을 따라 나르는 것 이외에 달리 방법이 없으니 그 차이가 얼마인가? 길이 성안 곳곳을 거의 순회하듯이 연결되어 있으니 얼마나 과학적인 설계인가?

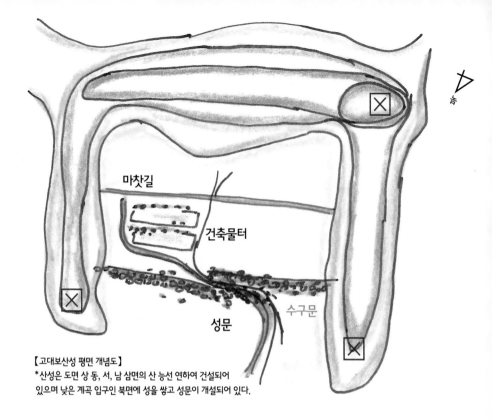

마찻길

건축물터

수구문

성문

【고대보산성 평면 개념도】
*산성은 도면 상 동, 서, 남 삼면의 산 능선 연하여 건설되어
있으며 낮은 계곡 입구인 북면에 성을 쌓고 성문이 개설되어 있다.

　　서벽에 닿으니 과연 성벽을 만난다. 쐐기석으로 정연하게 쌓은 성벽은 보존 상
태가 좋은 편이다. 성벽은 남벽과 교차되는 모퉁이 부분까지 이어진다고 한다.
힘들어 하는 노인에게 여기서 기다리라고 하고 혼자 남벽과 만나는 지점까지 올
랐다. 산 아래에서 보던 절벽과 같이 생긴 부분이 남벽과 만나는 지점이다. 그 절벽
까지 산성은 경사도 따라 높낮이를 달리하면서 이어진다. 그 높이는 2~5m 사이
로 남아 있다. 성벽의 윗부분은 2~2.5m 정도로 산의 경사를 이용하여 편축으로
쌓아 적의 접근을 차단하였다. 모퉁이 부분에서 보니 남쪽 능선은 고도가 높다.
반대편 동쪽 능선에도 희미하게 성벽의 이어짐이 보인다.

　　성안에 유적도 많이 남아있는 편이지만 사면의 성벽도 그 보존상태가 비교적 양
호한 편이다. 서·동벽의 끝자락에는 대가 있으며 성벽은 성문보다 북쪽으로 길게
더 이어지다 대를 만들고 마감을 한다. 왕위랑·왕원이의 연구에 의하면 산성의 제
원이 남북 길이가 500m, 동서 폭이 400m이다. 따라서 성 둘레는 약 1,800m 이며,

그 면적이 약 20만m²에 달한다. 일부 학자들은 고대보산성을 고구려시대의 안지성安地城으로 비정하기도 한다. 『삼국사기』와 중국 역사서에도 안지성의 기록이 있다. 648년 설만철薛萬徹이 당군을 이끌고 압록강으로 진입하여 박작성泊灼城을 공격하니 고구려 장수 고문高文이 오골烏骨, 안지 등 군사 3만을 거느리고 도우러 온다는 내용이다. 여기의 안지성을 이름이다.

노인은 성 밖에 하천이 감도는 작은 산을 가리키며 그곳에 봉화대가 있었다고 한다. 주변 여러 성의 통신수단 역할을 하는 전초기지로 사료된다. 산촌의 해는 유난히 짧다. 곧 이어 어둠이 내릴 듯하다. 노인의 며느리와 손자가 산 밑까지 할아버지 마중을 나왔다. 집에 들어가서 저녁을 함께 먹고 가라고 한다. 극구 사양하니 다시 놀러 오라면서 잡은 손을 놓을 줄 모른다. 잡은 손이 따뜻하다.

관수진灌水鎭은 작은 마을이지만 교통의 요충지이다. S202번과 S309번 성도가 교차되고 단동에서 통화通化를 거쳐 연길延吉까지 이어지는 철도가 지난다. 그 철도를 이용하는 관수역이 있다. 아마도 애하와 그 지류가 합류되는 지점이라서 고구려 당시에도 군사뿐만 아니라 교통의 요충지였을 것이다.

관수진 중심지에 나와 또 하나의 산성이 있다는 노고산老孤山을 물어보지만 아무도 모른다. 산이 유난히 많은 산악지역에서 하나의 산을 찾는다는 것은 어쩌면 서울 한복판에서 김서방 찾는 격인지도 모르겠다. 수많은 산들 중에는 딱히 산이름이 특정되지 않은 경우도 많고, 산 이름이 있더라도 흔히들 모르고 있는 경우가 많다. 산성답사를 다니면서 산이름만을 가지고 찾는다는 것이 쉽지 않다.

왕위랑·왕원이의 「단동지구의 고구려산성」에 따르면 노고산老孤山산성은 관수진 노고산 정상에 있으며, 애하 상류 인근 산에 있는 산성의 둘레는 1,500m에 이른다고 한다. 산 능선을 따라 쌓은 석축의 불규칙한 형태로 계곡 입구에 성문이 개설되어 있다. 성안에 샘물의 저수지와 축수지 유적이 남아있다고 한다. 하지만 산을 찾지 못하니 확인할 길도 없다. 다음을 기약할 밖에 어쩔 도리가 없다.

소성자산성 아래로 혼강渾江의 한 지류인 아하雅河가 흐른다. 서남쪽에서는 환인桓仁으로 연결되는 도로가 지나 혼강을
따라간다. 산성에서 환인 흘승골성(오녀산성)까지 직선거리로 불과 40km 정도이다.

소성자산성小城子山城과 동산산성東山山城,
옛 도읍의 길목인 혼강渾江을 지킨 고구려산성

翩翩黃鳥 雌雄相依
念我之獨 誰其與歸

훨훨 나는 저 꾀꼬리는 암수 서로 정다운데
외로울사 이 내 몸은 뉘와 함께 돌아갈거나

『삼국사기』「고구려본기」유리왕 3년에 기록된 "황조가黃鳥歌"이다. 유리왕
은 다물도주 송양松讓의 딸을 왕비로 삼았으나 유리왕 2년에 사별을 하고 골천
지방 유지의 딸 화희禾姬와 한족 부호의 딸 치희稚姬, 두 왕비를 얻었으나 서로 시
기·질투가 심하여 싸움이 잦았다. 왕이 기산箕山으로 7일간 사냥을 나간 사이 화
희가 치희를 세차게 몰아세우자 치희는 짐을 싸서 친정으로 돌아가 버렸다. 왕이
돌아와 자초지종 이야기를 듣고 치희를 찾아 간다. 하지만 다시는 돌아가지 않겠
다는 치희를 멀리 바라보다 홀로 돌아오는 길에 한 무리의 꾀꼬리가 노니는 것을
보고 자신의 신세를 한탄하며 지었다는 우리나라 최고最古의 서정시이다. 소성자
산성小城子山城, 또는 산 이름을 따서 성정산城頂山산성으로도 불리는 이 산성에
황조가의 애절한 이야기가 곳곳에 묻어 있다.

요동반도 내륙으로 갈수록 겨울 기온은 더욱 내려가고 봄이 늦게 온다. 산에
두껍게 쌓인 눈이 3월 중순에 접어들어도 녹을 줄 모르니 바라보기만 해도 을씨년
스럽다. 아무리 그렇다 해도 강가의 얼음은 서서히 그 두께를 얇게 만들어 가고,

소성자산성 남동쪽 남애구南隘口 입구 바위에 황조가 전문이 조각 되어 있다.

가다가다 물의 흐름을 드러내 놓고 있다. 봄은 강에서부터 오는가 보다. 3월 중순 관전寬甸 우모오진牛毛塢鎭 소성자촌小城子村의 혼강渾江 지류 아하雅河변의 풍경이 5월 하순에 다시 오니 어느새 완전히 탈바꿈해 있다.

어제 종일 비가 내린 탓에 물기를 머금은 녹음이 더욱 짙어진 듯하다. 새벽 일찍 산 아래서 기다리던 장張 선생을 앞세워 산에 올랐다. 그의 삼촌이 이 산을 관광지로 만들고자 2007년부터 시행한 정비공사를 담당하였기에 산을 잘 안다고 한다. 정비공사를 하였다고 하니 어떻게 바꾸어 놓았는지 걱정부터 앞선다. 중국에서는 이 산성을 흘승골성, 즉 오녀산성의 자매성이라고도 한다. 100m 절벽 위의 분지에 세웠던 천연의 요새, 흘승골성에 비하여 그 규모는 작아 50m의 절벽 위 보다 작은 면적에다 축조한 산성이기에 그리 부른다. 불과 40km 정도 떨어져 같은 혼강渾江 줄기에 자리하기에 군사적으로도 연관성이 깊어 하나의 부속 성으로 전초기지의 역할을 하기도 한다.

산을 오르면서 숨이 턱에 찰 정도 될 때 도교 암자인 노군전老君殿을 만났다. 문이 굳게 잠긴 암자는 입구의 사찰과 마찬가지로 텅 비워있다. 장 선생의 설명에 따르면 도사들이 여기서 멀지 않은 봉성鳳城 봉황산으로 다 떠나버린 지 오래되었다고 한다. 결국 아무 소용도 없이 좋은 산을 난개발 해놓은 꼴이 되어 버렸다. 잘 정비된 계단 길을 따라 더 오르다 보면 높은 기암으로 형성된 팔선암八仙岩에 닿는다. 바위 이곳저곳에 누군가 와서 구복求福을 기원한 흔적이 있다. 혼강이 한 눈에 들어오고 평탄하니 당시에는 아마도 이곳에 병사들이 배치되었던 초소였을 것이다. 꽤 높이 올라왔지만 아직도 성 밖이다. 이러한 점이 흘승골성을 닮았다고 하는 것일 것이다.

규모는 작지만 절벽 위에 세워진 소성자산성의 모습이 흘승골성과 닮았기에 자매성으로 불린다.

길은 갈수록 험해지고 바위 위에 정자를 세운 관운정觀雲亭을 끼고 난 철제계단을 이용해 내려갔다가 다시 오른다. 남애구南隘口를 통해 성안에 진입하는 길로 온 것이다. 애구隘口, 좁은 길목이란 의미이던가? 산성에는 성문과 별도로 남, 동, 북쪽 방향으로 애구가 나있다. 아마도 성문과 달리 성 밖으로 드나들 수 있는 암문暗門으로 보인다. 남애구는 남문에서 동쪽으로 좀 치우쳐서 자리한다. 좁고 가파른 오르막을 따라 양옆에 성벽을 쌓아 쉽게 출입할 수 없게 만들었다. 애구를 오르는 입구 옆 큰 바위에는 황조가가 새겨져 있어 산성에 고구려 유리왕의 애달픈 사랑이야기가 얽혀 있음을 말해주고 있다. 그 바위를 황조암黃鳥嵓이라고 부른다.

성으로 진입한 후에 동쪽으로 좀 가면 옛 우물古井 터와 저수지인 천지天池를

남애구를 통해 소성자산성 성안으로 진입하는 길

산성의 생명수, 천지天池

만난다. 그 보존상태가 양호하게 남아 있으니 마음이 더욱 설렌다. 천지, 흘승골 성에서도 같은 이름으로 저수지가 남아 있지 않던가? 그곳에서는 일 년 내내 물이 마르지 않아 천지라고 했다는데 이곳은 가뭄 탓에 물이 바짝 말라 바닥을 드러 내놓고 있다. 바로 옆에 위치한 샘에서 물이 끊이지 않으니 그 옛날에는 물이 풍성했을 것이다. 기록에는 수뢰水牢 역할도 하였다고 하는데 아마도 저수지 한쪽은 죄수들에게 형벌을 가하던 물감옥도 있었을 것이다. 산성에서 적과 지구전을 펼치려면 저수지가 절대적으로 필요하다. 700m 전후의 산 정상 분지에 저수지를 채울 수량의 저수지가 있다는 것이 흘승골성을 닮았다.

천지 주변의 평탄한 곳에 무신왕부武神王府 혹은 태자부太子府라고도 하는 궁 터가 있다. 무신왕이라 함은 고구려 2대 유리왕의 셋째 왕자 무휼無恤을 가리킨다. 그는 유리왕 33년인 기원 후 14년에 11세 나이로 태자에 오른 후에 이 궁을 세웠으며 군사를 인솔해 와 산성에 주둔했다는 전설이 전해온다. 그 후 유리왕이 세상을 뜨자 15세의 나이에 왕에 즉위하니 그가 바로 고구려 3대왕 대무신왕大武神王이다. 전설의 진위 여부는 확인할 길이 없으나 다른 산성을 보더라도 저수지 가까운 곳에 성의 중심시설이 있는 것을 감안해도 궁이 있었을 가능성은 높다.

산 정상부의 분지, 평탄한 곳에 축조한 산성 안에는 동서로 길게 마찻길이 나 있어 성안에서의 이동을 용이하게 만들었다. 그 길을 따라 서쪽으로 가다 보면 산언덕에 2기의 석묘石墓가 있으니 이를 이희묘二姬墓라 한다. 이는 유리왕의 두 계비였던 화희와 치희의 묘라고 전해진다. 전해 내려오는 말에 의하면 치희가 유리왕의 황조가를 듣고 비통함이 더해 절벽에 올라 뛰어 내려 죽음으로써 수절을 하였다. 유리왕이 이곳에 치희를 안장한다. 그 후에 화희도 모든 것을 던져 버리고 이곳에 와서 지내다 죽었으며 이것이 그들의 묘가 여기 있는 연유라고 한다. 이러한 내용은 황조가를 전하는 삼국사기나 그 어떤 역사서에도 쓰여 있지 않다. 단지 이 지방에서 민담으로 전해 오는 것일 뿐이다. 천도의 시기에 대하여 학자들 간에 논란이 많지만 삼국사기의 기록에 의존한다면 유리왕 때 이미 수도를 국내성

북애구北隘口　봉화대

동애구東隘口

서성벽유적

이희묘二姬墓

서측군영지　점장대　옹성　남측군영지　남문　황조암　현도궁터　무신왕부武神王府　우물터　천지(저수지)　동측군영지

남애구南隘口

팔선암

노군전

성곽
마찻길
성밖 접근로

입구

【소성자산성의 평면도】

으로 옮겼음에도 불구하고 왕비의 묘를 왜 이곳에 두었는가에 대한 의문이 생긴다. 생전에 그리 앙숙관계였는데 묘를 나란히 사이좋게 썼다는 것이 흥미롭다. 하지만 묘 바로 옆에 조그만 건물을 짓고 태자가 두 왕비를 위하여 효도를 다했다고 한다. 건물은 이미 남아있지 않지만 남아있는 석축을 효모방孝母房 터라고 한다.

그렇다면 태자 무휼의 실제 어머니는 누구일까?『삼국사기』「고구려본기」, 대무신왕편에는 왕의 어머니는 다물국왕多勿國王의 송양松讓의 딸이라고 확실하게 쓰여 있다. 하지만 「고구려본기」 유리왕편을 보면 왕 2년 7월에 송양의 딸을 왕비로 삼았지만 그 다음해 10월에 왕비가 돌아가는 것으로 나온다. 태자 무휼이 유리왕 33년, 11세에 태자에 책립된 기록을 보아 왕 22년에 태어났다는 이야기가 된다. 그렇다면 송양의 딸이 어머니라는 기록은 불가능한 일이다. 삼국사기의 오류일 가능성이 많다. 치희도 곧바로 싸우고 이곳으로 왔다고 하니 그렇다면 무휼의 어머니는 화희가 아니었을까? 태자가 된 입장에서 왕이 총애하던 치희와 그의 어머니 화희를 사후에라도 화해를 시키기 위하여 이곳에 나란히 묘를 썼다는 말인가? 어쨌든 묘가 남아 있고 상당히 구체적인 이야기가 전해지니 이것을 어찌 설명해야 하나? 치희는 유리왕이 강역을 넓히는 과정에서 부딪쳤던 이 지방 토호세력인 한족의 딸이었을 가능성이 있다. 이 산성에는 곳곳에 유리왕과 그의 태자 무휼의 전설로 가득 차 있다.

산성은 동북으로 길게 이어지며 남북으로는 그 폭이 좁은 분지를 이루나 그래도 북고남저北高南低의 지세를 띤다. 북쪽 성벽을 찾아 가다 보니 봉화대 터가 있고, 북애구北隘口가 자리한다. 성문은 아니더라도 북쪽 성 밖으로 통행이 가능한 보조 문 역할을 하였을 것이다. 성은 사면을 바위로 깎아 세운 듯 험준한 북벽을 타고 서쪽으로 갈수록 성벽이 확연하게 나타난다. 아무리 천연의 요새라 해도 빈틈을 주지 않는 주도면밀함이 돋보인다. 그렇게 서쪽 성벽 유적은 몇 백 미터를 길게 이어간다. 잘 다듬어진 돌들을 정성스럽게 쌓은 것을 보면 언제나 그렇듯 감동을 안겨준다.

성벽을 따라 가다 보면 서측 군영지를 만나고 다시 동쪽 방향으로 돌아오다 보면 점장대點將臺를 만난다. 점장대는 성내 전망이 확 트인 가장 높은 곳에 자리하게 마련인데 훼손된 탓에 군영지와 별로 차이가 없어 보인다. 6~8단의 석축이 남아 있어 오히려 건물터 같은 인상을 줄 정도이다. 이희묘를 산언덕에 두고 마찻길을 따라 동쪽으로 좀 더 이동하다 보면 남측 군영지를 만난다. 군영지에는 당시에 쓰던 것인지는 확인할 길이 없으나 깨진 연자방아를 맞추어 놓았다. 과연 고구려시대에 쓰던 것이 남아 있는 것일까? 그 인근에는

소성자산성 북벽. 서쪽으로 성벽이 길게 이어진다. 성 밖은 가파른 절벽을 이루지만 방어벽을 철저하게 보강하였다.

초소 자리가 확연하게 남아 있어 금방이라도 초병이 튀어 나올 것만 같다.

군영지 아래쪽에는 남문이 자리한다. 문 양 옆에는 1.2~2m 높이의 성벽을 쌓아 적의 접근을 차단하였다. 문 안으로 서쪽을 높여 옹성 구조를 만들어 진입하는 적을 다시 한 번 차단하는 역할을 한다. "사면이 깎아 세운 듯 가파르니 오로지 남문을 통해서만 성에 진입이 가능하다四面懸絶, 維南門可上。"고 말하는 그 문이다. 나무로 깎아 문의 형태를 만들고, 있던 계단을 정갈하게 다시 쌓은 것은 아마도 근래의 일이다. 장 선생에게 확인하니 자기 삼촌이 만든 것이라고 자랑스럽게 이야기 한다. 나무로 깎아 만든 문의 형태는 보고 있노라면 중국에서 자주 접하는 패방牌坊의 모양이거나 우리의 홍살문 또는 사찰로 들어서자면 첫번째 닿는 문인 일주문一柱門이 떠오른다. 이들의 공통점은 다 같이 문짝이 없다는 것이다. 그 의미는 "막지 않는다."는 것으로 "오는 인연을 막지 않고, 가는 인연을 잡지 않는다."는 의미라고 한다.

남문은 처음 성안으로 진입을 했던 남애구南隘口와 아주 인접해 있다. 성안을 전체적으로 돌아본 것이다. 산의 정상은 해발 710m에 달하고, 성의 둘레는 1,497m, 성안의 면적은 84,000m²에 이른다고 되어 있다. 성안에서 화살촉, 투구, 말안장, 말등자, 도자기 편, 기와 편, 돌절구 등이 출토되어 고구려시대의 산성임을 증명하고 있다. 성안에는 고구려시대가 아닌 청 광서清光緖 26년(1900년)에 처음 지은 현도궁玄都宮이라는 도교사찰이 있었다 한다. 민국시대에만도 관전寬甸 16경景 중 하나로 "현도신종玄都晨鐘"을 꼽았을 정도로 유명하였다. 하지만 문화대혁명 때 파괴되고 지금은 그 터만이 남아 있을 뿐이다. 그 위치는 무신왕부 바로 위쪽으로 아마도 고구려 당시에는 궁터와 연결되어 성의 중심시설이 있던 자리였을 것이다.

소성자산성 안에는 수많은 이야기가 있다. 다른 성과는 달리 성안에 아기자기 많은 유적이 남아 있으니 이야기 또한 많을 수밖에 없다. 고구려 2대 유리왕과 그의 3남인 태자 무휼의 이야기가 성 전체에 서려 있다. 그 둘이서 이 산성에서 같이 지냈다고도 전해지는 것을 보면 그 사실여부를 떠나서 성은 그만큼 오래되었다는 이야기가 된다. 무휼이 태자에 오른 후에 무신왕부武神王府를 세웠다고 하니 그가 왕에 오른 것이 15세 때인 서기 18년이다. 그 말이 맞는다고 하면 산성은 최소한 2,000년이 되었다는 추론이 가능하다. 참으로 대단하다.

지난 3월에 이곳에 왔을 때 혼강渾江 변의 또 하나의 산성을 찾았다. 행정구역 상 관전寬甸 태평초진太平哨鎭 괘방자촌挂房子村이며, 촌의 동쪽 산에 자리하여 동산산성東山山城이라고 한다. 소성자산성에서는 직선거리로 불과 15km 정도 떨어져 있으며, 괘방자촌 앞을 흐르는 반랍강半拉江은 혼강의 지류로 동북 방향으로 흘러 혼강에 유입된다. 혼강 상류에 자리한 흘승골성과는 약 50km 떨어져 있다.

마을 동쪽(왼쪽) 산상에 동산산성이 있고, 그 앞에 혼강의 지류인 반랍강이 흐른다.

마을을 통과하는 단동과 집안을 연결하는 S319도로(丹集線)변 쓰레기통에 "수풍호생태환경보호항목水豊湖生態環境保護項目"이라고 쓰여 있는 것이 보인다. 이곳은 이미 그 유명한 압록강의 수풍댐과 근접한 상류 유역이란 의미이다. 주변의 많은 산군 중에 어느 산에 산성이 있을지 도저히 감이 안 잡힌다. 마을 동쪽의 산을 보지만 그곳엔 더욱 산이 많다. 인적마저 드문 농촌마을에 유일하게 자리한 상점에 들어가 물었다. 나이가 지긋한 여인네는 동쪽에 있는 산상은 맞지만, 이미 아무 것도 남은 것이 없단다. 헛고생하지 말고 산에 오르는 것은 포기하라고 친절하게 덧붙여 말한다. 동산산성은 성 둘레가 약 1,500m에 달하며 성벽은 산등성이를 따라 축조되었다고 하건만 남은 것이 없다고 하니, 마을 사람들이 집 짓는 데 다 가져다 쓰고는 미안해서 그리 말하는 것인지 안타까운 마음뿐이다.

동산산성은 산성의 전망대에서 6.5km 떨어져 있는 반랍강이 혼강에 유입되는 일대를 집중 감시하였을 것이다. 강의 합류 지점에 군사적으로 요충지로서 산성들이 주로 포진해 있음을 보아 알 수 있다. 흔히들 중국사람들은 의심이 많다고 한다. 특히 외지 사람들을 보면 일단 경계의 눈길을 보내는 편이다. 10여 년 전 천진天津에서 약 6개월 지냈었다. 그곳에 머물면서 길을 물어 보면 현지인들이 수차례 거꾸로 길을 안내하여 난감했던 기억이 있다. 천진은 이민족과 대치하던 옛날 변경 마을로 주로 군마를 키워 군에 공급했던 지역이라고 한다. 당시에 군마는 아주 중요한 운송수단이었기에 할당받아 키우던 말이 죽기라도 하면 그 말을 키우던 사람도 목을 내어 놓아야 했다. 그러니 말을 키우다 죽으면 앉아서 죽느니 보다 다들 도망을 쳤다. 관원이 와서 다그치면 제대로 알려 줄 리가 없고 길을 엉뚱하게 알려주었던 습관이 남아 있는 것은 아닐까 생각했었다. 천진뿐 아니라 정도의 차이는 있을지라도 중국에서 길을 물으면 그 답이 엉뚱하게 돌아오는 경험을 종종하게 된다.

산성답사중에도 산성의 존재를 물으면 일단 없다는 답을 들은 적이 많다. 중국의 역사를 살펴보면 역대 왕조나 국가의 존립기간이 대부분 그리 길지 않고 변화무쌍하다. 한 지역을 통치하던 권력이 하루아침에 바뀌는 경우도 흔하게 경험한 그들이 누구를 쉽게 믿고 따르기보다는 일단 의심하고 경계의 눈초리를 보내는 것이다. 그것은 어쩌면 역사의 산물이다. 그래서 중국에서 생활하면서 남의 말을 듣고 쉽게 단정하는 편은 아니다. 오늘 산상에 아무것도 남아 있는 것이 없다는 말에 왜 아무 의심도 없이 쉽게 발길을 돌렸을까? 한 번쯤 다시 생각 하는 것이 그간의 습관이다. 상점의 주인아주머니 인상이 좋았던 탓에 너무 믿어버린 것이다. 뒤늦게 그 생각이 떠올라 자꾸 돌아온 길을 되돌아본다.

동산산성은 소성자산성과 함께 지류변에 위치하면서 혼강渾江을 따라 출몰하는 적을 감시하고 방어하는 역할을 했다. 상류에 있는 당시의 도읍이었던 흘승골성으로 가는 길목에서 적을 차단하는 것이 주요 임무이다. 고구려 2대 유리왕 때 국내성으로 천도를 실행한 후에도 첫 도읍지를 함께 지켜내야 하는 수도방어 시스템의 지휘체계하에 있었을 것이다. 오죽하면 소성자산성은 흘승골성과 자매성이라고까지 하지 않나? 삼국사기를 보면 천도 후에도 역대 왕들이 졸본卒本에 가서 시조신에게 제를 올렸다. 그만큼 그들에게 시조신과 첫 도읍지는 국가 체계를 지켜내던 상징이면서, 영원한 마음의 고향이기에 굳건히 지켜왔다.

고구려산성 곳곳 성 안팎에 마찻길馬道의 흔적이 있다. 성안뿐 아니라 성 밖을 효율적으로 연결했던 마찻길은 여러 형태로 나타난다. 흘승골성의 성 밖에서 서문을 잇는 고도십팔반古道十八盤도 그 중 하나이다. 길에도 선조들의 혼이 담겨져 있다.

5장

황해를 지키는 또 다른 해양방어선

— ¤ 외패산성巍覇山城(오고성), 찬자하贊子河 상류의 대형 고구려산성

— ¤ 백운산白雲山산성, 사하沙河 최고의 명당에 자리잡다

— ¤ 선성산旋城山산성과 고력성산高力城山산성,

　　　　　그리고 석성도石城島의 해양기지

외패산성 북동면의 성벽

황해를 지키는 또 다른 해양방어선

● 외패산성巍覇山城(오고성吳姑城), 보란점시 성대진 곽둔촌 포도구.

● 백운산白雲山산성(노백산老白山산성), 보란점시 원대진 이도촌.

● 소하연촌小河沿村 고력성산高力城山산성, 장하시 광명산진 소하연촌.

● 선성산旋城山산성, 장하시 광명산진 선성산촌.

● 노고성산老古城山산성, 장하시 대영진 지구둔.

● 석성도石城島 석성산石城山산성, 장하시 석성향 석성산 상.

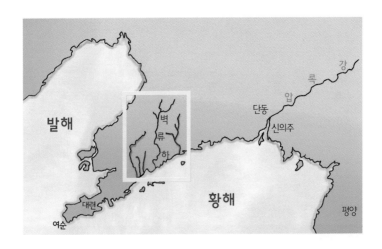

보란점 농촌엔 낮은 황토 구릉이 끝없이 펼쳐진다.

외패산성巍覇山城(오고성吳姑城), 찬자하贊子河 상류의 대형 고구려산성

보란점시普蘭店市는 대련 관할의 현급縣級 시로 황해 해안을 끼고 있으며 넓은 평원과 낮은 구릉지가 펼쳐져 농업이 발달한 지역이다. 겨울의 끝자락이라 아직 황토를 드러낸 낮은 구릉 가운데로 난 도로를 지나다 보니 고교시절 한동안 가슴을 저리게 했던 문둥이 시인 한하운 님의 〈전라도 길〉 시구절이 떠오른다.

가도 가도 붉은 황톳길
숨막히는 더위뿐이더라

낯선 친구 만나면
우리들 문둥이끼리 반갑다.

천안 삼거리를 지나도
쑤세미 같은 해는 서산에 남는데

가도 가도 붉은 황톳길
숨 막히는 더위 속으로 쩔룸거리며
가는 길

신을 벗으면
버드나무 밑에서 지까다비를 벗으면
발가락이 또 한 개 없다

앞으로 남은 두 개의 발가락이 잘릴 때까지
가도 가도 천리 전라도 길

내가 이 시를 처음 대했을 때는 태어나서 아직 전라도 땅을 밟아보기 전이었다. 그 후 최대의 평야지대인 호남에 가서 기대했던 지평선을 볼 수 없어 실망했었다. 비로소 중국 땅에서 처음 지평선을 대하고 환호했던 기억이 있다. 보란점에 펼쳐지는 드넓은 황토 빛 비옥한 땅이 부럽다.

외패산성巍霸山城, 현지에서는 여승 오고가 창건했다는 절, 청천사清泉寺가 성 안에 자리하여 오고성吳姑城이라고도 한다. 더불어 청천사 절은 오고성묘吳姑城廟로도 불린다. 산성보다는 청천사 절이 유명하여, 산성을 말하면 잘 모르고 절을 언급해야만 잘 알고 길을 가르쳐 준다니 참으로 아이러니하다. 평야 지대의 북쪽 끝으로 산군山群이 동서로 길게 이어진 곳을 잘 닦인 진입로를 통해서 들어간다. 몇 년 전에 절 확장과 더불어 주변환경을 대대적으로 정비하면서 생긴 대

외패산성 봉화대에서 내려다보는 성안은 현대식 사찰로 가득 차 있고 동벽이 그 사찰을 감싼다.

규모의 산문山門을 두 개나 거치니 표지판 하나 없는 다른 산성입구와는 전혀 다른 분위기이다. 입장료도 받는다. 거창한 문을 거쳐 더 오르면 산성의 정문 격인 동문東門이 나온다. 계곡에 자리한 문은 긴 화강암 계단 끝에 높게 서 있고, 문 양 방향으로 일부 개수한 성벽이 이어지며 남북 산등성이로 길게 오른다.

외패산성 정문(동문)

하지만 정문은 수리중이어서 일시 차단을 했고, 북쪽 방향으로 좀 떨어져 차량이 출입하는 새로운 성문을 만들고 그 위에 외패산성巍霸山城이라고 써놓았다. 옛날에는 그냥 성벽으로 이어졌을 텐데 사찰 출입의 편의를 위해 만든 듯하다.

외패산성의 남벽은 쐐기석 뾰족한 부분이 돌출된 형태로 이어진다.

정문에서 전체적인 산세를 보니 서·북·남쪽으로 산등성이가 이어져 둥글게 둘러싸고 있다. 동에서 서쪽방향으로 계곡이 이어지며 아래쪽에 넓은 공간을 형성한다. 전형적인 포곡식산성包谷式山城으로 계곡 끝에 자리한 동문을 통하지 않고는 진입할 수 없는 천연의 요새임을 알 수 있다. 또한 규모를 가늠해보니 당시 중요한 방어거점 역할을 했던 대형 산성으로 보인다.

사찰 앞에서 왼쪽 계단길로 오르다 보면 산등성이를 만나고 성의 남벽이 동서 방향으로 길게 이어진다. 남벽의 길이가 1,000여m에 이른다고 한다. 성벽의 높이는 2~3m 남짓, 상부의 폭은 2m 정도로, 쐐기석의 뾰족한 부분이 밖을 향하고 있다. 국내의 한 역사학자가 이 성을 답사하고 여승 오고가 절을 건축할 때 외벽의 돌을 빼어내 쓰면서 그 안의 돌이 돌출된 것이라고 추정하는 글을 본 적이 있다. 그렇다면 낭랑성산산성의 남동쪽 일부 벽도 같은 모습을 하고 있던데 그곳도 외벽의 돌을 빼서 인근 저수지 건설에 가져다 쓴 것일까? 성벽 위에서 내려다보면 벽을 이루던 석재가 여기저기 흩어져 있어 많이 훼손되었음을 알 수 있다.

서쪽을 향해 오르다 보면 남벽과 서벽이 만나는 꼭지점에 자리한 점장대點將臺를 만난다. 성 밖으로 나가서 보니 사다리꼴을 형성한 거대한 석대石臺이다. 겨울의 끝자락, 요즘이 산성답사에는 안성맞춤이란 생각이다. 한겨울에는 눈이 덮여있고, 한여름에는 녹음이 짙어 성벽을 가리지만, 요즘은 완전히 노출된 성벽을 자세히 볼 수 있어 좋다. 돌 틈새로 잡목들이 삐죽 삐죽 나와 있으니 아마도 잎새가 나고, 풀이 뒤덮는 여름에는 세밀한 관찰이 어려울 수도 있다.

대는 높이가 6m, 밑면은 4×8m의 규모로 굽돌이식으로 들여쌓기를 한 축성법도 확인할 수 있다. 대臺의 윗부분에 서니 서남방의 개활지가 한눈에 들어온다. 대의 상단은 넓고 평탄하니 적지 않은 병사들이 배치되어 완만한 능선을 타고 올라오는 적군에 대처하기에 적합하다. 안내도에는 점장대로 표시되어 있지만 남서 성벽의 모퉁이에 자리한 것을 보아 각대角臺이면서 점장대 역할을 함께

굽돌이식으로 들여쌓은 점장대.

했던 것으로 보인다. 그 당시에는 대 위에 누각이 있었고, 그곳에는 고구려의 상징, 삼족오 깃발이 휘날렸으리라. 장수의 호령소리와 병사들의 함성이 들리는 듯하다.

성벽은 대에서 내리막을 타고 가다 다시 오르막이 시작되는 지점에서 문터를 만난다. 성문 밖 양쪽에 자연암석들이 이어가며 작은 성을 이루니 천연의 옹성구 조이다. 일부러 그런 입지에다 문을 만들었을까? 다시 북쪽을 향해 오르던 성벽 은 점장대보다 훨씬 높은 고도에다 또 하나의 대를 만들어 놓았다. 자연암석으로 된 작은 봉우리의 대 하부에 돌을 쌓아 보강했으니 적의 접근을 철저히 차단한 다. 상부에 올라 보니 성 안팎이 한눈에 들어온다. 성 밖을 조망하면서 비상 상황 을 전달하는 봉화대였을까? 아니면 전방의 능선과 문으로 이어지는 완만한 계곡 을 따라 올라오는 적을 차단하기 위하여 점장대와 함께 양 방향에서 협공하는 역할을 했던 또 하나의 대臺인가? 대의 상부는 면적이 점장대보다는 작지만 평 평한 바위로 되어 있어 적지 않은 군사의 배치가 가능하다.

대에서 성안을 내려다보니 계곡을 따라 멀리에 새로 지은 사찰과 동문, 그리고 풀어놓은 혁대처럼 양 방향으로 늘어진 성벽이 한눈에 들어온다. 성의 안팎이 잘 조망되는 위치이니 전투를 지휘하는 데 적합하다는 생각이다. 차라리 이곳이 당시의 점장대가 아니었을까? 내가 성주라면 이곳을 점장대로 하여 전투를 지휘하고, 평상시에는 성문 밖의 완만한 계곡과 군데군데 넓은 공간에서 군사들의 훈련을 실시하였을 것이다. 대에서 바라보는 성안에는 현대식으로 새로 지은 거대한 사찰이 눈에 들어온다. 아마 그곳은 당시에 군영지, 지휘부, 성 주변 지역의 행정을 관할하는 관청 등이 자리했던 공간으로 보인다.

성벽은 서북변을 이루며 북쪽을 향하여 간다. 또 하나의 문터로 여겨지는 곳이 성 밖과 안을 잇는다. 성안으로 들어가면 산중의 계곡물을 모아 저수했던 음마만飮馬灣과 양어지養魚池가 나온다지만, 언제나 감동을 안겨 주는 성벽을 보아야

옹성구조의 북문을 지나 동쪽으로 꺾이는 지점에 대를 만나고 그 안쪽에 내성이 자리한다.

하기에 일단 성 둘레를 따라 북쪽을 향해 갔다. 산성 중 가장 높은 해발 420m의 외패산巍霸山 정상에 도착했다. 전망대 역할을 했을 법한 정상의 북면도 성곽이 둘러싸고 계속 이어가며 완전히 방향을 북으로 튼다. 외패산 정상에는 방위 표시석이 있다(남동쪽으로 성대星臺鎭 9km, 북서로 사포沙包鎭 9km, 남서로 연산連山鎭 9km). 사하沙河 상류 여러 지류가 사포의 유대저수지劉大水庫에서 모였다가 보란점시 외곽을 거쳐 피구皮口에서 황해로 흘러 들어간다. 성의 북쪽 대성저수지 大盛水庫에서 발원한 찬자하贊子河가 성의 서남변을 흘러 연산을 거쳐 황해로 유입된다. 그렇다면 사하도 외패산성에서 그리 멀지 않다는 이야기이다. 찬자하는 성의 바로 옆을 지나니 성은 동쪽에 벽류하를 끼고, 서로는 사하, 찬자하를 옆에 두고 있으니 전략상 그 중요성을 짐작할 수 있다. 사하가 바다에 유입되는 하구 인근에 오늘날 요남遼南 지구의 중요한 항구인 피구항皮口港이 있는 것이 우연일까?

정상에 앉아 땀을 식히며 하천과 고구려산성의 연관성을 생각하다가 다시 성벽을 따라 간다. 북쪽이라서 그늘에 아직 눈이 녹지 않아 내리막에서 두 차례 엉덩방아를 찧고 말았지만 이어지는 성벽의 아름다움에 개의치 않는다. 북벽을 타고 가다 보면 또 하나의 옹성구조의 북문이 자리하고, 동쪽으로 좀 더 나가면 또 하나의 대臺를 만난다. 대에서 성 밖 조망이 트이니 멀지 않은 거리에서 대성저수지와 찬자하가 눈에 들어온다. 대의 안쪽에 작은 내성이 있다. 성의 구조가 정확하게 사각을 띠고 있어 건물터였을 것이란 생각이 든다. 성산산성城山山城의 내성 규모와 비교도 안될

동문인근 개축한 성벽

북동면의 옛 성벽

정도로 작지만 현지인들은 그 소성 역시 자금성紫禁城이라고 부른다 한다. 두 곳의 내성을 모두 자금성이라고 하는 연유가 무엇일까?

소성 뒤편 높은 성벽 위에 규모는 그리 크지 않으나 또 하나의 적대가 있으니 내성을 보호하고, 북동방향의 전투를 지휘했던 곳으로 보인다. 동쪽에서 외곽 계곡과 이어지는 산등성이의 경사는 적이 쉽게 접근하기 어려울 정도로 가파르다. 그 위에 정성스레 쌓은 성벽은 군데군데 무너져 내린 곳도 있지만 동벽이 다른 면에 비하여 보존상태가 양호한 편이다. 성벽을 따라 산을 내려가다 보면 성안 가까이에 사찰이 보인다. 동문이 다가오고 사찰 내까지 진입하기 위한 도로를 만드느라 계곡 사이에 개수한 성곽에 아치를 만들어 차량 진입이 가능하게 하였다.

2008년에 새로 개축했다는 성벽을 보고 있노라면 1,500여 년 전 축성한 성벽에 비해 뭔가 허술해 보이는 것은 왜일까? 돌과 돌 사이에 작은 자연석을 채워 뿌리 역할을 하며 단단하게 고정한 것에 비하여 시멘트를 이용한 오늘날의 성벽이 과연 더 단단하고 내구성이 뛰어나다고 할 수 있을까? 견뎌온 장구한 세월은 차치해 두더라도 고구려 장인들이 온 정성을 쏟아 정으로 깎아 한 돌 한 돌 쌓은 성벽에서는 따뜻한 생명감을 느낄 수 있다. 반면 개축한 벽이 그저 차가운 돌 벽으로 보이는 것은 나만의 선입관일까?

성벽 전체를 돌아오니 다시 청천사 사찰의 앞뜰이다. 요즘 지은 중국의 절들을 보면 건물부터 현대식으로 그 규모가 대단하다. 또한 높은 미륵불까지 만들어 놓고 있으니, 종교가 그만큼 다시 중국인들 마음에 크게 자리잡고 있어 늘어가는 신도를 수용하기 위한 것인지, 단지 외부에 보여 주기 위한 겉치레인지 잘 구분이 되지 않는다. 그 겉치레가 또 다시 신도를 불러 모은다. 아늑했을 성안이 사찰 시설로 가득하여 당시의 유적은 하나도 남은 것이 없고, 모두 새로 만든 시멘트 덩어리만이 사람들을 맞는다. 동문 우측에 수구문水口門이 있다고 하지만 그 시멘트 시설물들에 묻혀 어딘지 구분이 안 간다. 계곡 서쪽 능선 자락에 새로 만든 연못과 뜰 한가운데에 만들어 놓은 수로 구조물변에는 신도들이 기원하느라 모서 놓은 작은 불상들이 수십여 개 놓여 있다. 아마도 사찰에 많은 돈을 보시布施한 대가일 것이다. 그 수로가 옛날 수문으로 이어졌을 텐데 그들에게 유적은 그리 중요한 것이 아니다.

사찰입구에 있는 설명을 보면 산성은 동한東漢 광무光武 연간(서기25~57년)에 처음 축조해서 지금으로부터 약 2,000년 되었다고 한다. 하지만 오늘 돌아본 성의 모습은 누가 뭐라 해도 완벽한 고구려산성이다. 외벽을 견치석으로 쌓고 안에 자연석으로 채우고 필요한 부분에선 굽돌이 형식의 들여쌓기를 한 전형적인 고구려석성인 것을, 한漢대에 처음 건조했다고 하니 의아하다. 한국과 중국 고대성古代城의 가장 큰 차이점은 성벽의 재료가 다름에 있다. 중국에선 토성土城이 주를 이루다가 명대에 와서 오늘날 유적지에서 가장 흔히 볼 수 있는 벽돌로 쌓는 전성磚城이 나타나기 시작한다. 그리고 중국의 고대성은 주로 산상이 아닌 강을 낀 평야지대에 축조하는 것이 일반적이다. 한대에 작은 규모의 성보城堡, 즉 초소였던 곳에다 고구려가 요동지방을 차지하면서 그들만의 특유의 대규모 산성으로 다시 축조하였을 것이다.

또한 당태종 이세민이 고구려를 격퇴하고 이곳에 머물렀었다고 설명하고 있다. 645년 친정시에 회원진 부근에서 요하를 건넜고, 안시성에서 참패한 후에 또다시 요택遼澤을 건너 패주하였기에 그는 이곳에 온 사실이 없다. 아마도 그간 돌아본 다른 산성 여기저기에도 그에 대한 전설이 있었듯이, 고구려정벌 실패에 대한 그의 한을 달래주기 위한 또 하나의 이야기일 뿐이다.

청천사淸泉寺 사찰에 대해서는 당태종 시기인 정관 21년(647년)에 대장 우진달牛進達이 창건했으며, 명 만력萬曆 35년(1607년)에 여승 오고가 중수重修했다는 설명이다. 여기에서 우진달이 창건했다는 부분에 대해서는 의문이 간다. 647년은 당태종이 안시성에서 패퇴하고 난 후에 간헐적으로 요동지역을 침공하는 시기이다.

『신당서新唐書』등 중국의 역사서와 삼국사기에서 그의 행적을 살펴보면 고구려 보장왕 6년인 647년 3월에 청구도행군대총관靑丘道行軍大摠管으로 임명되어 군사 1만을 이끌고 산동성 내주萊州에서 배를 타고 황해를 건너 침공했다 돌아간다. 또 곧 바로 7월에 이해안李海岸과 함께 또 다시 바다를 건너 쳐들어 왔다가 전투를 벌이고 철군을 한다. 그때 이미 52세로 당시의 수명을 감안할 때 적지 않은 나이였으며 4년 후인 651년에 세상을 뜬다. 647년 이후에도 계속되는 당의 고구려 침공에는 그의 이름이 다시 나타나지 않는 것을 보았을 때 그가 절을 창건했다는 것은 앞뒤가 맞지 않는다.

뿐만 아니라 그 당시에는 요동지역의 수복에 한을 품고 간헐적인 침공이 있었을 뿐 요동을 당이 차지한 것도 아니다. 잠깐 잠깐 침공하여 게릴라식 전투를 하였건만 언제 한가하게 사찰을 지을 수 있는 시간과 환경이 주어졌단 말인가? 그 당시에 절이 있었다면 오히려 고구려시대에 창건했을 가능성이 있다. 그리고 그러한 전설이 전해 내려온다면 우진달이 647년 침공 당시에 절에 잠시 들러 승전을 기원했을 뿐인데 후세 사람들이 그가 절을 창건한 것으로 와전했을 개연성이 충분하다.

오늘 돌아본 성의 둘레가 자료에 따르면 5km이며, 성벽의 잔고는 곳곳마다 다르지만 최고 9m까지 남아 있다. 더러는 훼손상태가 심하지만 고구려산성의 전형을 본 듯하여 마음이 뿌듯해진다. 산등성이가 둘러싸고 있으니 적에게 쉽게 발견되지 않고, 능선 위의 성벽뿐만 아니라 네 모퉁이와 곳곳에 적대敵臺가 있어 개활지에서 이동하는 적의 동정을 쉽게 살필 수 있다. 그야말로 이수난공易守難攻의 입지조건이다.

산성의 위치는 보란점시普蘭店市 성대진星臺鎭 곽둔촌郭屯村 포도구葡萄溝 북쪽산이다. 직선거리로 벽류하 양안의 중요한 방어선인 성산산성과는 24km, 묵반향墨盤鄕 고려성산산성과는 13km 떨어져 있으며, 엄둔 대성산성大城山城과

20km, 벽류하 하구와는 약 30km 정도 떨어져 있다. 그들보다 큰 성으로써 멀지 않은 거리에서 지휘체계상 상위에 있으면서 비상시에 군사 및 군수물자를 지원했던 거점성이었을까? 아니면 벽류하 상류로 진격을 하다가 지금의 보란점시의 평야지대로 빠져 안시성과 요동성을 향하는 적들을 그 길목에서 지키고 있다가 격파하는 역할을 했을까? 군사적인 중요성도 있지만, 보란점의 여러 강들이 만들어 놓은 비옥한 충적토의 광활한 구릉지에 사는 백성들을 관리했던 현성의 역할도 함께 하였을 것이다. 아무튼 오고성은 벽류하와 찬자하, 사하 이들 강과 깊은 연관성이 있다.

동북면의 성벽. 외벽 안쪽으로 작은 돌들을 채워 뿌리를 이루니 장구한 세월을 견뎌온 것이다.

보란점 평야지대 북쪽 우뚝 솟은 백운산. 입구에서 보는 산세가 요새임을 일 수 있다.

백운산白雲山산성, 사하沙河 최고의 명당에 자리잡다

피장고속도로皮長高速公路의 흥룽보興隆堡 출구에서 내려 지방도인 흥당선興唐線을 타고 낮은 구릉으로 형성된 보란점의 평야지대를 지난다. 약 15분 정도 북쪽으로 달리다 보면 평야지대가 끝나고 산군이 이어지는 지점에 기암으로 이루어진 산이 솟아 있으니, 직감적으로 백운산이라 생각이 들었다. 입구에 가까워질수록 산성이 자리할 만한 지리적 위치와 천연의 요새를 고루 갖추고 있음을 알수 있다. 중국인들은 장백산맥의 끝자락인 이 산을 가리켜 "태산의 빼어난 아름다움과 황산의 수려함, 화산의 험준함泰山之俊美, 黃山之秀麗, 華山之險奇"을 동시에 갖추었다고 한다. 역시 고구려의 선조들은 그러한 명산에 산성을 지은 것이다. 현지인들은 노백산老白山이라고도 한다.

농촌길에서 갈라져 산으로 오르는 길입구에서 보니 백운관白雲觀이란 도관道觀의 큰 표지석과 함께 콘크리트 포장이 산 어디까지 가는지 모를 정도로 이어진다. 산 정상을 잇는 산등성이에 거대한 방송 송신탑 2개가 세워져 있다. 그것을 위하여 정상 가까운 곳까지 도로가 연결되다니, 여러 명산을 끌어다 대면서 아름답다고 자랑을 하는 산을 망쳐 놓은 것이다. 그뿐인가? 산의 한가운데에 백운관이란 거대한 도관이 꽉 차게 들어섰다. 산자락에 들어서자 길 가운데 정체 모를 양식의 산문을 만들어 도교사찰의 입구임을 말하고 있지만 당시에 성의 정문터였을 것이다.

콘크리트 포장길로 경사가 심한데도 불구하고 갈 데까지 가보자는 심산으로 차를 몰고 가니 송신탑을 관리하는 건물에 닿는다. 송신탑건물과 도관道觀과 연결되었다. 먼저 온 차에서 내린 몇몇 사람들이 도관을 들락거린다. 그들을 따라서 사찰로 들어가 보았다. 청말에 처음 지었다는 사찰은 최근 들어 새로 증축을 하여 백운산을 가득 채울 정도의 규모이다. 아마도 성안의 주요 시설들이 있었을 그 자리를 한 치의 빈틈도 없이 종교시설로 가득 채웠으니 그 건설비를 뽑으려는지 입장료도 받는다.

백운산산성의 돌로 건조한 도관의 축대

산세를 이용하여 짓다 보니 계단이 많다. 경사면에 큼직한 돌들을 쌓아 만든 축대에 자꾸 의심의 눈길이 간다. 중계탑도 그렇고 이 산성도 별로 남은 것이 없을 것이란 불길한 생각부터 들었다. 그들만의 쪽문이 있는지는 몰라도 도관에서는 산을 오를 수 없게 만들어 놓았다. 다시 나와 먼저 중계탑 쪽으로 올라 서쪽 봉우리를 향해 산등성이를 걸으며 산성의 흔적을 찾아보았다. 능선은 중계탑과 도관의 바로 뒷면과 이어지고 철조망이 접근을 막았다. 곳곳에 돌들이 흩어져 있지만 서봉西峰에 닿기 까지 그 어느 곳에서도 산성의 흔적은 찾을 수가 없었다.

정상에 서니 서북쪽으로 평야지대가 펼쳐지고 사하沙河 한 지류의 발원지인 동방홍저수지東方紅水庫가 한눈에 들어온다. 성안도 훤히 보인다. 아마도 별도의 축성이 없더라도 바위로 형성된 봉우리가 성의 서북면을 관찰하는 전망대 역할을 하면서 봉화대가 자리했을 것이다. 자연의 암석이 그 자체로 훌륭한 대臺 역할을 한다. 북쪽으로 난 한 봉우리 역시 기암으로 하나의 천연 적대를 이루니 그곳에도 병사를 배치하여 서북방향에서 움직이는 적을 관찰하게 하였을 것이다. 그리고 계곡으로 올라오는 적을 양쪽 봉우리에서 협공을 하여 차단했을 것이다.

백운산의 서봉 정상

　다시 동봉東峰을 향해 산등성이를 탔다. 중국학자들은 백운산 동봉과 서봉사이 능선 위에 성벽을 건설했으며, 동과 서의 산줄기를 양 날개로 하는 포곡식 산성이다. 그 성의 둘레는 약 2,000여m에 이른다고 한다. 하지만 산등성이로 난 길을 벗어나서 아무리 뒤져 보아도 산성의 흔적은 보이지 않고 단지 흩어진 가공석들만 더러 보일 뿐이다. 그럴수록 성안 사찰에서 본 축대에 쓰인 돌들이 떠오른다. 어쩌면 청말에 그 도관을 지으면서 성벽의 돌들을 가져다 쓴 것인지도 모르겠다. 오고성에서 명대의 중 오고가 성벽의 돌을 빼서 절을 지었다는 말이 생각나 씁쓸하다.

　송신탑을 지나 동쪽으로 가다 보니 200~300여m 떨어져 또 하나의 이동통신 중계탑이 있다. 아니 한 산에 중계탑이 3개나 되다니? 산성터를 중계탑으로 도배할 작정인가 보다. 서봉에서 본 동봉에는 또 하나의 망루 같은 높은 건물이 보인다. 그 건물 앞에 사각형의 석축의 대臺도 육안으로도 보였다. 산 정상은 해발

백운산산성 밖 북서쪽 천연적대. 동방홍저수지가 한 눈에 들어온다.

동봉 가까이에 완벽하게 남은 사각의 대臺가 서 있어 그 용도가 궁금하다. 점장대 또는 제단으로 추정된다.

420.2m라고 되어 있으니 인근에서는 높은 편에 속한다. 높은 산이라서 중계탑도 세우고 망루도 세운 것이다.

백운산은 동봉이 서봉보다는 좀 더 높아 백운산의 주봉主峰이다. 동봉에 가까이 갈수록 성안은 더 훤히 보이고 동북, 동남 방향의 평야지대가 한눈에 들어온다. 동남 방향으로는 사하의 또 하나의 지류를 형성하는 협하夾河 상류에 위치한 대양둔저수지大梁屯水庫가 멀지 않은 곳에 자리한다. 그렇다면 성은 사하의 2개의 지류 사이에 자리한다는 이야기이다. 결국 백운산산성은 황해로 연결되는 또 하나의 외류하外流河인 사하 상류에서 북쪽 방향의 요동성과 안시성으로 진격하는 적들을 지키던 성이다.

동봉 가까운 곳에 보존상태가 거의 완벽한 사각의 대臺가 1,500년의 역사를 지키면서 굳건하게 서있다. 중국의 학자는 봉화대라고 하지만 어쩌면 삼신상제에게 제를 올렸던 제단이었을 수도 있다는 생각이 든다. 성산산성城山山城의 연개수정의 설화가 남아있는 소장대梳粧臺도 학자에 따라서는 제단으로 보고 있다. 지금은 외래종교로 인해 거의 자취를 감췄지만 우리 민족에겐 전통의 삼신, 칠성제 등의 민간신앙이 전해 내려온다. 할머니가 살아계실 때만 해도 추수를 마치고 나면 시루떡을 해서 우물가, 장독대 등지에 올려놓고 삼신, 칠성신께 추수에 대한 감사와 자손이 잘되기를 비는 것을 보고 자랐다. 고사라고 일컬었다. 어렸을 적에 어머님의 말씀에서도 가끔 삼신할머니가 어떻게 한다는 등의 이야기를 들은 기억이 있다. 삼신은 우리에게 소중한 신이었던 것이다. 수천 년을 거쳐 내려 온 것이지만 1,500년 전 당시만 해도 유일한 신앙이었다. 그런 천제를 지냈던 제단이었을 가능성도 배제할 수 없다.

거의 정사각형의 대는 한 변의 길이가 눈대중으로 보아도 5~6m, 높이는 경사면에 따라 차이가 있어 2~4m 정도 된다. 그 동안 보아왔던 봉화대와는 그 규모가 훨씬 크고 장엄하다. 단순하게 봉화대로 추정할 수 없다는 이유이다. 아니면 점장대였을 가능성도 있다.

성벽이 이어지다 사각의 대를 만들어 놓고 낙차를 두고 성벽은 다시 7~8m 계속된다.

그곳에서 100여m 떨어진 곳에 산불감시 망루가 있다. 망루 건물 담장이 예사롭지 않아 자세히 보니 성벽이다. 폭이 1~1.5m이며 높이가 1m 정도, 동쪽으로 약 10여m 이어진다. 출입구 계단에서 공간을 띠고 건물터와는 상관없이 반대편 서쪽으로 또 길게 늘어져 있다. 이것도 성벽이다. 양 쪽이 다 가파른 능선 위에 협축식의 축성을 하였으며 그 높이는 경사도에 따라 차이가 있지만 1.5~3m 정도 남아있다. 30여m 성벽 위를 지나니 같은 높이지만 한 변이 2m 정도의 사각의 대를 만들어 놓았다. 아마도 이것이 봉화대가 아니었을까 하는 생각도 든다. 그 대를 지나 1.5m 정도 낮아지는 낙차를 두고 성벽이 7~8m 더

정상 부근에 동서로 성벽이 길게 늘어져 있다.

이어진다. 그 끝은 큰 바위를 인위적으로 어긋나게 쌓아 마치 여장女墻을 연상케한다. 매복을 하던 고구려 병사들이 뛰쳐나올 것 같다.

다시 성벽을 되돌아오면서 전체 길이를 가늠해 보니 망루의 울타리까지 계산하면 5~60여m는되는 듯하다. 망루 뒤편 정상은완전히 큰 바위로 이루어져 있다. 올라 보니 동남·북 방향의 개활지가 한눈에 들어온다. 아마도병사를 배치했던 외곽 전망대로보인다.

망루의 입구 양방향으로 성벽이 남아 있으니 성벽 안에 망루를 세운 것인지, 망루를 세우고 성벽을 옮겨 쌓은 것인지 모르겠다.

4층으로 구성된 망루는 텅 비어있는 것으로 보아 별 역할이 없어 보인다. 건물밑 그늘에서 싸온 음식과 맥주를 나누어 먹고 있던 세 부부에게 물었더니 산불감시 망루라고 한다. 한 사람도 없이 텅 빈 이유는 산불이 발생하면 자동 경보가 울린다고 한다. 멀지 않은 곳에 산다는 그들은 봄놀이를 나온 것이다. 외국인을 만나 반갑다며 굳이 맥주를 권하기에 생수 한 병 얻어 마시며 산성의 연유에 대해물었지만 별 소득이 없다. 먹고 살기 바쁜 농촌의 그들에게 산성은 관심의 대상이 아니다. 성벽이 이어져 있고 인근에 큰 규모의 대臺까지 있는 것으로 보아 이부분이 산성에서 중요한 역할을 했던 위치였음이 확실하다.

고구려산성터가 명당자리임에는 틀림없다. 청말에 성안을 도관으로 뒤덮어오늘날까지 사람을 모으고, 산등성이에는 중계탑을 3개나 세우고, 가장 높은 정상 부근에 산불감시 망루까지 만들어 놓았으니 이곳이 어찌 명당자리가 아니겠는가? 마치 서로 앞 다투어 그 명당을 차지하겠다고 다툰 형상이다.

백운산산성의 남은 성벽이 높은 곳은 3m 정도 남아 있다.

장하莊河 강변 선성산산성의 남벽, 강하구에서 상륙하여 강을 따라 내륙으로 침입하는 적을 저지하는 역할을 하였다. 인근 상류의 고력성산산성 등과 호응하며 연합 방어선을 구축하였을 것이다.

선성산旋城山산성과 고력성산高力城山산성,
그리고 석성도石城島의 해양기지

　지난 여름 대련에 사는 절친한 선배 두 분을 모시고 장하시莊河市 광명산진光明山鎭 선성산촌 서북쪽의 선성산旋城山에 있다는 고구려산성을 찾았다. 능선을 따라 오르다 성벽을 발견하였지만 억수같이 쏟아지는 비로 인하여 부득이 철수해야 했다. 중국은 워낙 땅이 넓다보니 같은 시 구역이라고 해도 날씨가 다른 경우가 종종 있으니 그런 경우 난감하다. 모처럼 그 분들에게 고구려산성에 관심을 갖게 하는 기회였건만 철수할 수밖에 없는 상황이 안타까웠다.

　항상 밀린 숙제를 안고 있는 양 찜찜한 마음으로 지내다 겨울로 들어서는 초입에 다시 한 번 그 산을 찾아 갔다. 산에 다가갈수록 날이 흐릿해지니 그때의 트라우마가 다시 살아나는 듯하다. 선성산촌에 들어서 노인에게 물으니 이동통신 탑 옆으로 오르는 산 계곡에 산성이 있다고 했다. 지난 여름엔 능선을 따라 오르다 성벽의 일부만을 본 적이 있다.

　자료에도 동쪽으로 난 계곡 입구에 성문이 있다고 했으니 노인의 말과 일치한다. 이미 추수를 마친 옥수수밭 사이로 난 농로를 지나 만나는 계곡 초입에는 묘목을 심은 계단식 밭을 만드느라 석재를 쌓았다. 그 초입에 성문이라 여겨지는 문터도 있으니 착각을 불러일으키기에 충분하다. 언제 지은 것인지는 불분명하나 돌로 쌓은 집터마저 있으니 한참을 우왕좌왕하게 만든다. 산자락에서 위쪽을 조망하니 마주하는 서쪽 산 능선과 남북 양 쪽에서 평행되게 흘러내리는 산줄기가 이어진다. 크지는 않으나 그 삼면이 둘러싸고 있으니 훌륭한 포곡식 산성터이다.

일단 먼저 북쪽 산줄기를 타고 올랐다. 집터 뒤로 난 산길은 얼마 안 가 없어지니 무조건 능선을 타고 성벽을 찾아보았다. 하지만 있을 만한 북벽은 나타나지 않고 잎사귀를 다 떨군 잡목만이 무성하게 있어 앞으로 전진을 어렵게 했다. 지난 여름에도 와서 느꼈지만 이 산엔 잡목이 유난히 많다. 그때 비도 비였지만 잡목이 너무 무성하여 길을 찾기가 곤란했던 기억이 있다.

한참을 오르다 보니 정상이 가까워 오고 그곳에서 북벽과 서벽이 만나는 지점이 나타났다. 잡목 속에 감춰진 듯 이어지는 성벽은 이미 훼손이 심하여 잔고가 1m가 채 안 된다. 자세히 살펴보니 성벽은 우리가 올라온 산줄기보다 안쪽을 타고 계곡 쪽으로 내려가고 서벽은 능선의 바깥쪽을 타고 남쪽 정상을 향하여 간다. 서벽 밖은 경사가 심하니 적의 접근이 쉽지 않아 보인다. 성벽 주변에 잡목이 워낙 심하다 보니 온전히 성벽을 따라 가는 것이 어렵다. 그래도 생명줄을 잡고 가듯이 절실한 마음으로 성벽을 놓치지 않으려 애쓴다. 성벽이 잠시 끊기고 성 외곽과 연결되는 길이 나있다. 아마도 성의 서문이었을 것이다.

선성산산성 성벽은 북쪽 산줄기를 타고 올라와 서벽으로 이어지나 그 훼손의 정도가 심각하다.

문을 지나 성벽은 그 방향을 틀어서 정상을 향하여 간다. 놀랍게도 그곳부터는 보존상태가 훨씬 양호하다. 폭이 3.8m 정도, 높이가 2m 전후의 석벽이 정상을 향하여 거의 100여m가 이어진다. 아주 잘 다듬어지진 않았지만 분명 가공석을 쌓은 것이다. 완전한 반전이었다. 탱크라도 지날 수 있을 만큼 튼실하다는 생각이 들 정도이다. 지난 여름에는 보지 못했던 성벽이다. 너무 기쁜 나머지 성벽을 오르내리며 측정하고, 사진을 찍어댔다.

정상에 오르니 서북쪽을 흐르는 장하의 지류와 그 물을 막아 만든 주가외자저수지朱家隈子水庫가 한눈에 들어온다. 아마도 그 방향을 조망했던 대臺였을 것이다. 성곽은 다시 좁아지고 낮은 높이로 이어지며 긴 능선을 타고 남쪽을 향하여 간다. 서벽과 남벽이 만나는 모퉁이엔 전망대가 있고, 시야가 탁 트인다.

남쪽으로 산이 이어지지만 서쪽으로 멀리서 흐르는 장하 강줄기 양안으로 평야지대가 펼쳐진다. 강을 따라 내륙으로 진격해 가는 적군의 동태를 감시하기 좋은

훼손이 심각한 성벽이 이어지다가 보다 완벽한 성벽이 나타나니 완전한 반전이다.

서남 모퉁이 전망대에서 내려다보이는 서쪽의 장하 강줄기와 평야지대

위치이다. 이곳에서 내륙으로 좀더 들어가면 개주蓋州이다. 그곳에서 좀 더 깊숙이 진입하면 건안성建安城과 안시성安市城을 만난다. 선성산산성은 요동성遼東城으로 가는 길목에 있었다.

성벽은 다시 남으로 방향을 틀고 폭이 다시 3.5m 정도로 넓어졌다. 잔고는 0.7~0.8m이지만 약 30m 정도 이어진다. 성벽이 잠시 멈추고 성문터가 확연하게 나타났다. 문의 폭은 1.5m 정도이며 성 밖으로 야트막하게 내리막 경사로 이어진다. 그리고 양 옆으로 길게 돌을 쌓아 보호석을 만들었다. 남벽의 서쪽에 치우쳐 개설된 남문이다. 아마도 서쪽 강을 따라 내륙으로 진격하는 적군이 나타나면 철기병들이 문을 통하여 신속하게 나가 대응하였을 것이다.

문을 지나 같은 폭의 성벽은 계속되고 동쪽을 향하여 가면서 그 높이도 1.5~2m로 늘어난다. 주변에 가공석들이 흩어진 것을 보면 당시에는 훨씬 높았을

남벽의 선성산산성의 성문터(남문)

것이다. 문에서 멀리 떨어지지 않은 부분은 성 밖 방향으로 낮고, 성문방향으로 높은 계단식으로 된 복합구조이다. 그곳에 잠복하고 있다가 성문에 접근하는 적을 차단하는 역할을 하였을까? 그렇다면 이 또한 다른 형식의 옹성구조란 말인가? 처음 대하는 구조이다. 고구려산성의 옹성구조는 그 지형에 따라 적합하게 만들다 보니 워낙 다양하다. 좀 가다 보니 안쪽으로도 낮은 이층구조를 지니고 있다. 그곳으로 병사의 이동이나 병장기의 운반을 편하게 만든 것으로 보인다.

문에서 남쪽으로 20여m 떨어져 치雉가 있다. 돌출부의 길이가 6m, 폭이 4~5m이며, 높이는 2m 정도 남아 있다. 치의 주변에도 돌들이 흩어져 있다. 남벽은 느린 경사로 하산을 하며 길게 이어지다가 동북 방향으로 방향을 틀면서 급격하게 좁고 낮아진다. 지형 자체가 급하게 내려가는 언덕이다. 이곳부터가 성의 동벽이다. 지형도 그렇고 잡목이 뒤덮고 있어 성벽을 따라 가는 것은 포기할 수밖에 없다.

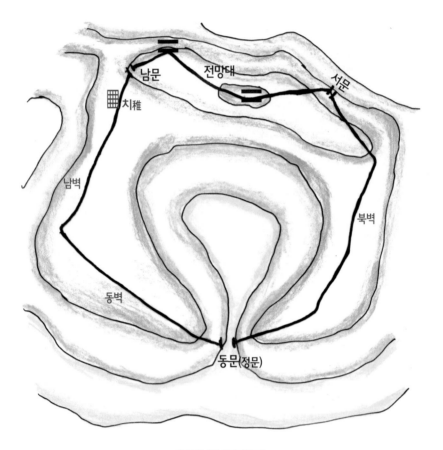

【선성산산성 평면 개략도】

선성산산성 성안으로 들어갔다. 이 산 곳곳에 조림사업을 하여 낙엽송을 촘촘히 심었다. 성 안에도 심은 지 10여 년 정도 된 낙엽송이 가득하다. 낙엽송이 떨군 작은 잎들이 마치 톱밥을 뿌려 놓은 듯하다. 맨 땅이 전혀 보이질 않는다. 성안에는 우물터였을 만한 장소도 보이지만 그 낙엽이 뒤덮고 있어 구분이 되지 않는다. 성안에서 계곡을 따라 내려가다 보니 성문이 나타나고 남북 방향으로 성벽이 각각 산을 타고 오른다. 산성의 정문인 동문이며, 동벽인 것이다. 어찌 성이 산의 초입에서 시작하는 것이 아니고 거의 5부 정도 깊숙이 올라와서 있을까? 적으로 부터 노출되는 것을 피하기 위함이다. 산의 초입 계곡에서 보았던 성문터라고 여겼던 것이 여지없이 부정당하는 순간이다. 하긴 중국학자들은 이 성의 규모가 남북으로 350m, 동서로 300m의 불규칙한 사각형이며, 성 둘레가 1,300여m라고 한다. 그곳에서 성이 시작된다면 성의 규모가 훨씬 커지게 된다. 혹시 내성과 외성의 관계는 아닐까? 성벽이 그 초입까지 이어지지 않으니 그렇지는 않을 것이다. 중국학자들이 답사한 자료에도 그런 이야기는 없다.

일부 학자들은 분명 인근의 성산산성, 후성산산성과 함께 고구려와 거의 같은 시기에 축성한 것으로 보았다. 물론 답사한 후에 느낌은 세 성의 축성 방식에는 많은 차이가 있다. 그것은 아마도 주변의 석재의 재질 차이에서 오는 것 같다. 요동반도에 소재한 산성을 답사하면서 그러한 차이는 얼마든지 볼 수 있다. 산에 오르기 전에 만난 연세 지긋하신 분이 확실하게 고구려성이라고 증언을 한다. "까오리츠엉高麗城"이라고 한다.

성에서 장하의 상류 쪽에 주가외자저수지朱家隈子水庫가 자리한다. 그 저수지의 서남쪽 소하연촌小河沿村 성자구城子溝 마을 뒤 산군 중에 고력성산高力城山이 있다. 성자구는 성이 있는 계곡이란 의미이다. 고력은 중국어 발음으로 "까오리"로 고려高麗와 발음이 같다. 중국 동북지역에는 고려성이 있다고 해서 고려성산高麗城山이란 이름의 산이 많지만 더러는 같은 발음의 고력성산高力城山이라고 불리는 산도 있다. 성자구 마을에 도착하여 지나는 동네 아주머니에게 물으니 마을 뒤로 보이는 산들 중 가장 뒤에 자리 한, 가장 높은 산이 "까오리츠엉산高力城山"이라고 한다. 그 훼손의 정도는 심하지만 고구려성이 남아 있다고 한다.

계곡을 따라 한참을 오르면 능선을 만난다. 민둥한 그 능선 위에 여러 기의 묘가 있고 그곳에서 산봉우리 하나를 넘어야 아래서 보던 높은 봉우리에 닿는다. 제법 가파른 경사를 올라야 했다. 사방이 훤히 보이는 봉우리에 올라 아무리 주변을 뒤져 보아도 성벽의 흔적을 찾을 길 없다. 산봉우리 위에 조금 넓은 평지가 자리하고 있지만 주변에는 자연석 돌이 흩어져 있을 뿐 아무 흔적도 없다.

성의 둘레는 불과 300여m밖에 안 된다고 한다. 아마도 주변의 큰 성들을 연결하는 통신수단의 역할을 하였을 것이다. 작은 성이지만 성안에 우물터가 있고, 철화살촉과 발이 달린 솥 등 유물이 출토되었다고 한다. 최소한의 군사가 주둔하고 있었을까? 중국학자들은 여러 가지 정황을 보고 고구려성으로 판단한다. 주변의 높고 낮은 산봉우리들을 내려다보고 성이 있을 만한 봉우리를 향해 능선을 타지만 성은 나타나지 않는다. 하는 수 없이 포기하고 산 아래 동네에 다시 가서 묻는다. 이번에는 좀 나이 많은 영감께서 그 높은 산이 아니고 마을 바로 뒷산이 그 산이란다. 그 산에 전성前城이 있고 그 다음 산에 후성後城(사진에서 왼쪽으로 치우쳐 보이는 좀 낮은 산)이 있다고 한다. 처음 듣는 이야기다. 겨울 산동네는 어둠이 빨리 내린다. 다시 시작하여 확인하고 싶지만 이 시간에 다시 산을 오른다는 것은 무리다.

맨 뒤에 보이는 높은 산이 고력성산高力城山이며, 그곳에 고구려산성이 있다고 한다. 하지만 나중에 마을 바로 뒷산, 사진의 오른쪽 산이란 것을 알았다.

장하莊河는 용화산蓉花山 후석령猴石嶺(500.1m)에서 발원하여 장하시 관내와 시내를 거치며 56.5km를 달려와 황해로 유입하는 강이다. 강하구는 시내 한가운데 있으며 가로질러 장하대교莊河大橋가 놓여 있다. 대교 위에서 바라보는 하구는 작은 섬 하나가 가로 막고 있어서 큰 적선의 진입이 용이하지 않았을 것이다. 더구나 하구에서 약 4km 떨어진 석성도石城島에도 산성이 있다고 한다. 섬 한가운데 석성산石城山 정상에 산성이 있지만 언제부턴가 레이더기지가 자리하고 있어 등반이 금지되니 답사가 불가능하다. 하구에서 멀지 않은 장하 여객선터미널에 가보지만, 그 말에 발길을 돌릴 수밖에 없었다.

섬에 있는 고구려산성은 당시 고구려 수군의 존재 가능성을 전한다. 그곳의 산성은 수군의 지휘 본부는 아니었을까? 산동성 내주에서 바다를 건너오는 중원의 수군을 방어하는 최전방이면서 고구려 수군 함선의 기지였을 가능성도 있다. 석성도 산성에 가지 못하니 아쉬움이 진하게 남는다. 4km 정도면 육안으로도 보일 텐데 미세먼지로 하늘만 뿌옇다.

겨울 산마을에 어둠이 일찍 내린다. 하지만 고구려시대부터 전해 내려오는 부경桴京엔 추수한 옥수수가 가득하니 마음만은 여유롭다.

석성도 가는 배를 탄 것은 그로부터 몇 개월이 지난 2017년 4월의 일이다. 승용차를 싣고 가는 페리였지만 그리 크지 않은 면적의 섬이기에 몸만 싣고 간다. 워낙 가까운 거리라서 금방 닿았다. 승용차로 영업행위를 하는 나이 지긋한 기사에게 산성의 존재를 알면 갈 것이고 아니면 그만두겠다고 하니 안심하고 타라 했다. 산성은 섬에서 가장 높은 산에 있으니 그 산이 멀리서도 한눈에 들어온다. 하지만 산성이 있어야 할 정상에는 군 레이더기지가 들어 서 있다. 석성향石城鄕 인민정부가 있는 중심지에서 산정상 가까이까지 도로가 놓여 있다. 레이더기지에 보급품을 실어 나르는 길이다.

거의 정상에 다가가 기사는 더 이상 오를 수가 없다면서 가장자리에 차를 세웠다. 차에 내려 자기를 따라 오라고 한다. 산허리를 참호처럼 파고 돌로 쌓아놓은

장하 강하구에 섬이 하나 있다.

것을 보여주고는 그것이 고구려시대의 성이라고 한다. 하지만 그것은 군사시설을 만들면서 조성한 배수로가 아닌가 생각이 들었다. 얼른 보아도 오래된 시설이 아니다. 나의 채근에 하는 수 없이 그것이라도 보여준 것이다. 기록을 보아도 산성은 군사시설 안에 있어 접근이 불가하다고 되어 있다. 더욱 안타까운 것은 군사시설을 만들면서 산성이 어찌 남아 있는지조차 확인할 길이 없다는 것이다. 미심쩍어 하는 나에게 계속 고구려 유적이라고 주장하지만 건성으로 답을 하고 자꾸 정상을 바라본다.

장하 강유역은 아니지만 같은 장하시 관내에는 또 하나의 고구려산성이 있다. 영나하英那河 중류 서안 5.5km 떨어진 곳에 위치한다. 성 둘레가 120m에 달하는 작은 성이다. 하지만 북쪽에 봉화대가 있어 인근의 성과 통신수단의 역할을 하는

석성산 정상에 레이더기지가 자리하고 있다.

초소 성격의 성으로 보인다. 장하시莊河市 대영진大營鎭 지구둔遲溝屯 서쪽 산상에 있는 노고성산老姑城山산성이다. 그 위치는 장하시 관내이지만 수암岫岩으로 들어가는 길목이기도 하다.

지금까지 살펴본 바와 같이 장하 강변에 크지 않은 성인 고력성산산성, 선성산산성 두 개가 있다. 그리고 강하구 앞 바다 섬에도 또 하나의 산성이 존재한다. 이들은 모두가 성 둘레가 300여m에서 1,300여m의 작은 성들이다. 이들 성들은 이웃의 벽류하 동안에 자리한 하나의 큰 성인 후성산後城山산성의 지휘체계 하에 있었던 것으로 보인다. 소하연촌 고력성산산성과 선성산산성은 서로 직선거리로 불과 7.8km 거리에 있다. 벽류하변의 큰 성인 성선산산성과 후성산산성과는 18km 정도이며, 선성산성과 장하 강하구는 20여km 거리에 있다. 강하구에서 석성도 산성과는 불과 4km 거리이다. 이 성들은 서로 긴밀한 연락망을 갖고 호응하며 연합하여 바다를 통하여 침입하는 적에 대응하는 하나의 해양방어체계였을 것이다. 섬에까지 산성을 건설할 정도로 당시 중원 왕조의 해양을 통한 고구려침공은 집요했다. 그것도 가장 지근거리인 요동반도를 통하여 진입을 하였으니 산성을 촘촘하게 만들고 방어를 해야만 했다.

【범례】

번호	산성 명칭	소재지	유역 강 명칭
(1)	후성산산성 後城山山城	장하시 하화산진 마령촌 莊河市荷花山鎭馬嶺村	벽류하 碧流河
(2)	성산산성 城山山城	장하시 성산진 고성촌 莊河市城山鎭古城村	벽류하 碧流河
(3)	소하연촌 고력성산산성 小河沿村高力城山山城	장하시 광명산진 소하연촌 莊河市光明山鎭小河沿村	장하 莊河
(4)	선성산산성 旋城山山城	장하시 광명산진 선성촌 莊河市光明山鎭旋城村	장하 莊河
(5)	노고성산산성 老古城山山城	장하시 대영진 지구둔 莊河市大營鎭遲溝屯	영나하 英那河
(6)	석성산산성 石城山山城	장하시 석성향 석성산상 莊河市石城鄕石城山上	해양도서 내 海洋島嶼 內

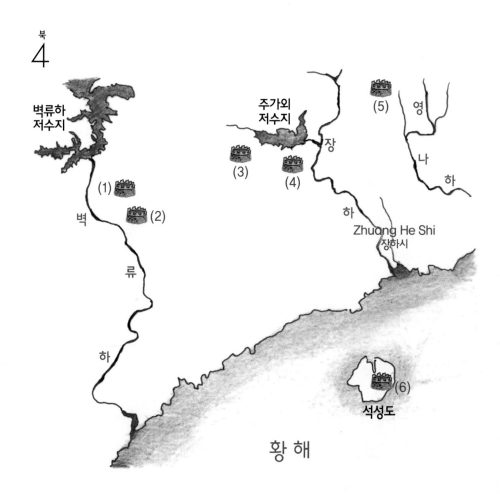

북
4

벽류하
저수지

주가외
저수지

(5)

영

나

하

(3)

(4)

(1)

(2)

벽

류

하

장

하

Zhuang He Shi
장하시

(6)

석성도

황 해

【장하莊河 주변 고구려산성의 위치도】

6장

발해渤海의 방어선, 복주하復州河 강변의 산성들

와방점시 동병산

발해의 방어선, 복주하 강변의 산성들

● 득리사산성得利寺山城, 와방점시 득리사진 용담산 상.

● 마권자산馬圈子山산성, 와방점시 득리사진 최둔촌.

● 태양가도太陽街道 고려성산高麗城山산성, 와방점시 태양가도 나둔촌 고려둔.

● 서병산西屛山산성, 와방점시 타산향 용하촌.

● 동병산東屛山산성, 와방점시 태양판사처 유수방촌.

● 복주고성復州古城, 와방점시 복주성진 시내.

● 남고산嵐崮山산성, 와방점시 포대가도 · 이점진 · 등둔향 분기점.

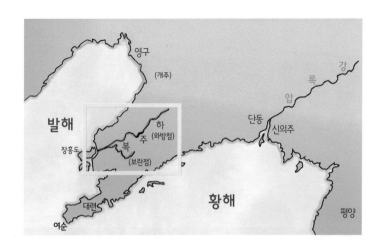

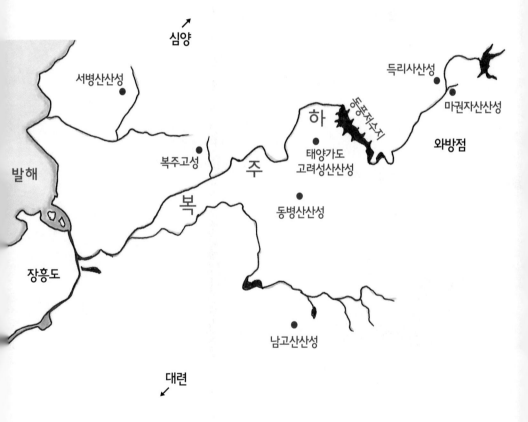

득리사산성의 서문西門. 훼손은 심하지만 S자형 옹성구조가 뚜렷하다.

득리사산성得利寺山城, 중국정부로부터 훈장 받은 고구려산성

대련 금주金州, 대흑산에 자리한 비사성卑沙城을 고구려 천리장성의 남단으로 본다면 그 중간 지점 중 하나가 득리사산성得利寺山城이다. 천년 사찰 득리선사 得利禪寺가 자리하여 행정구역 명칭마저 와방점시瓦房店市 득리사진得利寺鎭의 득리사산 또는 용담산龍潭山이라 불리는 산상에 위치해 있다. 비사성으로부터 약 100km 떨어진 거리이다. 와방점 시내에서 S212번 성도省道를 타고 북쪽으로 가다 보면 표지판이 나오고, 좌측에 난 진입로를 따라 들어가다 보면 계곡을 관통하는 높고 긴 성벽이 드러난다. 성의 정문격인 동문이 그 성벽의 남쪽끝인 진입로에 자리한다. 성벽은 북쪽 산등성이를 타고 이어 오르고 남쪽은 문에서 시작하여 전면에 돌출된 바위산을 타고 오르니 마치 정문을 측면에서 보호하는 듯하다. 옹성구조이다. 가히 성의 전면에 철통같은 방어선을 형성하니 적의 접근이 쉽지 않아 보인다.

정문에 올라 산세를 보니 남북에 평행으로 길게 산이 이어지면서 천연의 장벽을 이루고, 서고동저西高東低의 계곡을 삼면이 산으로 둘러싸고 있는 전형적인 포곡식산성包谷式山城이다. 북쪽의 산봉우리는 해발 418m로 능선 따라 기암절벽이 이어지니 천연장벽을 이루고, 반대편 남쪽은 318m의 산봉우리를 가운데 두고 능선을 동서로 길게 형성하니 그 자체만으로 대칭을 이루며 성벽을 형성한다. 이런 점에서는 말안장 같은 지형에 성을 축조하는 마안봉馬鞍峰식 산성이라고도 볼 수 있다. 한눈에 성터가 아주 훌륭한 자연조건을 갖추었다는 느낌이다. 문을 지나 가까이에 도교사찰인 용화궁龍華宮이 자리하고 있으나 습관처럼 먼저 남쪽의 산을 오른다. 문을 지나 성벽을 따라 오르니 동남방향으로 이어지면서 높은 곳에서 문으로 접근하는 적을 감시하고 격퇴하기 좋은 조건이다. 동남쪽 봉우리에 자리한 봉화대로 오르는 산세가 험준하지만 성벽은 빈틈없이 이어진다. 가끔씩 훼손된 성벽이 안타까움을 남길 뿐이다.

　봉화대에 서니 동남방향으로 평원 위에 득리사진 마을이 펼쳐진다. 그 평원 위에 발해로 유입되는 복주하復州河 강이 흐르고 대련─심양을 연결하는 철도와 도로가 지나는 것이 한눈에 들어온다. 그 당시에도 적의 주된 이동경로였을 것이다. 그를 관찰하기 쉬운 곳에 위치하니 전망대와 봉화대 역할을 동시에 했을 것으로 보인다. 봉우리 위는 작은 분지를 이루니 동북방향에서 침입하는 적에 대처

봉화대 오르며 바라본 득리사산성 성안과 정문(동문) 부근 방어성벽. 철통같은 방어선이 짐작된다.

할 수 있도록 많은 병사들이 배치되었을 것이다. 당시에 있었을 각루角樓 대신에 언제 만들었는지는 모르나 봉화대를 상징하는 탑이 세워져 있다.

성벽은 봉화대에서 서쪽을 향해 방향을 틀어 남벽을 이루며 능선을 타고 진행한다. 유난히 많이 훼손된 성벽이 이어진다. 남벽과 이어지는 성 밖 산기슭을 따라 무너져 내린 성벽의 돌들을 주어모아 계단식 밭으로 개간한 과수원이 이어진다. 묵반향墨盤鄕 고려성산高麗城山산성에서도 주변의 계단식 밭 때문에 성벽이 없어진 것을 보았다. 그래도 성벽은 그 자취를 1,500여 년 동안 간직한 채 계속 서쪽으로 이어 간다. 가다가 높은 곳에서는 대臺를 이루다가 다시 이어간다. 남쪽 산 중 가장 높은 봉우리 인근의 대는 훼손 정도가 심하여 높이가 3~4m밖에 남지

훼손이 심한 남벽에 인접한 봉화대에서 성 밖 동남북방향이 한눈에 들어온다.

외패산성 점장대 닮은 남벽의 적대

득리사산성 남벽. 남벽에서 서쪽으로 가면 성벽이 거의 완전하게 남아 있는 구간도 있다.

않았지만 주변에 흩어진 돌들을 보니 원래의 규모가 외패산성(오고성)의 남서 각을 이루는 점장대와 거의 같았을 것이란 생각이 든다.

남벽은 대부분 구간이 훼손의 정도가 심각하여 아예 높이를 가늠하기 어려울 정도로 무너져 내린 곳이 많다. 그렇지 않으면 높이가 1~2m, 상부 폭이 2m여에 불과한 구간도 있다. 하지만 서쪽으로 다가갈수록 높이 5~6m로 거의 완벽한 상태로 남아 있다. 당시에는 1km가 넘는 비교적 완만한 산등성이 구간에 성벽을 쌓아 북쪽산에 비하여 취약한 방어력을 보강하였을 것이다. 남서 모퉁이 성 외곽에 절벽을 만들면서 또 하나의 대를 형성하니 남동 각대와 대칭을 이룬다. 아마도 당시에는 이곳에도 각루角樓가 있었을 것이다. 대의 상부에 약 150여 평의 큰 평지를 이루니 많은 병사들을 배치하고 남서부 방향에서 접근하는 적을 관찰하면서 대처했던 것으로 보인다.

성벽은 방향을 틀어 서벽을 이루며 산줄기를 가파르게 내려가다가 북쪽 산에서 내려오는 산줄기와 만나는 지점에 문을 만든다. 정문과 대척점인 위치로 성의 서문이다. 내려가면서 보는 서문은 완벽하게 S자형을 띤 옹성甕城구조이다. 남쪽에서 내려가는 산줄기 위에 성벽이 문의 한 면을 이루고, 북쪽에서 내려오는 산줄기 위의 성벽이 둥글게 문을 둘러싸고 절벽 위로 성벽을 만들어 낸다. 높이가 2~3m 남아 있지만 당시에는 훨씬 높았을 테니 적의 접근을 쉽게 차단할 수 있는 문의 구조이다. 문의 벽은 훼손의 정도가 심하지만 그래도 옹성구조가 명확하게 드러난다.

옹성 위에 올라 보니 문밖은 절벽을 이루어 적이 접근하기 어려운 형세이다. 설령 문에 닿는다 해도 곡선구조의 문을 거치는 동안에 타격을 가할 수 있게 만들었다. 지금은 세월을 이기지 못하고 문 위에 축조한 건축물은 없어지고 문 터만 남아있다. 주변환경으로 미루어 당시 정문은 웅장한 남성적인 멋을 뽐냈을 것이며, 서문은 섬세한 여성적인 미를 지녔을 것이다.

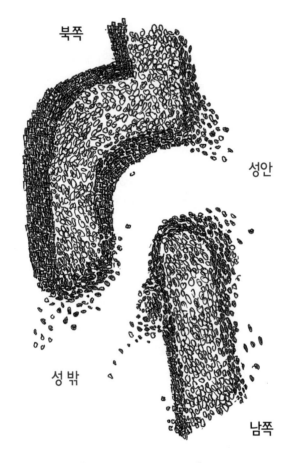

북쪽

성안

성밖

남쪽

【득리사산성 서문 옹성구조 스케치】

문에서 잠시 쉬었던 성벽은 다시 북쪽 기암절벽을 향하여 산을 오른다. 양 쪽의 문 주변을 높였을 성벽이 많이 훼손되어 있다. 꼭 그런 이유는 아니겠지만 아직도 성곽을 따라 온 산자락의 계단식 밭에는 유난히 많은 돌이 쌓여 있다. 성의 남과 서면을 빙 둘러싸고 과수를 심은 계단식 밭도 험준한 지형을 만나니 멈춘다. 산성과 계단식 밭은 천적의 관계라도 된다는 말인가?

천길 벼랑 위에 돌을 쌓아 대臺를 만든 것을 보니 산성을 갈 때마다 느끼는 것이지만 고구려인들의 축성술은 신기에 가깝다. 그 높은 절벽 위에 어떻게 성벽을 쌓은 것일까? 별도의 장비가 있었던 것도 아닌데 저렇게 섬세하게 대를 만들다니 놀랍다. 어렵게 대에 오르니 북서 방향이 한눈에 들어온다.

북서 방향 산 중 어딘가에 천년고찰 득리선사得利禪寺가 있다. 당唐대의 명장 설인귀薛仁貴가 645년 고구려 침공 시에 병사들은 배고프고 말은 지쳐서 그곳을 지날 때 다 쓰러져 가는 그들에게 어느 노파가 먹을 것을 주어 동정東征의 임무를 마칠 수 있었다 한다. 당태종이 그를 기려 그 자리에 사당을 건립하고 득리사로 명명하였다는 전설이 전해진다. 당태종은 고구려 친정 시에 안시성에서 패퇴한 후 4년 후인 649년에 고구려 정복의 한을 풀지 못한 채 세상을 뜨니 사실 관계가 맞지 않는 전설일 뿐이다. 당시 설인귀가 인근의 득리사산성을 점령하기 위하여

천길 벼랑 바위 위에 성벽을 쌓아 대를 만들어 놓았다.

군사를 이끌고 와 전투를 벌이다가 결국 고구려군에 패주하면서 배고프고 지쳐 있었던 상황에 놓였을 가능성은 충분히 있다. 그리고 그 당시에 사찰이 있었다면 그 또한 고구려시대에 건립했을 개연성이 있다. 아무튼 전설은 동북지역 여러 곳에서 대할 수 있는, 당태종 이세민의 고구려 정복의 한을 달래주기 위하여 만든 다양한 이야기 중에 하나일 뿐이다.

북서쪽 모퉁이의 대에서 득리사에 얽인 이야기를 생각하며 땀을 식히고 다시 기암절벽이 만든 북벽을 향한다. 북쪽 산등성이는 벼랑을 이루는 기암이 연속되니 별도의 성벽이 필요치 않은 천연의 병풍이다. 하지만 곳곳 바위 사이에 성벽을 쌓아 물샐틈없이 만들어 놓았다. 감동적이다. 아마도 성을 축조할 당시의 성주는 아주 꼼꼼하고 섬세한 성격의 소유자였을 것이다. 그렇게 이어지면서 남벽과 대칭

기암절벽 사이사이에 섬세하게 성벽을 쌓는 치밀함이 돋보인다.

을 이루며 동으로 향하는 성벽에서 내려다보면 성안 전체가 다 보인다. 남벽이 내려다보이고, 정문과 평원의 마을을 잇는 진입로도 한눈에 들어온다. 바위가 만든 대臺에서 성 안팎을 조망하며 전투를 지휘하였을 것이다.

성벽은 다시 남으로 방향을 틀면서 계곡을 향해 산을 내려가고, 정문과 계곡을 가로 지르는 전면의 성벽이 바로 발아래에 있다. 진입로와 정문에 접근하는 적이 바로 한눈에 들어온다. 남쪽과 잇는 성벽과 마찬가지로 이곳도 내려다보며 활을 쏘고, 돌을 굴리면 차단하기 쉬운 지형이니 그 누구도 성안에 한발자국도 들일 수 없었을 것이다.

성둘레 전체를 일주하고 다시 동문에 서니, 중국학자들은 둘레가 2,240m라고 하지만 훨씬 길게 느껴진다. 진입로는 동문을 지나 성안까지 연결된다. 동문 안으로 조금 들어가면 길이 48m, 폭 20m, 깊이 약 5m의 산성 안의 주요시설인 저수지가 있다. 다른 산성의 저수지와는 달리 겨울의 끝자락에도 물이 가득하다. 현지인들은 그 연못을 용이 승천하였다 하여 용담龍潭 또는 용담만龍潭灣이라 부른다. 따라서 이 산을 용담산이라고도 하고 산성을 용담산산성이라고도 부른다.

청대 건륭 때 처음 지었다는 용왕묘龍王廟, 후에 용화궁龍華宮으로 이름이 바뀐 도관이 저수지 곁에 자리한다. 아마도 고구려 당시에 지휘부, 병영 등 성내 주요한 시설이 있던 자리로 보인다. 다시 동문으로 돌아와 계곡을 가로지르며 성의 전면 방어벽을 형성하는 성곽을 자세히 관찰하니 높이가 4~5m, 상부의 폭이 3~4m에 이르니 작은 규모가 아니다. 벽체의 북쪽 끝은 이층 구조로 되어 있고 그 아래 부분에 성안의 배수로와 연결되는 수구문이 있어 여름에는 물을

득리사산성은 연못인 용담에 물이 가득 차 일 년 내내 물이 풍부한 성이다. 그래서 용담산산성이라고도 불린다.

뽑어 계곡에다 쏟아낼 것이다. 자료에 의하면 동문 성벽 앞에 또 다른 벽체가 옹성을 이루고 있다고 하나 지금은 그 흔적이 없다. 아마도 주차장을 만들면서 까뭉개 버린 것은 아닐지? 단지 문 주변의 지형이 옹성구조임을 말해준다.

이 산성을 오늘날 득리사산성 또는 득리사용담산산성이라고도 부른다. 발해에 유입되는 외류하인 복주하復州河 강 상류에, 요동만遼東灣과 약 27km 떨어져 위치한다. 고구려 당시 비사성을 거쳐 남쪽에서, 발해를 거쳐 상륙하여 건안성과 요동성 방향으로 강을 따라 이동하는 적을 저지하는 중요한 거점 성이었다. 그 중요성 때문인지 복주하 유역 전방에도 여러 성이 위치해 있으며, 복주하를 사이에 두고 좌안에 마권자산馬圈子山산성이 전략적으로 대칭을 이루며 포진하여 있다. 어느 중국학자는 647년 당나라 우진달의 고구려 침공 시 거론되는 석성石城과 적리성積利城 중 득리사산성을 적리성으로 비정하면서 그 근거로 "得利," "積利"의 발음의 유사성을 든다. 또한 당대에 이 지역에 적리주積利州를 설치하였을 가능성을 제시한다. 하지만 더 많은 학자들은 당시의 당군의 공격 방향을 감안하여 반대의견을 제기한다. 그것은 학자들의 몫으로 남겨 두고, 아무튼 이 성은 원·명대에도 요동의 군사요지로 활용하였다고 한다. 명초 홍무洪武 때 이곳에 요동위遼東衛를 설치하고 성을 득리영성得利贏城이라 했다는 기록도 있다.

그러한 역사적인 사실 때문인지 득리사산성은 2013년 중국 국무원에서 국가급문물보호단위國家級文物保護単位로 지정·공포되었다. 물론 1979년 시급문물보호단위, 2007년 성급문물보호 단위로 지정받아 왔지만, 2013년 드디어 중앙정부로부터 훈장을 받은 격이다. 고구려산성으로는 드문 일이다. 하지만 오늘 돌아본 산성은 그 훼손의 정도가 너무 심하여 천연의 병풍을 이루는 북벽을 제외하고는 언제까지 남아 있을지 걱정이 된다. 득리사산성, 그대는 영웅으로 훈장을 받았지만 아무도 돌보는 이 없이 몸 한 군데도 성한 곳이 없는 퇴역한 노병이 되어 오늘도 쓸쓸히 복주하 강의 흐름을 지켜보고 있구나.

성의 동문에서 계곡을 관통하여 전면의 방어벽을 이루는 웅장한 득리사산성 성벽의 모습

복주하 중류 태양가도 고려성산高麗城山에 자리한 천연암석이 만든 고구려산성의 위용

마권자산馬圈子山산성과 태양가도 고려성산高麗城山산성
– 복주하復州河 중류에서 내륙 진입을 차단하는 산성들

5월에 들어서니 날씨가 부쩍 따뜻해졌다. 이틀 비바람으로 미세먼지가 씻겨 내린 화창한 날씨에 겨우내 짙은 갈색의 산들이 신록의 옷을 입으니 햇살에 반사되는 연두색의 화사함으로 눈이 부시다. 득리사산성에서 복주하復州河 강건너 동쪽으로 불과 3.5km 떨어져 마권자산산성이 자리하고 있다. 이들 2개의 성이 강의 동서 양안에 서로 마주 배치되어 발해바다에서 상륙한 후 복주하를 타고 상류로 거슬러 진격하는 적군을 협공으로 차단하는 역할을 하였을 것이다.

득리사진得利寺鎭을 지나 최둔촌崔屯村 방향으로 우회전을 하다 보면 하최둔下崔屯 마을이 나오고, 복주하로 흘러들어 가는 작은 하천 건너 남쪽 산이 마권자산이라고 한다. 과연 복주하 유역 가까이에 자리하고 있다. 계곡 입구에 세 채의 집이 자리하고 그 뒷면에 계단식 밭으로 된 과수원이 둘러싼 산을 가득 채우고 있다. 그 산을 오르다 보면 전면뿐 아니라 좌우 면의 산등성이까지 이어지는 비탈에 차곡차곡 만든 계단마다 돌이 채워져 있으니 과연 성벽이 남아 있을까? 산성이 제대로 남아 있기는 어렵겠다는 불길한 생각부터 든다. 그와 상관없이 계곡의 입구에서 보니 규모는 작아 보이지만 산성터로는 아주 훌륭한 입지 조건을 지니고 있다. 입구도 복주하 방향과는 틀어서 자리하니 강을 따라 올라오는 적에게 쉽게 노출되지 않는 위치이다.

가지마다 새 순을 돌아내는 과수 사이로 길이 나 있어 쉽게 산봉우리에 오를 수 있었다. 전면 산등성이에 길이 20여m 정도의 훼손이 심한 성벽이 남아 있다. 낯선

이방인의 등장으로 밭에서 봄을 준비하던 셋 아낙 중 한 명이 다가와 묻는다. 산성을 답사하기 위해 왔다는 내게 바로 이 산이 마권사산이며, 성벽이 있었지만 지금은 남은 것이 없다고 한다. 올라온 산 아래를 가리키며 그곳이 성안이었지만 얼마 전에 과수원으로 개발하면서 아무것도 없다는 것이다. 좌우 산등성이를 가리키며 그래도 성벽은 좀 남아 있을 것 아니냐고 물었지만 실망스런 답변이 돌아올 뿐이다. 그 아낙의 말만은 믿고 그 자리를 떠날 수 없어 산봉우리를 오른다. 아뿔싸, 산 뒷면에도 계단식밭의 과수원이 똑같이 이어져 있는 것이 아닌가. 그 넓은 중국땅임에도 불구하고 알뜰하게 산꼭대기까지 계단식밭을 만들어 놨다.

정상에서 주변을 조망하니 산 아래 서쪽 가까운 곳에서 복주하 강이 흐르고, 그 강을 따라 심양 – 대련을 잇는 철도와 국도가 길게 늘어져 있다. 그리고 강 건너 손에 잡힐 듯한 거리에 얼마 전 올랐던 득리사산이 한눈에 들어온다. 고구려 당시 강을 따라 올라와 동북방향의 산악지역으로 향하는 중원의 군사들을 쉽게 관찰할 수 있었으며 서로 신호하여 두 산성에서 일제히 나서 협공을 한다. 적군들이

마권자산산성에서 바라본 득리사산성

크게 당황하여 혼비백산하였으리라.
성 안팎이 한눈에 들어 오니 이곳이 마권
자산산성터가 맞는다면 지금 내가 서있는
이 봉우리가 아마도 점장대點將臺였을
것이다.

성벽의 돌로 산꼭대기까지 계단식 밭을 만들었다.

자료에 따르면 성의 둘레가 약 2km 되며, 성안에 저수지와 우물이 있었다고
하는데 과연 그 아낙의 말이 맞는 것인지 알 수가 없다. 봉우리에서 그런 의문을
갖고 보니 동쪽과 남쪽으로 이어지는 산줄기 끝 봉우리에 마치 성곽이 보이는듯
하여 두 곳을 향했다. 확신은 없었지만 다른 곳에 성벽이 있을 수 있다는 생각에
2시간여 헤매고 다녔지만 성곽으로 보였던 것은 큰 암석일 뿐이었다. 일전에 득
리사산성 내 용화사 도교사찰의 도장道長이 마권자산산성에 가봐야 남은 것이
없으니 소용없다는 말도 다시 떠오른다. 다시 성의 입구로 하산하면서 아무리 되
돌아봐도 서쪽 면이 복주하 강과 면한 아주 훌륭한 포곡식 산성터이다.

실망감을 가득 안고 직선거리로 약 15km 떨어진 태양가도(太陽街道: 太陽鄉 또는 太陽升鄉이었다가 최근 변경됨) 나둔촌那屯村 고려둔高麗屯에 소재한 고려성산高麗城山산성을 향하여 와방점의 농촌길을 갔다. 요녕성 안에는 고려성산이란 이름의 산이 꽤 많다. 물론 여기서 고려라 함은 고구려를 이름이고, 고구려산성이 있어 그런 이름을 붙여 부르지만, 더러는 직접 고려란 이름을 차용하기 싫었던지 중국어로 동음이어同音異語의 같은 까오리 발음의 "高立, 高力"로 변경하여 이름 짓기도 한다. 가다 보면 멀지 않은 거리지만 복주하 중류에 건설한 대규모의 동풍 저수지 댐을 만난다. 지난 이틀간의 강우로 댐은 물을 방류하고 그 물에서 물고기를 잡는 사람, 그 광경을 구경한다고 나온 사람과 차들이 뒤엉켜 길이 혼잡하다. 평소 인적이 드문 농촌이지만 어디서 이렇게 많은 인파가 모였을까? 중국에 인구가 많다는 것이 새삼스러운 일은 아니지만 깜짝깜짝 놀랄 때가 많다.

댐에서 조금 더 가다 보면 마을입구부터 천연암석이 마치 성벽을 이루듯 산줄기를 따라 오른다. 금방이라도 성벽 뒤에 숨어 있던 군사들이 튀어 나와 검문할 것 같다. 입구를 돌아 남쪽으로 길게 난 길 양면에 산줄기가 이어진다. 길을 따라 차를 몰고 가다 보면 초입의 좌측 산상에 거대한 바위가 웅장하게 서 있다. 더 진행해 가다 보면 보다 더 거대한 바위가 마치 광주의 무등산 입석대나 서석대에서 보았던 주상절리柱狀節理처럼 직각을 이루며 마치 성곽처럼 우뚝 솟아 있다. 오른쪽 산줄기에 솟은 세 개의 봉우리 위에는 바위가 놓여 마치 전망대의 역할을 했을 것 같은 느낌을 준다. 일단 경사를 타고 오르는 남쪽 언덕에 다가가 전체를 조망하니 좌우측 산줄기를 동서 면의 성벽으로 본다면 또 하나의 거대한 산성이다. 하지만 서벽을 이루는 봉우리 사이사이가 좀 허술한 것이 성벽이라 하기에는 무리가 따른다. 봉성鳳城의 오골성이나 장하의 후성산後城山산성에서 본 것처럼 양면의 산줄기가 완벽한 성벽을 이루었던 것에 비하면 차이가 있다.

일단 고구려산성으로 여겨지는 둘로 나뉘어 산상에 90° 절벽을 이루는 산봉우리에 오른다. 산자락에 건축중인 기업형 대규모 양계장의 이름에도 고려성산高

고려성산산성 전방에 천연암석이 성벽을 이루고 있다.

성으로 들어가는 초입, 산상에 또 다른 거대한 바위가 성곽처럼 서있다.

고려성산산성의 성벽은 남·북벽 둘로 나뉘어 있다.

麗城山 공장이라고 쓰여 있다. 그곳에서 일하는 중장비 운전기사에게 물어봐도 그 산이 맞다 한다. 그리 높지 않은 산을 오르다 정상에서 급격하게 솟은 정상의 암벽을 차근차근 관찰하기 위해 북쪽 끝에서부터 올랐다. 10~20m 높이 직각의 절벽을 오르는 것이 그리 쉽지 않다.

벽을 오르니 그 위에는 전혀 생각하지 못한 평지가 드넓게 펼쳐져 있다. 폭이 약 100보이니 60여m에, 그 길이가 400~500m 정도에 달하니 얼마나 큰 면적인가? 많은 수의 군사가 주둔할 수가 있었을 것이다. 그 평지의 동북쪽에 복주하 강줄기에 물이 가득 찬 동풍저수지가 한눈에 들어온다. 왜 이곳에 성을 배치했는지 알 것 같다. 평지의 동쪽 면도 서쪽 면처럼 직각을 이루는 암벽은 아니더라도 기암이 또 다른 절벽을 만들어 놓으니 역시 적의 접근의 용이하지 않다. 복주하를 따라 올라오는 적을 관찰하고, 기마병을 평지로 보내 전투를 벌이다 여의치 않으면 성으로 유인해와 옥쇄작전으로 대처한다면 아무리 적의 숫자가 많다고 해도 쉽게 격퇴했을 것이다. 그래서 고구려산성을 일컬어 이수난공易守難攻의 위치에 자리하고 있다고 한다.

암벽 위에는 놀랍게도 큰 면적의 평지가 펼쳐 있다.

남쪽 성에 가까운 남동쪽 끝에 성벽이 남아 있다. 아마도 다른 곳에 비하여 덜 험준한 부분이라서 인공성벽을 쌓아 적의 접근에 대비했을 것이다. 성벽은 약 60~70여m 이어지고 폭이 2m 정도, 남은 높이는 0.5~0.7m 정도 이다. 인근에 우물이 있다고 하나 겨울을 지나면서 물이 말랐던지 찾을 수 없다. 성벽은 남쪽 봉우리를 잇는 낮은 부분까지 쌓아 두 봉우리를 연결했으리라 여겨지나 남쪽 성에 설치한 이동통신 중계탑 탓인지 남아 있지 않다. 남쪽 봉우리는 북쪽에 비하여 평지가 크지 않지만 그래도 거대한 중계탑과 관련 시설물을 설치할 만큼의 면적이니 작은 편도 아니다. 자료를 보면 이곳도 북측에 길이 2m, 폭 1m, 잔고 0.5m 의 성벽과 함께 그 아래 산언덕을 따라 흩어진 성벽의 돌이 많았다고 한다. 이제는 그마저 볼 수 없게 되었다. 중국학자들에 의하면 성의 둘레가 1,000여m이며, 그 성안에서 흙과 그 사이에 모래를 넣고 구운 홍갈색 도기 조각이 발굴된 전형적인 고구려산성이라 한다. 복주하 상류의 득리사산성과 14km 정도 떨어져 고구려시대에 강의 상류를 방어하는 전초기지의 성역할을 하였다고 학자들이 추정하고 있다. 과연 그럴까?

고려성산산성의 동북쪽에 복주하 강줄기와 동풍저수지가 한눈에 들어오니 성이 이곳에 있는 이유를 알 것 같다.

다시 남쪽의 산봉우리를 향해 산줄기를 오른다. 그곳은 넓은 평지 없이 평범한 산봉우리지만 바위로 형성되어 있으며, 그 동남 면은 두 봉우리와 비견될 만큼 험준하다. 성 안팎이 잘 조망되니 아마도 두 봉우리에 이어서 하나의 성을 이루며 점장대 또는 전망대의 역할을 하였을 것이다. 그렇지 않다면 오히려 고도가 높은 이 방향에서 잠입하는 적에게는 속수무책일 수밖에 없을 것 같다. 그 봉우리에서 서쪽으로 내려가면 처음 갔던 남쪽 언덕과 이어지고 서쪽의 마지막 봉우리와 대칭을 이룬다. 산 아래를 한참 내려다보니 서있는 동쪽과 반대편의 서쪽의 산줄기가 만드는 가운데 공간 전체가 성안일 수도 있다는 생각이 든다. 중국학자들은 암벽이 만들어 놓은 두 공간만을 산성이라고 보수적으로 봤지만 마을 입구 외곽의 자연암석이 형성한 성벽이며, 초입의 동쪽에 우뚝 솟은 암벽과 서쪽 산줄기를 보아 그 전체를 성의 범위로 볼 수 있지 않을까? 그렇다면 마을 초입을 성의 정문으로 보고, 처음에 갔던 언덕에는 남문이 있었을 것이다.

하산하여 보니 남쪽 언덕에서 마을 초입까지는 약 3km 정도 되며 양쪽 산자락의 폭이 약 500~600여m 정도 되니 확보될 수 있는 면적이 상당히 크다. 그 성둘레가 약 6~7km되니 대형 성이다. 서쪽을 면하고 있는 산줄기가 성벽이라고 하기에는 허술한 면은 있어 확신할 수 없지만 암벽이 이루는 두 봉우리가 작은 면적이 아니고 우물이 있다고 하지만 평상시에 군대가 주둔해 있었다고 보기에는 뭔가 설명이 부족하다. 최소한 평시에는 이곳에 주둔한 군대와 민간이 위급한 상황이 되면 그 성으로 올라가 마지막 사수작전을 펴지 않았을까? 서쪽의 봉우리들에도 경비병이 주둔하면서 동쪽 면뿐만 아니라 서북 면에서 접근하는 적들에 대한 경계에도 게을리하지 않았을 것이다.

그렇게 본다면 전체적으로 남고북저南高北低의 마안봉馬鞍峰식 산성이 된다. 그리 가정한다면 중국학자들이 이야기하듯이 전초기지 성격의 성이 아니라 더 많은 군대와 군수물자를 보유하고 오히려 14~15km 떨어진 득리사산성과 마권자산산성을 지원하는 이 지역 방어의 중심역할을 했을 것이다. 그리고 동남쪽의 성은 성안의 성인 내성이다. 적군으로부터 침입을 당해 중과부적으로 퇴각을 결정하면 그곳에 올라 마지막 불퇴진의 전투를 벌여야 했던 또 하나의 성인 것으로 보인다. 산줄기에서 흘러 내려온 물들이 성안 가운데로 모여 조그만 하천을 이루며 남에서 북으로 흐른다. 그 물은 역사의 변화에 아랑곳하지 않고 그 당시와 마찬가지로 결국 복주하 강물과 합쳐져 발해바다로 유입된다.

북쪽 성 동남쪽 모퉁이에 60~70m의 성벽이 남아 있다.

대련에서 심양가는 고속도로변에 좌우측으로 병풍처럼 둘러 싼 바위산이 눈에 들어온다.
닮은꼴의 산들이 여럿 있고 아마도 그곳에도 고구려산성이 있을 듯하다.

서병산西屛山산성과 동병산東屛山산성,
고려성산高麗城山산성의 구조와 닮다

대련에서 심양으로 가는 고속도로沈大高速公路가 요동반도의 서쪽, 발해에 치우쳐 왕복 8차선으로 시원하게 달린다. 심양 쪽으로 가다가 와방점시의 노호둔老虎屯 출구에서 좀 더 북쪽으로 가다 보면 좌측 도로변에 거대한 암석이 병풍처럼 둘러싼 산을 만난다. 마치 화산지역에서 주상절리를 보듯이 일렬로 늘어선 바위가 장관을 이룬다. 어느 때부터인가 오가며 볼 때마다 그곳에도 혹시 고구려 산성의 존재 가능성을 생각했다. 그리 멀지 않은 태양가도太陽街道 고려성산高麗城山산성과 보람점시普蘭店市 묵반향진墨盤鄕鎭 고려성산산성을 답사한 후 그러한 생각이 확신으로 변하고 있었다. 규모의 차이는 있을지라도 바위의 형태가 유사한 두 곳에는 고구려산성이 엄연하게 자리하고 있기 때문이다.

바위병풍산들은 복주하 강변에 많이 자리하고 있다. 사전조사 과정에서 그곳에 서병산西屛山과 동병산東屛山이 있음을 알게 되어 길을 떠났다. 서병산은 와방점시瓦房店市 타산향駝山鄕에 위치한다. 타산향은 고속도로 노호둔老虎屯 출구에서 나가 성팔선城八線을 타고 서쪽으로 가다 만나는 또 하나의 고성古城이 있는 복주성진復州城鎭 서북쪽에 위치한 농촌마을이다.

복주성은 이전에 방문한 적이 있다. 한대漢代부터 성이 있던 복주하 강변의 고도古都이다. 그곳에 있는 당대唐代의 고찰 영풍사永豊寺를 보고 그 고성을 고구려시대에도 연이어 사용하였을 것이라 추정하였다. 그 고성에서 멀지 않은 서북쪽, 바닷가에서 가까운 곳에 바로 서병산西屛山이 자리하고 있다.

거대한 암석이 병풍처럼 산을 둘러싸고 있으니 자연암석 그 자체가 성으로써 충분한 역할을 할 수 있다. 별도의 인공축성 없이 그 자체가 성인 것이다. 자연석이 둘러싼 산 정상에 평탄한 분지가 펼쳐지니 그 면적이 2km²에 달한다고 한다. 산 고도는 불과 해발 200여m에 지나지 않지만 정상이 평탄하니 평산平山이라고도 불린다. 바다가 가까운 서쪽면을 둘러싸고 있는 입석의 바위군이 특히 울창하여 그곳을 석림石林이라 부른다. 아마도 그곳에 바다를 통해 상륙하는 적들을 감시하는 천연의 성이 존재했을 개연성이 충분하다. 위치도에서 중앙의 노란색 부분이 산 정상에 형성되어 있는 분지이다. 2009년도에 시작한 농업개발사업의 일환으로 도로도 놓았다. 기존에 있던 샘터를 활용했겠지만 농업용수 사업도 진행하여 옥수수와 과수밭으로 개간을 하였다.

이곳에는 서병효월西屛曉月의 전설이 있다. 그 전설처럼 새벽녘에 달빛이 광활하게 펼쳐지는 산 정상의 평지를 포근하게 비추는 것을 상상해 본다. 더불어 멀지 않은 저 바다에 반사되는 달빛이 함께 어우러지니 그 광경이 얼마나 낭만적

서병산西屛山

이었을까? 전설의 내용은 당태종 정관貞觀 19년(서기645년)에 고구려 동정東征 시에 있었던 이야기이다. 당태종이 친히 이끌고 온 군사들이 고구려 군사들과 대치하며 서병산에 주둔한다. 그러던 중 이세민은 어느 시대에 지어졌는지 모를 사찰에서 군신들을 모아 놓고 향연을 베푼다. 그믐인데도 불구하고 새벽녘에 초승달이 뜨니 그것을 보고 모두 감탄하였다. 군사軍師가 있을 수 없는 일이 벌어진 하늘의 현상이 황제가 틀림없이 동정에 성공할 길조라고 축하한다. 이에 이세민은 함께 참전한 당초唐初의 명장 위지공尉遲恭과 그 아들인 위지보림尉遲寶林에게

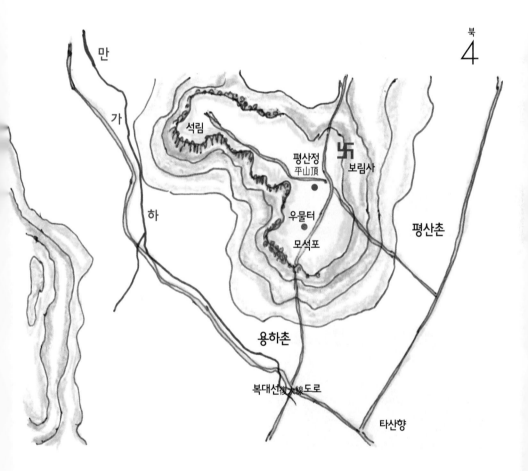

【 서병산산성 주변 위치도 】

칙명으로 사찰을 다시 중수하라 명한다. 그리고 그의 이름을 따서 보림사寶林寺라고 명명한다. 여기에서 서병효월西屛曉月이란 말이 기인한다고 전해 온다. 물론 언제부터인가 전해 내려오는 전설에 지나지 않는다. 당태종의 동정 시의 동선을 보면 친히 군사를 이끌고 이곳에 와서 주둔했을 리 만무하다. 또한 역사기록에 따르면 위지공은 당시로서는 적지 않은 60세를 넘긴 나이로 동정에 수행했느니, 안 했느니 이견이 많다. 더구나 그의 아들 보림은 역사의 기록보다는 청대에 쓰여진 소설 속의 인물로 널리 알려져 있다. 또 다른 전설에 따르면 위지공의 부인이 동정중에 아들 보림을 낳아 사찰의 이름을 보림사라고 했다고도 하니 전설은 전설일 뿐이다. 당시 당태종의 친정親征을 반대하는 상소를 올려 진언했던 그의 충성심을 되새기기 위하여 이러한 전설이 생겼는지도 모를 일이다.

보림사 사찰 한 켠 바위 위에 당태종과 그의 시녀인 듯한 조각상이 놓여 있다.

대규모 증축공사가 진행되고 있는 서병산 너른 정상의 보림사.

어쨌거나 전설의 내용을 살펴보면 당시 거꾸로 이곳에 고구려 군사가 주둔했을 개연성이 있다. 당태종이 이곳에 군사를 이끌고 왔을 리 만무하지만 멀지 않은 곳 비사성을 점령했던 장량張亮의 군대와 전쟁을 벌였을 수는 있다. 또한 전설에 따르면 당시에 사찰이 존재했었다는 것을 알 수 있다. 문화혁명 때 훼손되었다는 절은 그 후에 다시 지어져 단 한 칸의 큰 대웅보전大雄寶殿이 서병산 동쪽편 언덕에 자리하고 있다. 그 뿐 아니라 바로 옆에서는 전설 속의 위지보림이 다시 환생하였는지 타워크레인까지 동원하여 어마어마한 규모로 증축공사가 진행 중이다. 대웅보전 옆 바위 위에는 아마도 서병효월을 상징하는 당태종과 그의 시녀의 조각상이 놓여 있어 전설을 새삼스럽게 한다. 당시에 절이 있었다면 고구려시대의 절이었을 개연성이 충분하다.

긴 역사를 지닌 보림사는 복주성에 자리한 역시 당대의 사찰이라고 하는 영풍사永豐寺와 동서에서 호응하는 형상이다. 서병산에는 당시의 산성이었을 가능성을 확인시켜줄 만한 석성石城도 남아 있다고 하지만 이 넓은 범위에서 그것을 찾는다는 것은 용이한 일이 아니다. 그 외에도 옛 우물터도 남아있는 것으로 보아서는 수원확보라는 산성의 중요한 조건도 갖추고 있다. 서병산의 남쪽으로 난 복대선復大線 지방도로를 따라 크지 않은 강 만가하萬家河가 흘러 발해바다로 흘러들어 간다. 서쪽 편 석림石林에서 바라보니 바다가 한눈에 들어온다. 이 또한 산성으로서 훌륭한 입지 조건이다.

서병산 서쪽으로 발해가 손에 잡힐 듯 한눈에 들어온다.

동병산東屏山

동병산東屏山을 찾아 다시 노호둔老虎屯 인터체인지 쪽으로 간다. G15 고속도로를 타고 심양 쪽으로 가다 노호둔을 지나 바로 고속도로변 좌측에 바위가 병풍처럼 둘러쳐진 산이 있다. 산 아래에 가서 물으니 그 산은 특별한 이름이 없다고한다. 다만 그 동네 이름이 "돌무더기의 산" 마을이라는 의미의 뢰산촌磊山村이다.

그곳에서 다시 동쪽으로 지방도를 타고 2~3km 정도 가다 보면 산 위에 닭은 꼴의 병풍바위가 보이고 산 아래에는 조양사朝陽寺라는 절이 있다. 그 사찰 뒷산이 바로 동병산이다. 도로변 마을을 지나 조양사 안으로 들어가니 그곳도 사찰을 대대적으로 증축을 하고 있었다. 중국 친구 중에 불교에 심취하여 사업보다 부부가 함께 절에 가고, 불심을 닦는 일이 우선인 사람도 보았다. 요즘 시내 광장에서 저녁 시간 춤을 추는 무리들 중에는 나무아미타불南無阿彌陀佛을 계속 외며 춤을 추는 것을 가끔 볼 수 있다. 춤이라기보다는 불심을 다지며 같은 동작을 반복하는 것이다. 대규모의 증축은 그만큼 불교에 대한 수요가 급증하고 있는 실상을 보여준다. 그곳의 조양사 역시 당대唐代에 최초로 건축되었다고 한다. 요동지역

【복주하 강변의 바위병풍산의 위치도】

에서 남북조·수·당대라고 함은 당시 그 지역을 지배했던 고구려시대를 이름
이다. 조양사 역시 고구려시대에부터 있었던 사찰일 개연성은 충분하다.

　그 절을 포근하게 감싸고 있는 동병산 산상의 바위병풍은 예사롭지가 않다. 험
준한 바위를 잘 이용하여 천연의 산성을 만들었던 고구려인들이 그 산을 그냥 내
버려 두었을 리가 만무하다. 산 중턱에 세운 대규모의 축대 위에 마무리공사를
하는 절간을 뒤로 하고 병풍에 다가갔다. 병풍처럼 둘러싸고 있는 바위, 그 자체
가 천연의 요새이다. 그 높이가 20~30m에 달하니 특수한 장비가 없이는 등반이
불가능하다. 그 위에는 어떤 지형을 지니고 있을까 궁금하지만 시간도 많이 지났
으니 포기할 수밖에 없다. 병풍의 규모가 다른 어느 산과 비교해도 작지가 않다.
산 북쪽으로 복주하가 흐르니 당시 산성의 입지와도 부합된다. 태양가도 나둔촌

고려성산산성과도 가까운 위치이니 호응하며 연합작전으로 적군을 복주하 강변에서 궤멸시키기에도 적합한 위치이다. 동병산, 복주하 강변에 있으면서 태양가도 고려성산산성과는 불과 4.8km, 복주고성과는 14km, 서병산과는 25km 떨어져 있다. 그 얼마나 전략적으로 중요한 위치인가?

동병산의 이야기를 듣고 싶지만 그 커다란 사찰에 스님조차 보이지 않는다. 마을로 내려가 70세 전후의 느긋한 분에게 묻는다. 산의 서쪽으로 가면 전루前樓라는 마을이 나오는데 그 쪽이 완만하니 그곳에서 오르라고 한다. 그 위는 아주 평탄하고 넓은 분지로 되어 있다고 한다. 그리고 그는 당시에 고구려군과 당군이 치열하게 전투를 벌였던 곳이었다고 덧붙였다. 그 말에 흥분하여 병풍 위에 성곽의 존재여부를 물으니 서쪽끝에 성곽이 조금 남아있다고 했다. 자료에서 보았던 인근의 "고려태자묘高麗太子墓"의 존재도 물어보았지만 들어본 적이 없다고 했다. 그래도 산성의 존재를 알았으니 몇 번이고 머리를 조아리며 감사표시를 하고 시간이 늦어 내일을 기약하며 발길을 돌렸다.

다음날 다시 동병산을 찾았다. 놀랍게도 산의 서쪽도 병풍을 이루며 그 대臺 위는 완만한 구릉을 이룬다. 마치 서병산과 같은 형상이다. 조양사 뒤쪽이 "따핑산大屛山"이고 이쪽을 "샤오핑산小屛山"이라 부른다고 한다. 놀랍게도 산 위에 이루는 분지가 서병산에 못지않은 면적이다. 이 넓은 분지에서 당시에 당군과 고구려군이 대전을 벌였단 말인가? 이곳에서 전쟁을 벌였다면 비사성을 점령한 장량의 수군이 안시성에서 혈투를 벌이던 당태종의 주력부대에 보급로 확보를 위한 전투였을 가능성이 있다. 건안성 전투를 보면 결국 그 보급로 확보에 실패했지만 충분히 가능성이 있는 가설이다. 안시성에 닿기까지 여기저기에 위치한 산성의 고구려 병사들이 그들의 연결을 허락하지 않았다. 광활한 분지를 지나서야 조양사 뒤편의 병풍에 도달한다. 병풍 뒷면에 넓은 터가 자리하니 산성으로 훌륭한 입지를 지닌다. 남쪽 전면은 어제 보았던 병풍으로 1km 넘게 이어지고, 그 병풍이 서쪽 면까지 계속된다. 분지 사이로 계곡이 있어 산성의 범위를 획정한다.

병풍 위에서 조양사와 마을이 내려다 보이지만 그 누구라도 범접하기 어려운 요새이다. 별도의 인공성벽이 필요없는 자연 그대로 완벽한 성곽을 만들어 놓았다.

어제 노인이 이야기한 대로 인공성벽을 찾아 서쪽으로 다가 갔다. 약 2.5km 떨어져 있는 뢰산촌磊山村의 병풍산도 한눈에 들어왔다. 그 병풍 위에도 넓은 분지를 이룬다. 닮은꼴이다. 그곳에도 산성이 있었을 가능성이 충분하다. 성벽은 있다. 마을 어르신이 이야기했던 성벽으로 험준함이 덜한 서쪽면의 병풍을 보강하기 위한 목적으로 보인다. 태양가도 고려성산산성에서 보았던 남동쪽에 쌓은 인공성벽과 같은 형식이다. 성벽에 올라 전체 지형을 살펴보니 서북쪽에서 흐르는 강 쪽에서 올라오는 적군의 조망이 용이하다. 또한 완만한 분지를 거쳐 침입하는 적군을 방어하는 역할을 하였을 것이다.

동병산 정상의 분지에 쌓은 인공성벽

돌과 흙을 섞어 쌓은 성벽은 그 잔고가 약 2~2.5m이며, 폭이 2.5~2.8m, 그 길이가 약 50여m에 이른다. 성벽 주변에 가공석들이 흩어져 있는 것을 보아 당시에는 더 높았을 것이다. 성벽의 북쪽은 계곡이고 남쪽은 병풍이다. 그 성벽을 거치지 않고는 성안으로 더 이상 침투가 불가능하다. 그 어른의 설명이 없었다면 그냥 지나치고 말았을 것이다. 얼마나 고마운지 친구와 함께 그 쪽을 향하여 다시 한 번 인사를 했다. "감사합니다."

요동반도에서 고구려산성은 중국학자들이 이야기하는 58개보다도 훨씬 더 많은 숫자가 있을 것이라고 생각한다. 그들의 58개로 한정을 하다 보면 대흑산의 비사성과 북쪽으로 가장 가까이에 있는 성이 와방점瓦房店의 남고성嵐崮城이다. 그 사이가 직선거리로 거의 60km가 되니 너무 멀다. 고구려는 요동지역을 본격 지배했던 260여 년 동안 중원의 왕조로부터 지속적인 침입을 받아 오면서 촘촘하게 산성을 건설해 왔다. 특히 요동반도에 해양방어를 위하여 철저하게 준비한 것에 비하면 그 사이가 너무 벌어져 항상 의구심이 있었다. 대련에서 국도 202 도로를 타고 북쪽으로 가다보면 "얼스리푸二十里堡," "산스리푸三十里堡," "우스리푸五十里堡"등의 지명을 만난다. 보堡는 성보城堡, 보루堡壘 등 작은

성채, 초소 등을 가리키는 말이다. 그리고 그 거리는 비사성을 기준한 것으로 생
각된다. 비록 오늘날 남은 것이 없을지라도 당시에는 더 많은 산성이 있었을 것
이다. 항상 관심을 갖고 작은 여지만 있더라도 그곳을 찾아가는 것이 습관이 되
어 버렸다. 어제 오늘 돌아본 서병산西屛山과 동병산東屛山 그리고 동병산 인근
의 뇌산촌磊山村의 바위산에도 중국학자들은 산성의 존재를 말하고 있지 않다.
하지만 고구려산성이 존재했을 가능성이 충분하다. 전설, 사찰의 존재, 일부
남은 성벽 그리고 입지 조건 등이 그 가능성을 실증하고 있다.

동병산 병풍바위 뒤에도 드넓은 구릉지가 형성되어 있다.
당의 동정 시에 이곳에서 고구려군과 당군간에
대대적인 전투가 벌어졌다고 한다.

복주하가 발해로 흘러들어 가는 강하구. 강을 사이에 두고 장흥도 섬이 있다.

복주하復州河 강하구와 하류에 자리한 이름뿐인 성들

복주하復州河는 보란점普蘭店시 동익향同益鄉 노모산老帽山 남쪽 기슭에서 발원하여 보란점시와 와방점시를 거치며 137km를 달려와 삼대三臺만족자치향의 노양두老羊頭에서 발해로 유입되는 외류하外流河이다. 강의 하구에는 얼마 전까지 우리나라의 STX조선소가 있었던 장흥도長興島라는 큰 섬이 마주하고 있다. 노양두에 서니 강하구는 바로 앞의 장흥도 섬 때문인지 밀물과 썰물의 들고 남이 확실치 않아 보인다. 밑바닥을 드러낸 강바닥이 여느 강하구와는 다른 풍경이다. 좀 떨어진 곳에서 장흥도대교가 섬과 육지를 잇는다. 복주고성復州古城을 찾아 성팔선城八線, S313번 도로를 타고 가다 G202번 국도를 갈아타고 북쪽으로 가다 보면 복주성진復州城鎭을 만난다. 이곳이 바로 복주고성이 있던 마을이다. 시내에서 택시 기사에게 고성에 대하여 묻지만 이미 아무 것도 남은 것이 없다는 답이다. 단지 시내에 사찰 하나가 남아 있을 뿐이라고 한다.

영풍사永豊寺가 언제 복구한지 모를 성벽과 성문 안에 영풍탑과 함께 자리하고 있다. 기록에 따르면 이곳 복주고성은 서한西漢시대에 처음 건설되었으며, 영풍사는 당唐대에 지어졌다고 한다. 요동지역을 다니면서 만나는 유적 중에 수隋·당대에 건설되었다 함은 고구려시대의 유적이라고 간주해도 무리가 없다는 생각이다. 수대에는 요동지역을 차지한 적이 없었으며, 당대에도 668년 고구려 멸망 이후에 잠시 차지하나 곧 이어 발해가 다시 관할하게 되니 실제 그들의 유적일 가능성은 거의 없다. 요동지역은 그 후에도 거란족의 요遼와 여진족의 금金으로 이어오기 때문에 중원의 정권이 어찌 변하든 그들의 유적일 가능성은 전혀 없다.

복주고성의 성문 안에 영풍사가 자리해 있다.

복주고성 안에는 영풍사와 영풍탑이 나란히 서 있다.

물론 금 이후에 중국을 통일한 몽골족의 원元으로 중국역사를 이어가지만 그 이전까지 요동지역은 거의 중원과는 별개의 역사가 이어진다. 단지 중국의 기준으로 볼 때 중원의 정권이 수・당대 시기의 요동지역에 있던 유적이라는 설명일 것이다. 따라서 영풍사가 당대에 지어졌다는 설명이 사실이라면 고구려의 사찰이었을 개연성이 충분하다.

성문인 영은문迎恩門안으로 들어가니 오랜 풍상을 겪은 듯한 영풍사 절과 요나라 때 건조되었다는 영풍탑永豊塔이 나란히 자리하고 있다. 탑은 근래에 들어 복구한 것이지만 여러 곳에서 보아왔던 요대의 전형적인 불탑으로 높이 22m의 팔각전탑이다. 짧지 않은 역사를 지닌 두 유적을 보호하기 위해 복주고성의 이미지를 살린다고 영은문을 가운데 두고 성곽을 쌓았다. 성벽 상단의 빗물받이 통이 녹슬어 성벽에 일정한 간격으로 녹물이 선을 그린다. 또한 성벽 안쪽에 잇대어 불법으로 보이는 간이 건축물을 만들어 주민들이 살고 있다. 안뜰엔 그들의 아이들을 위한 농구대도 자리하고 있다. 경내 북쪽은 공원과 연결되었다. 공원에서 만난 노인은 자기가 젊었을 때만 해도 시내 곳곳에 성벽을 볼 수 있었지만 지금은 남은 것이 없다고 한다. 한漢대에 처음 도시가 건설되고 성이 만들어졌다는 것은 그 후의 조위曹魏・공손씨公孫氏・연燕 정권에서도 그 성을 활용했을 것으로 보인다. 더불어 고구려가 지배를 한 후에도 당연히 그 성을 활용하여 그 지역을 통치하고 복주하 하류의 해안방어 군사기지로 삼았을 것이다. 영풍사라는 절이 있었다는 사실이 그것을 반증하고 있다.

복주성진에서 남쪽으로 난 지방도를 타고가다 보면 삼대만족자치향三臺滿族自治鄕을 만난다. 주변의 한족과 거의 동화되어 버린 만족자치행정단위가 유난히 많은 것은 이곳이 그들의 본고장이기 때문이다. 향정부가 있는 시내에서 시골길로 동남방향으로 좀 더 가다 보면 고려성촌高麗城村이란 마을이 있다. 지도에도 분명하게 자리하고 있지만 동네 어른 몇 분을 만나 물어 봐도 동네 이름은 맞지만 성의 존재에 대해서는 아무도 모른다. 그냥 없다는 답뿐이다.

그렇다면 왜 고려성촌일까? 요동성에 고려성촌이란 이름의 마을이 비단 이곳뿐만 아니다. 지금까지 보아 온 고려성촌, 고려성산高麗城山의 이름을 가진 곳엔 어김없이 고구려시대의 성곽이 있다. 그렇다면 이곳에도 지금은 남아있지 않을지라도 고구려성곽이 있었다는 추정이 가능하다. 더구나 복주고성과 복주하 양안에서 서로 마주보며 방어선을 형성했을 가능성이 크다. 복주고성처럼 평지성이 있었다가 1,500여 년의 세월 속에 복주하의 하류에 위치한 탓에 홍수와 범람으로 인하여 없어진 것은 아닐까? 아무튼 마을이름은 언제부터인지는 몰라도

삼대만족자치향 한가운데로 복주하가 흐른다. 복주고성과 고려성촌은 강을 사이로 마주하는 형상이다.

고려성촌을 계속 견지하고 있다. 혹시나 하고 주변의 산군이 있는 쪽으로 가보지만 산 위에 풍력발전의 바람개비만 열심히 돌고 있을 뿐이다.

대련에서 심양으로 가는 고속도로에 포대炮臺라는 인터체인지 명을 만난다. 대련 지역에 포대라는 이름의 산·마을 명이 유난히 많은 것은, 청말 일본 등의 서구열강들의 막강한 해군력을 동원하여 동북지역을 진입하기 위하여 침략을 감행했던 시기에 바다를 향하여 곳곳에 포대를 설치했던 것에 연유한다. 그것을 보면 고구려시대뿐 아니라 중국의 근대사에서도 요동반도의 군사적 중요성을 알 수 있다. 이전 포대진炮臺鎭의 행정구역 이름이 포대가도炮臺街道로 바뀐 것은 2012년의 일이다. 그곳 동북쪽에 복주하의 지류인 남고하嵐崮河가 흐르고 그 유역에 남고산嵐崮山이 있다. 산은 와방점시 이점진李店鎭, 등둔향鄧屯鄕 그리고 포대에 걸친 분기점에 자리하며, 주변에서 가장 높은 산의 406.5m 정상에 고구려산성이 있다. 남고산산성은 남에서 북으로 향해 있고, 동·서·남쪽의 산줄기가 둘러 싼 남고북저南高北低의 포곡식 산성으로 성의 둘레가 2,000여m에 달한다. 기암이 이룬 절벽이 천연장벽을 이루며 곳곳에 인공성벽을 쌓은 요새라고 한다. 중국해군과 공군의 공동 레이더기지가 우뚝 솟아있다. 군사지역으로 출입제한이 되어 있으니 멀리서 바라볼 뿐 도리가 없었다. 아무튼 그곳의 산성은 기지건설 당시에 지하벙커·도로건설 등으로 인하여 거의 남은 것이 없다고 한다. 고구려산성은 도처에서 계단식밭으로 훼손되고, 이동통신 중계탑이 세워지고, 군사시설이 들어서는 운명에 놓여있다.

복주하 하류에서 이곳까지 오니 이제 복주하 유역의 알려진 고구려성은 다 돌아본 셈이다. 남고산산성에서 득리사산성과 마권자산산성과는 35여km, 태양가도의 고려성산산성까지는 20여km 떨어져 있으며, 강하구와는 직선거리로 30여km 떨어져 있다. 이 지역의 성들은 요동반도의 남단에서부터 치고 올라오는 적을 방어하고, 발해를 통해서 복주하 강하구에서 상륙한 적군들을 서로 연계하여 연합작전으로 차단하는 역할을 했던 성들이다.

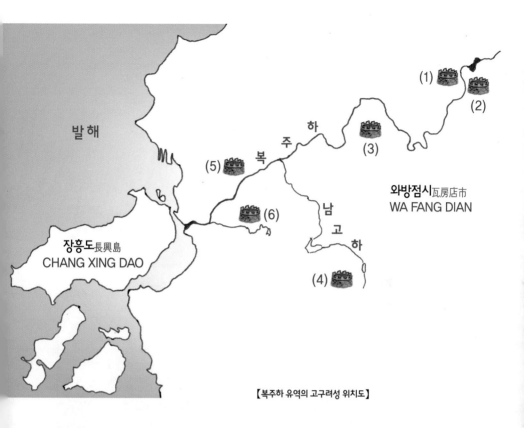

【복주하 유역의 고구려성 위치도】

【범례】

번호	산성 명칭	소재지
(1)	득리사산성 得利寺山城	와방점시 득리사진 5km북쪽(용담산) 瓦房店市得利寺鎭5公里北(龍潭山)
(2)	마권자산산성 馬圈子山山城	와방점시 득리사진 최둔촌 하최둔 남쪽 산상 瓦房店市得利寺鎭崔屯村下崔屯南山上
(3)	태양가도 고려성산산성 高麗城山山城	와방점시 태양가도 나둔촌 고려둔 남쪽 산상 瓦房店市太陽街道那屯村高麗屯南山上
(4)	남고산산성 嵐崮山山城	와방점시 이점진 포대가도 등둔향 분계 산상 瓦房店市李店鎭鄧屯炮臺街道分界山上
(5)	복주고성 復州古城	와방점시 복주성진 시내 瓦房店市復州城鎭市內
(6)	고려성촌 高麗城村	와방점시 삼대만족자치향 내 瓦房店市三臺滿族自治鄕內

대청하大淸河 강을 끼고 형성하는
발해와 요하遼河의 방어선

7
장

연통산산성

대청하 강을 끼고 형성하는 발해와 요하의 방어선

● 건안성建安城(청석령 고려성산青石嶺高麗城山산성), 개주시 청석령진 고려성촌.

● 연통산煙筒山산성, 개주시 서둔진 노동구촌.

● 해룡천산海龍川山산성, 대석교시 주가진 동금사촌.

● 차엽구촌茶葉口村 고려성산高麗城山산성, 대석교시 황토령진 차엽구촌.

● 마권자산馬圈子山산성, 대석교시 남루개발구 고장촌.

● 학양사산鶴羊寺山산성, 개주시 단산진 정둔촌.

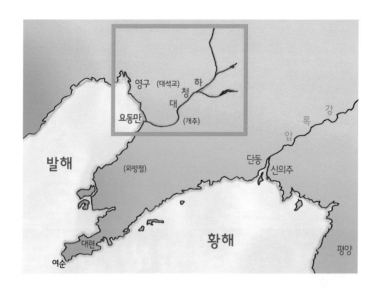

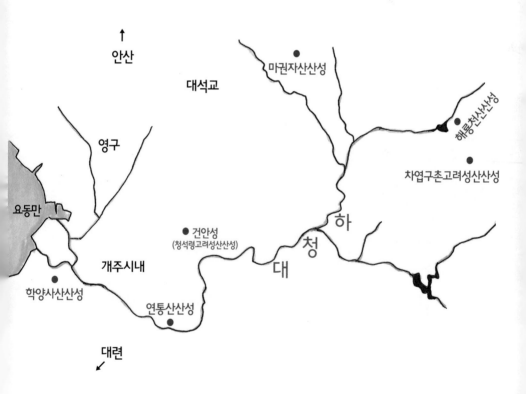

산등성이를 타고 가는 건안성 서벽

건안성建安城, 과연 명불허전의 고구려산성

건안성建安城, 역사서에 많이 거론되기도 하지만 요하의 하구 동남쪽에서 바다를 건너 요하 강하구로 진입하는 적군을 저지하는 중요한 역할을 하는 그 중심에 있던 성이기에 많은 사람들의 기억에 남아 있다. 645년 당태종의 이른바 고구려동정 시에 비사성의 정예부대 지원을 받으면서까지 요하를 지켜내는 임무를 수행한다. 비록 비사성은 함락되는 비운을 겪지만, 그 덕분에 건안성은 당나라 장량張亮의 수군을 막아내어 안시성을 공략하는 당태종의 주력부대에 연결되는 보급선을 끊어주는 역할을 해낸다.

중국 역사서에는 장검張儉과 장량의 부대가 수없이 그러한 건안성을 공격하지만 끝내 성공하지 못한다. 당시에 거듭되는 안시성 공격에도 함락시키지 못하고 전투가 지리멸렬해지자 당태종의 신하들 일부가 안시성 전투에서 발을 빼고 오골성烏骨城을 장악하여 그 성의 군수물자와 양곡을 빼앗아 수도 평양으로 전진하자고 건의한다. 하지만 건안성과 신성新城에 있는 10만의 병력과 안시성의 병력이 퇴로를 막고 뒤를 칠까 두려워 그 건의가 수용되지 못한다는 역사서의 기록이 있다. 이러한 기록을 보면 건안성은 당의 수중에 들어간 일이 없으며 마지막까지 고구려를 지켰다는 증거가 된다. 또한 안시성을 끝까지 사수할 수 있었던 것도 건안성이 존재했기 때문이었다.

개주蓋州 시내에서 202번 국도를 타고 북쪽으로 15분 정도 가다 보면 청석령靑石嶺 고개를 넘어 도로변에 고려성촌高麗城村이라고 쓴 조그만 마을 표지석을

만난다. 2년 전에 왔을 때 이 표지석을 처음 대하고 얼마나 가슴 설레었던가? 그곳에서 우측 산 아래까지 이어지는 길을 끼고 형성된 집들이 고려성촌 마을이다. 바로 앞에 보이는 산에 산성이 자리하고 있어 예로부터 고려성산高麗城山, 또는 석성산石城山이라고 불렸으며, 그 산성이 바로 건안성이다. 집들 사이로 난 조그만 길을 지나 성의 문을 만

건안성은 고구려산성 중에는 드물게 2013년에 국가중점보호단위로 지정을 받았다. 하지만 이미 1963년에 성급문물보호단위로 지정을 받을 정도로 그들에게도 중요한 유적지이다.

났다. 고려성산성이란 표지석이 두 개가 나란히 있어 자세히 살펴보니 새로 만든 것으로 하나는 2013년 중앙정부 국무원에서 국가중점문물보호단위로 지정했다는 표지이다. 다른 하나는 오래되어 글자도 선명하진 않지만 1963년도에 요녕성 정부가 성급문물보호단위로 지정했다는 표지이다. 건안성은 중국에서도 그만큼 중요한 유적으로 인식하고 있다는 의미이다.

어쨌든 이름만으로도 가슴이 설레던 건안성에 온 것이다. 너무 감개무량하여 발걸음이 잘 떨어지질 않는다. 마을과 성안 사이에 그리 높지 않은 토산의 윤곽이 드러난다. 그것이 바로 성의 가장 낮은 부분에 인공적으로 쌓았다는 서벽이다. 성안에 들어서 조망해 보니 북벽을 형성하고 있는 북쪽 산줄기가

건안성의 서벽은 토성이다.

서쪽 끝으로 오면서 낮아지고 그곳에서부터 토성을 쌓아 서벽을 이루었음을 알 수 있다. 그 벽의 북쪽에 치우친 지점에 성문을 만든 것이다. 성의 북문이면서 성의 주출입구인 정문이다. 성문 주변엔 쓰레기가 널려 있지만 드러난 벽면을 자세히 살펴보면 흙을 달구질하여 만든 토성임이 드러난다. 성문에서 이어지는 길을

따라가면 집들과 과수원이 길옆에 펼쳐진다. 멀리 북·남쪽에서 동서로 산들이 길게 늘어져 성의 북벽과 남벽을 이루니 성의 평면이 그려진다. 더불어 성의 규모가 어느 정도인지 짐작이 간다.

건안성 안의 금전산

성안 한가운데 동산 하나가 놓여 있다. 바로 금전산金殿山이다. 성의 한가운데 자리하면서 지휘부 등 중심시설이 있었다는 작은 토산이다. 인공으로 쌓았다는 설도 있으나 대부분이 바위로 이루어져 일부를 제외하고는 인공산일 가능성은 없다는 것이 정설이다. 마을사람들은 장대將臺, 즉 점장대點將臺가 있었다고 말하는 것을 보면 산 정상에 얼핏 보이는 석재로 쌓은 대臺가 바로 점장대이다. 인근의 쌍대자진雙臺子鎭 성자구城溝子 고려성산성에서도 성내 작은 동산을 금전산金殿山 또는 금란전金鑾殿이라고 부른다.

금전산 뒤로 분지처럼 넓은 언덕이 있고 그 뒤에서 남·북의 능선에서부터 뻗은 산줄기가 서로 만난다. 그 만나는 지점에 성의 동문이 자리한다. 금전산은 잠시 미루어 놓고 빨리 높은 곳에 올라 성 전체를 조감해 보고 싶어 서둘렀다. 동문에서 양쪽으로 오르는 산세가 제법 높으니 성 안팎을 조망하는 데 용이하다. 동문에 닿으니 문 양옆에 토성을 쌓아 만든 옹성구조가 적의 접근이 쉽지 않게 만들었다. 서벽도, 문의 옹성도 흙을 다져 토벽으로 쌓은 것을 보니 다른 지역 산성과 달리 화강암을 볼 수가 없으며 돌 자체가 별로 없었다. 현지에 돌이 없어서 먼 지역에서 돌을 이동하여 성을 쌓는 노동력의 낭비보다는 현지 환경에 맞추어 토성을 쌓았다. 그동안 여러 성에서도 보았듯이 주변 환경을 최대한 활용하여 성을 쌓은 것은 그만큼 백성들의 수고를 최대한 배려하는 인본주의가 묻어 있음을 알 수 있다. 당시의 고구려가 백성의 적극적인 호응이 없이 적은 숫자의 군사로 수·당의 대군에 어찌 대항했겠는가?

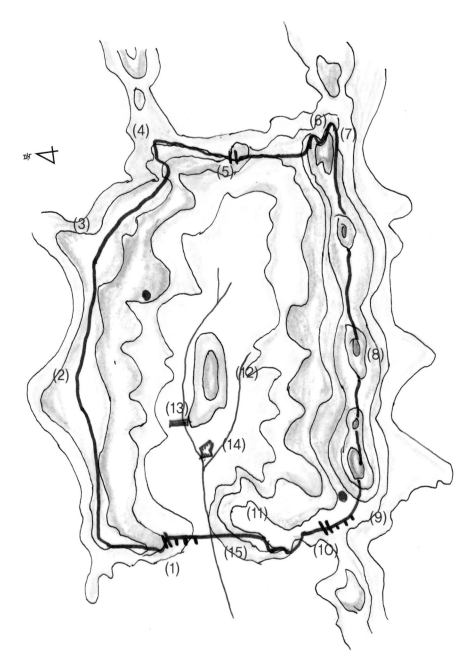

【건안성평면도: 츠언따웨이陳大爲의「요녕고구려산성재탐」논문 평면도에 기초하여 답사 후 확인 · 재구성함】

(1) 서북문. 마을에서 들어가는 하나의 성문으로 성의 표지석 두 개 중 성급문물보호단위 표시이다.

(2) 북벽을 이루는 산줄기. 능선에 성벽을 쌓았다.

(3) 북동 모퉁이를 이루는 성벽.

(4) 동벽. 북쪽으로 치우쳐 대臺를 만들어 놓았다.

(5) 성의 동문. 남·북 산줄기가 만나는 지점이다.

(6) 동남 모퉁이로 올라가는 동벽은 용이 승천하는 형상이다.

(7) 동남 모퉁이를 돌아 나온 성벽은 남벽을 이루며 능선을 타고 서쪽을 향하여 간다.

(8) 남벽은 서로 갈수록 험준하여 별도의 성벽이 필요 없다.

(9) 남서 모퉁이 밖에 채석장이 있어 언제 성을 침범할지 아무도 모른다.

(10) 성의 서남문은 동문과 대척점에서 거의 같은 모양의 옹성구조를 이루고 있다.

(11) 성의 서남쪽의 성벽은 작은 산 위에 펼쳐져 있다.

(12) 서벽에서 내려다 본 금전산金殿山. 성의 중앙에 자리 한다.

(13) 금전산 북쪽에 물을 가두는 둑이 있어 하나의 저수지 역할을 했던 곳에 풀숲만 무성하다.

(14) 하마탕. 성안 또 하나의 저수지 역할을 했던 곳으로 얼마 전까지만 해도 마을 생활용수를 해결해주었다. 지금은 물이 거의 말라붙어 풀숲이 가득한 늪지로 변해 있다.

(15) 수구문. 현재 성의 주 출입구, 하천의 물이 모여 이곳을 통하여 성 밖으로 흘러갔다.

건안성 ■ 355

동문 터를 자세히 살펴보면 양쪽에 성벽을 하나는 앞으로 또 하나는 뒤로 서로 교차하여 쌓음으로써 날개와 내 성벽의 이중구조를 이루는 복합구조이다. 적의 접근을 용이하게 허락하지 않는 옹성은 그 형태의 차이가 있지만 고구려산성에서 흔히 볼 수 있는 성문의 구조이다. 문에서 남·북으로 성벽을 길게 쌓았으니 동벽을 이룬다. 먼저 북쪽산을 향하여 오르는 성벽을 따라 갔다. 단순하게 직선으로 이어지는 것이 아니고 산의 형태를 따라 곡선을 이루니 적의 접근 시에 측면에서 공격이 가능하게 되어 있다.

성 밖을 내다보니 그곳엔 넓은 들판이 펼쳐지고 있다. 지도상으로 보면 단전진團甸鎭이다. 그곳에서 대청하大淸河가 흘러 개주 시내를 거쳐 발해로 유입된다. 아마도 당시에는 백성들이 그곳에서 농사를 짓다가 전시에 성안으로 들어와 군사들과 힘을 합쳐 싸웠을 것이다. 동북 모퉁이를 이루는 산은 높은 대臺를 이루고 있으며 그 위에 서니 성안뿐만 아니라 성 밖의 동북방향이 한눈에 들어온다. 훼손은 심하지만 동벽이 북벽과 만나는 모퉁이에 성곽이 확실하게 대를 이루고 있다. 성의 사각 모퉁이마다 기와편 등 건물터의 유물이 발굴되었다고 하니 각루角樓가 존재했던 것이다. 사면의 철통같은 경계에 적군들은 접근하기조차 두려웠을 것이다. 각루 위에 삼족오 깃발이 휘날리던 것을 상상하니 고구려 병사들의 기개세氣蓋勢가 절로 느껴진다.

다시 성문으로 내려갔다가 남쪽으로 오르는 성벽을 따라갔다. 동벽을 이루는 성벽의 석재는 다른 곳에서 흔히 보았던 화강암이 아닌 일종의 바삭바삭한 풍화암이다. 돌은 철분을 많이 함유하고 있어 홍색을 띠고 있다. 화강암보다 단단해 보이지 않는 석재를 황토가 접착제 역할을 하며 한 층을 이루고, 또 석재를 쌓고 그렇게 교대하면서 벽을 쌓은 것이다. 중간엔 쇄석으로 충전을 하였다. 동남쪽의 모퉁이를 오르는 산세가 동북보다는 훨씬 높고 험준하다. 모퉁이를 오르는 성벽은 보존상태가 비교적 양호하며 굽이쳐 오르는 기세가 용이 승천하는 형상이다. 또 하나의 각대角臺에서 올라 오는 성벽을 내려다보니 석재 하나 하나가 용의 비늘을 형성하는 듯하다.

건안성의 동벽은 붉은 풍화암이다.

성벽이 모퉁이를 감고 돌아 다시 남벽을 이룬다. 멀리에 대청하가 흐르고 삼도방저수지三道坊水庫와 남벽 사이에 대규모의 쓰레기 매립장이 막 준공되어 매립을 시작한 것이 보인다. 매립장에서 바람을 타고 비닐조각이 날고, 냄새가 진동한다. 그래도 남벽은 산을 한참을 잇다가 서쪽으로 가까워지면서 더욱 험준한 구간을 만나고 더 이상 성벽이 필요 없게 된다. 산은 높고 성안 전체가 조망된다. 성은 남북의 거리가 1,300m에 이르고, 동서의 길이는 1,500m에 달하니 그 전체 둘레가 5,000m가 넘는 대형 산성이다. 일제강점기 한 일본학자는 그 둘레가 6,000여m로 답사결과를 내놓기도 하였다. 성 전체는 남동고南東高, 북서저北西低의 지세 위에 펼쳐져 있다. 남북으로 길게 평행을 이루며 늘어진 산줄기에서 안쪽으로 여러 계곡이 뻗어 내리며 평탄한 개활지를 조성하니 당시에 10만 명의 군사와 백성이 함께 어우러져 살았을 것이다. 중국 역사서의 기록을 보아도 최소한 5만의 군사가 주둔했었다는 유추가 가능하다.

건안성의 남벽 아래에 있는 대규모 쓰레기 매립장

동벽과 남벽을 따라 정신없이 걷다 보니 성 한가운데 우뚝 솟은 금전산金殿山
의 존재를 잊고 있었다. 갈수록 산세가 험해지니 더 이상 남벽을 따라가는 것도
어렵고 해서 성안으로 이어지는 계곡을 따라 내려왔다. 산자락엔 온통 과수원이
다. 주로 사과·배·대추가 많다. 금전산은 성의 중앙에 있는 하나의 산언덕이다.
동서길이가 200m, 남북길이가 100m, 높이가 15m~20m의 규모이다. 금전산을
빙 둘러 인가와 과수원이 차지하고 있으니 오를 방법이 없다. 다행히 빈 농가가
한 채 있어 그 집을 지나 산에 올랐다. 산 정상 서쪽에 치우쳐 사각에 가까운 대臺
가 있다. 남북길이가 7m, 동서폭이 5m의 규모로 불규칙한 석재로 쌓았으며 돌의
색상으로 보아 성벽의 석질과 같아 보인다. 점장대였을 것이라는 현지인들의 증
언과는 달리 일부 전문가들은 건축물의 기초였을 가능성도 제기한다. 그 근거로
산의 서측 산자락에서 줄무늬 홍색기와, 회색벽돌, 도자기편 등이 출토되었다는
사실을 들고 있다. 점장대든 건축물이든 금전산에 성의 지휘부가 있었던 것은
확실하다. 대의 존재도 그렇지만 자료에 따르면 산 아래 양쪽에서 흐르는 하천이
모이는 곳에 연못과 둑을 쌓아 만든 저수지가 있다고 한다. 대개 저수지는 성의

중심시설과 가까이 있다. 금전산은 그리
높지 않은 산언덕에 지나지 않지만 정상
에 서면 성의 전체가 조망될 뿐 아니라
쾌청한 날씨에는 서벽의 낮은 토벽구간
을 넘어 발해바다가 보일 것 같다. 고구
려산성에서 더러 성안 중심부에 작은 산
이 있는 예를 보았다. 내성內城의 개념
과도 상통한다고 볼 수 있다.

금전산 산상의 대臺

산을 내려가 산 북쪽에 있다는 흙으로 쌓은 둑土壩 유적을 찾아보지만 하천엔 물
의 흐름이 그치고 풀숲만 무성할 뿐이다. 누구에게 물어볼 사람마저 없다. 산의
남쪽과 북쪽에서 흐르는 두 줄기 실개천이 하나로 합쳐져 길을 따라 성 밖으로
나간다. 그 지점에 문이 있는데 수구문水口門이다. 성안에 우물도 3~4개 있었다
고 하고 성안 중심으로 이렇게 실개천이 흐르니 수자원은 비교적 풍부했던 것으로
여겨진다. 수구문은 오늘날 성안으로 차량의 출입이 가능한 유일한 문이다. 이미
6월로 접어들어 농번기가 시작되었는지 성안에서 사람을 만날 수가 없다. 고려
성촌 초입에 있는 고성상점古城超市에 다시 가서 여러가지 물어 보지만 파리채를
든 채로 연신 하품을 해대는 아줌마는 귀찮다는 듯이 건성으로 답할 뿐이다.

유난히 더웠던 2016년 여름의 열기가 어느 정도 가신 8월 하순에 건안성을 다
시 찾았다. 6월 초에 다녀 온 후 뭔가 밀린 숙제가 남아 있는 듯 계속 찜찜했었기
에 나서는 발길이 가볍다. 수구문을 통하여 성안으로 들어가서 서남쪽 성문을 향
하여 갔다. 성안 마을은 금전산 주변에 집들이 모여있는 편이고 그 외에는 과수
원을 끼고 여기저기 분산되어 있다. 서남문으로 가는 길에도 산자락에 과수원이
펼쳐져 있고 문 가까이에 홀로 떨어진 농가가 하나 있다. 그 앞을 지나는데 똑같
이 생긴 개 두 마리가 문 앞으로 나와 사정없이 짖어댔다. 조금이라도 밀리면 나
를 사정없이 물어뜯을 기세이다. 집안에서 누구라도 나와서 말려주길 바라지만

건안성 서남문 가까이에 있는 외딴 농가

우리나라도 그렇지만 농번기에 농가는 다 들에 나가고 텅 빈 경우가 많다. 혼자 해결해야 했다. 나무몽둥이라도 있으면 좋으련만 갑자기 지나던 길 위에 있을 리 만무하다. 짖어대는 소리의 강도가 높아질수록 눈을 더 부릅뜨고 조금도 물러서지 않았다. 한편으로 돌멩이 하나를 집어 들었다. 돌멩이를 집는 한순간도 그들에게서 눈을 떼지 않았다. 손자병법에서도 그리 중시했던 군쟁軍爭의 그 "기선제압"을 당하지 않으려는 처절한 수 싸움이었다. 시간이 좀 지나자 세차게 짖어대던 개들이 갑자기 멈추고 물러선다. 조금도 물러서지 않는 불타는 나의 눈빛에 기선을 제압당한 것인지, 어쨌든 내가 승리했다. 하지만 가슴은 아직도 떨리고 있다. 얼마 전에 심장이 아파 병원에 갔었던 내게 이런 개 같은 경우가 또 있을까?

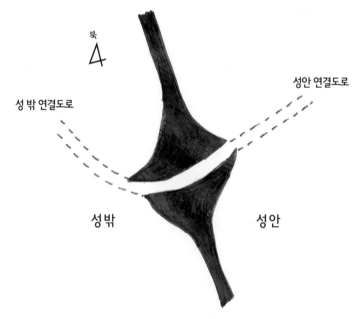

성의 정문인 서남문의 옹성구조 스케치. 동문과 거의 같은 구조를 지니고 있다.

그야말로 우여곡절 끝에 성의 서남문에 닿으니 전에 보았던 동문과 거의 같은 형태의 옹성구조다. 좁다란 마찻길이 성 안팎을 연결하고 문 양옆의 벽은 인공으로 쌓은 토벽이 서로 교차하여 적의 접근을 용이하지 않게 만들었다. 성문 토벽에 올라 보니 반대편 동문이 대척점에 자리하고 있다. 양쪽의 토벽은 치雉의 역할을 하니 옹성구조가 틀림없다.

문을 사이에 둔 서벽은 서남쪽 모퉁이의 험준한 산을 타고 오르고, 그 산의 남서방향에선 채석장에서 산을 깎아 내리느라 굉음을 내고 있다. 오롯이 채석장으로 변해버린 쌍대자진雙臺子鎭 성자구城子溝 고려성산산성도 처음엔 저렇게

건안성의 남서쪽은 채석장으로 변했다.

풍화암을 석재로 쌓은 건안성 서벽

시작했을 것이다. 그렇다면 언젠가는 성안까지 점점 파고들어 오는 것이 아닌지 걱정이 앞선다.

문에서 북쪽으로 이어지는 작은 산을 타고 성벽이 다시 올랐다. 남쪽의 산에 비하여 높지는 않지만 성벽을 산등성이 바깥쪽으로 쌓아 밖을 향하여 전투태세를 갖추게 되어 있다. 동벽과 같은 석질로, 같은 방식으로 쌓았기에 다른 화강암의 고구려성보다 훼손의 정도가 심하지만 성의 흔적은 뚜렷하게 남아 있다. 성벽 안쪽으로는 길게 환호環壕를 파서 방어를 강화하였다. 원래 고구려산성의 기원을 환호취락環壕聚落에서 왔다고 보는 학자도 있다. 오늘날로 말하자면 일종의 야전에서 길게 구덩이를 파서 만든 참호이다. 옛날에도 성을 대신하여 호를 파서 영역을 구분하였을 것이다. 서부의 산 정상 가까운 곳에서 확연한 환호의 형상을 만날 수 있다. 산등성이에서 규모는 작지만 금전산 정상의 점장대와 꼭 닮은 석대石臺가 있다. 아마도 서벽 쪽의 전투를 지휘했던 보조 점장대가 아닐까?

서쪽 산 정상에 서니 성 안팎이 잘 보인다. 멀리 바다 쪽으로 난 평지가 눈에 들어왔다. 바다에 상륙하여 진격해 오는 적의 동태를 살피기에 적합한 위치이다. 정상에서 보니 서쪽 산줄기는 급한 경사를 이루며 끝이 나고 이어서 북쪽 산까지 평지 위에 토벽을 쌓은 흔적이 완연하다. 높이가 10여m나 되는 토벽 위에 지금은 나무와 풀숲으로 울창하니 마치 길게 늘어진 낮은 구릉과 같다. 당시에는 강력한 성벽이었으며 평지인 그곳에 성의 정문과 수구문을 내어 성 안팎의 출입은 물론 성안 물의 배수로 역할을 했을 것이다. 이렇게 산지와 평지에 쌓은 성벽이 함께 이어지며 성의 서벽을 이루고 있다.

산을 내려와 다시 금전산 북쪽에 있다는 흙으로 만든 둑土壩의 저수 시설을 찾아갔다. 우선 6월에 왔을 때 찾았던 하천을 따라 다시 갔다. 그때나 지금이나 가뭄으로 물이 거의 말랐고 풀만 부쩍 자라있지만 하천의 윤곽은 뚜렷하다. 하지만 하천을 몇 번 오르내리며 찾아보아도 둑은 흔적조차 보이지 않았다. 전문가의

서부 산 정상 가까이에 길게 판 참호의 형상이 확연하다.

2007년 답사자료에 따르면 "남북방향으로 흙으로 된 둑土壩이 하나 있다. 폭이 20m, 산수가 북서로 경유하여 흐르고 둑의 높이는 0.6m, 출구 북쪽 벽 단면에서 일단의 달구질한 토벽을 볼 수 있다. 인공으로 축조한 하나의 축수지蓄水地이다."란 기록이 있어 열심히 찾아보았다. 산의 북쪽 산자락 과수원에서 일하고 있는 농부에게 물어 보아도 지금 둑이 남은 것은 없으며, 북쪽 과수원 위쪽 계곡에 우물과 마을 시멘트 길을 따라 금전산 쪽으로 하마탕蛤蟆塘 연못이 남아 있을 뿐이라고 한다.

마을로 가니 막바지 더위 속에서 아이들이 뛰어 놀고 있다. 담장 위에 올라가 노는 모습이 우리 아이들과 별반 차이가 없다. 아이들과 이야기를 나누던 중에 날씨가 더워 웃통을 벗어 던진 한 어른이 오기에 하마탕의 존재를 물어 보았다.

그는 음마만飮馬灣이었다고 증언한다. 음마만이라면 고구려산성 여러 곳에서 저수시설을 일컫는 말이다. 원래 그곳의 샘물은 깨끗하고, 사시사철 마르지 않아 수년 전만 해도 주민의 생활용수 역할을 했다고 한다. 지금은 지하수가 개발되어 이미 폐기되었다고 전하며 나무 수풀로 뒤덮인 곳을 가리켰다. 물은 거의 말라붙었고 연못의 흔적은 있으나 이미 그 기능을 상실하였다. 그는 북벽 산자락을 가리키며 계곡의 과수원이 끝나는 지점에 당시의 우물이 있어 지금도 그쪽 과수원에 물을 댄다고 한다. 반대편 서남문 인근에도 또 하나의 우물이 남아 있다고 한다. 1,500년을 지켜온 우물이라니 놀랄 뿐이다. 하마탕 아래에서 두 갈래 하천이 합쳐져 흐르며 수구문을 지나 성 밖 마을로 이어지니 나도 하천을 따라 걸으며 그 문을 빠져 나왔다.

『신당서』와 『자치통감資治通鑑』에 건안성에서의 전투상황에 대한 보다 구체적인 기록이 있다. 『신당서新唐書』 「장량전張亮傳」에 보면 장량의 군사가 비사성을 격파하고 건안성 아래에 닿았을 때 진영을 세우지 못하고 있었다. 그때 갑자기 고구려군이 습격을 하니 장량은 어찌할 바를 모르고 있다가 겨우 호상胡床에 쭈그리고 앉아서 바라보지만 입이 닫혀 말을 못하였다. 사졸들이 그것을 보고 자위를 위하여 용기를 내어 싸우니 고구려 군사를 파하고 나갔다. 나중에 태종을 수행하여 돌아와서 죄를 얻어 체포되었다고 기재하고 있다.

『자치통감』 197권 「당기唐記」의 기록에는 영주도독 장검張儉이 호병胡兵을 선봉에 내세워 요수를 건너 진격하여 건안성을 향해 나가 고구려 병사를 격파하여 수천의 수급을 베었다. 추秋 7월에 장량張亮의 군대가 건안성 아래를 지나는데, 진영을 고정하지 못하고 사졸 다수가 나와 말 먹일 풀을 베는데 고구려군이 갑자기 급습을 한다. 군 가운데 놀라는 이가 있어 소란스럽게 되었다. 장량은 겁을 먹고 호상에 쭈그려 앉아 바라보나 말문이 닫혔다. 사졸들이 그를 보고 용기를 내니 총관 장금수張金樹 등이 북을 올려 고구려군을 쳐 격파하고 나간다. 또한 건안은 남쪽에, 안시安市는 북쪽에 있다고 말한다. 두 역사서의 거의 비슷한 내용은 당군이 계속하여 건안성을 공격한 것은 사실이지만 결국 함락시키지 못하고 실패했던 사실을 전하고 있다. 결과적으로 그것이 안시성 전투에 실패로 이어지고 당태종은 요택을 건너 퇴각해야 하는 운명과 이어진다.

건안성에는 연개소문과 그의 누이동생인 연개수진의 이야기도 전해진다. 현지인들은 금전산 서측 산자락에 건축터가 있으며 그곳에 연개소문과 누이동생이 기거하며 전투를 지휘했다고 한다. 하지만 영류왕 14년인 631년, 당의 침략에 대비하여 천리장성 축조를 시작하며 연개소문을 책임자로 임명한다. 642년에 연개소문은 반대파를 공격하기 위하여 대신들을 초대하고 군대 사열식을 구실로 하여 반대파를 모두 제거한다. 마침내 왕까지 죽이고 새로 보장왕을 내세워 자신이 대막리지에 오르고 권력을 장악하게 된다. 건안성에서의 전투는 주로 645년 당태종의 동정 때 이루어지는 바 과연 전체적인 전쟁을 지휘하는 입장에 있었던 대막리지 연개소문이 이곳에 주둔하여 전투를 지휘했다는 이야기가 설득력이 있을까? 아무리 인근의 큰 성이었으며 당과의 전쟁에서 승패를 가를 만한 주요 요충지였다고 하지만, 그의 누이동생은 몰라도 연개소문이 이 성을 지휘했을 리 만무하다.

요동지역의 많은 성에는 수많은 태종 이세민과 설인귀薛仁貴의 대고구려전투 승전담이 전해오며, 그러한 전설 속에는 반드시 연개소문이 등장하여 그들의 공적을 높이는 조연 역할을 한다. 연개소문은 오늘날에도 중국 경극의 소재로도 남아 설인귀와 싸우고 있다. 그 또한 설인귀의 공적을 과장하기 위하여 당대當代의 최고 장수이며 정치가였던 연개소문을 등장시키는 것이다. 수구문에 앉아 성의 역사를 되짚어 보며 다시 성안을 돌아보니 과연 규모나 역사의 사실에 있어서나 명불허전의 건안성이다. 떠나기 아쉬워 발길이 안 떨어진다.

연통산산성 성문. 1,500년간 지붕을 이고 있지만 오늘날까지 끄떡없이 지켜 온 성문, 이것이 고구려 장인의 신기神技 아니겠는가? 하나의 조각품을 대하는 듯하다. 보는 그 누구에게도 감동을 안겨주기에 충분하다.

연통산煙筒山산성, 축성술의 감동을 주다

　얼마 전 세계 8대 불가사의 중에 하나이며 중국인들의 큰 자랑거리 만리장성의 한 구간인, 산서성山西省 산음현山陰縣 광무廣武 명明 장성長城 10호 적대敵臺에 자리한 월량문月亮門이 붕괴되었다고 난리를 피운 일이 있었다. 많은 사람들은 만리장성이 진시황 때 지어진 것으로 알고 있다. 하지만 지금 남아 있는 장성의 대부분은 명대에 건설된 것이다. 월량문도 명나라 홍무洪武 7년(1374)에 건설된 전장 10km 구간 중에 아치형 문으로 남아 있다가 지난 10월 초에 무너져 내린 것이다. 많은 중국인들의 사랑을 받았던 유적이기에 그 아쉬움이 더 하지만 그 동안 장성에 대한 보호가 소홀했다는 자성의 목소리가 컸다. 물론 오랜 세월을 견디다 보니 자연적인 침식도 있겠지만 주변에 광산, 채석장, 도로건설 등 마구잡이식 개발이 주요 원인이라 한다. 여행상품으로 만들기 위한 개발과 복원과정에서 원형을 잃는 경우도 많다. 하물며 주변 주민들이 벽돌을 가져다 집에서 다양한 용도로 사용하는 경우도 적지 않았다고 한다. 그동안 고구려산성을 답사하면서 그와 유사한 사례를 얼마든지 보아 왔던 터이다.

　연통산산성의 2개의 지붕 덮개가 있는 문은 만리장성의 월량문보다 최소한 800~900년 더 오래되었다. 물론 벽돌과 석재의 차이에서 오는 자연침식의 정도가 다르지만 그것만으로 설명하기엔 턱없이 부족하다. 오늘 와서 보는 1,500년의 장구한 세월을 견뎌 온 연통산산성의 문이 더욱 대견스럽게 보인다. 그러한 고구려인들의 축성술은 신기神技라고 표현하는 것도 모자란다. 보고 있노라면 너무 감동적이어서 눈물이 날 지경이다.

거대한 바위가 바로 연통산 정상이다.

개주蓋州 시내에서 G305번 도로 장림선莊林線을 타고 동남쪽으로 6km 정도 가다 보면 서둔진徐屯鎭 한가구촌韓家溝村이 나온다. 멀리서부터 바위가 우뚝 솟은 산이 보이니 금방 연통산임을 알 수 있다. 유난히 석재공장이 많은 한가구촌에 들어서고 국도변에 작게 연통산 입구란 표지판이 보인다. 차의 진행방향에서 왼쪽으로 난 농촌길로 가다 보면 큰 산문을 만난다. 그리 오래되지 않은 사찰 태고선사太古禪寺의 문이자 연통산의 입구이다. 그곳에서 사찰을 보면 그 뒤에 금방이라도 쏟아져 내릴 듯 거대한 바위가 우뚝 서 있으니 그것이 바로 해발 351m의 연통산煙筒山이다. 바위가 연통처럼 생겼다.

사찰 안을 거쳐 보이는 바위의 정상을 오르는 산길이 나있다. 미세먼지로 뿌옇지만 산의 나무들은 이미 옷을 갈아입은 지 오래다. 우리의 가을 산처럼 고운 단풍은 아니다. 중국의 산에는 잡목이 많은 편이라서 그리 곱지는 않지만 그래도 계절의 변화엔 어쩔 수 없는가 보다. 남북으로 난 계곡의 길을 얼마간 오르다 보니 문터로 보이는 곳이 나오고 그 옆 동서방향으로 성벽이 이어진다. 누가 봐도 성의 초입에 자리한 성문 터이다. 사전 조사한 자료에 의하면 앞에 보이는 정상의 바위 인근에 성이 있다고 하였건만 훨씬 못 미친 곳에 성문 터가 있다니?

조금 더 가다 보니 또 하나의 성문 터의 흔적이 있다. 좀 전에 본 것과 마찬가지로 서쪽 산등성이 쪽으로 성벽이 이어진다. 그것은 마치 1차·2차 관문처럼 산을 오르면서 단계적으로 성문 터가 자리하고 있는 것이다. 제1차 성문은 해발 166m에, 그리고 제2차 성문이 해발 199m에 자리하고 있다.

산은 그리 높은 편은 아니지만 이미 두 단계의 문을 거치고 또 다시 만나는 것이 그렇게도 마음 설레게 했던 지붕이 있는 문이다. 그 문은 단순한 구조가 아니다. 전면에 양쪽으로 성벽을 두텁게 쌓아 그 후면에 있는 지붕덮개를 한 문을 보호를 한다. 하나의 옹성구조인 것이다. 작은 돌들로 옆기둥을 튼튼하게 쌓고 그 위에 커다란 돌 지붕을 올려놓았다. 그 지붕 위에는 다시 작은 돌들을 1.6m 정도 쌓아 올렸다. 성문 위에서도 적을 방어한다. 문의 높이는 내 키가 안 닿는 것을 보니 2m 전후로 보인다.

성문 전면에 성벽을 쌓아 문을 보호하게 만들었으니 또 하나의 옹성 구조를 이룬다. 성벽의 보존상태가 거의 완벽하다.

안을 들어가 보니 그 진입하는 깊이가 2.3m이며, 문에 진입하고 난 뒤에 오르막 계단을 지나야 빠져 나갈 수가 있게 되어 있다. 거의 직각에 가까운 계단이다. 계단을 오르면서 왼쪽에는 거대한 자연암석이 자리하고 있어 문을 튼튼하게 유지하고 있다. 그 암석은 거의 정 뒷면에 위치해 있다. 뒷면의 산언덕에서 생길 수 있는 산사태가 발생하지 않도록 보호 역할을 하는 것이다. 그래서 뒤로 빠져 나가는 계단이 좀 틀어져 나있다. 안쪽에서 보는 천정은 전면에서 보았던 큰 지붕 암석을 포함하여 평평한 큰 석판 4개를 측면의 작은 돌들이 떠받고 있다. 그 큰 석판들을 1,500년 동안

지붕을 떠받치고 있는 문은 지붕 위에다 또 성벽을 쌓아 철통같은 방어선을 구축한다. 문의 천정은 거대한 암석 4개로 이루어져 있다.

끄떡도 없이 이고 있다. 이 성문을 차단하고 전후 성벽에 군사를 배치한다면 적이 문을 통과한다는 것은 어림도 없는 구조이다. 문은 과학적이기도 하지만 빼어난 건축미도 지니고 있다. 『영구시문물지營口市文物志』의 해당 자료에 따르면 문의 폭 1.2m, 높이 1.95m이고, 성문 주변의 성벽 높이가 최고 4m, 길이가 약 10m로 되어 있다.

그 문을 지나 좀 오르면 또 하나의 평범한 문이 나온다. 드디어 자료에서 이야기 하는 중성中城의 입구이다. 상기 자료에서는 성을 3분하여 외성, 중성, 내성으로 구분하였다. 정상의 연통형의 거석 아래에 가장 높은 부분의 성을 내성內城, 그 아래 서쪽 평탄한 부분에 성을 쌓아 그를 중성 또는 중심성이라 한다. 중성 북쪽 한 단계 아래로 내려가 길게 평지를 유지한 부분을 가장 바깥쪽에 위치하여 외성外城이라 칭한다. 그래서 보통 3단계 높이를 두고 구성되어 있다고 한다. 그리고 성의 규모를 남북길이가 140m 동서폭이 65m로 그 면적이 9,100평방미터에 이른다고 한다. 또 다른 중국학자는 평면이 불규칙하며 그 성 둘레가 300m 정도라고 한다. 하지만 직접 답사를 마친 후에 그들이 판단하는 성의 규모와 다른 의견이 생겼다.

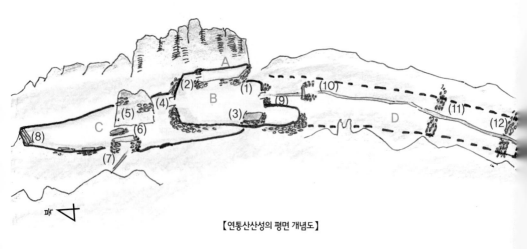

【연통산산성의 평면 개념도】

(1) A, 내성의 남서쪽 성벽. 연통형 거석 바로 아래 성의 가장 높은 곳으로 성벽을 쌓아 면적을 확보했다.

(2) 내성의 북쪽 성문.내성으로 진출입이 가능한 유일한 문으로 성벽이 잘 쌓여 있다. 중국학자는 이를 대라고 하기도 한다.

(3) 중성 안 남서쪽으로 치우쳐 대臺가 완벽한 상태로 남아 있다.

(4) 중성과 외성을 잇는 성문. 면적이 가장 넓은 중성은 성의 중심역할을 했을 것이다.

(5) 외성에 자리한 대臺. 자연의 암석에 인공의 벽을 쌓아 대를 만들었다.

(6) 성안의 유일한 우물터로 지금은 물이 메말랐다.

(7) 외성 북서쪽변에 우뚝 솟은 또 하나의 지붕 있는 성문.

(8) 외성의 북쪽 끝자락. 가공한 거대한 암석들이 성벽 여장女墻 역할을 한다.

(9) 중성의 남측 문으로 3단계의 문을 거치고 만나는 최종의 문이다.

(10) 중성 남측의 지붕 있는 성문.

(11) 정상으로 오르는 계곡 중간에 문터가 있고 성벽이 쪽 산줄기를 오른다. 해발 199m에 위치해 있다.

(12) 정상을 향하는 계곡에 사찰에서 그리 멀지 않은 곳에서 성문 터를 만나고 성벽은 서쪽 산줄기로 이어 간다. 해발 166m 지점에 위치한다.

상기 개념도에서 중국학자들은 A를 내성, B를 중성, C를 외성으로 본다. 그리하여 산성의 범위를 A, B, C를 합친 실선 안의 면적으로 본 것이다. 하지만 이번 답사를 거치면서 남쪽의 점선 부분도 성의 범위로 보아야 한다는 생각이 들었다. 그에 대한 근거로 (11), (12) 번의 성문 터와 그로부터 서측 산줄기로 이어지는 성벽의 존재를 들 수 있다. 적의 접근을 막기 위한 두 단계의 문과 (10)번의 지붕 있는 문의 존재를 어찌 설명할 것인가? 중성에 도달하기까지 3개의 문을 거쳐야 한다. 동서 양 측면에 성벽이 없는 것 때문에 성의 범위 안에 넣기에 주저할 수도 있지만 두 산등성이는 험준하여 별도의 성벽을 쌓을 필요가 없었을 것이다. 고구려산성에서 험준한 산세를 이용하여 인공축성 없이 성벽을 대체한 예는 얼마든지 있다. 그렇다면 상기 개념도에서 D부분을 C와 같이 외성의 범위로 보아야 할 것이다. 그 경우 성의 면적은 지금보다 배 이상 넓어지게 된다. 언제인가 국내 학자가 이 성을 답사하고 성의 규모가 작은 것을 보고 하나의 전진기지 격인 성보城堡 또는 보루堡壘로 판단한 글을 본 적이 있다. D지역까지 성의 범위로 본다면

정상을 오르는 계곡의 서쪽 산등성이. 천연의 장벽을 이루니 별도의 성벽이 필요 없다.

어느 정도의 군사가 주둔했던 정규성으로 보여진다. 이것이 이번 답사결과 나의 견해이다.

일단 중성에 오르니 평탄하며 그 면적 또한 상상외로 넓다. 남서쪽에 치우쳐 가지런히 쌓은 석축의 대臺가 서있다. 그 규모는 높이가 2.9m, 동서길이 2.85m, 남북길이 4.8m이다. 발굴 당시에 통기와, 판기와, 벽돌 등 건축 자재의 유물이 발견되었다고 하니 대 위에 건축물이 있었다는 것을 반증한다. 워낙 온전히 보존되어 있는 사각의 대를 보니 혹시 천신에게 산성의 평온을 기원하던 제단이 아니었을까 하는 생각도 들었다. 중성에서 올려다 보이는 내성은 연통 바위 바로 아래 전체 성에서 가장 높은 곳에 위치해 있다. 계단을 통해서만 오를 수 있다. 길이가 17m 정도에 폭이 4~5m 되는 이곳에서는 면적을 최대한 확보하기 위해 삼면을 성벽을 쌓아 보완을 했다. 올라서 보니 성 안팎이 훤히 보인다. 유난히 미세먼지가 많은 오늘이 아니라면 서북쪽 1.6km 떨어진 대청하大淸河 뿐만 아니라 18km

내성의 큰 바위에 사각의 구멍과 의자 앉는 부분 모양으로 파 놓았으니 그 용도가 무엇이었을까?

거리에 있다는 요동만遼東灣 바다도 보였을 것이다. 내성은 성 전체를 지휘하는 지휘부가 자리했던 점장대로 추정된다. 그도 그럴 것이 내성에 있는 큰 바위에 눈대중으로 40×17×15cm의 사각구멍을 파 놓았다. 장군기將軍旗를 게양했던 구멍이 아니었을까? 그 옆에는 의자의 엉덩이 판 모양으로 조각을 했으니 그 용도가 무엇일까? 과연 이들이 당시에 만든 것일까? 아무튼 내성은 지휘부가 주재하며 전투지휘를 했던 것으로 여겨진다.

중성으로 다시 내려가니 북쪽으로 길게 뻗은 외성과 연결하는 문이 나 있다. 외성을 내려다보니 천연바위에 인공성벽을 보강하여 상부를 평탄하게 만든 높고 큰 대臺가 자리한다. 자료에 따르면 그 대의 크기는 높이가 10m, 동서길이가 5.6m, 남북폭이 11m로 된 거대한 석대이다. 그곳에서도 남측 석대에서와 같은 건축자재들이 발굴되었다고 하니 대 상부에 누각을 세웠던 듯하다. 아마도 이웃 성과 연락을 하는 봉화대나 서북쪽을 관망하는 전망대였을 것이다. 계단을 통해

중성에서 내려다보니 외성에 있는 대臺를 지나 서북 면에 위치한 지붕 있는 성문이 보이고 그 멀리 미세먼지 속에 흐릿하게나마 대청하가 흐른다.

오르내리게 되어 있다. 자연을 최대한 활용하여 만든 대의 위용이 대단하다. 중성에서 대를 내려다보니 그 옆에 또 하나의 걸작인 지붕을 덮은 성문이 외곽 쪽으로 원형을 이루며 아름답게 모습을 나타내고 있다. 외성은 삼면이 절벽을 이루고 있어 천연의 요새이지만 그 외곽에도 틈틈이 성벽을 쌓아 적이 얼씬도 못하게 만들어 놓았다.

대를 돌아가서 서북방향으로 절벽 위에 세워진 지붕있는 성문을 보니 위풍당당해 보인다. 남측의 지붕 덮은 성문과 비교하면 그 규모나 구조가 비슷하지만 간결한 멋이 있다. 남측의 문이 계곡 속에서 오묘하고 복잡한 구조를 지녀 여성미를 나타내는 반면에 북측의 문은 당당한 남성미를 지녔다고 할 수 있다. 남측의 문과 유사하게 지붕은 커다랗고 평평한 석판들을 대고 작은 돌들이 기둥 삼아 꿋꿋하게 지켜내고 있다. 자료에 따르면 문은 폭이 1.2m, 높이가 2.3m, 문의 진입 깊이가 2,8m로 비슷한 규모이다. 성문 터의 보호 성벽은 높이가 3.5m, 길이가

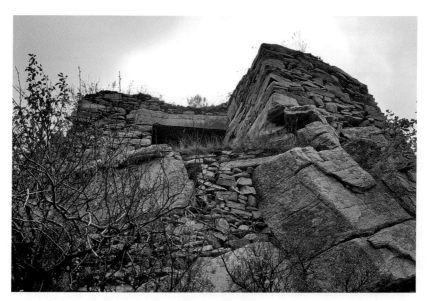

성 밖에서 본 성문의 위용

4.7m에 불과하지만 절벽 위에 노출되어 있어 적의 접근을 절대로 허락하지 않는 구조를 지니고 있다. 또한 남측 문은 평지로 진입하여 거의 직각으로 된 계단을 타고 빠져 성안으로 들어가는 구조이나 이곳의 문은 그와 달리 절벽 위 평탄한 곳에 세워져 있다. 성문이라기보다는 마치 하나의 조각품을 대하듯 그 아름다움이 빼어나다. 얼마 전 14세기에 세운 만리장성의 월량문月亮門이 무너져 내린 것을 보면서 이 성의 2개의 지붕 덮은 성문이 1,500년을 이토록 변함없이 지켜 온 것은 거의 불가사의에 가깝다는 생각이 든다. 이 성은 돌 사이에 소금을 넣은 흙과 함께 쌓았기에 쉽게 침식되지 않는다고도 전해진다. 축성방법 자체가 그 차원을 달리 한다.

성문과 대 사이에 성안의 유일한 우물터가 하나 있다. 이미 물은 말라붙었지만 그 터는 확실하게 남아 있다. 우물 터 근처에 반원형의 가공석이 하나 있다. 생김새가 맷돌 같이 생겼다. 주변에 무엇인가 무거운 물건을 잡아 두었던 삼각형의 구멍이 있는 것으로 보아 거대한 맷돌이다. 하지만 왜 반쪽인지 도무지 이해가 되지 않는다.

자료를 보면 이 성 외벽에 중국학자들은 석안石眼이라 표현하는 3곳의 원형과 1곳의 사각의 구멍이 있다고 한다. 원형은 직경이 10cm 깊이가 14cm, 사각형은 12×12×4cm 크기이다. 당시에 물건을 고정하거나 깃대를 삽입하기 위하여 판 것이라고 한다. 혹시 그것과 관련이 있는지도 모르겠다. 통나무나 돌을 매달아 고정했다가 적이 침입을 하면 고정끈을 끊어내어 굴리는 무기체계로 추정하는 구멍인 주동柱洞이 몇몇 성에서 발견되었다. 대흑산 비사성의 남·서벽에

우물터 인근에 맷돌같이 생긴 반원형의 가공석이 하나 놓여 있다. 과연 그 용도가 무엇이었을까?

서도 다수 발견되었지만 그 용도에 대한 논란은 아직도 계속되고 있다.

외성은 북쪽으로 좁지만 길게 뻗어있고 깊은 절벽과 연결되어 있다. 외곽은 성벽으로 보강을 하였고 곳곳에 사각으로 가공한 암석을 설치하여 여장女墻의 역할을 하게 하니 요새要塞가 따로 없다. 평상시 그 암석 위에 앉아 회의나 행사를 진행했을 법 하다. 우뚝 솟은 바위산 위 평탄한 곳에 이렇게 산성이 자리하니 마치 하늘에서 내려 온 신선들이 노닐던 곳이란 생각도 든다. 그래서인지 산성 바위 위에다 누군가가 "선범분계仙凡分界," "천선거天仙居"란 글자를 새겨 놓았다.

연통산은 그 외에도 조돌산灶突山, 조동욕산灶洞峪山, 낭랑묘산娘娘廟山, 조왕욕산灶王峪山 등으로도 불린다. 이 산성 안에는 언제 쓰였는지 자세히 알 수는 없지만 바위에 글씨를 음각한 곳이 8곳이 있다고 한다. "선범분계仙凡分界," "천선거天仙居" 이외에도 "조동욕산성灶洞峪山城," "벽하碧霞"란 글자 등이 새겨져 있고, "벽하원군찬碧霞元君贊," "제조돌산청봉題灶突山靑峰" 등 2편의 시 등도 음각되어 있다. 그만큼 후대에도 많은 선비들이 이곳을 찾아 찬양했던 명산이다. 또한 청대 강희康熙 21년에 출간된 『개평현지蓋平縣志』에 "조돌산은 성 동남 20리에 있으며 많은 산이 둘러쌓고 있는 가운데 봉우리 하나가 우뚝 솟아 있다. 속칭 낭랑묘산으로도 불린다. 灶突山城東南二十里, 衆山環繞一峰屹立, 故名俗呼娘娘廟山。"란 기록을 시작으로 그 후대에도 현 개주시의 지방지地方志에 산성의 존재와 함께 줄곧 소개되었다. 여러 정황을 보아 옛날에는 주로 조돌산灶突山으로 불리었다. 대청하 하류를 지켜냈던 연통산산성, 작지만 강한 산성으로 과학적이며 아름다운 건축미를 뽐내고 있기에 그 인상은 가슴 깊이 남는다.

중성 북쪽 내성을 이루는 벽면에 벽하원군찬碧霞元君贊이란 시 한편이 선명하게 조각되어 있다.

해룡천산산성은 8개의 봉우리가 둘러싼 포곡식 산성이다. 성 둘레가 약 3,000m에 이른다. 동쪽 성벽을 이루는 한 봉우리가
오랜만에 파란 하늘 아래서 그 자태를 뽐내고 있다.

해룡천산산성 · 차엽구촌 고려성산산성 · 고장촌 마권자산산성, 대청하 상류 대석교 관내의 고구려산성

영구營口 시내 남부에 강하구를 둔 대청하大淸河를 타고 내륙으로 올라가면 대석교大石橋시를 만난다. 그곳은 이미 강의 상류이다. 강은 시의 동부 산악지대와 해성海城시 영락진英落鎭 산지, 두 곳에서 발원하여 주로 개주蓋州 관내를 돌고 돌아 발해渤海로 유입되는 외류하이다.

대석교시 시내에서 수암 방향으로 가는 S321 도로를 타고 가다보면 탕지진湯池鎭 마을을 만난다. 그곳에서 하천을 따라 가는 향촌도로인 상백선上白線으로 갈아타고 가다 보면 주가저수지周家水庫가 나온다. 그 저수지 또한 대청하의 상류에 자리한다. 저수지 동남쪽에 산군 아래 동금사촌東金寺村이 있으며 마을 뒤쪽 산군 중에 가장 높은 산이 해룡천산海龍川山이다. 그곳에 산성이 자리한다. 대석교大石橋 시내로부터는 동남방향으로 34.5km 떨어져 있는 곳이다.

눈이 내린 지 얼마 되지 않아 그늘진 곳에는 녹지 않고 제법 쌓여 있다. 호수도 산에도 아직은 눈이 잔뜩 쌓여 봄이 먼 듯하지만 햇살이 이미 따사로우니 아마도 금방 녹아 내릴 것이다. 마을을 지나니 산자락에 자리한 사찰이 눈에 들어오고 그 사찰 때문인지 도로를 넓히는 공사를 하고 있다. 사찰 이름은 동금사東金寺에서 근간에 와서 보림사寶林寺로 개명을 하였다 한다. 입구에서 보니 동고서저東高西低의 지형이다. 동쪽 산등성이를 가운데 두고 남북의 산줄기가 평행을 이루며 서쪽으로 향하니 삼면이 산으로 둘러싼 포곡식 산성이다. 전체를 조망하니 작은 성이 아니다. 성 둘레가 3,000여m에 달한다.

눈 덮인 주가저수지. 저수지 동남쪽 2km 정도 떨어진 곳에 동금사촌이 있고 뒤 산군 중에 가장 높은 산에 산성이 자리한다.

우선 산성에 대한 정보를 듣기 위해 사찰로 갔다. 사찰 근처는 도로뿐 아니라 부지확장공사를 하느라고 부산하다. 성안 남쪽으로 치우쳐 내려온 산줄기 끝머리를 잘라내고 있다. 아마도 그곳에 점장대나 전망대시설이 있었을 만한데 뭉개고 있으니 어쩌랴? 사찰이 있는 자리는 산자락에 분지를 이루어 꽤 넓은 곳이건만 그것도 부족한지 계속 산을 깎아내고 있다. 당시에 그 부지엔 성의 지휘부 등 중심시설이 있었을 것이다. 중국에 국민소득이 높아지면서 내세에 대한 관심이 점점 높아지는 것일까? 정치에 대한 무관심을 유도하기 위해 종교의 성장을 방관하는 탓인지 곳곳에 갈수록 종교가 치성하다.

아무튼 종교는 아편이라고 했던 고전적인 공산주의 사상과는 거리가 멀다. 사찰 앞뜰에 나와 있는 비구니에게 산성에 대해 물어 보니 있긴 하지만 눈도 쌓여 있으니 현지인의 안내를 받는 것이 좋을 듯싶다고 조언한다. 사찰에서 마을까지는 먼 거리이고 간다고 해서 누가 선뜻 나서주는 것도 아니니 인자하게 생긴 비

동금사촌 마을 끝머리에서 바라보는 해룡천산. 뒤편 산군이 성의 동벽을 이룬다.

구니가 나서준다면 더 할 수 없이 좋으련만…… 대학 교양과정에서 이수한 불교학개론과 불교문화사를 좀 더 열심히 공부했더라면 대화도 통하고 그러면 마음이 동하여 나서줄 수도 있으련만 아쉬움만 남을 뿐이다. 눈 속을 친구와 함께 둘이 오를 수밖에 달리 도리가 없었다.

일단은 남벽을 오르기 시작했다. 남벽은 태양이 비추는 안쪽이라서 눈이 거의 녹지 않아 발목까지 빠진다. 요즘 등산화가 미국의 빌 고어가 개발한 고어텍스란 원단으로 만들어 방수는 훌륭하지만 발목으로 눈이 들어오는 것까지야 어찌 할 도리가 없다. 남벽에 오르니 눈에 쌓인 성벽의 윤곽이 나타난다. 능선을 따라 간다. 동남쪽 성밖에 봉우리가 하나 있다. 중국에서 그 봉우리를 645년 당태종의 고구려 동정 시 안시성 전투에서 쌓은 토벽이라 설명하며 해룡천산성을 안시성으로 비정하는 학자도 있다. 특히 영구시營口市 박물관 조사단에서 그리 판단한다. 1996년에 발간된 『영구시문물지營口市文物志』「고구려시기 산성」편에서 안시성으로 확정하여 기재하고 있다. 하지만 보다 많은 학자들은 해성시海城市에 있는 영성자산성英城子山城을 안시성으로 보고 있으며 그것이 다수설로 되어 있다. 한참을 살펴보아도 인공 토벽이라기보다는 하나의 자연 산봉우리가 맞는 듯하다. 남벽과 동벽의 모퉁이를 지나 동쪽 면의 산 능선을 타지만 높은 산봉우리가 이어지면서 산세가 더욱 험준해진다. 능선 위에 쌓인 눈이 앞으로 전진을 어렵게 한다.

해룡천산산성 밖에 있는 봉우리

동벽에서 내려다보는 해룡천산산성 안

성안을 내려다 보니 산에 오르기 전에 들렀던 사찰이 한눈에 들어온다. 성 밖 동남쪽을 잇는 계곡에 소로가 나있고 그 길을 잇는 동문이 나 있다. 동쪽은 험한 산세의 산군이 연이으니 적의 접근이 불가능해 보인다. 동벽 초입을 기준으로 한 위치는 북위 40°31'41", 동경122°49'3"이며 고도는 494m이다. 해룡천산 정상은 해발 663.5m라고 한다. 눈 쌓인 동벽을 따라 눈을 헤치고 가다 보니 시간도 많이 소요되었고 지쳤다. 동벽에서 북벽으로 치우쳐 내려오는 길이 있어 하산했다. 내려오면서 북벽을 바라본다. 북벽에서도 남벽에서와 같이 하나의 산줄기를 성안으로 내려놓는다. 전체적으로 하나의 포곡식 산성이기도 하지만 성안에는 남·북벽에서 내려 온 산줄기가 각각의 작은 포곡식 산성을 만들어 놓는다. 성안에 3개의 산성이 있는 격이다. 결코 작은 성이 아니다. 전체적으로 산세가 험준하니 이수난공易守難攻의 전형이 아니던가? 그러한 점이 많은 학자들로 하여금 이 성을 안시성으로 비정하도록 유혹했던 것도 사실이다.

동·북벽 모퉁이에서 시작되는 계곡이 겨울이라 말랐지만 여름엔 많은 양의

물을 쏟아낸 듯 물길이 깊다. 자료에 따르면 이곳 어딘가에 저수지가 있다고 했

건만 눈 속에서 그것을 찾는다는 것이 쉬운 일이 아니다. 사찰 인근으로 오면서 저수지도 있었다고 하지만 사찰을 확장하면서 없어진 듯하다. 사찰은 아직도 확장공사중이다. 성안 전체가 어수선하기 짝이 없다. 성안에 인공으로 평탄하게 쌓았다는 연병장演兵場이 어디인지, 서북 모퉁이에 있다는 요망대瞭望臺가 어딘지 알 수가 없다.

사찰을 확장하느라 성안 여기저기 파헤쳐 놓으니,
어디에 무엇이 있는지 알 수가 없다.

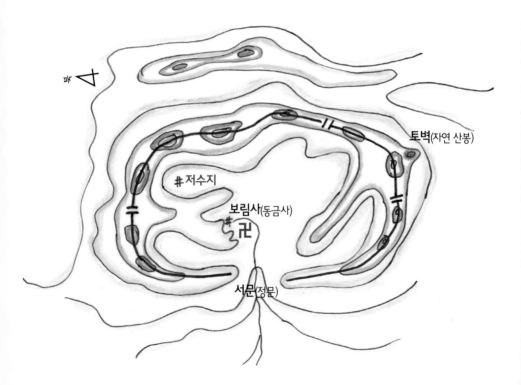

【해룡천산산성의 평면 개념도】
영구시문물지의 도면을 위주로 직접 답사 후에 일부 수정함. 토벽은 답사 후 자연 산봉으로 판단함.

겨울 해가 이미 기울기 시작했으니 또 한 곳을 가기 위해서는 서둘러야 했다. 같은 대석교시의 황토령진黃土嶺鎭 차엽구촌茶葉溝村에 있는 차엽구촌 고려성산高麗城山산성이다. 탕지진湯池鎭에서 수암으로 가는 S321번 도로를 갈아타고 동쪽으로 한참 가다 보면 황토령진이 나온다. 그곳에서 다시 향촌도로로 이어지는 차엽구촌은 아주 작은 농촌마을이다. 해룡천산산성에서 전체적으로 34km를 차로 이동한 것이다. 마을 어른에게 물으니 마을 서북쪽에 가장 높이 솟은 산이 고려성산이며, 그 산 정상에 고구려성이 있다는 것이다.

마을 뒤편에 펼쳐지는 옥수수밭 끝에서 산을 오른다. 산을 오르면서 내려다보는 눈에 쌓인 차엽구촌 마을은 평온하게 저녁을 맞고 있다. 해가 길어졌다고는 하지만 부지런히 다녀와야 한다. 산 정상에 오르니 사면이 훤히 한눈에 들어온다. 앗, 북서쪽에 보이는 높은 산은 방금 우리가 다녀왔던 해룡천산이 아닌가? 눈앞에 선명하게 펼쳐지는 것을 보니 아주 가까운 거리이다. 직선거리로 불과 3.5km 떨어진 곳을 돌고 돌아 34km를 왔다니? 고구려시대에는 거의 직선거

차엽구 고려성산 정상에서 바라본 해룡천산

리로 도보나 말을 타고 가깝게 오갔을 것이다.

정상을 자세히 살펴보니 넓지 않은 평지가 전형적인 산성이었다. 산 정상은 동서로 길고 남북으로 좁다. 서로 폭이 넓고 동으로 폭이 좁아 마치 못생긴 고구마 같은 평면을 형성한다. 성 둘레는 약 320m이며, 성안 면적은 2,900㎡에 달한다. 북쪽으로는 험준한 산세가 이어져 별도의 인공성벽이 필요 없다. 당시에 병사들은 비교적 경사가 완만한 남쪽으로 출입을 하였으며 남쪽으로 성문이 하나 개설되어 있다. 문을 나와 돌아보니 남면은 성벽을 쌓아 적의 접근을 차단하고 있다. 그 잔고는 1~2m로 경사도에 따라 차이가 있다.

서남쪽 끝에 원형의 대臺가 자리한다. 동서길이로 중간에서 북쪽으로 치우쳐 샘이 있다. 겨울철이라서 샘은 말랐지만 눈 녹은 물이 고여 있다. 저수지는 산성 입지의 가장 중요한 조건이다.

차엽구촌 고려성산산성 정상 남면 성벽

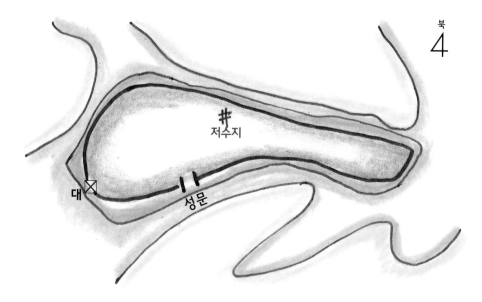

북
4

저수지

대

성문

〈 차엽구촌 고려성산산성 개념도 〉 영구시문물지 평면도를 기초로 직접 답사 후 수정함.

비교적 큰 규모의 산성인 해룡천산산성과 가까운 거리에 있으면서 한 지휘체계 아래 있었던 성이다. 대청하유역과 동남방향의 동정을 살피고 긴급 상황이 발생되면 봉화대에 연기를 올려 알렸을 것이다. 성은 북위 40°30'21", 동경 122°45'30"에 위치하며 고도는 해발 400m 전후이다.

남쪽 계곡을 따라 내려오는 길은 험하다. 계곡을 거의 다 내려 온 산자락에 석축의 성벽이 나타난다. 어쩌면 성을 오르는 초입에 병사들이 매복했던 초소가 아니었을까? 옥수수밭이 이어지는 산자락에는 이미 땅거미가 내리기 시작했다. 마을로 내려오니 다들 집으로 돌아가 저녁식사 준비할 시간이어서 인기척이 없다. 미장이 떨어져 나간 벽에 산성의 돌이 그대로 나타났다. 그 돌로 담장만 쌓은 줄 알았는데 그게 아니었다. 지난번 수암岫岩에서 한 노인이 벽돌이 귀하던 시절 산성의 돌을 경쟁적으로 가져다 집을 짓는 데 썼다는 고백을 들었다. 눈에 보이는 돌담만 쌓은 것이 아니고 미장으로 감춰진 벽에도 그 돌을 쓴 것이다. 그들에게는

산성의 돌이 건축자재로 변모한 차엽구촌 민가

산성의 돌들이 없어서는 안 될 중요한 건축자재였던 것이다.

대석교 시내에서 하룻밤을 자고 다음날 아침 일찍 마권자산馬圈子山산성을 찾아 나섰다. 오늘 하늘도 어제만은 못해도 맑은 편이다. 산성은 시내 동남부에 위치한 백채진百寨鎭 고장촌高莊村 마을 북쪽으로 2km 떨어진 산 정상에 자리하고 있다고 들었다. 마을 멀리서부터 뿌연 먼지가 하늘을 뒤덮는다. 고장촌 마을 전체가 광산이다. 마을 뒷산은 여기 저기 다 파헤쳤고 정상도 잘려나갔다. 불길한 예감이 든다. 산성이 산 정상에 있다고 하였는데 봉우리가 남아 있지 않으니 그 산성이 어디로 갔단 말인가?

기록에는 타원형상의 장방형으로 동북에서 서남으로 길게 자리한다. 성문은 서남방향에 개설되어 있다. 남북방향으로 가운데 축선이 48m, 동서폭은 22~28m로 그 면적이 약 1,200㎡에 이르는 작은 성이라고 되어 있다.

1685년 강희康熙 24년에 처음 출판된『개평현지蓋平縣志』에도 "백가채보는 성내에서 북으로 55리에 있으며 주변 둘레가 190보이다.白家寨堡, 在城北五十五里, 周圍一百九十步"고 기록되어 성의 존재를 말하고 있다.

산 쪽으로는 광산이 개설되어 있고 공장들이 둘러싸고 있으니 그나마 산에 오를 길이 없다. 일단 성에 관한 정보를 듣기 위해 고장촌 사무소를 찾아 갔으나 일요일이라서 문이 굳게 닫혀있다. 광산개발로 인하여 살던 곳에서 단체로 이주한 아파트 단지 내에 있다. 햇볕에 나와 모여 있는 노인들에게 물으니 "북쪽 산 상에 '마쥐앤馬圈'이 있었지." 하고 답한다. 마쥐앤이란 마구간을 의미한다. 산성이 마구간의 모양을 닮았다하여 마권자산성이라고 한다. 산이 광산으로 개발되느라 자기들이 살던 곳에서 쫓겨나 이리로 왔는데 산성인들 온전하겠냐고 반문한다. 이곳의 광산은 마그네슘광으로 산에서 캐낸 광석으로 산화마그네슘, 수산화마그네슘 등 분말가공하여 내화재료로 사용한다고 한다. 그래서 온 천지에

마권자산산성이 있는 고장촌은 광산마을로 변해 버렸고 산 정상도 거의 다 날아갔다.

가루먼지가 날린다. 잠깐 있는 시간에도 생명이 단축되는 듯하니 이 동네 사람들은 어쩔까?

마권자산산성은 이제 없다. 하지만 자료와 노인들의 증언만이 그의 존재를 말하고 있다. 당시에 어제 다녀온 해룡천산성, 차엽구 고려성산산성과 함께 대청하 상류를 지켜온 산성이다. 그리고 3개의 산성은 서남 방향으로 25km 떨어져 있는 건안성, 동북으로 30km 떨어져 있는 안시성과 함께 요하遼河의 동안東岸을 지키는 고구려의 군사보루이다. 또한 바다를 거쳐 내륙으로 침입하는 적군을 요동만에서부터 격퇴하는 하나의 지휘체계에 있었던 군사기지이다. 이번 대석교의 산성답사는 마권자산산성의 훼손으로 인해 그 어느 때보다 아쉬움이 많이 남는다. 중국 땅 여기저기에 흩어져 있는 고구려산성이 수없이 망가지고, 사라져 가고 있지만 우리에게는 손쓸 아무런 것이 없다. 그냥 바라만 볼 뿐이다. 지금 할 수 있는 일이라고는 산성의 존재를 파악하고 답사하고 자료화 하는 것이 전부이다.

고장촌 마을은 광산개발로 살던 곳에서 쫓겨 나와 이주단지에 다시 자리를 잡았다.

대청하大淸河 하류는 개주蓋州 시내를 지나 두 갈래로 나뉘어 발해 요동만遼東灣으로 유입된다. 당시에 바다를 건너 침입하는 적군들이 강하구에서 상륙하여 강을 따라 내륙으로 진격했을 것이다.

학양사산鶴羊寺山산성, 대청하 강하구에 인접한 고구려산성

미세먼지 잔뜩 낀 늦가을에 대청하大淸河 강하구를 갔다. 하늘도 강과 만나는 바다도 희뿌연 색깔로 구분이 안 된다. 대석교시大石橋市 건일진建一鎭 동대령東大嶺에서 발원하여 석문저수지石門水庫에 잠깐 머물다 총 연장 100.7km를 달려 이곳에서 발해와 만난다. 강의 상류에 이르면 이미 안시성과 요동성을 코앞에 두게 된다. 그러니 대청하는 당시에 실로 전략상 중요한 하천이었으며 그 강기슭 곳곳에 방어선을 구축하였던 것이다.

대청하 하류에 학양사산鶴羊寺山산성, 연통산煙筒山산성, 동승촌산성東升村山城, 청석령靑石嶺 고려성산高麗城山산성이 자리한다. 그리고 상류에 해룡천산海龍川山산성, 마권자산馬圈子山산성, 차엽구촌茶葉溝村 고려성산高麗城山산성 등 많은 산성들이 즐비하게 분포해 있다.

그 중 강하구에 인접해 있는 고구려성이 학양사산鶴羊寺山산성이다. 대련에서 심양을 잇는 심대고속도로沈大高速公路의 개주 출구를 나와 남동방향으로 3~4km 가다 보면 정둔촌鄭屯村을 만난다. 마을에 들어서 북쪽으로 보면 우뚝 솟은 산들과 그 중턱에 큰 사찰이 눈에 띄니 물어볼 필요도 없다. 옥수수밭을 지나 보이는 산의 모양이 규모가 좀 작을 뿐 일전에 갔던 보란점의 백운산白雲山과 비슷하다.

멀리서 보아도 산의 삼면이 사찰을 둘러싸고 있는 포곡식 산성을 이루고 있음을 알 수 있다. 길을 따라 가는 노인에게 사찰에 가는 길이면 태워주겠다고 하니 운동 삼아 걷겠다고 정중하게 사절한다. 그에게 산성의 존재를 물으니 사찰에 가면 별로 남은 것 없어도 볼 수는 있다고 한다. 정문에는 성급문물보호단위 학양사산유적지鶴羊寺山遺址라는 표지석이 서있다. 2014년에 성省에서 지정하였다고 한다.

그렇다면 학양사는 어느 왕조 때 지은 사찰이었을까? 청대 건륭乾隆 44년(1779년)에 출간된 『성경통지盛京通志』에 "명대 천순 연간에 황화도인이 있었는데 여기 거주하며 수련을 쌓고 수년 후에 학을 타고 신선이 되어 갔다고 세속에서 전해온다. 明天順年間。有一個黃花道人居此修練。數年後俗傳乘鶴仙去。"고 기록되어 있다고 한다. 그뿐 아니라 명대 『요동지遼東志』에도 거의 같은 내용과 함께 산이름을 반선산伴仙山이라고한다고 기록되어 있다. 『영구시문물지營口市文物志』에는 조양사산朝陽寺山 그리고 조양사산성山城이라고 기재되어 있는 것을 보면 사찰이름이 조양사朝陽寺라고도 하였다. 하지만 마을에서 물어본 바로는 현재는 학양사산으로 옛 학양사는 20세기 중엽에 없어지고 지금은 연화관蓮花觀이라는 큰 도교사찰이 자리하고 있다. 또한 전언에 따르면 학양선사鶴羊禪寺는 여러

정둔촌 북쪽에 옥수수밭 사이로 난 길을 따라 가면 산 중턱 옛 학양사 터에 지은 연화관蓮花觀(도교사찰)이 있고 그를 둘러싼 산이 바로 학양사산이다.

고증에 근거하여 수대隋代에 처음 지어
졌다고도 한다. 그렇다면 수대엔 수나
라가 이 지역을 지배한 적이 없으니 고구
려인들이 지은 절이나 도교사원이었을
가능성을 배제할 수 없다.

성문이 있었음직한 산문에서 보니 북
쪽 산등성이와 동서로 이어 내려오는

산허리에 가득 연화관이 자리하고 있다. 고구려 당시에는 성의 중심
시설이 자리하고 있었을 것이다.

산줄기가 삼면을 둘러싼 북고남저北高南低의 전형적인 산성의 입지를 지니고 있
다. 그 안에 포근하게 자리한 제법 큰 규모의 사찰 자리에 당시엔 성의 중심시설
이 있었을 것이다. 성문을 들어서니 좁다랗게 사찰을 오르는 길이 있다. 하지만 차로
편하게 오르내리려는 인간의 욕심이 서쪽을 잇는 산줄기를 따라 콘크리트 포장의
신작로를 냈다. 성의 서벽을 걷어내고 도로를 만든 것 같다. 사찰에서 내려다보니
성은 그리 큰 규모는 아니다. 『영구시문물지』에 따르면 동서폭이 350m, 남북
길이 350m이고 성 주변길이가 1,379m이다. 그 면적은 약 122,500m²에 달한다.

정상에서 내려다보는 산문은 아마도 성의 정문이었을 것이다. 서쪽 산줄기에 콘크리트 포장의 신작로를 냈다.

일단 사찰에서 동쪽 산줄기 쪽으로 가다가 보니 숲속 언덕에 돌로 가지런히 쌓은 석벽이 보인다. 약 20~30여m 이어진다. 성안에 자리하니 성벽이라기보다는 건물 터의 축대가 아니었을까? 평탄한 평지 아래 언덕에 자리한 벽으로 보아 학양사 옛터이거나 고구려 당시 성의 중심건축물 자리였을 것이다.

학양사 성안 동쪽으로 치우쳐 축대 같은 석벽이 길게 이어진다.

석벽을 따라 동벽 쪽으로 더 가니 벽은 없어지고 하나의 대였음직한 높은 지형이 나온다. 올라 보니 동남쪽의 밖과 성안이 훤히 보인다. 아마도 동남 방향의 적정을 조망하였을 것이다. 산줄기를 따라 북쪽 산등성이 방향으로 오르니 성벽은 보이지 않고 그를 대체했을 만한 자연암석들이 줄을 이어 놓여 있다. 북쪽 능선에 닿아 서쪽으로 좀 가다보면 큰 암석이 앞을 가로 막아 쉽게 오를 수 없다. 그곳을 오르면 산의 정상이다. 그래야만 멀리서 보이던 대臺에 닿을 수가 있다. 잡고 오르라고 밧줄이 하나 바위 사이로 놓여 있다. 설치한지 오래된 듯하니 얼른 믿음이 안가 여러 번 당겨 확인하고서야 잡고 올랐다.

정상에 오르니 성 안팎이 한눈에 들어온다. 그런 위치에 하나의 석축의 대臺가

봉화대는 돌 사이에 흙과 백회를 이겨 넣어 돌을 쌓으니 고구려 축성방법과는 차이가 있다.

있다. 자료를 찾아 볼 때 명대明代에 설치한 봉화대라고 되어 있었다. 두 눈 부릅뜨고 과연 그럴까 하는 마음으로 자세히 살펴보았다. 돌과 돌 사이에 흙과 백회가루를 함께 이겨 쌓은 것을 볼 수 있다. 과문한 탓인지 모르지만 고구려의 축성방법으로 흙을 이겨 넣은 것은 보았어도 백회가루를 함께 한 것은 아

직 본 적이 없다. 『영구시문물지』의 기록에 따르면 대의 기초석부터 21층의 돌로 쌓고 높이는 3.2m이다. 기초 면의 네 변 길이가 각기 차이가 있어 서면의 길이는 8m, 동면의 길이 8.6m, 남면은 10.4m, 북면은 11.2m라고 되어 있다.

하지만 오늘 보니 서면과 남면은 보존상태가 좋으나 나머지 면은 훼손이 심각하다. 그 자료는 주변의 다른 봉화대와 함께 명대 해양방어 군사시설의 하나의 중요한 봉화대라고 확정 짓고 있다. 중국의 해안에 왜구의 소요가 극심했던 명대에 그들의 침입을 방어하기 위한 군사통신시설로 보는 것이다. 백회를 쓴 것을 보아서 그들의 주장에 이의를 달 생각은 없다. 성안에 설치한 명대의 봉화대는 고구려시대의 기존에 있던 대를 보수하여 사용하였거나 그 위치에 새로 쌓았을 개연성은 충분하다. 위치로 보아서 성 안팎의 조망이 완벽하게 확보되니 점장대나 전망대의 역할을 하였던 곳이라 추정할 수 있다. 고구려산성을 그 후대 왕조에서 연이어 사용했던 것이다.

길게 이어지는 북벽은 워낙 산세가 험준하여 별도의 성벽이 필요 없을 정도이다. 북서쪽 방향으로 발해가 눈에 들어온다. 산성이 바다와 아주 가까운 곳에 위치하고 있다. 바다에 상륙하는 적군들의 동정이 한눈에 들어왔을 것이다. 성안은 거의 사각의 형태이지만 북벽이 가장 긴 편이라서 그 길이가 538m에 이른다. 서쪽으로 튀어 나온 이유이다. 북벽을 서쪽으로 70~80m 더 가다 보면 또 하나의 대臺를 만난다.

어찌 보면 성벽으로도 보이지만 남쪽으로 자연암 위에 설치되어 남북으로 약 15m 길이, 폭은 3~4m이지만 아무리 살펴보아도 하나의 대이다. 훼손상태가 심각한 것을 보면 고구려시대의 것으로 판단된다. 보고 있으니 좀 전에 본 명대의

북벽 서쪽에 치우쳐 훼손이 심각하지만 대가 설치되어 있다.

봉화대 자리에도 이러한 형태의 대臺가 있었을 것이라 생각이 든다. 서쪽면을 보니 종교적인 의미인지 성황당처럼 깃발을 줄에 이어 대를 둘러싸고 있다. 그 동안 산성을 다니면서 성벽 인근에서 이런 광경을 많이 보아 왔다. 한쪽에는 제단으로 보이는 단도 설치되어 있다. 민간인들은 훨씬 후대에 지은 대보다는 더 오래된 이곳의 대에서 어떤 영험을 믿고 제를 올리는 것 같다.

대에 올라보니 성 밖 더욱 가까이 바다가 미세먼지 속에서도 손에 잡힐 듯 보인다. 바다 쪽을 감시하던 전망대였을 것이다. 전망대를 지나 서쪽에는 넓은 산 구릉이 펼쳐지고 나무 한 그루 없이 긴 풀들만 바람에 출렁인다. 그래서인지 『영구시문물지』에 보면 북쪽에 치우친 서벽에 문 터 두 곳이 있다고 한다. 하지만 자연 암석만이 가득할 뿐 문 터는 찾을 수가 없다. 이어지는 서벽으로 콘크리트 포장의

대에 올라보니 미세먼지 속에서도 발해 바다가 손에 잡힐 듯 가깝게 자리하고 있다.

길이 나 있고 서벽은 없었다. 역사의 유적보다 사찰을 오르내리는 차량의 통행이 그들에게는 더욱 중요한 일일 뿐이다. 그 길을 따라 다시 사찰로 들어갔다. 산언덕에 건물을 짓다보니 이곳저곳에 거대한 축대를 쌓았다. 그곳에 쌓여진 돌들을 보고 있노라면 이 산성의 성벽이 거의 남아 있지 않은 이유를 알 것 같았다. 다니다 보면 현급縣級, 성급省級, 국가급國家級 문물보호단위文物保護單位로 선정하고 표지석을 세운 것을 보지만 그것과는 별 상관없이 계속 훼손되고 있다.

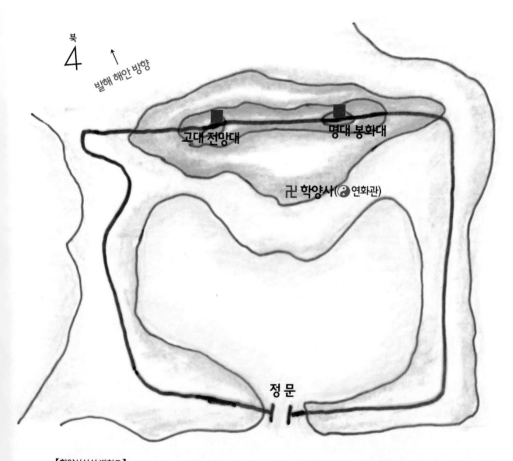

【학양사산성 배치도】
본 배치도는 『영구시문물지』를 기초하여 직접 방문, 확인 후에 일부 수정하여 작성했다. 『영구시문물지』에는 서벽 북쪽에 치우쳐 두 개의 문 등 기타 시설물이 있으나 현재는 남아있지 않아 표시하지 않았다.

8장

발해를 지키는 또 다른 해양방어선

분영촌산성 남쪽의 왜왜산

발해를 지키는 또 다른 해양방어선

● 분영촌산성奮英村山城, 개주시 양운진 분영촌.

● 웅악고성熊岳古城, 영구시 웅악진 시내.

● 성자구城子溝 고려성산高麗城山산성, 개주시 쌍대자진 파대자촌.

● 동쌍대東雙臺 고려성산高麗城山산성, 개주시 쌍대자진 동쌍대촌.

● 북와방점北瓦房店 고려성산高麗城山산성, 와방점시 만가령진 북와방점촌 맹가구.

● 천리장성千里長城(요동반도구간), 영구시 노변구 ～ 해성시 우장진.

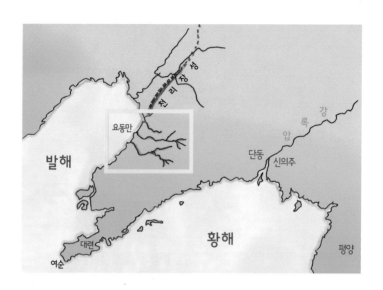

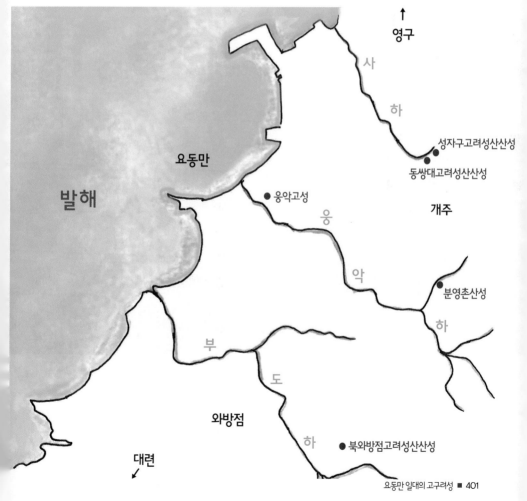

요동만 일대의 고구려성 ■ 401

웅악하熊岳河가 발해로 유입되는 강하구는 썰물 탓에 바닥을 드러내고 갈매기만 빈 배 주변을 날 뿐, 옛 역사를 증언할
그 무엇 하나 없으니 나그네 맘이 쓸쓸하기 짝이 없다.

웅악하熊岳河변의 실체 없는 고구려성들과 분영촌산성奮英村山城

대련—심양 간 고속도로沈大高速公路를 타고 약 170km 달리다 보면 웅악熊岳 출구가 나온다. 웅악은 한漢대부터 고성古城이 있었으며 청대에 이르기까지 주변지역의 행정·군사의 중심지였다. 지금의 행정구역은 영구시營口市 포어권구鮑魚圈區 웅악진熊岳鎭이다. 예나 지금이나 시내 한가운데를 흐르는 웅악하熊岳河는 발해바다의 요동만遼東灣으로 유입되는 외류하이다. 그 때문에 고대부터 군사적으로 중요했으며, 교통의 요지이기에 행정의 중심이었다. 따라서 한대에 행정의 중심지로 고성이 자리했다고 하니 그 후에 요동지역을 지배했던 국가들도 이어서 행정의 중심지로 삼았을 것이다. 고구려 또한 이곳에 성을 유지하였을 개연성이 있다. 더구나 육지와 바다를 가리지 않고 침략해 왔던 중원세력을 수비하기 위해서는 강하구를 끼고 있는 이 지역은 전략적으로도 그 중요성이 남달랐을 것이다. 물론 전시에는 산성에 집결하여 방어선을 폈지만 평시에 백성들이 모여 살았을 이곳에 그들을 관리할 성이 있었다는 것은 어쩌면 당연한 추론이다.

웅악고성熊岳古城은 고구려뿐 아니라 그 후에도 이 땅을 지배했던 요遼·금金왕조에서 명·청대를 거쳐 내려 온 것이다. 오늘날에 고성은 거의 남은 것이 없고 일부의 기록과 2001년에 허술하게 복원한 남문만이 우뚝 서서 옛 명성을 전하고 있을 뿐이다.

고성 옆을 흐르는 웅악하는 불과 6~7km 떨어진 곳에 강하구를 만들어 놓는다. 개주蓋州 노모산老帽山에서 발원하여 42.5km를 달려와 시내 한가운데를 관통

청대 건륭제시기(1778년) 웅악진터에 복원된 남문(수덕문綏德門).

한다. 최근에 그 강 양변 고수부지에 공원을 만들어 놓아 시민들의 발길을 머물게 한다. 강하구 인근 양안은 땅이 비옥하여 고구려시대뿐 아니라 그 이전, 이후에도 지배 왕조의 변화와 관계없이 거주하는 사람이 많았을 것이다. 하구에 서니 흐린 날씨에도 불구하고 발아래 발해가 펼쳐지고 있다. 중원의 왕조들은 저 바다를 건너 군사들을 보내 고구려를 정벌하고자 이 강하구에도 상륙하여 웅악하熊岳河 강하구를 통해 내륙으로 진격을 시도했을 것이다. 지금 웅악하 강하구에는 낚시하는 사람, 썰물로 드러난 바닥에서 어패류를 채취하는 사람들로 북적거린다.

강하구에서 다시 고성으로 돌아와 웅악하를 따라 상류로 거슬러 올라갔다. 1996년 12월에 출판된 『영구시문물지』 서적에 따르면 웅악하 강변에는 고구려 산성이 양운진楊運鎭 분영촌奮英村산성 하나만 게재되어 있다. 하지만 강유역을 따라 당시의 산성을 조사하던 중 지도상에 또 다른 두 곳에 고구려산성을 의미하는 지명이 나타났다. 웅악진 바로 인접한 개주시蓋州市 진둔진陳屯鎭 인민정부 북쪽으로 2km 떨어진 곳에 고려성산高麗城山이란 이름의 산이 하나 있었다. 웅악하와는 직선거리로 불과 3km 떨어진 곳이니 강유역이다. 하지만 진둔촌에 가서 아무리 물어보아도 그 산에 산성은 존재하지 않는다고 했다. 그 옛날에 산성이 존재했었는지, 왜 산의 이름이 고려성산이라고 했는지에 대한 답은 아무도 몰랐다. 과연 그 산에 당시에도 산성이 존재하지 않았을까? 아무런 연관이 없이 산 이름을 고려성산이라고 했을 리 만무하다. 그곳에서 지방도인 웅성선熊城線을 타고 강상류 쪽으로 15km 정도 가다 보면 212번 도로와 갈라지는 곳에 고려성高麗城이란 산 이름이 하나 더 나온다. 그곳은 도로가 분기되는 곳이기도 하지만 세 갈래의 지류가 하나로 합류하는 강의 상류이다. 그 합류지점은 농촌이지만 교통의 요지인 탓인지 항상 오토바이를 개조하여 사람을 실어 나르는 삼륜차 5~6대가 대기를 하고 있다. 그 중에 가장 나이가 지긋한 분에게 다가가 고려성 산을 물으니 그 역시 산은 있으나 별 유적이 없다는 답이다. 그렇다면 왜 산 이름이 고려성이냐고 물으니 산이 높고 험하여 그리 명명한 것 아니겠냐고 추측성 답을 한다. 강이 합류하는 지점은 전략적으로 중요하였기에 산성이 자리했을 가능성이 농후하다.

웅악하 강의 하나의 지류인 육도하六道河는 양운진 시내에서 합류한다. 그 지류를 따라 상류 쪽으로 5km 정도 가다 보면 분영촌奮英村을 만난다. 하천을 따라 길게 늘어진 작은 마을에서 담소를 나누는 노인들에게 다가가 산성을 물으니 그 존재 자체에 대해 부정을 한다.『영구시문물지』책자를 보여주며 물어도 그들은 들어 본 적이 없다고 한다. 하천의 동쪽에 이어지는 산 어딘가에 있으리란 확신을 갖고 몇 차례 왕복해 보지만 지형상 산성이 존재할 수 있는 곳은 두 곳뿐이다. 강둑에서 소를 치는 노인에게 물으니 내가 생각했던 그 산을 가리키며 그곳에

웅악하 강의 세 갈래 지류가 하나로 합류하는 지점에 고려성이란 이름의 산이 있다. 골재를 채취하느라고 산은 이미 깎여 나가기 시작했다.

"란마치앙" 유적이 있다고 한다. "란마장攔馬墻?" 생소한 용어지만 옛날에 말이 나 마차가 다니는 길에 보호석을 쌓은 것을 말한다. 쉽게 말하자면 오늘날 고속 도로나 국도의 경계에 가드레일을 만들어 보호하는 것이나 마찬가지이다. 아니 마도馬道가 있을만한 지형도 아닌데 란마장이라니? 아마도 산성이나 란마장 다 같이 석재를 쌓아 만드니 혼돈이 있을 수 있다. 아니면 지형을 보아 부합되지 않으나 고구려산성을 이후의 왕조에서 란마장으로 쓰였을 개연성도 있다.

어쨌든 하천을 건너 산에 다가가니 입구에 성문 터 흔적이 역력하다. 이곳이 산성이 맞는다면 성 전면에 있는 하천은 천연의 해자垓字 역할을 한다. 하천이 1차 적으로 적들이 성에 접근하는 것을 차단하였을 것이다. 입구에 일부 토성이 남아 있고 석재들이 흩어진 사이로 성 안쪽을 향해 좁은 길이 나 있다. 남북에서 입구

분영촌산성의 전면. 앞에 흐르는 하천이 해자垓字 역할을 하고 정문은 엇갈리게 향하는 양쪽 산기슭이 옹성구조를 이루며 그 뒤로 전개되는 계곡은 삼면이 산줄기로 둘러싸여 전형적인 포곡식 산성을 이룬다.

길 쪽으로 내려오는 산줄기가 전후 교차되니 이것은 천연의 옹성구조가 아니던가? 두루두루 훌륭한 성의 입지조건을 갖추고 있었다. 둘러보니 남북에서 평행되게 두 산줄기가 길게 이어지고 동쪽의 여러 개의 산봉우리가 함께 병풍처럼 둘러싸고 있으니 전형적인 포곡식 산성이다. 소치는 노인의 말에 따르면 입구에서 남북 양편의 산줄기에 돌로 쌓은 란마장이 있다는 이야기이다. 성안으로 들어가 우선 전체적인 지형을 보기 위하여 동쪽 산봉우리가 이어지는 쪽을 향해 갔다. 성안에는 좁지만 기다란 길이 선명하게 나있고, 동쪽 산봉우리에서 내려 온 하나의

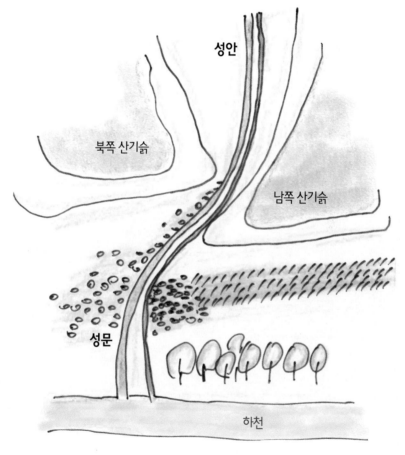

【분영촌산성 입구 개략도】

산줄기 끝에 좀 넓은 분지를 이루니 아마도 당시에는 성의 중심시설이 있었을 것이다. 그 산줄기를 타고 산정상에 올랐다. 좀 오르다 보니 가파른 산세에 숨이 막힌다. 고구려산성은 어느 한 곳도 용이한 곳에 자리하지 않은 듯하다.

정상에 오르니 남동쪽 방향으로 왜왜산歪歪山이 보인다. 상어지느러미 같은 바위를 이고 있는 전후 두 개의 봉우리가 특이하다. 보고 있노라니 이 성과 같은 남고북저의 포곡식 성터로서 안성맞춤의 입지 조건을 지녔다는 생각이다. 입구 쪽에 성벽을 좀 쌓으며 상당히 큰 규모의 완벽한 성이 된다.

산성의 가장 높은 곳에서 성안을 조망해 본다. 영구시 문물지에 따르면 동서로 긴 타원형의 성은 동서 길이가 약 700m, 남북의 폭이 약 400m라고 기록되어 있

분영촌산성 남쪽의 왜왜산, 그 산 지형을 보아 훌륭한 성터 자리이다. 웅악하 강에서도 멀지 않은 위치이니 더욱 안성맞춤인 듯하다.

다. 그러니 성의 둘레가 약 2,200m 정도에 이르며, 그 면적이 약 28만m²에 달한다. 성 앞으로 강이 흐르고 강과 평행되게 S212번 도로가 지난다. 보이는 작은 마을이 분영촌이며, 마을 뒤편엔 커다란 산군이 이어지며 산성과 마주한다. 아마도 당시에도 강을 따라 넓지 않은 교통로가 이어지고, 적의 주요한 침투로 역할을 하였을 것이다. 그래서 이곳에 산성을 건설하였을 것이다.

북벽을 타고 내려오면서 성벽을 찾아보지만 만날 수가 없다. 성의 입구에 다가오면서 계곡 아래를 보니 강가에서 만났던 소치기 노인이 소를 몰고 와 있었다. 성벽을 못 찾고 헤매던 중에 그를 보니 반가웠다. 그는 최근에는 란마장을 찾아

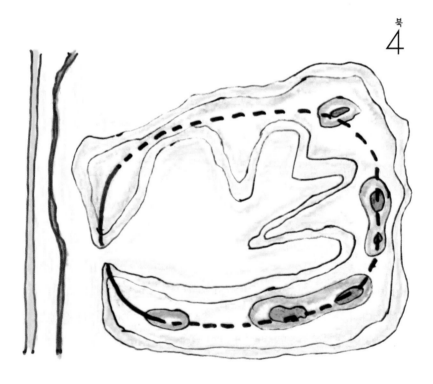

분영촌산성 평면도. 『영구시문물지』의 평면도에 기초하여 방문답사 후 일부 수정을 하여 그렸다. 점선까지 문물지에서 성곽으로 표시하나, 양치기 노인과 소치기 노인은 하나같이 실선에만 란마장이 있다고 한다.

간 적은 없지만 도면에서 보듯이 틀림없이 입구 남북 양편으로 잔고 1m 남짓 정도의 석재를 쌓은 벽이 있었다고 설명한다. 의아해하는 나에게 같이 가주겠다고 앞장섰다. 아직은 잡목이 무성한 풀숲의 녹음 속에서 그 역시 오래 전에 와서 보았던 성벽을 찾는다는 것이 쉽지는 않은 듯하다. 하지만 밤샘을 해서라도 찾을 기세이다. 너무 미안해서 내려가자고 했다. 때마침 양떼를 몰고 올라 오는 동네 노인을 만나 내게 확인을 시켜 주듯이 란마장에 대해 말해 보란다. 그 역시 입구 양 옆으로 돌로 된 벽이 이어진다고 설명을 한다. 그 또한 자기가 앞장설 테니 가자고 했다. 내가 스스로 찾아보겠다고 겨우 만류하고 그들과 헤어졌다. 하지만 그도 성벽이라고 하지 않고 분명 "란마치앙"이라고 한다. 과연 그들은 왜 산성 또는 성벽이라 하지 않고 란마장攔馬墻이라고 할까?

홀로 성안을 뚜벅뚜벅 걸으며 아무리 생각하여도 도무지 알 수가 없다. 성벽을 봐야만 뭔가 알 수 있을 것 같다. 입구를 보면 틀림없이 성문의 구조를 지녔건만 그들은 왜 란마치앙이라고 하는 것일까? 입구에 닿기 전에 이번엔 반대편인 남쪽 산기슭으로 난 산길을 택하여 가보기로 했다. 조금 지나니 자연석에 가까운 돌들을 인공적으로 쌓은 흔적은 보이나 그것이 성벽인지 란마장인지는 확인할 길이 없다. 단지 분명한 것은 이곳의 지형을 아무리 살펴보아도 마도馬道를 개설할 리는 만무한 곳이다.

결국은 두 노인의 란마장 증언만을 듣고 그것이 분영촌산성일 것이란 추정만 할 뿐 오늘 돌아본 산이 『영구시문물지』에 게재된 그 산성이라고 확신 할 수가 없었다. 이곳의 정확한 위치가 북위 40°7'22", 경도 122°17'32"이니 다른 기회를 통하여 다시 확인할 수 있다면 좋겠다. 혹시 다른 전문가가 이 지점을 보고 분영촌산성 터인지 확인이 된다면 더할 나위 없이 좋은 일일 텐데…… 더불어 이름만이 있는 고구려성들의 실체도 밝혀지도록 추후에도 계속 노력을 기울일 작정이다. 결국 웅악하 유역의 고구려 산성답사는 풀어야 할 숙제만 잔뜩 안고 돌아온 꼴이 되었다.

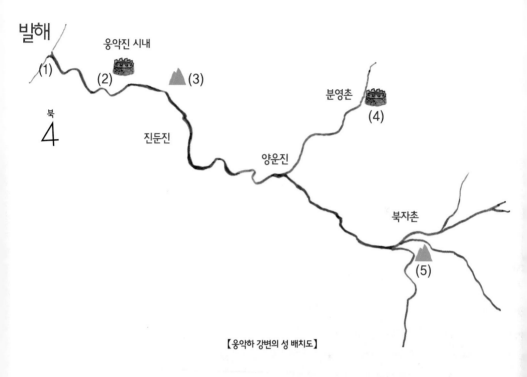

발해

웅악진 시내

(1)

(2)

(3)

북
4

진둔진

양운진

분영촌

(4)

북자촌

(5)

【웅악하 강변의 성 배치도】

【범례】

번호	지명	위치
(1)	웅악하 강하구 熊岳河入海口	영구시 웅악진 서쪽 바닷가 營口市熊岳鎭西側海邊
(2)	웅악고성 熊岳古城	영구시 웅악진 구시가 營口市熊岳鎭舊市街
(3)	고려성산 高麗城山	개주시 진둔진 인민정부 북쪽 산 蓋州市陳屯鎭人民政府北
(4)	분영촌산성 奮英村山城	개주시 양운진 분영촌 동쪽 산상 蓋州市楊運鎭奮英村東側山上
(5)	고려성 高麗城	개주시 양운진 북차촌 동남쪽 산 蓋州市楊運鎭北岔村東南山

성자구 고려성산산성의 동벽 북쪽 편 정상에 기암들로 이루어진 절벽이 천연의 성벽을 이루고 있다.

채석장에 날아간 고구려산성

– 쌍대자진雙臺子鎭 성자구城子溝 고려성산高麗城山산성과
그 전초기지인 동쌍대東雙臺 고려성산산성

　개주시蓋州市 동북쪽은 산세가 험준한 산악지역이다. 그래서인지 요남遼南 지역의 많은 하천들이 시작하는 발원지가 많다. 해안과 이어지는 평야지대를 거쳐 쌍대자진雙臺子鎭에 들어서면 사하沙河 강 양변에 최근 온천개발로 농촌답지 않게 번화한 홍계곡온천풍경구虹溪谷溫泉風景區가 나온다. 그 배후에 역시 강의 발원이 되는 산악이 줄을 잇지만 산들은 채석장으로 여기저기 잘려 나가고 있었다. 쌍대자진 파대자촌破臺子村 성자구城子溝 마을을 찾아가 동네 어귀 나무그늘에 앉아 이야기를 나누던 노인에게 고려성산을 물으니 뒷산을 가리키며 고려성산高麗城山이라고 한다. 물이 말라 버린 하천을 지나니 대규모 채석장이 눈에 들어왔다. 산의 계곡 입구부터 사정없이 파헤쳐져 있다.

　자료에 따르면 지금 바라보고 있는 산의 서면인 계곡 입구에 인공으로 쌓은 토성이 있었으며 축성한 성벽의 너비가 20여m, 성의 정문인 서문의 폭은 약 5m였다고 한다. 하지만 그 성벽과 성문은 그 어디에서도 찾을 길이 없다. 수구문이 있었을 만한 계곡 하천도 시멘트 잔해와 돌조각으로 완전히 뒤덮여 물의 흐름이 멈춘 지 오래다. 성의 남벽과 북벽을 이루는 산등성이 성안 쪽 산줄기를 완전히 파헤치고 바위를 캐내어 골재를 만드는 부산한 공사판이다. 입구에서 만난 부식을 배달하던 중년 남성은 채석장을 가로질러 동쪽 산에 오르면 성벽이 있다고 했다.

　하지만 그곳을 지나다 잘못하면 울화병이 생길 것 같아 북쪽 성벽을 이루는

고려성산의 서문과 수구문이 있었을 계곡 입구.

고려성산 전체가 온통 채석장으로 변했다.

고려성산 정상에 자연암석이 천연의 장벽을 이루고 있다.

능선을 잡고 올랐다. 길도 없이 깎아 낸 암석 위에 선 능선을 오르는 것은 쉽지 않다. 하지만 채석장으로 변한 성안을 좀 더 가까이 보기 위하여 최대한 접근하여 올랐다. 오르는 북벽 뿐 아니라 마주보는 남벽의 산 능선 바로 아래까지도 마찬가지로 다 깎아 내고 있다. 점점 더 파들어 가는 중이었다. 동쪽을 향하여 계속 오르니 거대한 암석으로 형성된 해발 478m의 정상이 보인다. 바로 고려성산高麗城山의 정상이다. 지금 서있는 산성의 북쪽과 마주보는 남쪽의 산등성이는 워낙 험준하고 가팔라 별도의 성벽을 쌓지 않았다고 전해 온다. 산성은 동·남·북 삼면의 산등성이가 둘러싸고 있는 포곡식 산성이기에 정상에서 이어지는 동쪽 산등성이에 성벽이 있을 것이다. 동고서저東高西低의 지형이다.

채석장을 내려다보는 안타까운 속내를 다스리며 정상을 향한다. 정상에 가까울수록 기암이 줄 지어 천연의 장벽을 이루니 이보다 훌륭한 성벽이 또 있을까 하는 생각이다. 여러 산성에서 보았듯이 고구려 선조들은 자연을 최대한 활용하여 성벽을 쌓는다. 바위에서 내려다보는 성 안팎 양면은 깎아 세운 듯 가파른 절벽을 이루니 당시에 적들의 접근은 어림도 없었을 것이다. 정상에서 서쪽을 바라보니 사하沙河 물줄기가 흐르는 평야지대에 마을이 있고 그 끝자락에 어렴풋이 발해渤海 바다가 보인다. 산성은 강하구에서 불과 19km 떨어진 사하 상류에 자리한다. 당시에는 오늘날보다는 훨씬 맑은 하늘 아래서 강과 바다가 더욱 잘 보였을 것이다.

정상에 길게 이어지는 천연의 성벽을 어렵사리 지나니 끝자락에 인공으로 쌓은 성벽이 나왔다. 가로, 세로 약 2m의 대臺를 이루고 그 대를 이어 10m 이상 성벽이 계속 되고 있다. 아마도 대는 봉화대 역할을 하였을 것이다. 이어지는 성벽은 그 높이가 3m, 상단의 폭이 2m 정도 남아 있으며, 천연으로 이루어진 성벽 상단이 협소하여 병사들이 활동을 할 수 있는 공간을 확보하기 위하여 축성한 것으로 보인다.

대臺에 이어 10여m 이상 성벽이 남아 있다.

금전산金殿山 또는 금란전金鑾殿으로 불리는 성의 중심시설이 있던 작은 산도 거의 다 날아갔다.

동벽에서 약 400여m 떨어진 곳에 지은 지 얼마 안 되어 보이는 작은 암자가 하나 있다. 다가가 보니 그 암자는 아무도 거주하지 않는 무인 암자지만 실내를 들여다보니 여럿 불상이 놓여 있다. 그 앞에는 태운 지 얼마 안 된 향들의 흔적이 있다. 금란전金鑾殿 선연사善緣寺라고 되어 있다. 금란전이라면 자료에 성안 동북쪽으로 치우쳐 작은 산이 하나 있는데 현지인들은 그 산을 금란전 혹은 금전산金殿山이라고 부른다고 하였는 바, 바로 그 산을 말한다. 인근의 건안성에서도 보듯이 그 작은 산에는 성의 중심 시설이 있었으며, 전쟁 시에는 전투를 지휘하는 점장대도 자리했을 것이다. 그를 입증하듯이 산 남측에는 서문 쪽으로 사계절 항상 물줄기를 흘러내리는 샘이 있었다고 한다. 하지만 암자 인근의 계곡을 따라 하산하며 아무리 찾아보아도 작은 산도, 계곡물의 흐름도 찾을 길이 없다. 채석장 개발을 하다 보니 성안엔 작은 산도, 샘과 그로부터 시작되는 계곡물도 다 없어져 버린 것이다.

암석을 채취한 후에 그 어느 곳도 복구한 흔적이 없으며 남은 산 이곳저곳도 시추작업으로 파헤친 것을 보면 머지않은 시기에 고구려산성은 완전히 사라질 것이다. 남아 있는 일부 자료와 고려성산高麗城山이란 산 이름만이 전해질 것이다. 성은 동서의 길이가 1.5km, 남북으로 1km 정도로 전체 성의 둘레가 약 5,000m에 달하는 대련의 비사성과 버금가는 대형 성이다. 사하의 상류에 위치하여 발해를 건너 19km 떨어진 강하구에서 상륙하는 적들을 감시하고, 기마병을 보내 격퇴하는 역할을 했을 것이다.

성의 주변 멀지 않은 곳에 고구려성들이 다수 위치해 있다. 불과 동남 방향으로 9km 떨어진 거리 양운진楊運鎭 분영촌奮英村산성, 동남 16km 거리의 벽류하 우안의 손가와붕촌孫家窩棚村 고려성산高麗城山 산성과 28km 떨어진 강 좌안의 적산산성赤山山城 등 그 외에도 몇몇 작은 성들이 소재해 있다. 이런 성의 배치를 보아 요동반도 끝자락 해안에 상륙하여 내륙으로 진격하는 적들을 길목에서 차단하는 역할도 하였을 것이다. 벽류하 상류를 빠져 나온 적들이 더 이상 내륙으로 진입하는 것을 최종 차단하는 목적 또한 고려할 수 있다. 그들보다 훨씬 큰 규모의 대형 성으로 많은 군사와 군수물자를 지니고 있으면서 그들 성이 위험에 빠질 경우를 대비한 지원 역할도 빼놓을 수 없는 중요한 임무였을 것이다. 비록 오늘날 채석장으로 인하여 산성의 상당 부분이 날아가고 그 존재감을 잃어가고 있지만 당시에는 요동의 중심이었던 요동성이 가까워지는 위치에서 대형 산성의 하나로 중요한 임무를 수행했을 것이다. 요동반도 내의 수많은 성들 중에 성의 둘레가 5,000m 이상 되는 대형 산성이 그리 많지 않다.

고려산성이 소재하는 진鎭의 이름이 쌍대자雙臺子이듯이 주변에 "대자臺子"란 지명이 많다고 한다. 사방대四方臺, 파대자破臺子, 루대구樓臺溝 등, 여기서 대臺라 함은 고구려 천리장성의 유적으로 여겨지는 높은 지형의 산언덕山崗으로, 『영구시문물지營口市文物志』에서도 그리 설명하고 있다. 이것이 천리장성은 성과 성을 연결한 것이 아니라 산성 바깥으로 방어벽을 따로 쌓은 것이란 또 하나의 학설인 변강설邊崗說과도 연관이 있을까? 좀 더 연구가 필요하다.

중국의 일부 학자는 명대의 요동경략遼東經略과 청대에 동북봉금東北封禁 정책과 황무지 개간사업遼東招墾을 거듭하던 시기에 쌓은 돈대墩臺일 가능성도 제기하고 있다. 하지만 요동경략 시기에 주요하게 목책을 둘러 경계를 표시했고, 청대에는 호를 파고 버드나무를 심은 유조변柳條邊을 설치했으며 그 변경이 이곳을 지나지도 않았다고 한다. 별로 실체가 남아 있지 않은 지명의 대자臺子를 가지고 시비를 거는 것을 보면 훗날 고구려산성 또한 어찌 탈바꿈하여 설명하려고 들지 모를 일이다.

동쌍대촌 고려성산, 마을 동남방향으로 뒷산 정상이 산성터이다.

채석장을 거쳐 하산하는 길은 대도시 한복판 이상으로 먼지가 뒤덮고 있다. 암석을 캐고 그 암석을 부숴 골재를 만드느라 온통 먼지가 뽀얗다. 계곡물이 흐르던 실개천도 돌가루로 완전히 오염이 된 채 말라붙은 지 오래다. 이미 채석장으로 날아간 성자구 고려성산산성은 그리 많지 않은 대형 산성에 속한다.

그런 이유 때문인지 성에서 사하를 따라 하류 쪽으로 4km 정도 이동하다 보면 강이 내려다보이는 산상에 규모가 작은 산성이 하나 있다. 전초기지였을 것이다. 쌍대자진雙臺子鎭 중심에서 동쪽으로 좀 떨어져 동쌍대촌東雙臺村이 있다. 그 촌사무실 남동쪽 뒷산이 바로 고려성산高麗城山이다. 개주시 여기저기 고려성산이 자리하고 있는 것을 보면 고려성산이란 이름은 적어도 이곳에서만큼은 고유명사라기보다는 보통명사에 가깝다는 생각이 든다. 구분하기 위하여 동쌍대촌東雙臺村 고려성산高麗城山이라고 할 뿐이다. 일단 촌정부 사무실을 찾아갔지만 일요일이라서 문이 굳게 닫혀 있다. 인근에서 만난 노인에게 물으니 저기 뒤에 보이는 산상에 전화 탑이 있는 봉우리라고 친절하게 일러준다.

산자락이 온통 과수원이라서 조심스럽게 산을 오른다. 산은 그리 높지 않은 평범한 산이다. 하지만 정상은 평탄하면서도 바위가 산상 주변을 둘러싸고 있으니 바로 성안을 이루고 있다. 성의 규모는 동서길이가 30m, 남북폭이 20m 정도라고 한다. 노인의 말대로 정상에는 언제 놓았는지 알 수 없는 유선 전화를 연결하는 탑이 놓여 있다. 거대한 이동통신 탑이 아닌 것이 얼마나 다행인가? 정상 바로 옆에는 인공으로 대를 만들어 놓았다. 아마도 봉화대이거나 병사들이 거주했던 숙영지였을 것이다. 정상에 올라 주변을 살피니 동쪽으로는 성자구 고려성산산성이 한눈에 들어온다. 직선거리로는 3.2km에 불과하다. 그 산성을 거쳐 온 사하

沙河가 발아래서 흘러 온천으로 개발이 한창인 쌍대자진雙臺子鎭 시내를 지나 발해 방향으로 간다.

그렇다! 사하는 이곳에서 그리 멀지 않은 서둔진徐屯鎭 토령土嶺에서 발원하여 쌍대자진을 거쳐 영구시營口市 망해가도望海街道에서 발해로 유입되는 외류하이다. 강의 총연장은 불과 27.5km의 길지 않은 강이다. 하지만 강 상류에 닿으면 대청하大淸河가 가까이에 있다. 산성의 규모로 보나 그 위치를 감안할 때 이 성은 성자구 고려성산산성을 모성母城으로 하는 전초기지였을 것이다.

동쌍대촌 고려성산산성에서 내려다보는 사하는 쌍대자진雙臺子鎭 시내 가운데로 흘러가서 발해로 유입된다. 당시에는 하천을 따라 이동하는 적들을 감시하는 성자구 고려성산산성의 전초기지 역할을 하였을 것이다.

흐린 날 저녁나절, 구름 속의 태양이 희미하게 요하 물에 비치고 있다.

영구營口, 요하 강하구遼河入海口에 서다
– 요하에는 고구려가 흐른다

요하遼河 강하구
요하가 바다를 잇는다.

수隋 수군이,
당唐 수군이 세월을 두고
요동遼東 땅을 차지하려 간 지상군과
협공을 위해 요하로 진입을 시도했던 곳,

고구려 병사의 부릅뜬 눈매,
멀리서 들려오는 양만춘 장군의 호령 소리와
병사와 백성들의 함성
안시성에서 들려오는 승전보는 이곳에서 수군의 진입을
불허한 덕이다.

병사들의 피로 물든 강물이 바다로 흐른다.
고구려의 절규가 흐른다.

지금은 고구려가 없다.
바다가 보이는 고구려 옛 진지 자리엔
정말 외세를 방어하기 위한 포대가 남아 있지만
먼 옛날 고구려 병사의 함성이 들려온다.

요하 강하구
고구려가 바다를 잇는다.
요하엔 고구려가 흐르고 있다.

요하입해구遼河入海口

　　무더운 여름 날 고구려 땅을 지켜내던 하나의 중요한 군사 거점이었던 요하遼河 강하구入海口를 찾았다. 영구營口시내 중심에서 서쪽으로 7km여 가다보면 요동 땅 이곳저곳을 경유해온 강이 발해 바다로 유입하는 곳을 만난다. 요하의 강하구이다. 수·당대에 걸쳐 고구려를 침공하려면 반드시 요동과 요서를 나누는 요하를 건너야 했기에 역사적으로 중요한 강이었다. 역사를 보면 황제들이 친정으로 100만이 넘는, 혹은 수십만의 지상군을 이끌고 쳐들어 왔다. 그만큼 그들에게 고구려는 결코 쉬운 상대가 아니었다. 그들이 요하를 건너는 사이에 산동성을 떠난 수군이 발해만을 거쳐 지상군과 협공을 하기 위하여 이곳에서 요하에 배를 진입하려 시도했던 곳이다. 강은 내륙 깊숙한 곳까지 바다를 건너온 군사와 보급품을 이어주는 유용한 교통로이기에 군사 요충지일 수밖에 없다.

　　청말 1885년 당시의 일본 수상 이토오 히로부미伊藤博文와 청의 북양대신 리홍장李鴻章이 체결한 중일천진조약中日天津條約 이후 일본이 본격적인 중국 침략을 시작하였다. 당시 동북지역 유일한 대외개방 항구였던 영구營口는 외국인으로 북적거렸다. 미국·영국·프랑스·스웨덴 등 8강이 모두 영사관을 설치할 정도로 전략적으로 중요한 도시였다. 청으로서도 이곳이 동북지방으로 진입하는 적의 침략을 초기에 제어하는 거점이기에 강하구에 포대를 설치했다. 청말에 이곳을 군사적으로 중시한 것은 1,500년 전 고구려가 이 땅의 주인이었던 시대와 마찬가지였다.

당시의 포대는 1882년에 착공 1888년에 준공했다고 한다. 적의 해군력을 저지하기 위한 요새로 그 역사적 의의가 인정되어 1963년에 성급문물보호단위로 지정되고 복원한 이른바 서포대유적지西炮臺遺址로서 강하구변에 자리하고 있다. 흔히 보아 왔던 소형의 고정식 옛날 화포와 함께 눈에 띄는 것은 19세기 양무운동 시기에 구입하여 주포대에 설치해 있는 독일 크루프Krupp사가 만든 대포이다. 포신이나 구경도 비교할 수 없을 만큼 크지만 당시로선 상상도 못했던 360도 회전이 가능한 초현대식 대포이니 옆에 있는 화포가 더욱 초라하게 보인다. 설명에 따르면 원래의 포는 1895년 갑오 중일전쟁 때 훼손되었으며 현재의 것은 2013년에 재현해 놓은 것이라고 쓰여 있다. 포대에 오르니 발해만 바다가 한눈에 들어온다. 과연 바다를 통하여 동북지방에 침입을 노리는 적의 군함을 쉽게 관찰할 수 있다. 북양함대가 이미 패퇴한 당시로서는 바다로 침입하는 적의 함선을 저지할 수 있는 방법이 이 포대에서 쏘아 대는 포탄이 유일하였을 테니 이곳이 얼마나 중요한 요새였던가?

서포대 유적지에서 얼마 떨어져 "遼河入海口"란 표지석이 서있는 강하구에 닿았다. 요하의 강폭이 제법 넓고 큰 배도 오간다. 강 건너가 반금盤錦이다. 이렇게 가까운 곳에 바다를 잇는 강하구가 있으니 분명 조금 전에 보았던 서포대 자리는 고구려 때도 산동지역을 출발, 발해를 거쳐 쳐들어오는 수隋·당唐의 수군을 저지했던 요새였을 것이다. 바다에서는 고구려의 함대가 저지를 하고, 이곳에서는 지상군이 대기를 하고 만약의 사태에 대비를 했다. 요하에 진입하여 요동성으로 진격하려는 적의 수군을 저지했던 고구려의 요충지였다는 말이 대대로 전해졌을 것이다. 고대부터 전략적 거점인 그곳에 청말에 다시 포대를 만들었다. 고구려 당시에는 전시품과 같은 360도 회전하는 선진의 대포도 없었으니 적선에 쏘아대는 활과 불화살이 최고의

202번 국도변의 고려성촌이란 표지석이 있다.

무기였다. 육지로 상륙하는 수군은 창칼로 도륙하는 것이 최선의 방어이다. 지형으로 보아 많은 군사가 주둔할 수는 없었고 적선을 탐지하는 일종의 GOP다. 인근 개주蓋州에 있는 건안성建安城에 지휘부와 주력부대가 있었다. 순찰을 하다가 적선이 나타나면 이곳 봉화대에서 연기를 피워 올리고 파발을 보내면 정예의 철기병이 달려와 적의 상륙을 저지하였다.

결국 요하 상류에 위치한 요동성, 안시성을 지켜낸 첨병 역할을 하였던 곳이다. 그들이 있었기에 수·당과의 수차례 전쟁을 승리로 이끌었다. 생각이 그 당시에 미치니 갑자기 경건한 마음이 든다. 강과 바다를 잇는 곳을 한참 동안 바라보니 어디선가 고구려 병사들의 함성과 절규가 귓전을 울리는 듯하고 콧잔등이 시큰해진다. 그 동안 중국 정부가 동북공정을 통해 고구려 역사를 지속적으로 자기들 것이라 재포장을 시도해왔지만 항상 우리 가슴속 깊은 곳에 고구려가 꿈틀거리고 있음이다. 요하엔 아직도 고구려가 흐르고 있다. 요하에서 지는 석양을 볼 요량으로 저녁나절에 도착했지만 날이 흐리다. 스모그인지 안개인지 모를 흐린 날씨에 구름 속 태양이 희미하게 강물에 비춰 엷게 반사된다. 오히려 사라져 가는 역사의 잔영을 보는 듯하여 마음이 시려 온다.

다음 날 아침 일찍 일어나 여기까지 온 김에 일정에도 없이 고구려 건안성을 보기 위하여 길을 재촉하였다. 어제 요하 강하구에서 느꼈던 가슴속에 꿈틀거리는 고구려가 나를 그렇게 만든 것이다. 아침이라고는 하지만 벌써 뜨거운 햇살에 가슴이 답답해 온다. 영구시 관할의 현급 시인 개주蓋州 시내에서 202번 국도를 타고 북쪽으로 5km 정도 달리다 보면 국도변에 고려성촌高麗城村이란 표지석이 보인다. 달리다 보면 그냥 지나치기 쉬울 정도로 작은 표지석이지만 네 글자를 보니 가슴 뭉클해진다. 여기서 고려高麗라 함은 우리의 그 고구려가 아니던가?

행정구역상으로는 개주시 청석령진青石嶺鎭에 속하는 작은 마을이다. 국도에서 갈라진 작은 시골길을 따라 가다 보면 만나는 산 위에 건안성이 자리한다. 시골길을 따라 집들이 옹기종기 모여있는 풍경은 우리네 시골이나 별반 다름이 없다.

더위를 피해 그늘에 앉아 있는 노인들에게 물어보니 뒷산에 고구려 석성이 있어 가끔 한국에서 학자들이 오기도 하고 중국정부에서도 답사를 하고 갔다는 말을 전한다. 그들은 건안성이란 성의 이름은 모르지만 그 산을 그냥 석성산石城山 또는 고려성산高麗城山이라 부른다. 산상에 있는 산성은 분명 고구려

건안성 아래 고려성촌 마을 입구에 무궁화가 흐드러지게 피어 있다.

성이라고 한다. 나 역시 한국인이며 저 산에 올라 석성을 보고 싶다고 안내를 부탁하니 이 더위에 오를 사람이 어디 있겠냐고 반문한다. 그들은 반바지와 샌들의 차림새를 보고 어림도 없다고 혀를 찼을 것이다. 스스로 생각해도 욕심만 앞섰지 전혀 준비가 안 되어 있다.

하는 수 없이 발길을 돌리면서 마을 입구에서 본 활짝 만개한 무궁화 꽃이 돌아오는 길 내내 눈앞에 어른거린다. 우연이겠지만 중국에 그리 흔하지 않은 우리의 국화, 무궁화가 왜 거기에 흐드러지게 피워 있었을까? 이번에 돌아가면 본격적으로 산성 답사를 떠날 것이다.

고려성촌 마을 뒤로 보이는 산 위에 고려성산산성(건안성)이 있다고 한다.

고려성산. 사진의 우측 앞쪽의 봉우리가 북와방점北瓦房店 고려성산산성의 서북쪽 모퉁이로 각대角臺를 이루고 있다. 성 안팎
이 훤히 내려다보이니 점장대가 있었을 것이다

북와방점北瓦房店 고려성산高麗城山산성, 그 아래 맹가孟家 집성촌

여진족의 후금後金이 명나라를 정복하고 세운 왕조가 청조淸朝이다. 청의 근거지는 옛 고구려 땅과 겹쳐지는 현 중국의 동북지방을 근거로 하며 그 수도는 요양에 잠깐 머물다가 성경盛京(지금의 심양沈陽)으로 옮겼다. 지금도 심양에는 청대 초기의 수도였기에 그 유적이 많이 남아 있다. 하지만 중국 전역을 경영하기 위하여 제3대 황제인 순치順治 원년인 1644년에 명의 수도였던 뻬이징으로 천도를 했다. 당시 청의 황실에서는 동북지역을 만주인의 발상지로써 하나의 특수지대로 설정하고 엄격한 보호정책을 쓴다. 그 목적 중 하나는 청조 발상지의 용맥龍脉의 손상을 막는 것과 그리고 동북지구에서 생산되는 황실 귀족 수요의 인삼, 동주東珠 등을 보호하기 위함이었다. 봉금정책封禁政策을 채택하여 한족이나 몽골족의 구역 내 유입을 차단하기 위한 실효성 있는 수단으로 뻬이징 천도 이전인 제2대 황제인 숭덕崇德 3년(1638년)부터 강희康熙 20년(1681년)까지 43년에 걸쳐 1,300km의 유조변장柳條邊墻(또는 유조변柳條邊이라 함)을 축조하여 그 출입을 엄격하게 차단하였다.

유조변은 너비 3척尺(1척=약 30.3cm)의 흙 둔덕을 만들어 그 위에 5척 간격으로 3그루의 버드나무를 심는다. 그리고 그 외측에 상면 폭 8척, 깊이 8척 바닥 폭 5척의 호를 파서 경계를 만든 것이다. 그 유조변은 명대에 여진족을 방어하기 위해 만든 요동변장遼東邊墙과 함께 동북공정의 일환으로 만리장성의 연장과 강역의 경계를 조정, 왜곡하는 수단이 되기도 한다. 봉금정책은 시대별로 보다 강력하게 또는 완화를 거듭하면서 유지하지만, 함풍咸豊 10년인 1860년에 정식으로 철폐되는 운명을 맞는다. 따라서 동북으로의 이민을 개방하고 황무지를 개간하는 정책으로 뒤바뀐다.

북와방촌 맹씨집성마을孟家溝

동북, 특히 요동지역의 농촌을 다니다 보면 그 당시에 산동에서 이주하여 정착한 사람들의 후예들을 수없이 만난다. 농촌에서 만나는 사람들과 조금 이야기하다 보면 대개는 조상이 산동에서 이주해와서 살고 있다고 한다. 북와방점 고려성산산성을 찾아 가는 산 입구 마을은 만가령진萬家嶺鎭 북와방점촌北瓦房店村 맹가하구孟家下溝·맹가상구孟家上溝이다. 산에서 가장 가까운 집 노인과 함께 산에 오른다. 그 역시 맹孟씨이다. 그의 말에 따르면 맹씨가 모여사는 집성촌으로 아래 윗마을 합쳐서 주민 숫자가 약 700여 명이란다. 그 중 90%가 맹씨이고, 다들 친인척 관계라고 한다. 그들이야말로 바로 봉금정책이 해제되면서 산동지역에서 이주해와 정착한 사람들의 자손들이다. 산자락에는 그때 이주해온 그분들의 묘가 모여 있다. 맹가가족묘孟家墳라 부른다. 명절엔 다들 그곳에 모여 합동으로 제를 올린다고 한다. 먼 곳으로 이주해온 그들은 같이 황무지를 개간하며 정착했기에 친척간의 우애가 남달랐을 것이다.

맹노인이 앞장서서 계곡을 잡아 오른다. 한 손에 낫과 작은 톱을 쥐고 앞서가다가 가끔씩 방해되는 나뭇가지를 쳐낸다. 한참 긴 계곡을 지나 왔건만 아직 저 멀리 보이는 봉우리의 오른쪽에 성이 있다는 설명이다. 도대체 거리가 얼마나 되는지 물었더니 이제 반 정도 왔다고 했다. 전체 2시간 반 이상 걸어야 한다니 꽤 긴 거리다. 계곡이 계속 이어지는 끝에 자리한 것도 이수난공易守難攻의 입지조건에 하나인 듯하다. 계곡 중간 지점의 위치가 북위 39°59'15", 동경122°11'12"이며 고도는 이미 398.4m이다. 계곡이 거의 끝나는 지점에서 산 능선을 향하여 오른다. 노인은 군데군데 보이는 청색 벽돌을 가리키며 산성에서 무너져 나온 벽돌

조각이라고 한다. 석성이 아닌 전성이란 말인가? 성의 건축물 흔적인지, 아니면 고구려 후에 요·금 시대에도 연이어 성으로 활용을 했다는 것인지? 노인은 고구려 당시의 성이라고 전해 내려올 뿐이라고 한다. 그래서 산 이름도 고려성산高麗城山이 아니냐고 반문한다.

양쪽 봉우리에서 내려오는 산줄기가 만나는 곳에 이르렀다. 맹노인은 성의 서문이라고 했다. 과연 문을 기준하여 남북으로 나누어 성벽이 봉우리를 향하여 힘차게 오른다. 틀림없이 석성이다. 답사 때마다 수없이 보아왔던 축성법과 별반 차이가 없다. 북쪽 봉우리가 계곡의 중간 지점에서 보았던 그 봉우리다. 그 봉우리와 남쪽의 보다 낮은 봉우리가 각각 성의 모퉁이로 꼭지점을 이룬다. 두 봉우리를 잇는 인공성벽이 성의 서벽이다. 성벽의 상단의 폭이 약 2.5m~3m에 이르며

마을 뒷산의 맹가가족묘孟家墓. 고려성산에 진입하는 초입에 이곳에 이주해와 자리잡은 조상의 묘들을 만들어 놓고 항상 감사한 마음을 가진다.

고려성산 곳곳에 흩어져 있는 청색 벽돌 조각들.

서문에서 남쪽 봉우리를 연결하는 성벽은 약 70여m 이어지고 있다. 같은 양식의 성벽이 북쪽 봉우리와도 똑같이 연결하고 있다.

북와방점 고려성산산성의 동벽.

높이는 경사도에 따라 다르지만 1~2m 정도 남아 있다. 주변에 가공석이 흩어져 있는 것을 보면 훼손의 정도를 알 수 있다. 두 봉우리에서 다시 동쪽으로 이어지며 북벽과 남벽을 이루지만 워낙 산세가 험하다 보니 별도의 인공성벽을 필요로 하지 않는다. 노인의 설명에 따르면 중간 중간 인공으로 돌을 쌓아 보강하였지만 많지 않다고 한다. 와방점과 개주蓋州가 경계를 이루는 해발 848m의 노모산老帽山 주변의 산악지대라서 산세가 험준한 탓일 것이다.

문에서 남북 양쪽으로 난 서벽을 다 보고 나서 노인의 말대로 반대편에 있는 동벽으로 갔다. 72세의 노인은 힘이 들어 좀 쉬겠다며 멀지 않으니 다녀오라고 한다. 그래도 여기까지 조금도 힘든 내색 없이 앞장서준 것이 고마웠다. 불과 80~90m 정도 내려가니 동벽을 만났다. 서벽과 거의 같은 폭의 벽이 약 1.5~2m 전후의 높이로 남아 있다. 서벽과 다른 점은 서벽은 전체적으로 같은 크기의 석재로 쌓았고, 동벽은 외부에 큰 돌을 쌓고 안쪽으로 작은 쇄석들로 채웠다는 점이다.

남쪽에서 성벽이 거대한 바위와 이어지면서 서쪽으로 각을 튼다. 자연성벽과 이어지는 모퉁이다. 북쪽으로 다시 가 보니 약 50여m 가다가 흐지부지 없어진다. 좀 더 가보지만 더는 없어 보인다. 과연 이것이 끝인가? 이것이 동벽이라면 서벽과의 사이가 너무 짧고, 또한 성안이라고 하기에는 너무 가파르다. 혹시 더 동쪽으로 가서 또 다른 성벽이 있는 것은 아닐까? 이것이 내성이고 또 외성이 달리 있는 겹성의 구조는 아닌지 머리가 혼란스럽다. 학자들은 성의 둘레가 2,500m 정도 된다고 하며 불규칙한 정방형을 이룬다고 한다. 다시 와서 노인에게 매달려본다. 혹시 동쪽으로 더 가면 성벽이 있는 것은 아닌지 물어보지만 없다고 단언한다. 이곳에서 나서 72세가 될 때까지 떠난 적이 없다고 하는데 안 믿을 수도 없는 노릇이다. 지도에서 보면 성의 동남쪽에 성자구城子溝란 마을이 있다. 지도만 보았을 때는 마을이름을 감안하여 그리로 산을 오르려고 했다. 하지만 그곳은 노모산과 가까운 지점으로 밀림이 가득 차고 산세가 험하여 오르기에 위험하다고 한다. 그렇다면 그런 위험한 곳에 성벽이 있을 리가 없다.

성 둘레 2,500m라면 아주 큰 성도 아니지만 그렇다고 작은 성도 아니지 않는가? 그림이 그려지지 않는다. 궁금한 것이 하도 많으나 일일이 답 못해주는 노인도 답답해한다. 그는 북쪽 봉우리에서 날이 좋은 날 서쪽을 보면 발해 바다가 보인다고 한다. 또한 이곳은 산세가 험하여 적이 쉽게 접근할 수 없는 곳이라고 한다. "한 사람이 관문을 막으면 만 사람이 와도 열지 못한다一夫當關, 萬不莫開."는 말이 실감날 정도로 주변산세가 험준하다.

이 성에는 두 가지 전설이 전해진다. 하나는 설인귀가 동정 시에 이곳을 지나면서 고구려 군대를 격퇴시켰다고 한다. 산이 험준하고 기세가 웅대하여 성은 장시간 비웠으나 강씨姜氏 형제가 산성을 점령하여 군사를 모으고 말을 사들여 민가를 습격하고 약탈하며 제멋대로 왕이라 칭하였다. 설인귀가 전쟁에 승리하고 철수하면서 다시 이곳에 들러 강씨형제를 토벌했다는 이야기이다. 글쎄 645년 동정 시에는 설인귀가 이곳에 왔을 리 만무하고 이 민담은 668년 고구려 패망 시의 이야기일까? 그렇다면 강씨 형제는 혹시 고구려 부흥운동을 하던 세력 중 하나는 아니었을까 생각해 본다. 그를 의도적으로 비하하여 만든 이야기일 수도 있겠다. 또 하나는 당시에 고구려인들이 황급히 성을 버리고 도망하면서 많은 양의 금은보화를 가져가지 못하고 산중에 매립하였다고 한다. "아홉 항아리와 18개 솥단지를 앞 언덕이 아니고 뒤 언덕에 묻었다九缸十八鍋, 不在前坡在後坡."란 말이 전해 내려와, 얼마 전까지만 해도 산에 들어가 그 보물을 찾는 사람이 있을 정도라고 한다.

성은 부도하浮渡河 상류 유역에 자리한다. 강은 인근 노모산에서 발원하여 서쪽으로 흘러 이관李官을 지나며, 총 45km 흘러 발해로 유입되는 강이다. 강을 따라 내륙으로 진입하다 보면 개주蓋州와도 연결된다. 산성의 인근을 지나는 S212번 도로는 노모산 인근을 경유하여 웅악하熊岳河변을 따라 가며 잇는다. 개주의 남쪽을 흐르는 웅악하도 같은 노모산에서 발원한다고 하니 그 뿌리가 같다. 산성은 웅악하 강변의 분영촌산성과는 18km 거리를 두고 있으며 남쪽의 와방점시 득리사진 득리사산성과 인근의 마권자산산성과는 24km 떨어져 있어 서로 연합하여 작전을 전개하였으리라. 이 성들은 S212번 도로가 서로를 연결한다. 그 도로가 당시에도 중요한 교통로였을 것이다.

올랐던 계곡으로 다시 내려간다. 욕심 같아서는 산 능선을 타고 내려가고 싶지만 산이 워낙 험준하니 노인에게 그렇게 제안하기에는 무리가 따른다. 오늘 안전하게 길 안내를 한다고 낫으로 나뭇가지를 쳐내주는 세심한 배려에 나는 맹노인에게 잔정이 느껴진다. 어쩌면 산동성에서 이주해 온 맹씨孟氏, 그들은 고구려산성 아래에 조상을 묻고 그곳에서 나고 자라면서 고구려의 정기를 받았을 것이다.

북와방점 고려성산산성의 북벽을 이루는 험준한 산줄기

영구營口 노변구老邊區. 강하구와 바다가 만나는 지점 인근의 염장鹽場이 변하여 큰 호수를 이룬다. 고구려시대에 이곳은
발해 바다의 요동만이었을 것이다. 천리장성의 종점이 이 근처라는 설을 따라 찾아 나섰다. 과연 그 설이 맞는 것일까?

고구려 천리장성千里長城을 따라가는 길
– 영구營口에서 시작하여 북으로 장성의 흔적을 찾아

우리의 역사서인『삼국사기三國史記』는 물론,『구당서舊唐書』와『신당서新唐書』등 중국역사서에도, 고구려 천리장성에 대하여 비교적 상세하게 쓰여 있다. 축성의 시기, 동기나 목적뿐만 아니라 연개소문에게 장성축조의 감독을 맡겼다는 사실까지도 기록되어 있다. 하지만 천리장성의 구간에 대해서는 "동북은 부여성에서 시작하여 서남은 바다에 이르는 일천여 리이다.東北自夫餘城, 西南至海千有餘里"라 말한다. 학자들간에 역사서의 다른 사실에 대해서는 크게 이의가 없으나 구간에 대해서는 아직도 일치된 결론이 없다. 하긴 고구려 제27대 왕인 영류왕 14년, 즉 631년에 성의 축조를 시작하였으니 이미 1,387년 전의 일이다.

"동북자부여성, 서남지해東北自夫餘城, 西南至海,"이 부분을 놓고 해석이 분분하다. "서남은 바다에 다다르다西南至海"는 곳, 그곳을 가기 위하여 아침 일찍 대련을 출발했다. 고속도로가 그 산자락을 끼고 돌아 나가는 대흑산大黑山의 비사성卑沙城을 많은 학자들은 천리장성의 남단南端이라고도 하지 않던가? 하지만 오늘은 천리장성의 흔적을 찾기 위하여 다른 학자들이 또 하나의 남쪽 종점으로 여기는 영구營口 노변구老邊區 바닷가를 간다.

높은 산 위의 비사성은 점점 멀어지고 고속도로는 왼쪽으로 발해 바다를 가까이에 두고 북을 향해 간다. 해안에서 멀지 않다 보니 도로변은 그리 높지 않은 산들이 오락가락 지나지만 대개는 길게 평지가 이어진다. 그래서인지 심양을 연결하는 구 철도와 고속철도가 가끔씩 교차하면서 함께 어깨동무하고 간다. 지형을 보면 그 당시에도 주요한 교통로가 이 노선을 따라 연결되었을 것이다. 군사·조세의 통로는 물론 농수산물·소금 등 물자의 이동로였을 것이다. 그도 그럴 것이 해안에서 멀어질수록 산악지대가 펼쳐진다. 어느 곳에서는 도로변에 주상절리가 만든 바위 병풍산이 천연 성을 이루며 위풍당당하게 서있다. 해안에서 상륙하여 내륙으로 진격해 들어가는 적들을 적절한 위치마다 산성을 만들어 주둔하다가 섬멸하였을 것이다.

과연 이렇게 이어지는 산성들이 천리장성일까? 이것이 631년에 시작하여 646년 보장왕寶藏王 5년까지 16년 동안 축조한 고구려의 천리장성이라 할 수 있을까? 여러 학자들이 말하듯 과연 비사성이 "서남은 바다에 닿다"의 그 종점일까? 이러한 생각에 잠겨 차를 달리다 보니 어느새 영구시의 남쪽 바닷가 가까운 곳에 닿았다. 해안가의 염장鹽場은 이미 소금 생산하던 일을 멈춘 지 오래고 마치 호수와 같이 큰물을 담고 있을 뿐이다. 바로 여기 바다가 "서남쪽은 바다에 닿다西南

至海"의 그곳이다. 폐장한 염장 사이로 곧게 난 길을 따라 가다 보면 작은 마을을 만난다. 그곳에서 다시 동쪽으로 가다 만나는 심양가는 고속도로 밑을 지나면 전강자촌前崗子·村에 닿는다.

전형적인 동북지방의 농촌 풍경인 이곳 길가에 전강자前崗子라는 세 글자의 촌명 석비가 서 있다. 그 석비 전면에 촌명은 선명하게 읽을 수 있다. 하지만 후면에 음각된 글자는 세월의 풍상을 견디지 못하고 희미해졌다.『동북사지東北史地』2010년 3월호에 게재된 장후우여우張福有·쑨런지에孫仁傑·츠으용遲勇 3인 공저의「고구려 천리장성 조사요보」에 따르면 "청초 손씨 성 18호가 산동 등주부 봉래현에서 이주하여 이곳에 정주하며 남북으로 각각 몇 호씩 거주하였으며, 마을 북쪽에 하나의 토강이 있어, 고로 전손가강자라 이름 하였고, 1958년 전강자로 개명하였다. 淸初, 孫姓十八戶, 由山東登州府蓬萊縣遷此定居, 南北各住几戶, 家北有一土崗, 故名前孫家崗子。1958年改爲前崗子"고 쓰였다 한다. 이 글에 따르면 이

해안을 따라 심양 가는 고속도로변에 바위병풍산들이
천연 성을 이루며 서 있다. 곳곳에 산성들을 만들어 적을 지켜냈다.

곳 마을 북쪽으로 흙 언덕土崗이 이어져 있었음을 알 수 있다. 그것이 바로 토벽의 천리장성 잔재이다. 또한 마을 어귀를 지나는 그 토강은 동북의 부여성으로부터 천리 길을 달려와서 어니하淤泥河 북안에서 멈추니 고구려 천리장성의 종점이 아니던가?

어니하는 마을 남쪽 끝을 지난다. 이미 강은 1943년 일제에 의하여 하구의 염전을 보호하기 위한 인공하천으로 개조작업을 하면서 대한하大旱河로 그 이름을 바꾼 지 오래다. 다만 백채진百寨鎭 대청산大青山에서 발원하여 대석교大石橋 시내를 거쳐 오는 강의 상류를 구성하는 주요 지류는 아직도 어니하淤泥河라 부른다.

천리장성의 남단을 이루는 강답게 당태종 이세민의 동정 시의 전설이 하나 전해 온다. 645년 이세민이 친정 시 건안성建安城과 가까운 이곳 어니하 인근에서 양군이 대처하게 된다. 하루는 당태종이 어영 중에서 술을 마시고 주흥에 영문을

어니하淤泥河는 인공하천으로 개조되어 지금은 대한하大旱河로 불린다.

나선다. 앞으로 나가 적정을 살필 요량으로 나섰는데 앞에 검은 얼굴의 장군이 말달리는 것이 보였다. 그는 원수 위지경덕尉遲敬德이라 생각하고 급히 말채찍을 때려 앞으로 나섰다. 하지만 앞선 장수의 말은 엄청 빠르게 나갔으며 따라잡을 수가 없었다. 마침내 어니하 굽이치는 곳에 도달하였고 그곳에서 앞선 장수를 보니 그는 경덕 원수가 아니고 고구려 원수 연개소문이었다. 당 장군으로 변장하여 당의 진영을 탐색하고 있던 중에 당태종을 만나니 연개소문으로서는 천재일우의 기회를 얻은 것이다.

몇 합을 겨루었지만 당태종은 연개소문의 적수가 아니었다. 당태종은 말을 돌려 도망쳤다. 하지만 어니하가 길을 가로막고 연개소문은 후면에서 끝까지 쫓아왔다. 당태종은 하는 수 없이 강으로 말을 달렸으나 강 한가운데 도달했을 때는 물이 깊어 꼼짝 못하게 되었다. 연개소문은 항복문서를 쓰라고 핍박하였다. 당태종은 용포를 찢어 중지를 깨물어 항복문서를 쓰고 있던 중 반대편 강안에서 설인귀가 나타난 것이다. 연개소문은 그를 보고 도망갔고 설인귀는 황제와 말을 함께 구했다는 이야기다. 그래서 "말이 어니하에 빠졌는데 설인귀가 황제를 구했다 馬陷淤泥河, 薛仁貴救駕"는 말이 전해오고 있다.

이곳에서 또 다시 듣는 천편일률적인 설인귀의 무용담이다. 당태종과 설인귀의 이야기를 만들면서 항상 그랬듯이 연개소문을 조연으로 등장시키지 않던가? 그것은 경극에서도 설인귀 이야기를 하면서 그렇듯이 하나의 패턴이 되어 버린 것이다. 이 전설로 인하여 어니하가 시내 중심을 지나는 대석교시大石橋市 인민대표대회에서 2016년에 그 강의 명칭을 당왕하唐王河로 바꾸자고 건의를 했다고 한다. 그러면서 전설이 다시 한 번 빛을 보게 된다. 천리장성의 종점을 이루는 어니하에 당태종과 설인귀의 전설이 전해지는 것은 그곳에 고구려성이 있었고 병사들이 주둔하였음을 간접적으로 입증하는 것이다.

전설을 생각하며 어나하를 뒤로 하고 상백선上白線 도로를 따라 북쪽으로

갔다. 1km 정도 가니 길을 중심으로 동쪽으로는 동강자촌東崗子村, 서쪽으로
서강자촌西崗子村으로 마주하는 마을을 만난다. 길에서 만난 노인은 두 마을을
합쳐 이전에는 후강자촌後崗子村이라 불렸으며, 마을 서북쪽으로 길게 흙으로
쌓은 언덕土崗이 아직도 조금 남아 있다고 한다. 이곳은 어니하의 강하구변의 마을
이다. 지금은 서남쪽으로 간석지가 있어 그곳은 이미 폐염전이 호수처럼 변해 있
다. 옛날에는 훨씬 가까이에서 강이 바다로 유입되던 곳이다. 그러한 해안의 평
지에 한줄기 흙 언덕이 있었다고 함은 인공으로 만든 장성이란 것을 말해준다.

서강자촌에서 서북쪽으로 난 길을 따라 간다. 동대촌東大村에서 우측으로 돌
아 북으로 가다 보면 소변촌小邊村에 닿았다. 강崗 자는 언덕이다. 전강자촌, 후
강자촌 모두 마을 어귀에 흙으로 쌓은 언덕이 있어 붙여진 마을이름이다. 그 언
덕崗이 천리장성의 흔적을 말해주고 있다. 변邊 자는 변두리, 가장자리, 경계를
의미하므로 장성長城은 국토의 변두리에 쌓은 경계를 말하기도 한다. 이 또한 장
성이 지나는 마을의 이름에 붙여지는 글자이다. 지금 지나친 전강자촌·후강자

천리장성이 지나는 동강자촌 등 7개 마을이 농지정리작업 중이다.

촌·소변촌 모두가 영구시 노변구老邊區에 속한다. 옛날에 경계를 이르는 천리장
성이 지나는 마을이었기에 노변구老邊區로 지칭되었을 것이다.

소변촌에 가는 길에 쌓은 언덕이 있다지만 구분이 잘 안 된다. 길가엔 인근 7개
촌에 걸쳐 농지정리작업을 한다는 커다란 표지판이 서 있다. 전강자촌에서부터
천리장성이 지나는 노선의 대부분의 촌이 포함되어 있다. 공사내용을 살펴보니
토지 평정공사, 관개 및 배수공사, 도로공사로 되어 있다. 아뿔싸, 공사의 내용을
보니 그나마 남아 있는 흔적도 싹 쓸어버릴 것이다. 역시 평지의 성이란 농토로,
시가지로 개발이 되다 보니 남아있을 리가 만무하다. 더구나 고구려의 천리장성
이었을 바에는 누가 그리 관심을 갖고 보존을 해왔겠는가? 그저 이름만이 남아
서 그 성이 존재했었음을 말해주고 있을 뿐이다.

소변촌에도 길가에 촌명비村名碑만이
서 있을 뿐이다. 1987년에 세워진 표지
석은 후면에 마을 이름이 "소변小邊"이라
명명된 유래에 대해 설명하고 있다. 하
지만 이미 마모가 심하여 판독이 어렵
다. 별 차이 없어 보이는 소평산촌小平
山村을 거쳐 노야묘촌老爺廟村으로 이어
간다. 진행방향은 북을 향해 간다.

소변촌小邊村을 관통하는 길 가에 서있는 촌명비

노야묘촌은 여느 농촌과 달리 마을중
심을 지나는 도로변을 깨끗하게 단장을
하고, 집집이 담장에다 벽화를 그려 놓
았다. 아마도 촌서기가 깨인 사람인 것
같다. 좀 더 깨였다면 고구려 천리장성
을 복원해 놓았을 텐데 아쉬운 생각이

노변구 노변촌 인민정부 건물. 노변老邊이란 글자가 선명하게 마을
이름에 붙어 있으니 장성과 연관이 있었을 것이다.

든다. 북쪽으로 좀 더 가면 드디어 영구시營口市 노변구老邊區 시내를 만난다. 노변老邊이란 마을이름은 천리장성 구간에 가장 많이 만나는 지명이다. 옛 변경이란 의미가 아니던가? 영구시가 하나의 구 이름을 노변으로 보존하고 있으니 다행인 듯 싶다. 노변구 인민정부가 있는 중심지는 변성진邊城鎭이다. 하지만 농촌에서도 찾기 어려운 장성의 흔적을 시내 저잣거리에서 찾는다는 것은 애당초 난망한 일이다.

이곳에선 그냥 시내 이름이 노변, 변성이란 것을 확인하고 갈 뿐이다. 노변구 노변촌 인민정부를 지나는 용산대가龍山大街를 이어 북으로 간다. 그 길은 시내가 끝나는 지점에서 고감高坎과 연결되는 고노선高老線 향촌도로와 연결된다. 그 길로 가야 손가촌孫家村, 주가촌周家村도 만나며 그래야만 중국학자들이 천리장성을 답사했던 노선이다. 원래 그 마을 이름은 지도와 달리 손가강자孫家崗子, 주가강자周家崗子였다.

시내를 벗어나니 다시 논과 밭이 이어진다. 그 어딘가에 장성의 흔적이 있을 터인데 찾을 수 없으니 답답한 노릇이다. 좀 길게 이어지는 둔덕만 보면 혹시나 장성이 아닐까 간절한 마음으로 바라본다. 손가촌에서는 흙언덕이 보여 차를 세우고 달려가 보았으나 웬 쓰레기더미를 쌓아 놓은 둔덕이었다.

저나는 길가에 길게 이어지는 흙 둔덕만 보아도 장성의 흔적으로 보인다.

중국학자들에 의하면 장성을 향촌을 잇는 도로로 사용했다 한다.

어쩌면 마을 한가운데를 지나는 향촌을 잇는 도로가 장성의 터인지도 모른다. 중국학자들이 답사한 결과 많은 지역에서 장성을 도로의 기반으로 활용했다고 하지 않던가? 향촌을 잇는 도로는 하토대촌下土臺村을 만난다. 그 도로는 G16 고속도로 밑을 지나 고감진高坎鎭에서 영구와 심양을 잇는 S101성도省道를 만나 북으로 이어 간다. 이곳의 마을 이름 토대는 말할 것도 없고, 감坎은 무엇을 의미하는가? 전감田坎은 밭두렁, 토감土坎은 흙두둑을 의미한다. 감은 고개, 언덕 두렁을 의미하니 그 역시 장성이 지나는 지명에 어울리지 않는가? 이곳의 촌명은 바로 전고감촌前高坎村, 대고감촌大高坎村, 동고감촌東高坎村 등으로 되어 있다.

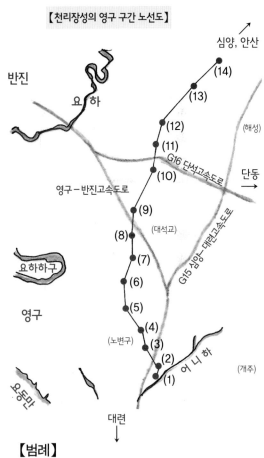

【천리장성의 영구 구간 노선도】

중국학자의 장성 답사 길은 이곳에서 S101번 도로로 이어진다. 어쩌면 이 성도省道 길도 장성을 기반으로 해서 건설했는지 모르겠다. 그 일부일지라도 그럴 가능성이 있다. 성도 상의 후포자촌後鋪子村, 곤자포촌滾子泡村, 요둔촌腰屯村, 기구진旗口鎭 장둔자촌長屯子村을 이어 간다. 그 후에도 전노장두前老墻頭, 후노장두後老墻頭, 이도변촌二道邊村 등을 지나 해성海城 경계를 향해 간다.

【범례】
(1)전강자촌 (2)후강자촌 (3)소변촌 (4)소평산촌 (5)노야포촌
(6)노변촌 (7)손가촌 (8)하토대촌 (9)전고감촌 (10)곤자포촌
(11)장둔자촌 (12)이도변촌 (13)홍기촌 (14)해성경계(우장진)

2016년 3월 『요녕기억』(요녕성 민간문화제보호단체 핸드폰 앱)에 중국학자 췌이 옌르우崔艶茹가 발표한 「영구지구고구려장성營口地區高句麗長城」이란 글을 보면 잘 알 수 있다. 그 학자는 상기의 각 지역마다 방문하여 현지의 역사 상황에 익숙한 노인으로부터 장성의 상태를 알아보았다. 그 후에 그들을 현지로 데리고 가서 조사를 한 결과 잔존하는 장성의 유적을 확실하게 보았다. 비록 이미 훼손이 심각하고, 경작을 하고 있더라도 토강자土崗子가 아주 선명하게 존재한다고 설명하고 있다. 최염여는 1996년에 발간한 『영구시문물지營口市文物志』의 주요 저자이기도 한다.

오늘 답사한 노선을 지도에서 직선으로 연결해 보았다. 장성의 정확한 노선이라고 할 수는 없지만 중국학자들이 답사하여 확인한 마을을 연결해 봄으로써 그 방향의 추이는 알 수 있다. 그 거리는 약 50km에 이르며 그 방향은 북으로 가다가 동북으로 이어간다. 역사서에서 이야기하듯 동북(부여성)에서 시작하여 서남(영구) 방향이 확실하게 일치한다. 일단 영구 관내의 고구려 천리장성의 노선을 따라 답사를 마친다. 하지만 남는 의문은 과연 영구 어니하 북안이 천리장성의 남단이 맞는 것인지? 학자에 따라서는 요동반도의 끝에 자리한 비사성을 천리장성의 남단이라 하지 않던가?

천리장성의 남단을 어니하 북안의 전강자촌으로 볼 때 그 남단의 남쪽 산성을 살펴보자. 그곳으로부터 12.6km 거리에 건안성建安城이 위치한다. 건안성에서 다시 16km 떨어진 대청하 강하구 인근에 학양사산鶴羊寺山산성이 자리하며, 건안성으로부터 남쪽으로 11.8km 연통산煙筒山산성이 자리한다. 그것을 보면 천리장성 남단을 이어 산성들이 옹기종기 모여 있는 형국이다. 그뿐 아니라 계속 남쪽으로 산성들이 이어가지 않던가? 비사성까지 점점이 이어지는 것은 사실이다. 하지만 그것이 631년에 시작하여 646년까지 16년 동안 축조한 천리장성의 일환으로 보기는 어렵다. 그 산성들은 404년 요동을 차지한 이후 계속해서 건설해 온 결과물로 봐야 할 것이다. 그 많은 산성들을 짧은 기간에 완성했다는 것은 물리적으로 불가능하다. 하루아침에 세운 성들이 결코 아니다.

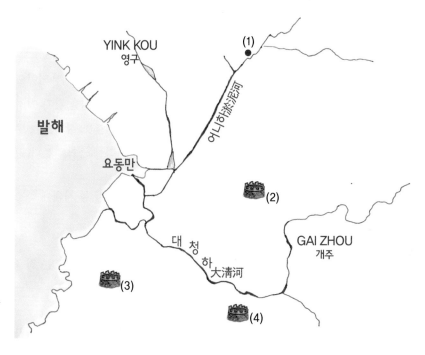

【천리장성 남단 주변의 고구려산성 위치도】

【범례】 (1)천리장성 남단(어니하 북안) (2)건안성 (3)학양사산산성 (4)연통산산성

천리장성에 대한 학자들의 논란은 수없이 많다. 하지만 크게 대별해 보면 천리산성설千里山城說과 변강설邊崗說로 양분할 수 있다. 천리산성설은 요동지역에 있는 산성들을 연결하여 천리장성으로 보는 설로 산성연방선설山城聯防線說이 대표적이다. 또한 변강설은 요녕성과 길림성 사이에 별도로 쌓은 토벽을 천리장성으로 보는 설이다. 그 이외에도 평원지대에 축조한 성과 기존 산성을 함께 장성으로 보는 설 등 이론이 분분하다. 우리나라 많은 학자들은 대부분이 천리산성설을 지지하는 편이다. 따라서 길림성의 서풍西豊 성자산城子山산성이나 농안고성農安古城에서 요동반도 남단인 비사성까지 구간을 천리장성이라고 본다.

하지만 일부 우리나라 학자와 많은 중국학자들은 변강설을 지지한다. 그 근거로 학자들은 다음과 같은 점을 든다.

(1) 과거 농안農安에서 영구營口까지 변강이 있어 주로 교통로로 이용되었으며, 지금은 대부분이 농경지나 도로로 개발이 되어 그 흔적을 찾기 어려울 정도로 보존상태가 불량하다. 그래도 노변老邊, 변강邊崗, 강자崗子, 토대土臺, 성보城堡 등의 지명과 일부 유적이 남아 있는 점을 근거로 든다.

(2) 모든 구간에 동일한 판축기법으로 축성을 한 것으로 보아 동 시대에 축조되었음을 알 수 있다.

(3) 동북지역의 다른 장성과는 경로가 판이하며 주로 요하를 건너오는 적을 방어하기 위한 지점이라는 점 등을 제시한다.

(4) 변강의 주행방향이 천리장성의 역사서의 기록과 일치하며 그 길이가 587km로 중국의 10리가 5km인 점을 보아 천리에 가깝다는 점을 들고 있다.

고구려의 천리장성이 16년이란 기간에 축조되었다는 점에서 보면 산성들보다는 이 변강에 설득력이 있다는 생각이다. 하지만 결론을 내리기에는 오늘 하루 답사에서 지명만 보았지 눈으로 확인한 유적은 없었다.

영구 구간을 지났으니 계속 노선을 따라 "동북의 부여(성)"에 닿는 날 그 진실을 알 수 있을까? 중국학자들의 답사기록 등의 자료를 근거로 장성답사는 계속될 것이다. 민국民國시대까지만 해도 큰 수레가 다니는 소금 운송의 주요 교통로였다고도 한다. 과연 더 가다 보면 지금은 어떻게 변해 있을까?

요둔腰屯의 벌판, 고구려장성은 평원과 그곳을 흐르는 강가에 세워졌다.

9 장

첫 도읍지와 요동반도를 지켜냈던
고구려 방어전략의 핵심 성들

— ¤ 안시성安市城, 요동성을 잇고 압록강으로 가는 길목에 자리하다

— ¤ 요동성遼東城, 요동지방의 중심에 서다

— ¤ 흘승골성訖升骨城, 처음 하늘을 연 도읍지

— ¤ 자라나는 아이들에게 고구려를 심어주어야 한다.

백암성

첫 도읍지와 요동반도를 지켜냈던 고구려 방어전략의 핵심 성들

● 안시성安市城(영성자산성英城子山城), 해성시 팔리진 영성자촌.

● 요동성遼東城, 요양시 구 시가지.

● 흘승골성紇升骨城, 본계시 환인현 동북 산상.

● 하고성자성下古城子城, 본계시 환인현 하고성자촌.

● 백암성白巖城, 요양 등탑시 서대요진 성문구촌.

● 안산고성鞍山古城, 안산시 천산구 안산고성촌.

● 해성고성海城古城, 안산시 해성 구 시가지.

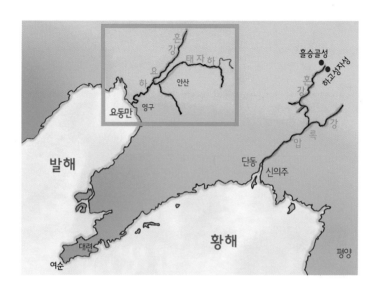

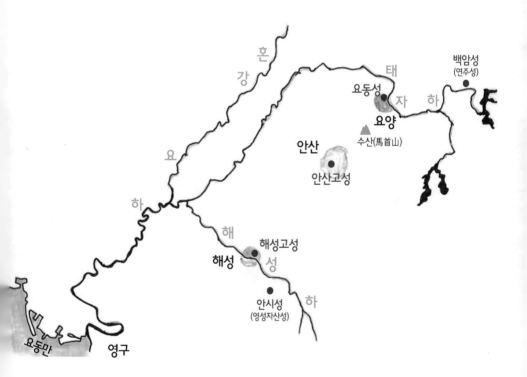

안시성 서문에서 바라보는 동벽의 성안 모습. 성을 이루는 가장 높은 면으로 그 경사도가 비교적 가파르다.

안시성安市城, 요동성을 잇고 압록강으로 가는 길목에 자리하다

아침 일찍 안산鞍山에 도착했다. 겨울의 끝자락 기압이 낮은 아침에 뿌연 하늘과 메케한 석탄 냄새가 도시를 뒤덮고 있다. 안강鞍鋼으로 유명한 철강 도시라서 일까? 고대에서부터 철의 산지로 알려져 왔다. 고대 왕조들이 서로 이 지역을 차지하려고 각축을 벌였던 것도 바로 철 때문이었다.

이곳에 온 이유는 안시성이 한동안 외국인 출입을 제한한다고 들었기에 안산에 사는 중국 친구 한 명을 앞세워 가기 위함이다. 이쪽에 중국 친구가 없는 터라 다른 친구로부터 소개를 받아 같이 길을 떠난다. 안산에서 안시성이 있는 해성海城까지는 그리 먼 길은 아니다. G202 국도를 타더라도 약 35km 남서쪽으로 가다 보면 해성시가 나온다. 시내에서 다시 수암岫岩을 잇는 S312번 도로를 타고 남동쪽 7.5km 정도 가다 보면 팔리진八里鎭 영성자촌營城子村을 만난다. 본래 마을 이름은 고려영성자촌高麗營城子村이었다고 한다. 동행한 친구는 이미 외국인 출입 제한은 없어졌다고 하지만 마을에 들어서니 왠지 조심스러워진다. 왜 외국인 출입을 제한했을까? 외국인이라고 해봐야 한국사람들을 말하겠지만, 그들은 치욕의 역사 현장에 우리의 발을 들여 놓게 하기까지 시간이 걸린 듯하다. 그 동안 벌써 찾아보고 싶은 맘 간절했지만 이제야 온 것이다.

수암 가는 도로에서 왼쪽으로 아직 두껍게 얼어붙은 해성하海城河 지류를 건너 들어가다 만나는 전형적인 농촌마을이 바로 영성자촌營城子村이다. 진눈깨 비라도 흩뿌릴 듯 잔뜩 흐려 을씨년스러운 날씨 탓인지 인적이 없다. 중국에서

안시성 서벽 출입구에 있는 영성자산성英城子山城 표지석.

원소절元宵節이라고 하는 정월 대보름을 지낸지 3~4일밖에 안 되어 아직도 모여 앉아 마작을 즐기고 있는지도 모른다. 그 마을 뒤편에 평범하기 그지없는 산군山群이 솟아 있으며 그 산들이 안시성이란 것을 금방 알 수 있었다. 입구에는 영성자산성英城子山城이라고 쓴 표지석이 두 개 나란히 서있다. 하나는 안산시에서 1964년 5월에 시급문물보호단위로 선정했다는 것과 또 다른 것은 2007년 5월에 성급문물보호단위로 공포했다는 내용이다. 산성이름이 마을이름이나 고구려 군영이 있었다는 의미의 고려영성자高麗營城子와 같이 "營"자를 쓰지 않고 "英"인 이유가 무엇일까?

성문 양쪽 벽 단면을 보면 달구질한 흔적이 나타나니 안시성의 서벽은 인공으로 쌓은 토축土築 성이다.

성문의 남북 양 벽 단면을 보니 달구질한 토축土築 성으로 작은 토산을 이루고 있다. 그 높이와 두께를 보니 과연 명불허전이 따로 없었다. 이리 튼실하게 성벽을 쌓았으니 아무리 황제를 앞세워 총력을 기울여 진격을 했던 당군唐軍이라 해도 어찌 감당을 했을까? 당시의 당군이라 하면 태종 이세민 집권 이래 주변국들을 차례로 무릎 꿇렸던 천하무적의 군대였다.

성문 옆에 골짜기에서 내려오는 물 흐르는 수로가 있으니 수구문이었을 것이다. 수로는 물의 흐름이 좋지 않은지 잘 다듬어진 돌로 새로 단장을 하고 있다. 겨울이라 말라붙었지만 물은 성내에서 흘러나와 마을을 거쳐 해성하에 유입된다.

오래 전부터 오고 싶었기에 더욱 설레는 마음을 진정시키면서 성안으로 들어갔다. 성문에 이어 형성된 낮은 분지 위에 집들이 옹기종기 모여 있다. 아마도

안시성 서남 각대에서 바라본 해성하.

그 당시에는 성의 중심시설이 자리했던 곳일 것이다. 안시성을 전체적으로 조망해보았다. 내가 성으로 들어온 서벽의 성문 맞은편이 높으니 동고서저東高西低의 지형이다. 남북방향으로 평행되게 양쪽 산등성이가 함께 삼면을 둘러싼 포곡식 산성이다. 낮은 지대인 서쪽에 토벽을 쌓고 그곳에 성문을 낸 구조이다. 고구려산성의 전형을 보는 듯하다. 하지만 안시성은 어느 고구려산성과는 달리 석성이 아닌 토성이다. 지나는 노인에게 물으니 동남쪽 모퉁이를 이루는 높은 봉우리가 점장대點將臺라고 했다.

계단식 밭을 지나 성문 남쪽으로 서벽에 오른다. 성안은 산 구릉에다 밭을 일구었지만 성 밖에서 보면 20~30m 정도의 높이를 유지하며 고른 성벽을 이룬다. 성문에서 본 단면과 같이 밑면이 넓고 윗면이 좁은 마름모꼴을 계속 유지하며 간다. 상단에는 사람 한 명 정도 다닐 수 있는 길이 나있지만 상단의 폭은 1m가 좀 넘는 듯하다. 일정한 높이와 폭으로 계속 이어지니 산등성이 위에 토벽을 쌓은 것이 분명하다. 하지만 지난 여름 내 부쩍 자란 잡목이 뻗쳐 앞으로 진행이 어렵다. 더러는 가시나무가 있어 마치 끈질긴 고구려 병사들이 성벽을 둘러싸고 전력을 다해 성을 사수하는 듯 하다.

서남쪽 모퉁이를 이루는 지점이 높게 솟아 있다. 아마 당시에는 그쪽 방향에서 오는 적들을 감시하고 이 부분에 배치된 군사들을 지휘하는 각대角臺였을 것이다. 그곳에 서서 성 밖을 내려다보니 얼어붙은 해성하가 흐르고 312번 도로가 지나는 것이 보인다. 당시엔 적들의 이동이 한눈에 들어 왔을 것으로 보인다.

잡목과 가시나무가 계속되니 동행하던 중국친구는 더 이상 못가겠다고 산 아래로 가자고 한다. 얼마나 기다려온 답사인데 그럴 순 없다. 그 친구에게 내려가 마을에서 기다리고 있으라고 하고 계속 갔다. 방향을 트니 이제부터는 남벽이다. 반대편에서는 북벽이 대칭을 이루면서 길게 누워있다. 성벽 위에 난 길은 나아지기는커녕 갈수록 가시나무가 많다. 그 여러 종의 가시가 있는 나무는 거의 산대

성의 남벽 안쪽은 아직 눈이 안 녹아 개간한 밭들이 훤하게 몸을 내놓고 있다.

추나무다. 답사 때마다 내게 괴로움과 아픔을 안겨주던 나무이다. 산대추나무가
크지도 않으면서 가시는 무척 억세다. 옷 속 살까지 생채기를 내는 경우가 허다하
다. 사람들이 다니지 않으니 그러한 잡목들이 길을 뒤덮은 것이다. 옷이 찢겨 나
가지만 그래도 포기란 있을 수 없다. 가시나무를 잡으면서 조심조심 가다보니 걸
음이 더딜 수밖에 없다. 남벽은 동쪽으로 치우쳐서 남문을 만들어 놓았다. 대개의
토성이 그렇듯이 문의 형태가 그리 확실치는 않다. 동쪽 모퉁이에 다가가면서 성
밖에 있는 산에 주목했다. 당태종이 밤낮을 가리지 않고 60일 동안 연인원 50만
명을 동원하여 쌓았던 토산土山의 존재를 보고자 함이다.

　장시간의 전투에도 별 효과가 없자 당태종은 성과 같은 높이로 토산을 쌓아 성안
으로 군사를 진입시켜 승리를 이끌려는 새로운 전술을 짠다. 하지만 고구려 군사
들도 그에 맞서 성을 높여가며 대처한다. 쌍방의 교전은 갈수록 치열하다. 삼국
사기의 기록에 의하면 교전하기를 하루에도 6·7회 하고, 충거衝車와 돌쇠뇌 등

각종 공성기로 성벽을 파괴하면 목책을 세워 막았다고 기록하고 있다. 마침 토산이 무너져 내리면서 성을 누르니 성도 함께 무너졌으나 고구려 병사들은 그 틈을 타 토산을 점령하여 승전의 계기를 마련한다. 결국 토산이 오히려 당태종에게는 씻을 수 없는 치욕을 안긴 것이다. 바로 그 토산이다. 당시에 무너져 내린 탓인지 점장대와 붙어서 토산이 있고 그 뒤로 떨어져 있는 산봉우리에 당의 지휘부가 있었을 것이다. 아마도 당태종도 쉽지 않은 전투를 보면서 애를 태웠을 것이다. 안시성의 전투 상황에 비추어 볼 때 학자에 따라 비교적 큰 규모의 대석교의 해룡천 산海龍川山산성, 건안성으로 비정하는 개주蓋州의 청석령靑石嶺 고려성산산성을 안시성으로 보기도 한다. 하지만 성 동남 모퉁이 밖 토산의 존재가 이곳을 안시성이라고 비정하는 데 거의 일치된 의견을 보이고 있다.

성안에서 점장대 오르는 산언덕을 옥수수밭으로 개간을 하고 꽤 넓은 면적의

동남쪽 성 밖에 연이어 토산이 있고 그 뒤 산봉우리에 당군의 지휘부가 있었을 것이다. 당태종도 그곳을 순시하면서 쉽지 않은 전투에 애를 태웠으리라.

그 정상까지도 밭을 만들어 놓았다. 그곳에서 고구려양식의 기와조각 등이 발굴되었다고 하니 건축물이 있었던 것이 분명하다. 그 누각樓閣에는 삼족오 깃발을 휘날리며 위용을 뽐냈을 것이다. 삼족오 깃발을 바라보는 당나라 병사들은 양만춘 장군의 호령소리만 들어도 전의를 상실하였을 것이다. 점장대와 토산이 붙어 있는 것은 당시의 치열했던 전투를 말해 주고 있다.

점장대를 지나 동벽을 탔다. 동쪽으로 좀 이동하다 보면 동문이 있다. 처음 성안에 들어 왔던 서문과 대칭되는 지점이다. 동벽의 길도 만만치 않게 잡목이 우거졌다. 그 가운데 평탄한 곳도 있으니 아마도 건축물 터로 병사들의 숙영지가 아니었을까? 동벽은 성을 둘러싼 3면 중에 가장 높은 지대로 밖을 내다보니 경사도가 가팔라 적이 쉽게 접근할 수 없다. 그곳에서 성안을 내려다본다. 멀리 성문과 서벽 밖으로 영성자촌 마을이 보이고 아직 눈이 녹지 않은 남벽 산언덕 밭에는 추수하고

안시성 점장대. 옥수수밭이 되었다.

남은 옥수수 그루터기만 남아 허허한 벌판을 만들고 있다. 따사로운 남향의 햇빛을 받은 북벽의 밭들은 남벽과는 전혀 딴판이다. 성급한 농부가 벌써 나와 봄을 맞을 준비를 하고 있다. 성안 산등성이 가까운 선까지 밭으로 개간을 하여 과수도 심고 옥수수를 심는다. 당시에도 성안에서 어느 정도 먹을거리를 자급하면서 장기전에 임했을 것이다. 동벽이 끝나는 지점에 또 다시 대臺를 형성하고 있다. 기록에서 보듯이 성의 사면 그 어느 곳에서 출현할지 모르는 적군을 감시하기 위하여 과연 네 모퉁이마다 전망대를 만들어 놓았다.

다시 북벽을 향한다. 북벽 역시 산등성이를 따라 도톰하게 쌓은 길이 성벽의 상단을 이룬다. 보통 산성을 답사하다 보면 성벽 위를 걷는 것이 편리하게 마련이지만 안시성의 경우는 다르다. 누가 나뭇가지를 쳐내지 않고서는 성벽 상단에 난 길만 따라서 진행한다는 것이 지난한 일이다. 하지만 가시에 옷이 찢기고 약간의 상처가 난다고 해도 안시성 성벽을 따라 걷는다는 것은 감개무량할 뿐이다. 성안을 바라보면서 성벽 상단에 난 길을 따라 계속 걷는다. 날씨는 금방이라도

안시성의 북벽

눈이 쏟아질 듯 잔뜩 흐렸어도 성안만큼은 포근하게 느껴진다. 곳곳에 눈이 남아 있지만 성안을 보고 있노라면 봄이 멀지 않은 듯하다.

북벽 끝 대臺의 흔적을 지나 다시 서벽을 따라 갔다. 산을 내려가면 서벽은 인공으로 쌓은 토축성土築城임을 쉽게 알 수 있다. 서벽을 따라 처음 들어 온 성문 쪽을 향해 가다 보니 성벽 가까이에 길이 나있다. 자료에 따르면 1994년 발굴조사 시에 성벽 안쪽으로 약 200m의 마찻길을 발굴했다고 한다. 군수물자나 병사들의 이동을 쉽게 하기 위한 길이었으리라. 지금 걷고 있는 길이 설마 당시의 그 마찻길은 아니었을까? 안타깝지만 성벽 안쪽 밑까지 알뜰하게도 밭을 일구었으니 그 마찻길이 남아 있을 리 없다는 생각이 든다. 그 길을 따라 걷다 보니 처음 들어 왔던 성문 북쪽으로 성벽이 이어지다 어림잡아 50~60m 떨어진 지점에 또 하나의 문이 있다.

주민들은 북문이라고 한다. 단순하게 지금의 정문보다 북쪽에 있으니 구분하

1994년 발굴조사 시 서벽 안쪽으로 마찻길이 있었다고 한다. 내가 걷고 있는 이 길이 그때의 마찻길이었을까?

여 그리 부르는 것 같다. 하지만 그것이 서문이다. 길을 따라 문을 빠져 나가 보니 영성자촌의 민가와 만났다. 촌의 북동쪽 끝이다. 길은 처음 들어온 성문보다 좁지만 양쪽의 벽면에서는 마찬가지로 토축土築한 흔적이 나타난다. 과연 이 문의 존재는 무엇일까? 차가 다닐 수 없으니 지금은 보조 문의 역할을 할 뿐이다. 건안성 답사 시에 보았듯이 원래의 정문을 두고 훗날 수구문을 주 출입구로 만든 것은 아닐까? 수구문이란 것은 홍수 등 물을 관리하다 보면 자꾸 손을 보게 되고, 그러다 보니 주 출입구가 된 것은 아닐까?

정신없이 다니다 보니 잠시 중국친구의 존재를 까맣게 잊었다. 그는 정문 방향으로 가는 나를 보고 큰소리로 불러댄다. 민가 인근의 밭 언덕에서 나뭇가지로 조금만 파헤쳐도 기와나 도자기 등의 조각들이 나온다는 것이다. 이미 파낸 조각들을 내게 보여주며 이것이 중요한 자료가 아니냐고 반문한다. 그렇다. 민가들이 있는 평탄한 분지에 성의 중요 시설물들이 있었으며 건축물로 구성되었기에 땅을 파기만 하면 그러한 것들이 나오는 것이다. 자료에 따르면 성안 여기저기에서 기와나 도자기 조각뿐 아니라 쇠솥·단검·화살촉·쇠창 등 고구려시대의 철제 유물도 많이 출토되었다고 한다.

안시성 성안 도처에서 발견되는 기와·도자기 파편

산성 안은 여느 산촌이나 농촌과 같이 평온하기 그지없다. 이곳에서 그 당시의 당의 대군과 치열했던 전투를 떠올리기조차 어려울 정도로 조용하다. 사람조차 만나기 어려울 정도이니 마을을 헤집고 다니기가 조심스럽지만 발굴 당시에 마을에서 각종 유물뿐 아니라 저수지, 물 감옥水牢, 4곳의 우물터, 숙영시설의 흔적 등 많은 유적이 발견되었다고 한다. 하지만 그러한 것들을 잘 보존하지 못하고 방치한 사이에 개인이 용도에 따라 변형하고 폐쇄했다고 하니 안타까울 따름이다.

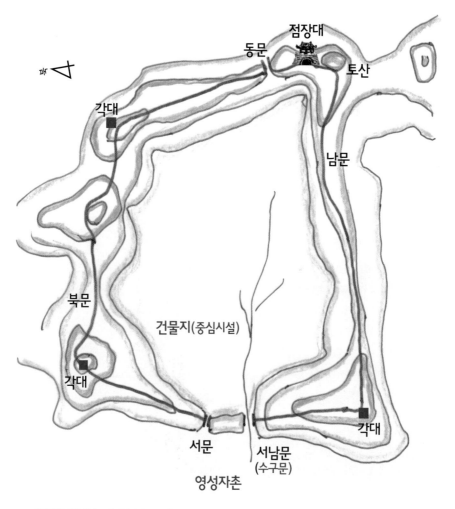

【안시성 평면 개념도: 츠언따웨이陳大爲 「요녕고구려산성재탐」 논문 중 평면도를 기초하여 답사 후 확인 · 재구성함】

안산시鞍山市 박물관이 1994년과 1999년 두 차례 발굴조사를 하였다. 자료에 따르면 성 둘레는 2,472m로 되어 있다. 동서남북 네 곳에 문이 개설되어 있고 성의 네 모퉁이마다 점장대를 포함하여 각대角臺, 즉 전망대가 설치되어 있다고 한다.

645년 당태종의 동정 시 일정에 따른 동선을 살펴보자. 그는 645년 5월 10일 요하를 건너 요동성에서 선발대와 합류한 다음 총공격을 감행하여 5월 17일 요동성을 함락시킨다. 그 후 6월 20일 안시성 인근에 도착하여 안시성 전투가 시작된다. 성의 동남부 점장대 인접하여 쌓은 토산이 무너지고 고구려군에게 탈취당한지 3일 만인 9월 18일 철군을 명한다. 이로써 정확하게 3개월간 쌍방 모두 피눈물나게 했던 전투가 막을 내린다. 이 대목에서 2가지 의문을 갖게 된다. 첫째 요동성에서 안시성은 직선거리로 불과 62km 떨어져 있다. 하지만 요동성을

안시성의 동남 모퉁이에 자리한 점장대와 토산. 당군과 치열한 전투시 양만춘 장군이 피를 토하며 전투를 지휘하던 곳이다. 연이어 당군이 쌓았던 인공토산이 있다.

차지한 후 안시성 인근에 도착하기 까지 한 달 이상이 걸린다. 하루 빨리 고구려 정복을 해야 하는 이세민의 입장에서 왜 한 달이라는 시간을 허비했을까? 요동성은 함락되었지만 인근의 많은 산성들이 그들을 요동지역에서 활개치고 마음껏 공략하게 두지 않았을 것이다.

역사서를 보면 요동성을 점령한 후에 백암성白巖城(오늘날 요양 관내에 있는 연주성燕州城)과 개모성蓋牟城을 점령하는 것이 고작이다. 요동성 남쪽 안시성 사이, 오늘날 안산鞍山 경내에만도 성산자산성城山子山城, 마운산성摩雲山城, 용봉욕산성龍鳳峪山城, 성자산성城子山城 등이 있다. 그 외에도 주변의 많은 성들이 당군唐軍의 안시성 진격을 저지했을 것이다.

요양 관내에 있는 백암성, 2014년 촬영.

또 한 가지 의문은 오늘도 보지만 안시성은 그리 큰 성이 아니다. 당태종의 대군이 총력을 다했건만 왜 안시성을 점령하지 못했을까? 안시성은 전략적으로 대단히 중요한 성이다. 요동반도를 기준하였을 때 요동성을 잇는 지점에 있으며, 요동성을 기준하였을 때 요동성을 점령한 다음 수암을 거쳐 오골성으로 가면 그곳에서 압록강을 건너게 된다. 결국 안시성은 한반도로 진출하는 길목에 자리하고 있는 것이다. 물론 요양에서 천산을 가로질러 가는 노선도 있다. 하지만 천산의 험한 산악지대를 통과하는 것이 당시로선 그리 수월한 일은 아니다.

안시성의 중요성은 역사서의 내용을 보아도 알 수 있다. 당시 당태종이 안시성을 치려 하자 연개소문은 고연수高延壽, 고혜진高惠眞 두 욕살褥薩에게 15만의 군사를 주고 나가 싸우게 한다. 그들은 결국 항복을 하고 말았지만 그만한 군사를 보내 대처했던 것이 무엇을 의미하는가? 또한 장기전에도 불구하고 안시성을 함락시키지 못하자 중신들은 안시성을 우회하여 오골성烏骨城을 빼앗고 압록강을 건너 직접 평양을 취하자고 건의를 한다. 하지만 건안성과 신성의 10만의 군사가 오골성을 치러간 사이에 배후에서 공격할 것을 두려워한 나머지 그 제안은 받아들여지지 않는다.

어찌 건안성과 신성의 군사만이 문제가 되겠는가? 안시성 주변의 성들도 있지만 오골성으로 가는 루트인 수암岫岩 지구의 대양하大洋河와 초자하哨子河 강변에 촘촘히 배치되어 있는 20개가 넘는 성을 어찌 통과한다는 말인가? 그들이 오골성으로 진격하자는 제안을 거둬들이게 한 배경이기도 하다. 산성을 답사하다 보니 안시성은 자체 방어력도 훌륭하였지만 주변과 배후인 수암 지구의 수많은 성들이 안시성과 연합하여 작전을 전개하였을 것이다.

산성을 답사하면서 아무리 큰 산성이라 해도 결코 단독으로 적군에 대처하는 것이 아니라는 것을 체득하게 되었다. 주변의 성과 함께 같은 지휘체계하에서 공동으로 전쟁을 수행한다. 그래야만 전투력도 몇 배로 증강된다. 그것은 고구려가 요동을 차지한 이후에 긴 세월 동안 진행해 온 산성의 포국布局이며, 방어전략이다. 바로 고구려가 소수 병력으로 중원의 대군을 대적할 수 있었던 힘이자 승리의 원동력이다. 당시 안시성에서 절대로 질 수 없는 싸움을 벌인 것이다. 하나의 성성城이 아닌 고구려 전 백성이 함께한 전투였다. 중국의 역사서나 삼국사기의 기록만으로 안시성 전투를 판단할 수는 없다.

안시성의 동북 모퉁이에서 내려다보는 성안. 사진 좌측에 잔설이 남은 산의 등성이가 남벽, 그곳에서 오른쪽으로 이어지는 낮은 부분이 서벽이며, 우측에 튀어 나온 부분이 북벽의 일부분이다. 그 가운데가 성안이다. 성 밖에 희미하게 보이는 마을이 영성자촌(高麗營城子村)이다.

동한東漢 시대에 처음 지어졌다는 광우사廣佑寺와 서쪽 담 장 너머로 보이는 요대遼代 처음 쌓은 백탑白塔. 고구려시대에는
광우사 절만이 요동성의 서북쪽 바로 성 밖에 위치해 있었다고 추정된다.

요동성遼東城, 요동지방의 중심에 서다

한국전쟁이 막바지에 들어선 1953년 3월 연일 미군의 비행기가 폭격을 해댔다. 마을사람들이 모여 20년 전 홍수 때 일본강점기 영림서 직원들이 발견했던 석곽묘를 생각해냈다. 오랜 세월 잊고 있었지만 한 노인이 폭격을 피할 수 있는 방공호로 쓸 수 있다는 생각을 해낸 것이다. 1934년 당시 홍수로 인한 산림의 피해조사를 하던 중 강 언덕에서 하나의 작은 둔덕小土墩을 발견했다. 표토를 들춰내니 석곽묘의 뚜껑이 나왔고 그것이 고묘라는 것을 알고 표시를 해두었지만 한동안 다들 잊고 있었다. 방공호로 쓰고자 표토를 파헤치니 묘실이 노출되었다. 1953년 3월19일부터 23일까지 문화재조사보존위원회에서 전문가를 파견하여 정식으로 조사·발굴을 했다. 비로소 고묘는 빛을 보게 되며, 여러 벽화 중에서도 전실 남벽에 그려져 있던 요동성遼東城 성곽도城郭圖가 세상에 알려지는 순간이다. 이것은 평안남도 순천군 용봉리 요동성총遼東城塚이 발굴되던 이야기이다.

요동성은 현재 요녕성遼寧省 요양시遼陽市의 구도심에 위치했었다는 것이 학자들간에 거의 일치된 의견이다. 요양은 원래 (고)조선朝鮮의 관할 범위 내에 있었다. 그러던 것이 전국시대 연燕에 의해 요동군 치소로 양평襄平을 설립한 이래 청조 이전까지 요동지구의 정치·경제·군사·문화의 중심지였다. 그런 만큼 역사적으로 보면 요양성을 차지하기 위하여 각 왕조·정권마다 각축을 벌여 왔다. 긴 전쟁 끝에 고구려도 서기 404년도에 광개토대왕이 요동지역을 점령하면서 원래 토성이었던 양평성襄平城을 고구려답게 석성으로 개축하여 요동성遼東城이라 이름하였다. 그 사실史實은 과거 조선의 땅을 회복했다는 의미를 지니기도 한다. 과연 광개토대왕도 당시에 영토회복의 의미를 부여했을까?

고구려와 수隋·당唐 전쟁에서만 보더라도 요동성을 차지하기 위하여 치열한 전투를 벌인다. 수양제가 오랜 준비 끝에 선친의 한을 품고 612년 전투병만 해도 113만 대군을 이끌고 고구려로 향한다. 그에 따른 보급인원까지 하면 배가 훨씬 넘는 숫자로 매일 1군씩 출발을 시켜 40일이 되어서나 출발이 완료가 되었다. 그 길이가 960여 리에 이르렀다고 하니 세계전쟁사에 유래없는 대규모 원정대였다. 당시의 인구를 감안했을 때 상상하기 어려운 숫자이다.

우문술宇文述과 우중문于仲文을 앞세워 어렵게 요하를 건넌 100만의 군사들이 요동성을 겹겹이 포위하고 공격한다. 수양제가 친히 병사를 이끌고 3개월여에 걸쳐 지속적인 공격을 하지만 끝까지 저항하는 요동성을 결국 함락시키지 못한다. 요동성을 간단히 요리하고 수군을 이끌고 평양성으로 향한 내호아來護兒와 조우하여 일격에 평양성을 쳐부수고 고구려를 정복하고자 했던 큰 그림이 모두 흐트러지고 만 것이다. 수양제는 우중문에게 병사 35만을 차출하여 별동대를 조직하고 전선을 우회하여 평양으로 향하게 한다. 하지만 내호아가 이미 평양에서 패퇴하고, 을지문덕 장군의 기지로 살수에서 강을 반쯤 건넜을 때 후위를 공격하니 35만 5천명에 이르는 병사 중에 살아남은 자가 2천 7백 명 밖에 안 될 정도의 고구려 대승으로 끝이 난다.

승리의 요인은 여러가지가 있겠지만 요동성에서의 견고한 저항으로 오랜 시간을 끌었기에 당초의 계획 자체가 무의미하게 되었으며 병사들의 피로도가 높아진 것이다. 수양제는 113만의 전투병을 이끌고도 참패했던 울분을 이기지 못하고 4개월만인 613년 3월 30만 대군을 이끌고 다시 요하를 건넌다. 지난 전쟁을 교훈삼아 장수들에게 재량권을 부여하고 효율적으로 고구려를 밀어붙인다. 선봉대가 요동성을 치기 전에 신성을 공격하여 신성으로부터의 지원을 차단하였다. 그런 후 본대가 요동성을 공격하였다. 20여 일의 공방전에도 요동성은 함락되지 않고 수隋군은 이동식 망루를 세우고 포대를 높여 내려다보면서 요동성을 공격하였다.

한편 지난 전쟁과 마찬가지로 별동대를 구성하여 압록강으로 진격하나, 도하 직전에 수양제의 휘하에서 병참을 책임지던 양현감梁玄感과 그의 친구 이밀李密이 반란을 일으킨다. 보급이 늦어지고 하남성에서 반란을 일으켜 낙양을 공격하니 수양제는 하는 수 없이 회군을 결정한다. 양현감의 반란은 제압하였으나 이를 계기로 전국적으로 농민 봉기가 일어났다. 그럼에도 불구하고 고구려정복의 원한을 버리지 못하고 614년 다시 내호아의 수군으로 하여금 비사성을 공격하게 한다. 하지만 수나라도 국내 사정이 긴박하여 육군은 출동도 시키지 못하고 있는 상황이 되다 보니 요동성과는 상관이 없었다. 고구려 역시 연이은 전쟁으로 민심이 피폐하니 영양왕이 사신을 보내 강화를 요구하여 화친이 성사된다. 결국 수양제 때만 해도 611년부터 4년간 전쟁준비와 3차례의 원정으로 백성은 피로와 불만이 누적되어 수나라는 결국 618년 멸망하게 된다.

요양시박물관에는 요동성 평면도를 근거로 하여 성의 모형을 재현해 놓아 이해를 돕는다.

645년 당태종의 친정 당시에도 요동성을 두고 쌍방이 필사의 공방전이 벌어진다. 그 내용은 삼국사기에도 상세하게 묘사되어 있다. 요동도행군대총관遼東道行軍大摠官 이세적李世勣은 4월 1일 통정에서 요하를 건너 신성을 치나 실패하고 요동성에 이른다. 영주도독營州都督 장검張儉은 호병을 거느리고 요하를 건너 건안성을 치고, 장량張亮은 수군을 이끌고 바다를 건너와 비사성을 함락시킨다. 이렇게 사전정지 작업을 하고 당태종은 본진을 이끌고 회원진에서 요하를 건너 요동성 인근에 합류를 한다. 5월 10일 요하를 건넌 그는 건너온 다리를 철거하고 요동성 서남쪽 마수산馬首山에 배수의 진을 친다.

요동성은 태자하변에 자리하여 물이 풍부하였으므로 사면에 해자垓字를 만들었을 뿐 아니라 주변에 물을 끌어대 넓은 면적에 호를 만드니 접근이 어려웠다. 병사를 이끌고 흙을 져다 호를 메우지 않고서는 공격이 어려운 상황이다. 이세적이 요동성을 밤낮으로 공격하기를 12일, 당태종이 합세하여 성을 수백 겹으로 둘러싸니 북과 고함소리가 천지를 뒤흔들었다. 고구려군은 성안에 있는 주몽 사당에 예를 올리기도 하고 결사항전을 하였다. 각종 공성기를 앞세우고, 절대적인 수적 우위의 당군이 지속적으로 공격을 했지만 성을 함락시키지 못하였다. 마침 남풍이 불자 당태종이 서남루西南樓에 불사르게 명하니 성 전체가 화마에 휩싸여 결국 요동성은 5월 17일 당군의 수중으로 넘어가게 된다.

이때 고구려의 피해는 사망이 1만 명, 포로가 병사 1만 명에 민간인 4만여 명에 달하고, 양곡 50만 석을 노획 당하였다. 성이 함락된 후에 당은 요동성을 요주遼州라 개칭한다. 이를 근거로 해서 요양시박물관에도 그렇고 여러 곳에 고구려의 요동성 지배 기간을 404~645년이라고 설명하고 있다. 하지만 그들이 요동성을 차지한 것은 안시성에서 패퇴, 전선에서 완전 철수하여 요하를 건넌 9월 21일까지일 뿐이다. 불과 3개월 동안이다. 668년 고구려가 멸망한 후에도 끝까지 항복하지 않은 11개 성 중에 하나가 요동성임을 왜 애써 외면하는지 모를 일이다.

요동의 중심이었던 요동성이 자리했던 요양遼陽을 찾아 나선다. 요양성은

평지성이었기에 지금은 아무것도 남은
것이 없다. 우선 그 흔적을 찾아보기 위
해 요양시박물관을 찾는다. 다행히 그
곳에는 <고구려高句麗 요동성遼東城>
전시관이 별도로 구분되어 보다 자세한
설명을 하고 있다. 요동성도가 전시되어
있고 그 도면에 따라 요동성의 모형을
재현해 놓았다. 자세한 설명은 없지만

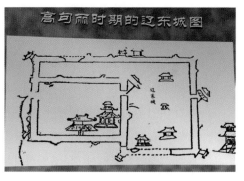

요양시박물관에 전시되어 있는 고구려시대 요동성의 평면도

도면을 보는 순간 직감적으로 평안남도 순천군 용봉리 요동성총遼東城塚에서 발
굴된 벽화의 복사본으로 보여진다. 그동안 여러 경로를 통해서 요동성총에서 발굴
되었다는 그 도면을 입수하려 애써왔다. 그러던 것을 이곳에서 이렇게 만났다.

마음을 진정하고 자세히 보니 외성과 내성으로 구분되어 있는 성은 외성의 네
모퉁이에 단층의 각루角樓가 있고 외성과 내성을 직선으로 잇는 가로街路를 연결
하는 문이 나있다. 문에는 2층의 누각이 자리함을 볼 수 있다. 그림의 위쪽 성벽
에는 누각이 있으며 성의 곳곳에 여장을 설치했다. 내성에는 2~3층, 외성에는 단
층의 건축물이 여러 채 있다. 성안에 시가지가 형성되어 있
음을 상징적으로 보여준다. 성 밖에도 누각 또는 탑으로 여
겨지는 건물이 있다. 그리고 외성 중간에 분명하게 요동성
遼東城 세 글자가 쓰여 있지 않은가?

북한과 거래하는 우리 동포에게 부탁을 하여도 구할 수
없던 관련 서적을 중국 친구가 여러 경로로 수소문 끝에 고
고학 잡지『고고考古』1960년 제1기를 구해주었다. 그 낡고
색 바랜 책에 평안남도 순천군 용봉리 요동성총조사보고遼
東城塚調査報告가 중국어로 번역·게재되어 있다. 한글로
된 조사보고서를 중국어 번역본으로 봐야하는 아이러니가

1960년도에 출간된 고고학 잡지에는
북한에서 발간한 요동성총조사보고서가
중국어로 번역하여 게재되어 있다.

있지만 감동 그 자체였다. 택배로 받자마자 그 부분부터 보니 박물관에서 본 도면이 정확하게 보고서에도 나와 있다. 보고서는 "조선민주주의인민공화국 고고학 및 민속학연구소"에서 1958년 7월에 발간된 <대동강유역고분발굴보고> 중에 있던 것이며, 중국학자 위웨이츠아오兪偉超가 그 보고서를 보고 쓴 글도 함께 게재가 되어 있어 이해를 도왔다. 박물관 본관에 이웃하여 요양민속박물관이 있다. 놀랍게도 그곳에는 청말·민국시대 요양시내의 고성 사진들이 전시되어 있다. 물론 그것이 고구려시대의 요양성이라고 할 수 없다. 그 후대에 수없이 개축되고 증수되었지만 위치는 크게 달라짐이 없었던 터라 사진을 보면서 요동성을 미루어 짐작 할수 있는 귀중한 자료이다. 박물관 본관에서 요동성의 평면도와 재현해 놓은 모형을 보고 나서 후대의 요양성 사진들을 보니 요동성의 모습이 머리에 그려진다.

요양을 다시 찾은 것은 뜨거운 태양이 내리쬐는 7월에 접어들어서이다. 이번이 세 차례이다. 이미 요양시내에는 성곽의 흔적이 없어진지 오래다. 하지만 20세기 초만 해도 성문과 성벽이 남아 있었다. 그것이 고구려시대의 요동성은 아닐지라도 그 후에 많은 왕조를 거치면서 그 때마다 수없이 손질을 하였던 그 성이다. 지금 남은 흔적이라고는 해자垓字였던 호성하護城河가 남아 있고, 그 하천을 끼고 난 도로의 이름이 성이 있었던 자리였음을 이야기하고 있다. 그 도로명은 북순성가北順城街·서순성로西順城路·남순성가南順城街·동순성로東順城路 등이다. 여기에서 순順은 "~을 따라서"를 의미하며, 결국 "북쪽 성을 따라서 난 도로," "동쪽 성을 따라서 난 도로" 등을 의미한다. 그 도로명은 성이 있었던 자리를 의미 하는 것이며 따라서 도로를 따라 형성된 하천은 해자, 즉 호성하護城河임을 말해주고 있다.

지금 남아 있는 호성하, 즉 성 주변의 해자垓字는 명明 홍무洪武 5년인 1372년에 성 방어와 조운 운수를 목적으로 새로 건설된 것으로 전해진다. 하지만 역사서에 서술된 당태종의 요동성전투 장면을 보아도 당시 요동성엔 이미 해자가 있었다. 뿐만 아니라 그 외곽에 적의 침입을 저지하기 위하여 광범위하게 호를 파서 강물을 끌어들여 방어선을 형성했음을 알 수 있다. 아무튼 성 주변의 해자, 호성하는 1372년에 없었던 것을 새로 만든 것이 아니라 기존의 것을 확장하고 개수한 것이다.

현재의 호성하는 성의 서북면 모퉁이 밖에 자리한 광우사廣佑寺와 오늘날 요양의 상징으로 불리는 백탑白塔 공원의 동쪽 울타리에 면하여 북서쪽으로 흘러가는 서쪽 호성하가 있다. 그곳부터 시작하여 호성하를 따라 남쪽을 향하여 걸었다. 다행히 하천변을 따라 길이 나있다. 가다가다 도로를 잇는 교량이 하천 위를 지난다. 결국 성 안팎을 잇는 것이다. 하천을 따라 걸으니 성의 윤곽이 드러난다. 물론 그 호성하를 따라 동서남북 순성順城도로가 이어지니 이미 성곽은 없지만 그 자리만은 분명해진다. 잘 정비된 서측 호성하를 계속 걷다 보니 성 밖에 서관묘西關廟(또는 關帝廟)를 만난다. 주민들이 노야묘老爺廟라고 부르는 사찰은 원대元代에 처음 지어졌다고 한다.

요동성의 해자, 호성하護城河

서대가西大街가 서순성로와 교차되는 지점에 교량이 있고 성 안쪽으로 신세기
광장新世紀廣場이 나온다. 아마도 그곳에 대서문大西門이 자리했었을 것이다
(아래 지도에서 [2] 위치임). 인근을 아무리 살펴보지만 성곽이나 성문의 흔적은
아무것도 남아 있지 않다. 하천을 따라 남쪽으로 더 내려가다 보면 남측 호성하
와 교차되는 모퉁이를 만난다. 당시에 성안 쪽으로 성곽 위에 2층으로 된 각루角
樓가 당당하게 서 있었건만 지금은 허름한 저층 아파트만이 남아 있을 뿐이다.
전술한 바와 같이 요동성에서 지루하게 공방전을 벌이던 끝에 5월 17일 남풍이
세게 불자 이세민은 정예부대를 파견하여 서남쪽의 누각에 불을 지르게 했다는
기록이 나온다. 이른바 화공火攻으로 난공불락의 요동성을 삼키는 시발점이다.
그렇다면 그 발화지점이 이곳 어디쯤이 아니겠는가?

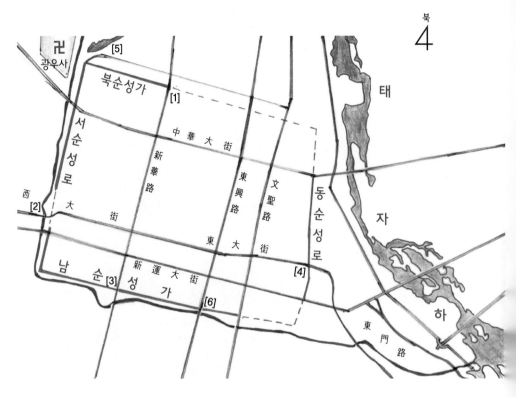

【요양시 호성하護城河와 순성도로順城道路 배치도】

【범례】 이곳에 사용된 사진은 요양시 민속박물관의 옛날사진전老照片展에 전시된 청말·민국시대의 요양성 사진들을 촬영한 것임.

(1) 대북문大北門. 현재의 신화로新華路와 북순성가北順城街의 교차점에 있었던 성의 북문으로 북 성벽의 유일한 문이었다.

(2) 대서문大西門. 성의 서쪽에 소재하는 문으로 성을 가로지르는 서대가 西大街와 동대가東大街를 이어 동쪽에 있는 대동문과 대칭을 이룬다.

(3) 대남문大南門과 문밖 호성하護城河의 모습. 그 당시만 해도 성의 남벽은 그 보존 상태가 좋았다.

(4) 대동문大東門. 태자하와 연결하는 성문으로 평상시에는 조운에 중심 역할을 하였으리라.

(5) 성북호성하城北護城河. 멀리 백탑이 보인다. 지금은 청년호공원青年 湖公園 호수로 그 흔적이 조금 남아 있을 뿐이다.

(6) 소남문小南門 성루가 보이는 성벽. 지금은 인근에 소남문교小南門橋 란 다리만이 호성하 위를 건너고 있을 뿐이다. 길을 지나는 마차를 감안할 때 성벽의 높이를 가늠할 수 있다.

호성하는 남쪽으로 오면서 직각으로 방향을 틀어 성의 남벽을 이루던 남순성가南順城街와 평행을 이루며 동으로 간다. 호성하는 걸어온 방향과는 반대인 성의 동남쪽에서 태자하와 연결되고 남쪽 해자를 거쳐 서쪽 해자 방향으로 물을 흘려보낸다. 그 물은 광우사 근처에서 다시 서북쪽으로 흘러가 성과는 멀어진다. 태자하를 이용한 인공하천임을 알 수 있다. 서쪽의 해자가 직선거리로 약 2km 이어지며, 남쪽의 해자의 길이는 약 2.4km 정도 된다. 남쪽 해자를 따라 걷다 보면 대남문大南門이 있었던 신화로新華路와 남순성가의 교차점을 만난다(지도에서 [3]지점) 대북문과 남북 방향으로 대칭을 이룬다. 좀 더 동쪽으로 가다 보면 호성하는 동흥로東興路와 교차되고 소남문교小南門橋가 하천 위를 지난다. 성 남벽의 또 다른 문인 소남문小南門이 있었던 자리이다(지도에서 [6]지점). 청말·민국 시대의 사진을 보면 성의 남벽은 당시만 해도 그 보존상태가 아주 좋았음을 알 수 있다. 남벽이 있었음을 말해주는 남순성가 도로는 동흥로를 지나 문성로文聖路와 교차되면서 흐지부지 없어진다. 하지만 호성하는 그 폭이 좁아지면서 동쪽

성의 서남쪽 모퉁이에서 해자가 만난다. 서남쪽 성루에 불을 질러 화공이 시작되었던 옛 지점이 바로 이곳 어디쯤이 아니었을까?

으로 더 이어가서 태자하와 연결된다.

성은 신운대가新運大街, 동대가東大街
가 동쪽에서 태자하를 만나는 지점 가
까이에서 동문로東門路와 교차된다. 동
대가와 동순성로東順城路가 교차되는
지점에 대동문大東門이 자리했으리라
(지도에서 [4]의 위치). 그리고 그 문에서

요동성의 남벽에 있던 소남문은 성곽과 함께 그 흔적도 없이 소남문교란
이름의 교량만이 자리하여 문이 있었던 장소임을 추정케 할 뿐이다.

이어진 도로가 지금의 동문로이다. 호성하가 성과 태자하를 잇는 수로라면 동문
로東門路는 태자하를 연결하여 성안으로 진입하는 육로이다. 당시 태자하를 이
용한 조운을 성안과 연결하는 두 개의 노선이었다.

성의 동벽은 태자하 강과 평행되게 이어지므로 별도의 인공해자가 필요 없이
강 그 자체가 해자 역할을 한다. 천연의 해자이다. 지도를 보면 동순성로東順城
路 도로와 태자하가 좀 거리를 두고 있음을 볼 수 있다. 그 거리는 약 180m에서
450m 정도 떨어져 있다. 20세기 초의 사진을 보면 강과 아주 인접해 있다. 왜 차
이가 있을까? 그것은 홍수로 인하여 수로의 일부 변경이 있었을 것이다. 홍수로
도로가 유실된 탓인지 지도에서도 보듯이 동순성로는 그 거리가 짧게 남아 있다.
태자하 강가로 난 길을 걷는다. 성 쪽으로는 강가에 고층아파트를 짓느라고 분주
하다. 해자 건너 성 밖이었던 강 건너는 이미 신도시가 형성되어 고층 아파트군
락을 이루고 있다. 강변을 잘 정비하여 태자하공원太子河公園까지 만들어 주민들
이 즐겨 찾는 공간이 되어 있다.

북쪽의 해자는 태자하가 자주 범람하는 바람에 거의 없어진 상태이다. 다만 서
쪽과 마주치는 부분에 자리한 청년호공원青年湖公園 안에 호수로 일부 남아 있을
뿐이다(지도에서 [5]의 위치). 20세기 초의 사진을 보면 그 때까지만 해도 북쪽의
호성하 역시 잘 보존되어 있었음을 알 수 있다. 북순성가北順城街를 따라 걷다보

청 말에 남아 있던 요동성 동벽의 모습. 성벽은 태자하를 따라가며 그 간격이 인접했음을 알 수 있다.

오늘의 태자하 강변은 잘 정비하여 강변공원을 만들어 주민들이 잘 찾는 휴식공간이 되어 있다.

옛날 성곽이 있었던 호성하 안쪽 하천변에는 유난히 오래된 저층 아파트가 많다. 성벽을 헐어내고 아파트를 지어댄 것이다.

면 신화로新華路와 교차되는 지점에 대북문大北門이 있었다(지도에서 [1]의 지점). 그를 증명이라도 하듯이 교차하는 사거리의 동북 방향에 북문대시장北門大市場 이 자리하고 있다. 문은 성의 북벽에 유일한 성문이었다고 한다. 동벽과 마찬가 지로 홍수로 인한 훼손이 심했던지 도로는 짧게 남아 있고, 해자는 더 이상 남아 있지 않다.

요양민속박물관에 전시 중인 옛날사진전의 사진들을 대입하면서 호성하護城 河 변을 걷고 나니 성의 규모나 그 모습이 완벽하게 그려진다. 청말·민국시대만 해도 훼손은 심했을지언정 유적들이 생생하게 남아 있었건만, 지금은 잘 정비된 호성하만이 흐를 뿐이다. 아마도 19세기말 20세기 초 혼란기에 성을 헐어내고 그 곳에 집을 짓고, 성벽을 헐어낸 벽돌이고 석재를 서로 가져다가 건축자재로 쓰느 라고 정신이 없었을 것이다. 다니다 보면 산상에 있는 산성의 돌도 가져다 건축 자재로 써왔는데 평지성의 그것들은 얼마나 호재였겠는가. 난개발이 되었던 성 터는 인민정부가 들어선 이후 언젠가 주민들의 주택난 해소를 위해 저층아파트 로 개발하였던 모양이다. 호성하 안쪽으로는 이미 허름해진 저층아파트가 유난 히 많이 서 있다.

요동성의 규모는 결코 작지 않았다. 전술한 『삼국사기』나 『신당서』 등 중국 역사서의 당태종이 요동성을 점령했을 때 피해 기록을 보면 성의 규모를 가늠할 수 있다. 오늘날 요양이 전국시대부터 역대에 걸쳐 동북에서 가장 큰 도시였음에 동의하지 않는 학자는 없다. 물론 고구려시대의 요동성 또한 마찬가지였다. 청조 의 누루하치가 1621년 요양을 수도로 정했다가 1625년 다시 성경盛京(오늘날의 심양沈陽)으로 천도를 하기 전까지는 그러했다.

학자들 사이에 요동성총에서 발견된 요동성의 평면도 방위를 놓고 의견이 엇갈 린다. 요양시박물관에 전시된 평면도나 모형에도 방위 표시가 전혀 되어 있지 않 다. 국내의 한 학자는 위성지도를 놓고 요동성 평면도를 대입하며 도면의 위쪽을

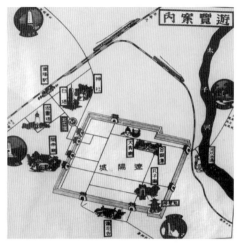

1939년 위만주국시대 만들어진 요양시 여행안내도. 도면에서 백탑과 광우사가 요동성 밖에 있는 것을 볼 수가 있다.

평양에서 먼 곳인 서쪽에 있는 요동을 감안하여 서쪽이라고 추정하는 글을 본 적도 있다. 요동성총 조사보고서에 따르면 성의 남변과 동남변에 작은 외성 형상을 볼 수 있다고 한다. 또한 동변에 작은 산이 있으며 서쪽으로 좀 떨어져 해자 또는 작은 하천이 있다고 설명하고 있으니 요동성의 윗변을 남쪽으로 추정한 것이다. 하지만 그에 대한 근거는 제시하지 않고 있다. 중국의 어느 학자의 글을 보면 일반 지도의 방위와 일치한다고 주장한다.

또 국내의 어느 학자는 백탑과 광우사가 있는 쪽이 과거 요동성의 성안이라고 하지만 이번 답사를 통해서 그것은 아니란 확신이 든다. 민속박물관의 옛날사진전 老照片展에서 본 귀중한 사진 한 장이 그 근거이다. 1939년 위만주국시대에 만들어진 요양시 여행안내도 사진으로 백탑과 광우사가 요동성의 서북쪽 모퉁이 성 밖에 있음을 알 수 있다. 그것은 이번에 답사한 해자의 위치와도 일치한다.

요양시내 서남 7.5km 떨어진 곳에 위치한 수산首山. 이 산이 당태종이 주둔했었던 마수산馬首山이다.

수의 100만 대군의 공격에도 견디었던 요동성이 645년 당태종 이세민의 침공에는 화공이라는 불의의 일격을 맞고 함락되고 말았음은 주지의 사실이다. 요양에는 그 당시의 중요한 유적지가 남아 있다. 바로 당태종이 요하를 건너 요동성을 침공하기 전에 주둔했던 마수산馬首山이다. 오늘날 요양시내에서 서남쪽으로 7.5km 정도 떨어져 있는 요양현遼陽縣 수산진首山鎭에 자리한 수산首山이 그 산이다. 요동성은 평야지대 강가에 건설한 평지성이었기에 인근의 평범한 산임에도 불구하고 마수산에서 내려다보면 성이 한눈에 들어온다. 요양에 들어가는 길목이기에 역사적으로 커다란 전사가 얽혀있는 산이기도 하다. 당태종의 고구려 원정 시에 요하를 건넌 후에 총공격을 위해 머물렀기에 주필산駐蹕山으로도 불린다.

수양제의 고구려침공 때에도 황제가 요동성을 공격하기 위해 주둔했던 곳으로도 유명하지만 그 외에도 삼국시대 사마의司馬懿가 공손연公孫淵을 토벌하기 위하여 일전을 벌이기도 하였다. 20세기 초에 일본과 러시아가 만주를 놓고 전쟁을 벌일 때에도 이 산을 차지하기 위하여 쟁투를 벌였던 역대 요동의 군사요충지로 유명하다. 동경 123°05'25", 북위 40°13'48"에 위치한 해발 198.8m의 그리 높지 않은 산이다. 하지만 평야지대에 우뚝 솟은 산은 언제나 전쟁에 유리한 고지역할을 하였기에 서로 차지하기 위하여 치열한 전투를 벌였다. 역사적으로 동북지역의

수산 북쪽 기슭에서 바라다보는 요양시내. 정상에 오르면 요양시내가 한눈에 보이니 그 전략적 가치를 알 수 있다.

최대도시의 하나로 중추역할을 하였던 요양과 철의 산지인 안산鞍山을 점령하기 위해서는 반드시 손에 넣어야 할 전략적 가치를 지닌다.

산의 남쪽 기슭에 명明 융경隆慶 5년(1571년)에 처음 지었다는 불교사찰 청풍사淸風寺가 있다. 그곳에 당태종의 고구려 원정에 얽힌 사실과 전설들을 관련 사진과 함께 전시해 놓고 있다. 청 건륭황제 등 역대 여러 황제들과 많은 문인들이 그 절에 들러 당태종의 주필駐蹕을 기렸다는 설명도 있다. 온통 당태종 이세민의 공적에 대한 자랑이다. 마치 645년 요동성의 점령으로 고구려 원정이 성공이라도 한 듯 보인다. 당시 그의 친정은 완전히 실패로 끝나고 남은 군사들과 간신히 요택을 건너 퇴각한 후 시름시름 앓다가 4년 후인 649년 사망에 이른 것이 아니었던가?

요동성이 수隋의 수차례 원정에도 지켜냈고, 당태종의 친정 시에도 각종 공성무기의 끊임없는 공격을 마지막 순간까지 지켜낼 수 있었던 것은 무엇일까? 그 동안 답사를 해 온 요동반도의 수많은 산성들을 보면, 아무리 큰 성이라도 하나의 성으로써 독립된 방어체계가 아니다. 주변의 성들이 서로 연합하여 방어선을 형성했음을 알 수 있다. 그것은 요동성총에서 발굴된 성곽도에서도 보듯이 요동성 주변에 2개의 위성衛星 성성城이 있지 않은가? 그뿐만이 아니라 더 많은 성들이 연합하여 성을 지켜냈을 것이다. 고구려에 최후의 승전을 가져온 안시성 전투 또한 그러했을 것이다. 그 수많은 산성들의 최종방어의 목표는 어디에 있었던가? 수많은 산성의 대부분은 개주蓋州의 산지에서 발원하는 하천변에 자리하여 해양방어선을 구축하고 있다. 결국 개주의 산지를 넘으면 고구려 요동지역의 중심지인 요동성이다.

역대 중국의 왕조들은 고구려의 수도가 국내성일 때나 한반도 내의 평양성이었을 때에도 요동성을 건너뛴 채 침략을 감행하지 못했다. 고구려는 워낙 요동지역에 많은 방어선을 구축하고 있었기에 배후 공격이 두려워 그 중심인 요동성을 우회할 수 없던 것이다. 요동지역 산성의 정점에는 요동성이 있다. 그 수많은 산성들은 요동의 중심인 요동성을 지켜내는 방어선이기도 했다. 요동성을 지키는 것이 평양성을 방어하는 것이고, 고구려 전체를 고수하는 것이었다.

요양시의 상징인 백탑白塔

환인 시내를 흐르는 혼강 줄기에서 석양에 바라본 흘승골성은 한눈에 천연 요새임을 알 수 있다. 일명 졸본성으로도 불리던 성은 해발 824m에 세워진 산성이고 그 산 아래. 사진에서는 좌측에 평지성, 하고성자下古城子가 따로 자리하고 있다.

흘승골성紇升骨城, 처음 하늘을 연 도읍지

유화부인은 아들의 손을 붙잡고 놓지 못한다. "사람들이 너를 헤치려 하니 너의 재주와 지략으로 어디로 가 무엇인들 못하겠니? 이곳에서 지체하다 욕을 당하느니 멀리 가서 유위有爲한 일을 하는 것이 좋겠다." 어떻게 얻은 아들인데 이렇게 떠나보내야 하니 하염없이 눈물이 흐를 뿐이다. 하지만 아들의 안전을 위해서는 남몰래 보낼 수밖에 다른 도리가 없다. 이에 주몽은 조이鳥伊 또는 오이烏伊, 마리摩離, 협보陜父 등 3명의 친구와 길을 떠난다. 그는 어려서부터 활쏘기에 뛰어날 뿐 아니라 모든 면에서 다른 형제들과 비교가 되어 7명의 왕자들뿐 아니라 여러 신하들이 모살을 하려 하니 부여 땅에서는 더 이상 살 수 없게 된 것이다. 천제의 아들 금와金蛙, 해모수解慕漱가 하백河伯의 딸 유화柳花와 우발수優渤水에서 우연히 만나 얻은 아들이 주몽이다. 물론 우리나라 고대 건국신화에서 자주 나타나듯이 주몽도 난생설화를 갖고 태어났다. 유화는 부모의 허락도 없이 남에게 몸을 허락했다는 이유로 유폐됐다가 햇빛을 받고 임신해 알을 낳았다. 금와는 그 알이 상서롭지 못하다고 여겨 없애려고 하지만 뜻을 이루지 못하고 어미에게 다시 돌려준다. 어미가 따뜻하게 감싸니 결국 알을 깨고 나온 사내아이가 바로 주몽이다.

어머니와 생이별을 하고 길을 떠난 주몽은 큰 강인 엄사수淹㴲水를 만난다. 뒤에는 기병들이 추격을 해 오고 강엔 다리가 없으니 큰소리로 외친다. "나는 천제의 아들이요 하백의 외손이다. 오늘 도망중에 쫓는 자들이 이르렀으니 어찌하랴?" 이에 물속에서 물고기와 자라魚鼈가 떠올라 다리를 만들어 주어 무사히

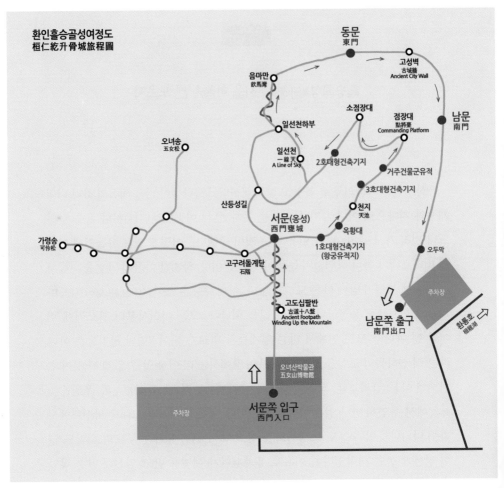

【흘승골성의 답사 노선도】

건넌다. 일행이 건너자 어별이 흩어지니 추격자들은 건너지 못하게 된다. 이 이
야기는 광개토대왕비에도 거의 그대로 나온다. 다만 삼국사기의 기록과 달리 엄
사수가 엄리대수淹利大水로, 어별이 떠올랐다는 것 대신에 거북이가 갈대를 엮
어 다리를 만들었다는 차이가 있을 뿐이다. 일행은 갖은 우여곡절을 거쳐 드디어
졸본천卒本川에 이르게 된다. 졸본천은 광개토태왕비에는 비류곡홀본서성산沸
流谷忽本西城山으로,『위서魏書 고구려전』에는 "흘승골성에 닿았다至紇升骨城"고

되어 있다. 아무튼 오늘날 요녕성 본계시本溪市 환
인桓仁 시내의 동북방향에 자리한 흘승골성紇升骨
城, 일명 졸본성은 분명하다. 이 성을 중국에서는
오녀산성五女山城이라고 부른다. 산성이 천연의
요새일 뿐 아니라 비류수沸流水(환인시내를 흐르는
혼강渾江)변의 토양이 비옥하니 거기에 도읍을 정
하고 나라를 고구려라고 하였다. 이것이 위대한
고구려 역사의 시작이다. 유화부인의 고뇌에 찬
결단이 고구려를 낳은 것이다.

흘승골성 산 아래 입구에 고구려시조비가 우뚝 서 이곳이
고구려의 발상지임을 알린다.

중국은 몇 년 전부터 단오절을 휴일로
정하였으며 2017년에는 일요일을 포함
하여 화요일까지 3일 연휴를 실시한다.
마치 주몽이 그의 친구 셋과 함께 위험한
부여 땅을 뒤로 하고 길 떠나 듯이 일과
욕망 등 이미 산업화로 찌들어 버린 대도
시를 떠났다. 우리도 우연히 친구 4명으로
일행이 되다 보니 주몽이 친구 셋과 떠난

환인에 가까워 오니 고속도로에서 벌써 흘승골성이 한눈에 들어온다.
주몽도 멀리서 본 저 산이 천연의 요새임을 금방 알았으리라.

이야기를 하지만 누가 "주몽"이고, "조이"고, "마리"이고, "협보"인지에 대해서
는 말이 없다. 서로 말없이 주몽을 꿈꾸고 있는지도 모른다. 환인에 다가가면서 멀
리서도 도올 선생님이 "홀연히 솟아있는 거대한 동물 뼈다귀의 형상"이라고 해
석하신 "흘승골성忽升骨城"이 눈에 들어온다. 굳이 보이는 것이 그 산성이라고
이야기하지 않더라도 금방 알 수 있다.

흘승골성은 산자락에 있는 오녀산성박물관에서 지정된 버스를 타야만 닿을
수 있다. 굽이굽이 해발 824m라는 오녀산의 주봉을 다 오를 기세로 달리더니 서
문 입구에다 내려놓는다. 입구에는 역사서에 나오는 몇 개의 이름을 다 포기하고

그들의 고집대로 쓴 <오녀산산성五女山山城> 표지석이 우뚝 서있다. 1993년도에 전국중점문물보호단위로 선정되었다고 쓰여 있다.

고도십팔반古道十八盤, 성문에 닿기까지 그 옛날 마차나 말이 오르내리던 굽이 굽이 에둘러 가는 길이다. 가파른 언덕이기에 직선으로 오르지 못하고 열여덟 굽이를 돌아야만 성문에 닿았던 이 길이 고구려 당시에 놓인 길 그대로라니 놀라울 따름이다. 근래 언제인가 놓인 직선의 계단 길이 없었다면 더 좋았을 것이란 생각이 든다. 그 길을 거의 다 오르다 길 좌측에 큰 바위사이로 좁다란 계단이 나있어 그리로도 오를 수 있게 되어 있다. 거의 맞닿을 만한 가파른 바위 사이로 하늘만 빼꼼히 열려 있다. 얼마나 험준하였으면 "병사 하나가 관문을 지켜도 천군만마가 공략할 수 없다一夫當關, 萬夫莫開。"라는 말이 있을까? 이 관문을 "천창문天昌門"이라고 하는바, 아마도 정문인 서문 옆에 있으면서 적들 모르게 드나들 수 있는 암문暗門이었을 것이다. 적이 정문을 향하여 공격하면 이 문으로 군사들이 쏟아져 나와 그 배후를 쳤으리라. 혼비백산했을 적들의 모습이 그려진다.

굽이굽이 18번을 돌아야 성에 닿는 십팔반十八盤 고도는 마차나 말이 다니던 유일한 길이었다.

흘승골성의 서문으로 옹성구조임을 한눈에 알 수 있다. 성문 한쪽 벽은 보수공사가 한창 진행 중이다.

성안

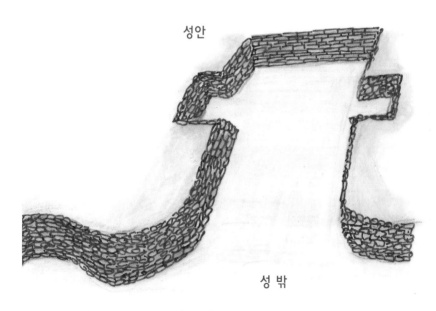

성밖

〈서문의 옹성 평면 개념도〉

십팔반길 마지막 굽이 위를 높게 쌓은 성벽이 보이고 그 끝에서 성의 서문을 만난다. 한눈에 보아도 적들의 접근이 용이하지 않게 만든 "ㄷ"자 형태의 옹성구조임을 알 수 있다. 다른 산성과는 달리 움푹 파인 문 안으로 들어가다 보면 양쪽에 대칭을 이루며 초병이 서있을 수 있도록 초소를 만들어 놓았다. 문의 입구 양측면엔 성벽을 높게 쌓아 군사를 배치하니 접근하는 적을 차단한다. 성문은 폭이 약 3m정도로 정문의 역할을 하였을 것이다. 문을 지나고 드디어 성안에 들어섰다. 이곳이 멀리서 보았을 때 홀연히 솟아 있는 거대한 동물 뼈의 바로 그 윗면이다. 이렇게 넓은 분지가 형성되어 있을 줄이야?

도읍의 성이다 보니 성안에도 마찻길이 형성되어 있다. 길을 따라 오른 쪽으로 가다 보면 "1호대형건축유적지一號大型建築遺蹟址"를 만난다. 길이가 13.5m, 폭이 5m로 주춧돌이 6개 기둥 구멍이 1개가 남아 있는 것으로 보아 6칸짜리 건축물이 있었던 것으로 추정된다. 전문가들은 건축규모 등으로 보아 왕궁터였을 것으로 보고 있다. 그렇다면 주몽이 거주했을 가능성이 농후한데 소박하기가 짝이 없다. 고대에 있어 왕의 존재는 후대 절대군주제에 있어서 왕의 개념과는 차이가 많았다. 북부여에서 대이동을 했던 그들은 어쩌면 생사고락을 같이 했던 동지였을지도 모른다.

고구려 첫 도읍의 생명수 천지. 고구려를 이어온 원천이었다.

좀 더 가다 보면 청淸대에 지었다가 문화혁명 때 철거된 도교사찰인 옥황관玉皇觀의 터도 있다. 당시의 건축 유적지 위에다 사찰을 건립했을 것이다. 그도 그럴 것이 가까운 거리에 천지天池라 명명한 우물과 저수지(중국에선 주로 畜水池라 함)가 있지 않은가? 그 동안 답사한 고구려산성들은 대개가 저수지 근처에 성의 중심시설이 자리하고 있는 것을 보아왔다. 왕궁터-옥황관-천지-3호 대형건축유적지가 연이어 있으면서 그곳 전체가 성의 중심시설이 있었던 곳으로 보인다. 천지天池, 고구려 첫 도읍지의 생명수이다. 그것은 고구려 전체를 이어온 하나의 생명수임을 의미한다. 지금은 적은 물이 오염된 채 우리를 맞이하지만 당시에는 풍부한 수량을 자랑했을 것이다. 해발 824m 높이의 산성 안에 샘이 있어 저수지를 축조할 만한 수량이 있다는 것은 기적에 가까운 일이다. 하지만 그것이 이곳에 성을 쌓고 도읍으로 정한 첫 번째 입지조건이다. 길이 12m, 폭 5m, 수심이 깊은 곳은 2m로 그리 큰 규모는 아니나 일 년 내내 물이 마르지 않으니 천지라 명명하였다.

인근의 3호 대형건축유적지는 길이 22m, 폭 16m의 보다 큰 건축물 터이다. 아직도 발굴작업을 하는지 파헤쳐져 있다. 연이어 자리한 20여 채의 주거건축유적지에서는 온돌의 흔적이 발굴되어 당시의 주거문화를 엿볼 수 있다. 또한 그곳에서 철촉, 갑옷편이 출토되었다고 하니 병영이었을 것이다.

주거건축유적지에서는 온돌 흔적이 출토되어 고구려시대의 주거문화를 엿볼 수 있으며 철촉, 갑옷편이 발굴되어 병영이었던 것으로 추정된다.

드디어 산아래 혼강渾江과 환인 시내가 한눈에 내려다보이는 점장대點將臺에 닿았다. 지금은 저수지와 발전 기능을 함께하는 환인댐桓仁水庫을 조성하여 하나의 거대한 호수가 되어있다. 하지만 당시에는 강변의 거대한 평야지대로 평상시에 백성들이 농사를 지으며 고구려 초기의 하부구조를 형성했던 곳이 아니던가? 댐을 건설하면서 강가에 있던 고구려시대의 700여 기의 무덤떼가 수장되었다고 한다. 댐이 1958년에 착공하여 1972년에 준공하였으며 산성에 대한 본격적인 조사는 1986년에 이루어졌다고 한다.

고구려 무덤떼는 제대로 된 조사도 없이 도굴꾼들의 목표물이 되었다가 어느 날 수장되어 버린 것이다. 그 무덤에 담겨 있던 수많은 역사가 함께 수몰된 것이다.

산성의 동문은 옹성구조로 견고하게 쌓아 적들의 침입을 막는다.

성 안쪽의 오래된 성벽. 협축의 성벽이 동문에서 남문까지 길게 이어진다.

논란이 많은 고구려의 국가설립 시기에 대해서도 그 어떤 단초를 제공할 수 있었을 것이다. 점장대는 성의 가장 남쪽에 위치하여 동·남·서 방향의 조망이 가능하며 더불어 혼강가를 거슬러 오는 적을 감시하기에 적합한 위치이다. 점장대에서 동쪽을 향하여 가다보면 전망대가 나온다. 소점장대라고도 하는데 그곳에서도 혼강의 줄기에 형성된 호수를 조망하기에 좋은 위치이다.

"2호대형건축유적지"를 곁에 두고 가는 길은 가파른 내리막이 계속되면서 동쪽을 향하여 갔다. 좁은 계단 길로 이루어지는 이곳을 깎아 세운 듯 바위 사이로 한 선의 하늘만이 보인다고 하여 "일선천一線天"이라고 한다. 이곳 또한 난공불락의 요새임에 틀림없다. 성의 동문을 거쳐 성의 중심지로 향하는 길로 설령 적이 성안으로 진입을 하였다 해도 성의 중심부에 닿기는 쉽지 않아 보인다.

동문으로 향하는 하산 길옆에 음마만飮馬灣이 있어 성의 동쪽 부분의 저수지 역할을 한다. 산이 깊으니 물이 풍족한 것은 당연한 이치이다. 산성은 산언덕을 끼고 성벽을 만들며 이어가더니 어느새 동문을 만들어 놓는다. 동문 역시 옹성구조로 되어 적들의 침입을 차단하고 있다. 편축으로 이어지던 성벽은 동문을 지나면서 협축의 축성으로 바뀌었다. 성안 쪽으로도 그 높이가 2~3m 남아 있다. 그만큼 산세가 완만해졌다는 의미일 것이다. 성벽의 두께나 높이를 보니 얼마나 견고하게 쌓았는지 알 수 있다.

"고성벽古城墻"은 이렇게 남문까지 길게 이어간다. 그때 쌓은 성이 이토록 생생하게 남아 있다니! 고구려 이야기를 나누며 성벽 길을 걷는다. 돌담길을 걸으며 이천 년을 이야기한다. 마치 연인과 함께 많이 걷는 덕수궁 돌담길과도 같다. 생각이 성벽을 쌓은 지가 2,000년이 넘었다는 데 이르니 경외감마저 든다.

성벽을 따라 걷다 보니 남문에 닿았다. 남문 터에서 성벽은 나무가 우거진 산 등성이를 타고 다시 서쪽으로 계속이어 오른다. 약 140여m를 이어 가던 남벽은

성벽은 남문터에서 나무숲으로 우거진 산등성이를 타고 서쪽으로 오른다.

주로 혼강을 끼고 험준한 절벽과 만나고 그곳부터는 별도로 인공성벽을 쌓지 않아도 천연의 성곽을 이룬다. 지금 남아 있는 남벽은 그 높이가 4~5m, 폭이 약 2~2.5m에 이르니 그 보존상태가 양호한 편이다. 남문에서 길을 따라 하산하다 보면 남문 쪽 입구를 만나고 그곳 주차장에서 대기하던 버스는 서쪽 입구를 거쳐 처음 출발했던 오녀산성박물관과 연결하는 노선으로 운행을 한다. 산성은 서쪽과 남쪽입구 어디를 출발점으로 하든지 답사가 가능하다.

혼강이 내려다보이는 호텔에서 하룻밤을 지내고 새벽에 하고성자下古城子를 찾아 나섰다. 하고성자는 흘승골성에 대응하는 평지성이다. 그것은 마치 2대 유리왕이 현재의 집안 땅으로 천도를 하고 환도산성丸都山城과 대응하게끔 평지에 국내성國內城을 쌓은 것과 같은 이치이다. 주민들에게 물어물어 찾으니 G11 고속도로 환인 출구에서 시내로 진입하는 혼강대교渾江大橋 남쪽, 한 강변의 마을이 하고성자촌이란다. 성의 흔적은 어디서도 찾을 길이 없고 마을 어귀에 마모되어 글자도 희미하지만 1991년 9월에 본계시 인민정부에서 성급문물보호단위로 공포했다는 시멘트로 만든 표지석이 서 있다. 그리고 바로 옆에 2013년 3월에 선정된 전국중점문물보호단위임을 나타내는 표지석이 나란히 서 있어 고구려 성터였던 사실을 전할 뿐이다.

자료에 따르면 동서 길이가 350m, 남북 폭이 220m로 약 77,000m²의 면적이다. 국내성과는 비교할 수 없는 규모이지만 국가 성립 초기에 흘승골성 아래 전개되는 하부구조를 관리하던 성으로 보인다. 새벽녘에 농사일을 보러 나온 노인에게 묻지만 표지석 이외에는 남아 있는 흔적이 아무것도 없다고 한다. 평지에 남아 있던 성곽을 2,000년이란 세월이 지나도록 가만히 내버려 두었다면 그것이 오히려 이상한 일일지도 모른다. 그래도 마을에서 동북쪽으로 8.5km 떨어져 우뚝 솟은 흘승골성의 윤곽이 뚜렷하게 보이니 두 개의 성이 서로 대응할 만한 위치에 있음을 알 수 있다.

하고성자촌下古城子村 마을 어귀에 나란히 서있는 표지석.

　다시 북쪽으로 1.7km 떨어진 곳에 위치한 상고성자묘군上古城子墓群을 찾아갔다. G201 국도변 상고성자촌上古城子村 집 사이로 난 마을길을 들어가서 밭 한가운데 자리해 있는 무덤떼는 이미 밭들이 잠식하여 듬성듬성 초라하게 남아 있을 뿐이다. 식전에 논에서 일을 보고 아침밥 먹으러 가는 노인이 따라오라며 같이 가주지 않았다면 찾기도 어려웠을 것이다. 그래도 이 적석총들이 주몽과 함께 북부여에서 사선을 넘어 이곳까지 온 동지들의 무덤일지도 모른다는 생각에 이르니 감개무량하다. 노인은 계속 함께하며 여기저기에 흩어져 있는 무덤들의 존재를 일일이 확인시켜 준다. 집안集安에 흩어져 있는 무덤떼와는 달리 기단이 없는 고구려 초기 적석총의 원형을 그대로 보여 준다. 더러는 묘를 구성하는 돌들을 가져다 집을 짓는데 썼던지 그 높이가 많이 낮아진 것도 보인다.

기록에 따르면 원래 200여 기가 있었지만 지금은 약 30여 기가 남아 있고, 1988년도에 성급문물보호단위로 선정되었으며, 2006년도에 미창구장군묘米倉溝將軍墓 등과 함께 묶어 전국중점보호단위로 공포되었다고 한다. 문물보호단위로 선정이 되었다 하여도 그리 보호에 힘쓰는 것으로 보이지도 않으며, 그와 상관없이 훼손이 이루어지고 있다. 환인댐이 준공되면서 수몰된 고구려 무덤떼와 함께 귀중한 역사의 자료가 되었을 텐데 그 훼손이 안타까울 따름이다.

상고성자묘군은 약 30여 기의 적석총이 마을 뒤편 밭 가운데 듬성 듬성 흩어져 남아 있다.

상고성자上古城子의 고성자古城子라 함은 "옛 성"을 의미함이 아니던가? 그렇다면 상고성자촌에도 성이 있었을 개연성이 있다. 하고성자촌과 불과 1.7km 떨어져 강 상·하류에 자리하는 것을 보면 그 당시에 두 개의 성이 연관성을 갖고 이어져 있던 것은 아닐까? 대개의 평지성이 그렇듯이 남아 있는 것은 없고 단지 출토된 몇몇 유물과 후대에 이어져 내려오는 지명만이 사실史實을 이야기하고 있을 뿐이다.

미창구장군묘米倉溝將軍墓. 외부를 봉토한 묘로 작은 구릉과도 같이 그 규모가 거대하다. 그 묘실이 크고 벽화가 발견되어 동명성왕의 능으로 추정하기도 한다.

고구려의 첫 도읍이었던 환인 지역에는

미창구장군묘 앞에는 두 개의 표지석이 나란히 서 있지만 아직도 누구의 묘라고 확정적으로 말할 근거는 없다.

또 하나의 고분묘군群이 있다. 시내에서 남쪽, 직선거리로 9km 떨어진 혼강 변 아하조선족향雅河朝鮮族郷 미창구촌米倉溝村 북쪽 산언덕에 미창구장군묘米倉溝 將軍墓가 자리한다. 또한 그 주변에 13기의 고구려 고분묘가 산재해 있다. 1992년 발굴조사를 하였으며 2006년에 전국중점문물보호단위로 선정·공포되었다. 적 석총과는 달리 외부에 봉토를 한 봉토석실묘封土石室墓이다. 그 봉분이 높고 거 대하며 묘실이 크고 벽화가 화려하고 아름다우며 고구려 첫 도읍지에서 발견된 유일한 대형분묘이다. 능의 규모나 벽화의 무늬 등을 감안할 때 장수왕 15년, 즉 427년도에 평양으로 천도하면서 왕실의 신성성이나 국가의 권위를 표방하기 위하여 원래 있던 시조묘, 동명성왕릉을 개축한 것이라는 설도 있다. 민간에 따 르면 산상왕의 형인 발기와 연관이 있다고 한다.

하지만 분묘의 양식, 벽화 등을 감안할 때 장수왕 때보다 200여 년이 앞선 3세 기 초의 묘라고 하기에는 무리가 있어 보인다. 아직 그 어느 것도 확실한 것이 없 다. 그래서인지 1988년 12월에 성급문물 보호단위로 공포된 표지석에는 민간에 전해져 온대로 미창구장군묘로 되어 있건만, 그 후 1992년 발굴조사 시에 벽화가 발견되면서 2006년 전국중점 문물보호단위로 선정되어 세운 표지석에는 미창 구묘米倉溝墓 라고만 한 것을 보면, 그 어느 누구도 확정적인 답을 내놓지 못하고 있다. 다만 발굴하기 훨씬 전에 도굴을 당한 것이 안타까울 뿐이다. 도굴품 중에는 누구의 묘인지를 알 수 있는 단서가 있었을 가능성이 있다. 고구려 초기 역사를 새롭게 밝혀 줄 근거가 있었을 개연성도 충분하다.

주몽이 이곳에 처음으로 하늘을 열었던 그 당시나 지금이나 혼강渾江은 말없 이 흐르고 있다. 그 이름만이 비류수沸流水 등 여러 이름에서 혼강으로 바뀌었을 뿐이다. 이곳에서 우리는 풀어야 할 숙제가 많다. 주몽이 이곳을 수도로 정한 지 불과 40여 년 만에 왜 천도를 해야 했을까? 주몽이 이곳에 정착하기 전에 존재했 던 졸본부여를 함락시키고 국가를 세운 후 계속해서 그 강역을 넓혀 가는 과정 중에 있었다는 설명만으로는 풀리지 않는다. 환인 주변의 성이나 무덤떼 등 고구려 유적의 존재가 40여 년 만에 이루어졌다고 판단하기에는 그 규모가 너무나 크다. 그리고 그 짧은 시간에 이루어진 천도를 이야기하기에는 궁금증이 너무 많다.

고구려의 개국 연도를 기원전 37년으로 기록한 삼국사기의 왜곡도 반드시 해결해야 할 과제이다. 중국이나 일본 등 고구려 역사를 축소하고자 했던 세력들은 으레 삼국사기의 기록을 들이대며 그 개국 연도에 대해선 한 치의 양보도 없다. 고구려 역사는 알면 알수록 풀어야 할 숙제가 늘어난다. 이렇게 그냥 오늘 환인을 떠날 수 없을 것 같다. 물론 환인에 하루 이틀 더 묵는다고 해서 풀릴 사실의 문제는 아니지만 그래도 며칠이고 말없이 흐르는 혼강을 바라보며 고구려를 느끼고 싶다.

아하조선족향雅河朝鮮族鄉 미창구촌米倉溝村에는 유난히 논이 많다. 쌀창고를 의미하는 마을 이름과 연관이 있는 것인가? 미창구촌뿐 아니라 환인에 들어서니 우리 민족이 주식으로 먹는 쌀을 농사짓는 것을 많이 볼 수 있다. 주몽이 이곳에 하늘을 열었을 당시에 쌀이 있었을 리 없지만, 일제강점기 이래에 우리 동포들이 많이 이주해와 살았다는 증거일 것이다. 그래서인지 더욱 정감이 간다.

성산산성에서 벽류하를 내려다보며 우리는 다함께 고구려를 외쳤다. "고구려," "고구려"......
그들에게 고구려가 처음 진정 맘에 와닿은 것이다.

자라나는 아이들에게 고구려를 심어주어야 한다

고구려를 공부하면 할수록 우리 역사서가 얼마나 빈약한지를 알게 된다. 물론 고대사란 것이 풍부한 자료가 존재하기 어렵지만 역대 왕조들이 고구려·발해 관련 사서를 중국과의 관계를 고려하여 폐기하고 무시했다는 사실을 알고 나서는 부끄럽기 짝이 없었다. 사대부들은 우리의 역사를 공부하는 것이 아니고 중국역사를 공부하고, 그것을 알아야 출세의 길이 열렸으니 얼마나 어이없는 일인가? 일제강점기 우리역사는 자기들 편의에 따라 왜곡한 식민사관을 만들어 주입시켰고 아직도 그 영향에서 크게 벗어나지 못하고 있다. 사학계도 문제이지만 정치하는 사람들의 행태를 보면 우리의 역사에 대한 인식은 암울하기 짝이 없다.

한 가지 역사 사실을 놓고 정권이 바뀔 때마다 다르게 해석을 하니 어느 장단에 춤을 추란 말인가? 역사를 정권의 입맛이나 진영 논리에 따라 해석하고 있으니 우리의 역사는 언제나 제 자리를 잡을지 그 앞이 안 보인다. 자라나는 아이들에게 어떻게 설명해야 하나? 나의 고구려산성답사가 조금씩 알려지면서 여러 경로로 답사인솔 요청이 들어온다. 타인을 동반하고 산성을 답사한다는 것은 보다 많은 사람들에게 고구려에 대한 인식을 새롭게 심어 준다는 보람이 있다. 특히 작년과 금년 어린이날을 전후한 연휴에 한국에서 후배가족들이 왔다. 아이들에게 역사공부를 시켜주고 싶다는 말에 내 맘이 더 설렌다.

아이들에게 고구려를 인식시켜주기 위해 너무 먼 시대의 이야기로 바로 들어가면 이해도가 떨어질 것을 우려하여 현대사의 단면을 잠깐 보여주고자 단동을 먼저 갔다. 하지만 그것이 서로 분리된 것이 아니고 그 인근에 바로 고구려가 있다. 도착 다음날 아침 일찍 단동丹東 시내로 연결되는 압록강 강변도로를 택하여 갔다. 차창 밖으로 압록강을 보며 수·당나라의 수군들의 집중적인 침입 루트였던 압록강에 대한 설명을 했다. "여러분들이 보는 저 강을 타고 상류쪽으로 올라가다 보면 고구려의 초기의 수도였던 흘승골성-국내성, 환도산성 등이 강변 가까이에 위치하니 하류에서의 방어가 전략적으로 얼마나 중요한지를 생각해 보라. 또한 이곳은 고구려 후기 수도였던 평양으로 들어가는 길목이다."

강의 북변에 붙은 북한 땅에 중국과 공동개발하다가 중지한 탓에 텅 빈 황금평 단지를 잠시 보여주고 가까운 곳에 자리한 소낭랑성小娘娘城 터로 갔다. 대행성大行城 터로 비정하는 하류에서 압록강으로 진입하는 적들을 초기에 진입하는 임무를 지닌 강변의 평지성이다. 하지만 신도시 개발로 아무 것도 남지 않았다. 인근에 새로 건설한 신압록강대교新鴨綠江大橋 아래서 역사의 무상함을 이야기할 뿐이다. 성은 남아 있지 않지만 『삼국사기』와 『신·구당서』 등 중국 역사책에 기재된 이야기들을 들려주며 당시의 압록강 전투상황을 들려주었다. 그렇게 피땀흘려 지켜온 길목에 평양을 잇는 대교가 놓여 있다.

강 상류를 따라 더 가다 보면 서안평성-박작성-구련성이 나온다. 서안평성西安平城을 중심으로 좌우날개처럼 박작성泊灼城과 구련성九連城이 서안평성을 호위한다. 당시에 해양진출의 기지이기도 했던 서안평성은 한나라와 여러 차례 피눈물 나는 전쟁의 대가를 치르며 차지할 정도로 그 중요성이 남다르다. 호산장성 정문에 서서 멀지 않은 곳에 자리한 애하첨고성터靉河尖古城址란 표지석만 남아 있는 서안평성 이야기를 했다. 그리고 별 흔적조차 남지 않은 구련성과 호산장성虎山長城으로 탈바꿈한 박작성을 설명했다. 우리가 고구려를 잊어서는 안 되는 이유를 덧붙인다. 최소한 역사의 왜곡이 있어선 안 되건만 박작성은 역사서에만 남아 있을 뿐 지금은 만리장성의 최동단이란 미명 아래 명대明代 장성으로 탈바꿈해 있다. 선조의 역사 유적이라지만 외국 땅에 자리하고 있으니 우리로선 어찌할 방법이 없다. 단지 그 유적을 잘 보전하고 고대의 역사에 비추어 잘 발현되도록 상대국과 협조할 필요가 있지만, 동북공정이 이미 끝난 마당에 그런 말이 들릴 리 없다. 어떤 조언에도 민감하게 반응할 것이 자명하다. 지금에 와서 변화를 가져올 만한 강력한 어필은 국력을 키우는 것 이외에 달리 방법 없다고 아이들에게 힘주어 강조할 뿐이다.

　역사적인 사실만 남았을 뿐 실체가 없는 압록강변의 성들을 뒤로 하고 장하시莊河市 성산진에 자리한 성산산성城山山城으로 갔다. 역사서상의 석성石城으로 비정하고 있는 성산산성엔 그래도 고구려가 남아 있기에 선조의 숨결을 느끼게 해주고 싶었다. 단동에서 대련으로 돌아오는 고속도로 중간에 자리한 성산엔 어제 비가 많이 내린 탓에 하늘이 그 어느 때 보다 맑게 개어 있다. 고속도로를 빠져나와 차창 밖으로, 옥수수 심기 전이라서 아직 황토 빛 구릉이 펼쳐지는 농촌 풍경이 애들은 물론 그 부모들에게도 색다른 경험일 것이다. 멀리 산상에 점장대가 보이면서 아이들은 신이 나기보다는 고구려가 거기에 있다는 설렘이 앞서는 듯 조용하다. 사뭇 진지해진다. 산문을 지나고 산 중턱에 성의 정문인 남문이 나타난다. 정문 위에 위용을 나타내는 누각에는 삼족오三足烏 깃발이 휘날리고 고구려 장군의 호령소리가 들리는 듯하다. 성문을 좌우로 연결하는 성벽 상단의 여장女墻 뒤엔 병사들이 적들의 침입을 대비하여 몸을 숨기고 활을 겨누고 있다가 우리를 보고 일제히 환영한다.

　얼마나 고증을 거쳤는지 모르지만 일부분 복원을 하여 당시에 산성이 어떠했다는 것을 설명하기는 좋다. 돌아보면 그 당시의 산성 전체의 그림이 그려진다. 처음 고구려산성을 답사하는 사람의 경우에는 어느 정도 복원을 해 놓은 이 성이 안성맞춤이다. 그래서 산성답사의 초보 코스이며, 교과서 같은 성이라고 여기게 되었다. 정문에서 복원한 성을 보고, 성안 중앙에 자리한 명대에 처음 지었다는 법화사法華寺 절 앞에 자리한 저수지蓄水池를 보았다. 남북으로 60m 길이에, 폭 5m, 깊이 6m로, 1,800m³의 물을 저장할 수 있는 장방형의 거대한 저수시설에 다들 놀란다. 많은 고구려산성에서 볼 수 있지만 이곳만큼 보존상태가 양호한 곳도 드물다. 적군과 장기간 대처하여 승리를 거두려면 저수지가 필수적이며, 산성에는 규모의 차이는 있을지라도 이러한 저수지가 거의 다 있다는 설명에 다들 고개를 끄덕인다. 중국의 고대성들은 대개 강을 낀 평지에 자리하니 성안에 물이 충분하지만 고구려는 산성이 주로인 탓에 부지 선정의 첫 번째 조건이 성안에 충분한 수원의 확보이다. 저수지를 보아 당시엔 사찰 자리가 성의 지휘부 등 중심시설이 있던 곳이다.

길을 따라 더 오르다 보면 서벽에 난 서문을 만난다. 서문 좌우로 이어지는 성벽 일부를 복원하였고 그 상단에는 돌조각을 쌓아 엉성하게나마 여장을 만들어 놓았다. 서문에서 밖을 내다보니 성은 가파른 계곡 위에 쌓았다. 서문을 좀 벗어나면 성벽이 고구려시대 원형 그대로 남아 있다.

공기가 맑아 성 밖 멀리서 벽류하碧流河의 흐름이 뚜렷하게 보인다. 당시에 적군들이 바다를 건너 강을 따라 상류로 진격하던 공격루트이다. 그 공격을 저지하고자 여기에 성이 있는 것이고, 서로 연합작전을 전개하도록 주변에 여러 성들이 포진해 있다. 적은 수의 병사로 대군과 싸우기 위해서는 서로 연계하여 작전을 펴는 것이 전투력을 몇 배로 증강시킨다. 그것이 고구려산성의 존재 가치라고 설명했다. 서문에서 북쪽으로 산을 따라 오르니 절벽에 쌓은 원형 그대로의 성벽이 드러냈다. 절벽을 이용하여 절묘하게 쌓은 성벽을 보니 역시 고구려인들의 성 쌓는 재주는 귀신의 것에 다름없다. 원형 그대로의 성벽을 보다보니 너무 감동적이어서 벽류하가 내려다보이는 산언덕에서 다 함께 고구려를 외친다. 그 동안 멀게만 느껴왔던 고구려가 아이들의 마음에 진정으로 와닿기를 기원하면서 한마음이 되어 외쳐댄다: "고구려, 고구려, 고구려."

북벽으로 좀 가다 보면 깃발을 꽂아 두었다는 좌독기坐纛旗가 나온다. 서북방향을 감시하던 전망대였다고도 한다. 대는 원형이 남아 있던 아래 단 위에 새로

성산산성의 서북쪽에서 협류가 벽류하를 잇고, 그 벽류하는 남으로 흘러 황해에 닿는다.
당시에 적군들이 강을 따라 상류로 가는 공격 루트였다.

쌓아 보수를 한 것이다. 원형의 기단을 보면 굽돌이 방식으로 축성을 하여 고구려의 숨결이 물씬 풍겨난다. 소장대梳粧臺의 기단에서도 마찬가지로 굽돌이 방식의 들여쌓기 고구려 석성의 전형적인 축성법을 보면서 그 아름다움에 감탄한다. 더구나 이곳에는 연개소문이 누이동생인 연개수영을 파견하여 전투를 지휘했다는 전설이 깃들어 있는 곳이다. 우린 이곳에서 충분히 고구려를 느끼고 있다. 북벽은 험준한 산등성이를 따라 이어간다. 험준한 절벽에 적의 접근이 불가하다고 느껴지지만 성벽은 중단 없이 이어진다. 절벽 위에 쌓은 성벽에서 우린 살아 숨쉬는 생명력을 느낀다. 근간에 복구한 성벽은 그냥 차디찬 돌로 보이지만 1,500년을 지켜온 성벽에선 선조의 숨결이 느껴짐이다.

날씨가 좋아 협하夾河를 사이에 두고 건너편 산상에 후성後城이 보이니 모두들 감탄한다. 벽류하 양안에 포진해 있는 다른 성들은 눈에 보이지 않지만 후성산後城山산성은 바로 눈앞에 전개되고 있다. 그만큼 고구려산성들의 치밀한 방어 체계를 생생하게 보고 있는 것이다. 성의 가장 높은 곳에 위치한 점장대點將臺, 8자八字의 대臺 만이 남았던 것을 복원하면서 2층 누각을 세웠다. 점장대를

협하를 사이에 두고 있는 후성산산성이 보인다. 전면의 능선이 성의 동벽이고 뒤에 보이는 높은 산등성이가 성의 서벽이다.

중심으로 형성된 자금성紫禁城으로 불렸던 내성內城 안에 전투를 지휘했던 장수와 지휘부가 기거했던 병영도 재현해 놓았다. 누각에 오르니 사방이 손에 잡힐 듯 한눈에 다 들어온다. 자금성을 지나면 또 다시 원형 그대로의 성곽이 동벽을 이루며 산을 타고 내려간다. 이빨을 드러낸 견치석도 그대로 보인다. 중국학자들은 견치석을 옥수수 알갱이 같다고 표현한다. 그리 보니 개 이빨 같다고 표현하는 우리와 별도로, 그 비유 또한 그럴 듯하다. 내려오다 보면 전형적인 치雉의 모습을 볼 수 있다. 성곽 가운데에서 성벽에 접근하는 적을 전면뿐 아니라 측면에서도 공격할 수 있도록 전면으로 돌출시킨 대臺를 이름이다. 동문을 거쳐 동남 모퉁이에 적의 공격을 방어하는 원형의 각대角臺를 이루고 다시 성벽은 정문으로 향한다.

산성을 오르기 시작하면서 힘들다고 했던 아이들은 약 3km에 걸친 성을 다 일주하고 나니 아쉬움에 벌써 끝이냐고 한다. 고구려에 관심을 가져주는 아이들이 얼마나 대견스럽고 고마운지 모르겠다. 우린 아이들에게 고구려를 정확하게 알려주어야 한다. 금년은 어린이날과 석가탄신일이 징검다리로 있어 5일까지 연휴가 가능하니 또 다시 산성답사를 온다고 한다. 이번엔 식구가 늘었다. 한국에서 다섯 가족에 대련에서 두 식구가 합류하여 전체가 28명이나 되었다.

도착 당일 대흑산 비사성에 올랐다. 663.1m의 대흑산은 등반하기 그리 쉬운 산이 아니다. 초등학교 3학년부터 고등학교 1학년까지 다양하지만 15명의 아이들이 어른보다 더 잘 오른다. 성벽을 따라가는 긴 노선이 아닌 관문채關門寨를 지나는 서쪽 계곡으로 올랐다. 석고사石鼓寺를 거쳐 점장대點將臺에 서서

대흑산 관문채에서 일행이 다 함께. 당시의 치열했던 전투를 이야기한다.

황해와 발해를 번갈아 내려다보며 당시 해양방어의 거점이었음을 설명한다. 얼마나 중요한 군사적 요충지였으면 수 · 당나라와 전쟁 때마다 바다를 건넌 수군들이 성을 함락시키고자 공격해 왔던가? 645년 당唐과의 전쟁 시에 요하 하구를 지키기 위한 건안성 지원으로 주력부대가 비운 상태에서 성을 내줄 수밖에 없었던 상황을 이야기했다. 그리고 당시에 성안에 있던 일부 병사와 백성들은 포로가 되어 8,000명이나 줄줄이 끌려 내려온다. 그들 대부분 노인 · 부녀자 · 어린 아이들이었으며 모두 배에 태워 산동성으로 보내져 평생을 노예로 살수 밖에 없는 슬픈 역사도 함께 전한다. 익숙하지 않은 산행으로 힘들지만 그 이야기에 아이들의 눈을 보니 진지하기 짝이 없다. 멀리 보이는 남벽 위의 성벽을 보여 주면 더욱 신나라했을 텐데 하는 아쉬움을 남기고 더 늦기 전에 하산을 서둘러야 했다.

이튿날 당시 고구려 요동의 중심이었던 요동성이 있던 요양으로 향했다. 대련에서 심양을 잇는 고속도로는 왼쪽에 발해를 끼고 간다. 바다가 가까워 평원으로 이어지는 주변을 보면서 그 옛날 고구려땅이었던 아쉬움을 전한다. 그렇다고 지금

어쩌하자는 이야기는 아니지만 역사의 사실을 잊지는 말자고 다짐했다. 빗속을 달려 온 버스는 거의 네 시간 만에 요양시에 도착한다. 요동성은 평지성이었기에 남은 것이 아무것도 없다. 단지 박물관에 가면 요동성의 도면과 그 도면을 근거로 해서 만든 모형이 있어 그 성이 있던 도시임을 알게 한다. 그 도면은 1953년도 평안남도 순천군 용봉리에서 발굴된 고분의 벽화에 그려져 있던 요동성의 평면도이다. 그래서 그 고분을 요동성총遼東城塚이라고 한다. 한 장의 도면과 모형이지만 매우 소중한 자료이다.

요동성은 404년 광개토대왕이 요동을 차지한 이래 668년 고구려가 멸망할 때까지 264년 동안 요동지역의 정치·군사·경제·문화·사회의 중심이었다. 박물관이 서있는 곳이 성안이며 성의 동쪽에 태자하太子河가 흘러 천연의 해자垓字역할을 한다. 그 태자하의 물을 끌어다가 삼면의 성벽을 따라 인공하천을 만들어 적들의 접근을 차단했다. 수隋양제가 100만이 넘는 대군을 이끌고 와서도 함락시키지 못했던 성이며, 절치부심하여 또 한 차례 성을 침공하지만 결국 실패하고 만다. 당태종은 수양제의 실패를 거울삼아 바람을 이용한 화공火攻으로 성을 함락하는 데 성공하지만 결국 안시성을 넘지 못하고 패퇴하게 된다. 성은 없지만 태자하변에서 당시의 요동성 이야기를 했다. 요동성을 함락한 당태종은 고구려 정복을 다 이루었다는 듯이 안시성을 향한다. 하지만 안시성이 그리 견고하게 버틸 줄 꿈에도 생각지 못했을 것이다.

안시성 서문을 통해 성안으로 들어섰다. 동남쪽 끝에 보이는 점장대와 토산으로 가리키며 당시 3개월 이상 공격해도 꿈적하지 않자 이세민이 새로운 전술을 구사했던 이야기를 했다. 연인원 60만 명을 동원하여 50일 동안 성벽 높이로 토산을 쌓아 군사들을 성안으로 들여보내려 했다. 하지만 고구려 병사들도 성벽을 같이 높이면서 대처했다. 각종 공성기攻城機를 동원하여 성을 무너뜨리면 목책을 둘러막는다. 결국 토산이 무너지고 그 틈을 타고 고구려 병사들이 토산을 점령하면서 장기간의 전투는 막을 내리고 당태종은 철군을 명한다. 그들은 고구려

군에 쫓겨 3일 후에 요하를 건넌다. 드디어 고구려의 승리로 전쟁은 끝이 난다. 지금 서있는 성에서 중국의 최고 명군 중 하나로 손꼽히는 당태종에게 치욕을 안겨준 싸움이라고 설명한다. 어쩌면 다윗과 골리앗의 싸움에서 이긴 것이다. 아이들은 신나서 박수를 친다. 그들은 고구려를 알아가는 것이다. 이동거리가 멀다 보니 해가 길어졌다고는 하나 어둠이 내린다. 비가 오락가락하는 흐린 날이라서 밤이 더 빠르게 온다. 고구려의 중요한 군사 요충지였던 요하 강하구가 있는 영구營口 시내에서 하룻밤을 잤다. 어제 오늘 피로했을 텐데 아이들끼리는 이미 친구가 되어 서로 방을 오가면 논다. 아이들은 역시 다르다.

이튿날 아침 비는 그쳤지만 하늘을 보니 완전히 갠 것은 아니다. 오후에 또 다시 비가 온다는 예보도 있어서 조금이라도 빨리 건안성建安城 답사에 나섰다. 건안성 역시 마지막 순간까지 지켜내며 안시성 싸움에서 승리로 이끌도록 건인했던 성이다. 버스가 성안 마을까지 들어가는 것은 주민들과 충돌의 우려도 있어 훨씬 밖에다 세워 놓고 걸어서 들어갔다. 비사성을 올랐는데 이 정도는 아무것도 아니라고 독려한다. 정문으로 진입을 했다. 성문에 국가급 문물보호단위 고려성

645년 전투를 이야기하며 안시성 성안에서 그 자랑스러운 승리를 영원히 잊지 않기 위하여 기념사진을 찍었다.

산산성이라는 표지석도 서있다. 성은 동서로 1.5km, 남북으로 1km로, 성 둘레가 5km이다. 동·남·북면은 능선이 둘러싸고, 서면은 낮은 산등성이와 인공으로 쌓은 토벽이 함께 어우러져 형성된 성이다. 큰 성이다. 우리는 서쪽 문에서 시작하여 성안을 걸어 동쪽 성문에 닿았다. 마을과 과수원을 지나는 길이 마치 둘레길 같다고 한다.

산등성이엔 성벽이 보인다. 그것이 성의 동벽이다. 동벽 가운데 개설된 문이 동문이며 옹성구조이다. 적이 쉽게 접근하지 못하도록 복잡한 구조로 만든 옹성에 대해 자세히 설명을 했다. 분위기가 사뭇 진지하다. 이미 3일 차가 되다 보니 다들 전문가가 된 듯하다. 성 한가운데 작은 동산이 있다. 금전산金殿山이라고 불린다. 그곳에 점장대가 있었으며, 성의 중심시설이 있었기에 기와, 도자기 조각 등 고구려시대의 유물이 발굴되었다. 우리 모두 성안을 걸으며 마치 1,500년이 지난 고구려와 대화를 나누는 듯하다. 신기하다.

마지막 일정인 연통산산성을 갔다. 오늘이 어린이날인데 별도로 선물도 마련

건안성 동문에서 역사서에 나오는 성의 이야기와 옹성구조에 대하여 설명하니 분위기가 사뭇 진지하다.

치 못했건만 제발 비라도 오지 않았으면 하는 맘이다. 연통같이 생긴 바위 바로 아래 있는 산성을 향해 올랐다. 바위 사이사이에 쌓은 성벽이 고구려 축성술의 정수를 보는 듯하다. 거의 다 올라 지붕이 있는 성문을 만난다. 크고 넓은 판재로 된 돌이 지붕을 이루고 양쪽 벽을 작은 돌로 견고하게 쌓아 그 지붕을 받치고 있다. 돌과 돌 사이를 진흙을 이겨 넣어 그 견고함을 유지했다고 한다. 1,500년 전에 쌓았다는 것이 믿어지지 않는다. 성은 크지 않지만 3단계 높이로 구성되어 있다. 우리가 가장 높은 곳에 올랐을 때 갑자기 돌풍이 불고 하늘이 어두워진다. 비가 쏟아지기 시작했다. 다른 한편으로 성이 이어지고 또 하나의 성문이 있지만 어쩔 수 없이 하산을 결정했다. 다들 아쉬워하지만 안전이 무엇보다 중요하니 방법이 없다. 하산 길에 모두들 비를 쫄딱 맞았다. 어린이날 아이들에게 비바람을 잔뜩 선물하여 미안한 생각이 든다. 일행 중 한 아이가 『정글의 법칙』촬영하는 줄 알았다고 해 모두들 웃었다. 비를 맞긴 했어도 정말로 좋은 추억이었다고 한다. 이렇게 3박 4일의 일정을 마치고 그들은 돌아갔다.

　그들이 돌아가고 나서 아이들을 생각하니 왠지 모르게 우울해진다. 우리에게 삼국시대나 그 이전 고대에 대한 역사서는 물론 자료도 거의 없다는 사실 때문이다. 과연 우리가 중국보다 고구려역사에 대한 연구를 더 많이 한다고 할 수 있을 까? 내가 보기엔 절대로 그렇지 못하다. 그나마 있다는 『삼국사기』는 고려 인종 23년인 1145년에 신라 귀족의 후손인 김부식이 왕명을 받아 편찬한다. 『삼국사기』를 보고 있으면 화부터 난다. 신라 위주로 역사서를 쓰다 보니 고구려 부분이 너무 취약하다. 그것도 중국의 입장에서 역사서를 썼으며, 아예 중국의 역사서를 그대로 베낀 부분이 너무 많다는 점에 놀랐다. 아무리 신라의 정통성을 강조한다 고 해도 고구려역사를 폄하하고 당시에 남북에 걸쳐 통일신라와 대등한 세력을 유지했던 발해의 역사는 아예 빼버렸으니 무엇으로 설명이 될까? 그 후 1281년 고려 충렬왕 7년에 승려 일연이 쓴 『삼국유사』가 있다. 그는 한국의 고대사를 신 화로 만드는데 일조를 한 아쉬움이 크다. 또한 승려신분의 한계도 있었겠지만 불 교의 입장에서 쓴 불교문화사에 가까운 역사서이다.

우리 역사상 중국과 비교하여 중원보다 강했거나 동등했던 역사가 고구려와 발해를 빼고 더 있었던가? 고구려와 발해가 멸망을 한 후에 그 힘의 균형추는 중국 쪽으로 기울어졌다. 우리의 인식 자체도 바뀌게 된다. 그것은 우리의 몇 안 되는 역사서 중 하나인 고려사를 보아도 잘 알 수 있다. 세종 때 주로 편찬된 그 책은 왕의 연대기를 중국을 의식하여 삼국사기와 달리 본기本紀를 포기하고 세가世家라고 하여 중국에 비하여 스스로를 낮추었다. 조선시대 상황에 비추어 보았을 때 중원과 힘의 균형을 이루며 자꾸 부딪쳤던 고구려의 역사는 눈에 가시였다. 아예 전래되어 오던 민족의 고유한 사서를 국가 차원에서 징발하여 폐기한다. 태종은 고유 사서를 공자의 가르침에 어긋난다고 소각하였으며, 세조·예종·성종은 전국 관찰사에게 사서 수거령을 내렸다고 하니 통탄할 노릇이다. 우리에게 고구려는 무엇인가? 우리에게 남은 고구려 역사는 무엇이 있는가? 편향된 사관으로 쓴 2권의 역사서밖에 더 남아있는가?

빈약한 고대 역사서와 더불어 경술국치 이후 일본의 역사학자들이 벌떼같이 몰려들어 우리의 역사를 왜곡한다. 특히 우리의 고대사를 자기들 구색에 맞게 각색해 놓은 틀에 맞추자니 광개토왕비의 비문도 조작하고, 일제 때 1913년 평안도에서 발굴되었다고 점제현 신사비를 날조하는 등 그들의 만행은 끝이 없었다. 자기들의 입맛대로 우리의 역사를 조작한 것이 식민사관인데도 불구하고 광복 이후에 우리는 그 사관의 틀에서 역사를 가르치고 배워왔다. 아직도 우리 사학계에는 그 잔재가 남아 판을 치고 있다. 돌이켜 보면 나 자신도 일제의 학자들이 조작해 놓은 한사군漢四郡의 존재와 오늘날의 해당 위치를 열심히 외웠던 기억이 있다. 시험에도 자주 출제되었던 것 같다. 작은 예에 불과하지만 무의식 속에 그 사관에 길들여진 것이다. 조선왕조실록이란 찬란한 기록문화의 역사를 지닌 후손으로서 이 얼마나 부끄러운 노릇인가?

우린 자라나는 후세들에게 올바른 역사를 가르쳐야 한다. 우리에겐 그러할 의무가 있다. 특히 우리의 왜곡된 고대사를 잘 펴서 가르쳐야 한다. 나는 역사학을 전공하진 않았지만 과연 우리 사학계는 무엇을 하고 있는가? 무슨 고민을 하고 있으며 무슨 실천이 뒤따르는가? 자라나는 우리 아이들에게 올바른 역사를 가르쳐야 하지 않나? 그래야만 주변 국가들이 쌍심지를 켜고 나선 역사전쟁에서 살아남을 수가 있다. 역사의 진실을 알아야 한다. 지금까지 남아 있는 고구려의 유적이 거의 없다. 요동지역 여기저기 산재해 있는 산성이 얼마나 소중한 유적인가? 그 산성들은 조용히 1,500년 전의 고구려를 말해주고 있다. 우린 그 산성에서 선조의 숨결을 느끼고 돌아 왔다. 아이들과의 역사탐방은 내년에도 계속될 것이다.

비사성, 2017년 겨울

윤명철, 『만주에서 고구려에게 길을 묻다』, 대원사, 2011년.

윤명철, 『고구려 답사 길잡이』, 대원사, 2012년.

이병도, 『삼국사기』(상·하), 을유문화사, 2007년 개정판.

서길수, 『고구려성』, 한국방송공사, 1994년.

[중국 서적]

崔艶茹 等, 『營口市文物志』, 遼寧民族出版社, 1996年.

鄒寶庫, 『遼陽考古紀略』, 遼寧民族出版社, 2012年.

喬鳳岐, 『隋唐皇朝東征高麗硏究』, 中國社會出版社, 2010年.

李健才, 『東北史地考略』, 吉林文史出版社, 1986年.

安士全, 『鞍山市文物志』, 遼寧大學出版社, 1989年.

楊紹卿 主編, 『新金縣志』(上·下), 大連出版社, 1993年.

〈考古〉編輯委, 『月刊, 考古 第1期』, 科學出版社, 1960年.

郭沫若 主編, 『中國史稿地圖集』(上·下), 中國地圖出版社, 1990年.

柏楊版, 『白話資治通鑑』, 中國友誼出版公司, 1991年(인터넷판).

歐陽脩, 『白話新唐書 文學100』, www.wenxue.100.com

劉昫, 『白話舊唐書 文學100』, www.wenxue.100.com

[중국 논문]

秦升陽, 「高句麗的軍事擴張及其疆域變遷」, 通化師範學院學報, 2003年 1月.

王禹浪·王文軼, 「遼東半島高句麗山城槪述」, 黑龍江民族叢刊, 2010年 第1期(總第115期).

王禹浪·王文軼, 「鞍山地區山城硏究」, 黑龍江民族叢刊, 2012年 第2期(總第127期).

王禹浪·王文軼, 「丹東地區的高句麗山城」, 哈爾濱學院學報, 2012年 3月.

陳大爲, 「遼寧高句麗山城再探」, 北方文物, 1995年 第3期(總第43期).

魏存成, 「新中國成立以來高句麗考古的主要發現與硏究」, 社會科學戰線, 2014年 第2期.

倪軍民, 「兩唐書〈高麗傳〉比較硏究」, 通化師範學院學報, 1996年 第1期.

趙俊杰, 「再論高句麗山城城墻內側柱洞的功能」, 考古與文物, 2012年 第1期.

崔艶茹, 「營口地區高句麗長城」, 遼寧記憶, 2016年 3月.

張福有·孫仁杰·遲勇, 「高句麗千里長城調査要報」, 東北史地, 2010年.

肖忠純, 「遼陽古城變遷考」, 遼寧經濟社會發展課題, 2010年.

鄭元喆, 「高句麗山城硏究」, 博士論文, 吉林大學邊疆考古硏究中心, 2010年.

鄭元喆, 「高句麗山城甕城的類型」, 考古與文物, 2009年 第3期.

특히 王禹浪·王文軼님의 논문, 崔艶茹님의 서적과 논문, 陳大爲님의 논문이 고구려산성 공부와 답사에 많은 도움이 되었다. 이 자리를 빌려 감사드립니다.

요동 고구려 산성을 가다

− 73개 고구려 산성 현장답사 −

2018년 2월 26일	초판 발행		
2018년 2월 26일	1판 1쇄		
2021년 6월 26일	1판 2쇄		

지은이 원종선
펴낸이 남호섭
편집책임 김인혜
편집 임진권, 신수기
제작 오성룡
표지디자인 박현택
인쇄판출력 발해
라미네이팅 금성L&S
인쇄 봉덕인쇄
제책 강원제책
펴낸곳 통나무

서울특별시 종로구 동숭동 199−27
전화: 02) 744−7992
출판등록 1989. 11. 3. 제1−970호